A fonte oculta

Mark Solms

A fonte oculta
Uma jornada até a origem da consciência

Tradução Rafael Falasco
Revisão técnica Rafael Alves Lima

Esta obra foi publicada originalmente em inglês com o título
THE HIDDEN SPRING – A JOURNEY TO THE SOURCE OF CONSCIOUSNESS.
© *Mark Solms, 2021.*
© *2024, Editora WMF Martins Fontes Ltda., São Paulo, para a presente edição.*

Todos os direitos reservados. Este livro não pode ser reproduzido, no todo ou em parte, armazenado em sistemas eletrônicos recuperáveis nem transmitido por nenhuma forma ou meio eletrônico, mecânico ou outros, sem a prévia autorização por escrito do editor.

1ª edição *2024*

Tradução
Rafael Falasco
Revisão técnica
Rafael Alves Lima
Preparação de texto
Rogerio Trentini
Acompanhamento editorial
Fabiana Werneck
Revisão
Cristina Fino
Índice remissivo
Cássio Yamamura
Produção gráfica
Geraldo Alves
Paginação
Renato Carbone
Capa
Violaine Cadinot
Imagem da capa
Wojciech Fangor (1922-2015), E 19, 1966. Museu Nacional de Varsóvia, Polônia. Album / Alamy Stock Photo

Dados Internacionais de Catalogação na Publicação (CIP)
(Câmara Brasileira do Livro, SP, Brasil)

Solms, Mark
    A fonte oculta : uma jornada até a origem da consciência / Mark Solms ; tradução Rafael Falasco ; revisão técnica Rafael Alves Lima. – São Paulo : Editora WMF Martins Fontes, 2024.

    Título original: The hidden spring : a journey to the source of consciousness
    Bibliografia.
    ISBN 978-85-469-0625-3

    1. Consciência 2. Neuropsicologia I. Título.

24-213869   CDD-153

Índice para catálogo sistemático:
1. Consciência : Psicologia 153

Cibele Maria Dias – Bibliotecária – CRB-8/9427

Todos os direitos desta edição reservados à
Editora WMF Martins Fontes Ltda.
Rua Prof. Laerte Ramos de Carvalho, 133 01325-030 São Paulo SP Brasil
Tel. (11) 3293-8150 e-mail: info@wmfmartinsfontes.com.br
http://www.wmfmartinsfontes.com.br

Índice

Introdução, ix

Capítulo 1 | O material dos sonhos, 1

Capítulo 2 | Antes e depois de Freud, 29

Capítulo 3 | A falácia cortical, 53

Capítulo 4 | O que é experienciado?, 83

Capítulo 5 | Sentimentos, 99

Capítulo 6 | A origem, 135

Capítulo 7 | O princípio da energia livre, 167

Capítulo 8 | Uma hierarquia preditiva, 207

Capítulo 9 | Por que e como a consciência surge, 221

Capítulo 10 | De volta ao córtex, 249

Capítulo 11 | O problema difícil, 283

Capítulo 12 | Criando uma mente, 319

Posfácio, 355
Apêndice: Excitação e informação, 361
Agradecimentos, 367
Lista de imagens, 369
Referências bibliográficas, 371
Índice remissivo, 393
Posfácio à edição brasileira, 417

Em memória de Jaak Panksepp (1943-2017)
Ele solucionou o antigo enigma e foi um homem muito sábio.

Introdução

Quando eu era criança, ocorreu-me uma pergunta peculiar: como podemos imaginar o mundo do jeito que ele era antes da evolução da consciência? É claro que existia um mundo, mas como *imaginá-lo* antes de ser possível criar imagens mentais das coisas?

Para que você tenha uma noção do que quero dizer, tente imaginar um mundo no qual *o nascer do Sol não possa acontecer*. A Terra sempre girou em torno do Sol, mas ele só nasce no horizonte a partir do ponto de vista de um observador. É um evento inerentemente perspectivo. O nascer do Sol ficará para sempre preso à experiência.

Essa tomada de perspectiva obrigatória é o que torna tão difícil para nós compreender a consciência. Se quisermos fazer isso, precisamos evitar a subjetividade – olhar para ela de fora, ver as coisas como elas realmente são e não como elas aparecem para nós. Mas como fazemos isso? Como escapamos de nós mesmos?

Quando jovem, com ingenuidade, visualizava minha consciência como uma bolha que me envolvia: seu conteúdo eram imagens em movimento, sons e outros fenômenos da experiência. Além da bolha, eu supunha que havia uma escuridão infinita. Imaginava essa escuridão como uma sinfonia de quantidades puras, forças e energias interagindo e coisas do gênero: a verdadeira realidade "lá fora" que minha consciência representa nas formas qualitativas que deve representar.

A impossibilidade de tal imaginação – de representar a realidade sem representações – ilustra o tamanho da tarefa que é abordada neste livro. Mais uma vez, depois de todos esses anos, estou tentando espreitar por trás do véu da consciência, vislumbrar seu mecanismo real.

O livro que você tem em mãos, portanto, parte, inevitavelmente, de uma perspectiva. De fato, essa perspectiva é ainda mais forte do que exigiria o paradoxo que acabei de descrever. Para ajudar você a ver a partir do meu ponto de vista, decidi contar uma parte da minha própria história. Os avanços em minhas ideias científicas sobre a consciência muitas vezes surgiram de acontecimentos da minha vida pessoal e do meu trabalho clínico, e, embora eu acredite que minhas conclusões se mantenham por si sós, é muito mais fácil compreendê-las se você souber como cheguei a elas. Algumas de minhas descobertas – por exemplo, os mecanismos cerebrais do sonho – aconteceram em grande parte por acaso. Algumas das minhas escolhas profissionais – por exemplo, fazer um desvio de minha carreira neurocientífica e me formar psicanalista – renderam mais do que eu poderia esperar. Explicarei como em ambos os casos.

Mas, na medida em que minha busca para entender a consciência foi bem-sucedida, meu maior golpe de sorte foi o brilhantismo de meus colaboradores. Em particular, tive a imensa felicidade de trabalhar com o falecido Jaak Panksepp, um neurocientista que, mais do que qualquer outro, entendeu a origem e o poder dos *sentimentos*. Praticamente tudo que penso hoje sobre o cérebro foi moldado por suas abordagens.

Mais recentemente, tive a oportunidade de trabalhar com Karl Friston, que, entre suas várias excelentes qualidades, ostenta a distinção de ser o neurocientista mais influente do mundo nos dias de hoje. Foi Friston quem cavou as fundações mais profundas para a teoria que estou prestes a elaborar. Ele ficou mais conhecido por reduzir as funções cerebrais (de todos os tipos) a uma necessidade física básica para minimizar algo chamado *energia livre*. Esse conceito é explicado no capítulo 7, mas, por agora, deixe-me apenas dizer que a teoria que Friston e eu desenvolvemos se conecta com esse projeto – tanto que você pode muito bem chamá-lo de teoria da energia livre da consciência. É isso que ela é.

A explicação definitiva para a capacidade de sentir (senciência) é um enigma tão intrincado que, nos dias de hoje, é referido, com reverência, como "o problema difícil". Às vezes, quando um enigma é resolvido, tanto a pergunta quanto sua resposta deixam de ser interessantes. Deixo a seu critério se as ideias que apresentarei aqui lançam nova luz sobre o problema difícil. De qualquer forma, estou confiante de que elas ajudarão você a *se* enxergar em uma nova perspectiva, e, até certo ponto, elas devem permanecer interessantes até que sejam superadas. Afinal, em um sentido profundo, você é sua consciência. Ou seja, parece razoável esperar que uma teoria da consciência explique os fundamentos da razão pela qual você se sente como se sente. Ela deve explicar por que você é como é. Talvez até esclareça o que você pode fazer a respeito disso.

Esse último tópico, claro, transcende o escopo pretendido deste livro. Mas não está além do escopo da teoria. Minha explicação da consciência une em uma única narrativa a física elementar da vida, os avanços mais recentes tanto na neurociência computacional quanto na afetiva e as sutilezas da experiência subjetiva que foram tradicionalmente exploradas pela psicanálise. Em outras palavras, a luz que essa teoria projeta deve ser uma luz que você pode utilizar.

Esse tem sido o trabalho da minha vida. Tantas décadas se passaram e ainda me pergunto como era o mundo antes de haver alguém para observá-lo. Agora, mais informado do que antes, imagino o início da vida em uma daquelas fissuras hidrotermais. Com certeza, os organismos unicelulares que surgiram ali não eram conscientes, mas suas perspectivas de sobrevivência foram influenciadas pelo ambiente que os cercava. É fácil imaginar esses organismos simples respondendo à "virtude" biológica da energia do Sol. É um pulo imaginar, a partir disso, criaturas mais complexas se esforçando de forma ativa para obter tais suprimentos de energia e eventualmente desenvolvendo a capacidade de avaliar as chances de sucesso por meio de ações alternativas.

A consciência, do meu ponto de vista, surgiu da experiência desses organismos. Imagine o calor do dia e o frio da noite na perspectiva desses primeiros seres vivos. Os valores fisiológicos registrando suas experiências diurnas foram os precursores do primeiro nascer do Sol.

Muitos filósofos e cientistas ainda acreditam que a senciência não serve a nenhum propósito físico. Minha tarefa neste livro é persuadir você da plausibilidade de uma interpretação alternativa. Isso requer que eu o convença de que os sentimentos fazem parte da natureza, que eles não são fundamentalmente diferentes de outros fenômenos naturais e que *desempenham* um papel dentro da matriz causal das coisas. Consciência, como irei demonstrar, trata-se de sentir, e sentir, por sua vez, está relacionado a quão bem ou mal você está indo na vida. A consciência existe para ajudá-lo a se sair melhor.

O problema difícil da consciência é considerado o maior quebra-cabeça não resolvido da neurociência contemporânea, se não de toda a ciência. A solução proposta neste livro é uma mudança radical das abordagens convencionais. Como o córtex cerebral é o centro da inteligência, quase todo mundo pensa que é também o centro da consciência. Eu, no entanto, discordo; a consciência é muito mais primitiva do que isso. Ela surge de uma parte do cérebro que os humanos compartilham com os peixes. Essa é a "fonte oculta" do título.

A consciência não deve ser confundida com a inteligência. É possível sentir dor sem qualquer reflexão sobre o que seja dor. Da mesma forma, o desejo de comer – a sensação de fome – não implica de modo indispensável uma compreensão intelectual das exigências da vida. A consciência, em sua forma elementar, ou seja, o *sentimento* puro, é uma função surpreendentemente simples.

Três outros proeminentes neurocientistas seguiram essa abordagem: Jaak Panksepp, António Damásio e Bjorn Merker. Panksepp foi pioneiro nesse caminho. Ele (assim como Merker) era um pesquisador de animais; Damásio (como eu) não é. Muitos leitores ficarão horrorizados com as descobertas das pesquisas em animais que relato aqui, justamente porque elas mostram que outros animais sentem da mesma forma que nós. Todos os mamíferos estão sujeitos a sentimentos de dor, medo, pânico, tristeza e afins. De forma irônica, foram as pesquisas de Panksepp que eliminaram qualquer dúvida sobre esse assunto. Nosso único consolo é que suas descobertas tornaram impossível a continuação dessas pesquisas desenfreadas.

Fui atraído por Panksepp, Damásio e Merker porque eles acreditavam, assim como eu, que o que falta na neurociência de nosso tempo é um foco na natureza incorporada da *experiência vivida*. Pode-se dizer que o que nos une é o fato de construirmos, às vezes sem querer, sobre as bases abandonadas que Sigmund Freud estabeleceu para uma ciência da mente que prioriza os sentimentos em relação à cognição. (Cognição é, em grande parte, o inconsciente.) Essa é a segunda mudança radical deste livro; ela nos remete ao "Projeto para uma psicologia científica" (1895), de Freud – e tenta concluir o trabalho. Mas não ignoro seus muitos erros. Assim como todos os outros, Freud pensava que a consciência era uma função cortical.

A terceira e última grande mudança deste livro é a visão de que a consciência é construível. Ela é artificialmente *produzível*. Essa conclusão, com suas profundas implicações metafísicas, surge do meu trabalho com Karl Friston. Diferentemente de Panksepp, Damásio e Merker, Friston é um neurocientista computacional. Sendo assim, ele acredita que a consciência é, em última análise, redutível às leis da física (uma crença que, com surpresa, também foi compartilhada por Freud). Mas mesmo Friston, em grande parte, equiparava funções mentais com funções corticais antes de começarmos nossa colaboração. Este livro leva seu arcabouço estatístico-mecânico a um nível mais profundo, até os recessos mais primitivos do tronco cerebral.

Essas três mudanças tornam o problema difícil menos difícil. Este livro irá explicar como.

Mark Solms
Chailey, East Sussex, Inglaterra
Março de 2020

Capítulo 1

O material dos sonhos

Nasci na Costa dos Esqueletos, na antiga colônia alemã da Namíbia, onde meu pai administrava uma pequena empresa sul-africana chamada Consolidated Diamond Mines. Sua *holding*, De Beers, havia praticamente criado um país dentro do país, conhecido como *Sperrgebiet* ("área proibida"). Suas extensas minas aluviais se estendiam desde as dunas do Deserto do Namibe até o fundo do Oceano Atlântico, a vários quilômetros da costa.

Essa foi a paisagem peculiar que moldou minha imaginação. Quando éramos pequenos, eu e meu irmão mais velho, Lee, costumávamos brincar de mineração de diamantes. Usávamos pequenas máquinas de brinquedo para movimentar a terra, recriando em nosso jardim as impressionantes proezas da engenharia que testemunhamos ao lado de nosso pai quando ele nos levava para ver as minas a céu aberto no deserto. (Éramos, é claro, jovens demais para saber sobre os aspectos menos impressionantes dessa indústria.)

Um dia, em 1965, quando eu tinha quatro anos, meus pais estavam navegando no Cormorant Yacht Club, como costumavam fazer, e fiquei brincando na sede do clube com Lee, que tinha seis anos. As névoas da manhã haviam se dissipado. Vaguei do interior de clima ameno do prédio de três andares até a beira da água. Ali, em meio ao calor, observei pequenos peixes brilhantes se espalharem pelos meus pés enquanto Lee e alguns de seus amigos subiam o telhado pela parte de trás do prédio.

Depois disso, lembro-me de três fragmentos. Primeiro, o som de algo parecido com uma melancia se partindo. Em seguida, a imagem de Lee deitado no chão gemendo com a perna machucada. Por último, minha tia e meu tio me dizendo que cuidariam de mim e de minha irmã enquanto nossos pais iam para o hospital com Lee. A parte sobre a dor da perna deve ser uma memória fantasiosa: os registros médicos afirmam que meu irmão perdeu a consciência ao bater no pavimento de concreto.

Lee precisava de cuidados específicos que nosso hospital local não poderia oferecer. Ele foi levado de helicóptero ao Hospital Groote Schuur, na Cidade do Cabo, a oitocentos quilômetros de distância. O departamento de neurocirurgia ficava em um impressionante edifício construído no estilo colonial holandês da cidade, exatamente o mesmo prédio em que trabalho agora como neuropsicólogo. Lee havia fraturado o crânio e sofrido uma hemorragia intracraniana. Quando esses hematomas se expandem, apresentam uma emergência com risco de vida que requer intervenção cirúrgica. Meu irmão teve sorte: a hemorragia foi reabsorvida ao longo dos dias seguintes e, em pouco tempo, ele recebeu alta.

Além do fato de ter que usar um capacete depois do acidente para proteger o crânio fraturado, Lee não aparentava nenhuma diferença. No entanto, como pessoa, ele estava profundamente alterado. Existe uma palavra em alemão para o sentimento que isso tudo despertou em mim, *Unheimlichkeit*, sem um equivalente adequado em outras línguas. Literalmente, significa "não se sentir em casa", mas uma tradução melhor pode ser "estranho", "infamiliar" ou "incômodo".

A forma mais evidente dessa mudança foi a perda dos marcos de desenvolvimento. Por um tempo, ele até perdeu a confiança no controle das funções intestinais. O que achei mais perturbador foi o fato de que ele parecia *pensar* de maneira diferente. Era como se estivesse presente e ausente ao mesmo tempo. Ele parecia ter esquecido a maioria de nossas brincadeiras. Agora, nosso jogo de mineração de diamantes se resumia apenas a cavar buracos. Os aspectos imaginativos e simbólicos já não o tocavam. Ele não era mais o Lee.

Ele repetiu aquele ano na escola – o seu primeiro. O que mais me lembro daqueles primeiros dias após o acidente era de tentar conciliar a dicotomia entre o fato de meu irmão, que havia retornado, parecer o mesmo e o de não ser mais o mesmo. Eu me perguntava para onde tinha ido a versão anterior dele.

Nos anos seguintes, caí em uma depressão. Lembro-me de não ter energia suficiente para calçar os sapatos de manhã e ir à escola. Isso aconteceu cerca de três anos após o acidente. Eu não conseguia encontrar energia para fazer essas coisas porque não era capaz de ver sentido nelas. Se nosso próprio ser dependesse do funcionamento de nossos cérebros, o que aconteceria comigo quando *meu* cérebro morresse, junto com o resto de meu corpo? Se a mente de Lee de alguma forma era reduzida a um órgão do corpo, então, com certeza, a minha também era. Isso significava que eu – meu ser senciente – existiria apenas por um período relativamente curto de tempo. E depois eu desapareceria.

Passei toda a minha carreira científica pensando sobre esse problema. Eu queria compreender o que aconteceu com meu irmão e o que, com o tempo, aconteceria com todos nós. Eu precisava entender o que significava, em termos biológicos, nossa existência como sujeitos que têm experiências. Em resumo: entender a consciência. Foi por isso que me tornei um neurocientista.

Mesmo em retrospecto, não acredito que poderia ter seguido um caminho mais direto para encontrar as respostas que buscava.

A natureza da consciência talvez seja o tópico mais difícil na ciência. Isso importa porque você é sua consciência, mas é controverso por causa de dois enigmas que têm atormentado pensadores por séculos. O primeiro é a questão sobre como a mente se relaciona com o corpo – ou, para aqueles com uma inclinação materialista (que são quase todos os neurocientistas), como o cérebro dá origem à mente. Isso é chamado de "o problema mente-corpo". Como o cérebro físico produz a sua experiência fenomenal? E, igualmente desconcertante, como a consciência, algo não físico, controla o corpo físico?

Os filósofos têm atribuído esse problema ao que eles chamam de "metafísica", o que é uma forma de dizer que não acreditam que a questão possa ser resolvida de forma científica. Por que não? Porque a ciência depende de métodos empíricos, e "empírico" implica ser "derivado de evidências sensoriais". A mente não é acessível pela observação sensorial. Ela não pode ser vista ou tocada; é invisível e intangível; um sujeito, não um objeto.

A questão sobre o que podemos saber sobre as mentes a partir do exterior – ou mesmo como podemos saber quando elas estão presentes – é o segundo enigma. Isso é chamado de "o problema de outras mentes". Resumindo: se as mentes são subjetivas, você só pode observar a sua própria. Como, então, podemos saber se outras pessoas (ou criaturas, ou máquinas) têm uma mente, ou até mesmo discernir quaisquer leis objetivas que ditem como as mentes funcionam em geral?

Ao longo do século passado, essas questões geraram três grandes respostas científicas. A ciência se baseia em experimentos. Uma coisa a nosso favor é que o método experimental não aspira a verdades definitivas, mas ao que pode ser descrito como as melhores suposições. A partir de observações, oferecemos conjecturas sobre o que pode explicar plausivelmente os fenômenos observados. Em outras palavras, formulamos hipóteses. Então, geramos *previsões* a partir de nossas hipóteses. Elas assumem a forma: "Se a hipótese X estiver correta, então Y deve acontecer quando eu fizer Z" (onde há uma chance razoável de que Y não aconteça sob nenhuma outra hipótese). Isso é o experimento. Se Y não acontecer, então X é inferida como falsa e revisada de acordo com as novas observações. Em seguida, o processo experimental recomeça, até que dê origem a previsões falseáveis que são confirmadas. Nesse caso, consideramos a hipótese como *provisoriamente* verdadeira, até que novas observações a contradigam. Dessa forma, não esperamos alcançar certeza na ciência; aspiramos apenas menos incerteza[1].

A partir da primeira metade do século XX, uma escola de psicologia chamada "behaviorismo" começou a aplicar de forma sistemática o método experimental à mente. Seu ponto de partida era desprezar tudo, exceto eventos observáveis de maneira empírica. Os behavioristas descartaram todas as discussões mentalistas sobre crenças e ideias, sentimentos e desejos, e restringiram seu campo de estudo às respostas visíveis e tangíveis do sujeito a estímulos objetivos. Eles eram fanáticos em seu desinteresse por relatos subjetivos sobre o que estava acontecendo internamente. Tratavam a mente como uma caixa-preta, cujas entradas e saídas eram tudo o que se podia saber dela.

Por que eles adotaram uma postura tão extrema? Em parte, é claro, foi uma tentativa de contornar o problema de outras mentes. Se, em primeiro lugar, eles se recusavam a aceitar qualquer conversa sobre mentes, era lógico que suas teorias não poderiam ser afligidas pelas dúvidas filosóficas endêmicas da psicologia. Na verdade, eles excluíram a psique da psicologia.

Isso pode parecer um preço alto a se pagar. Mas o behaviorismo foi, desde o início, uma doutrina revolucionária. Eles não estavam buscando pureza epistemológica por si só: tentavam também destronar uma autoridade na psicologia da época. A psicanálise freudiana havia dominado a ciência da mente desde o início do século. Ao examinar de perto as características curiosas dos testemunhos introspectivos, Freud procurou desenvolver um modelo

---

[1] Popper (1963). É verdade que nem todos concordam com essa formulação de como a ciência funciona. No entanto, é a que quase todos os cientistas naturais endossam. Sobre as notas de rodapé, uma explicação é necessária. Elas são destinadas sobretudo a leitores acadêmicos que estão interessados (ou têm formação) nas várias literaturas técnicas que este livro aborda. As notas podem ser ignoradas por leitores em geral, que são meu público principal.

da mente considerado, por assim dizer, de dentro para fora. As ideias resultantes definiram a agenda para tratamento e pesquisa por meio século, gerando instituições, especialistas reconhecidos e uma equipe de proeminentes campeões intelectuais. No entanto, na opinião dos behavioristas, todas as teorias de Freud eram como castelos de nuvens, erguidos sobre as fundações vaporosas da subjetividade. Freud havia mergulhado de cabeça no problema de outras mentes e arrastado o resto da psicologia com ele. Cabia aos behavioristas trazê-la de volta.

Apesar da austeridade do programa, eles foram capazes de inferir relações causais entre certos tipos de estímulos mentais e determinadas respostas. Não apenas isso: também podiam manipular os dados para obter mudanças previsíveis nos resultados. Ao fazer isso, descobriram algumas das leis fundamentais da aprendizagem. Por exemplo, quando o gatilho de um comportamento involuntário se combina, repetidas vezes, com um estímulo artificial, esse estímulo acabará por desencadear a mesma resposta involuntária que o estímulo inato. Assim, se a visão da comida é, com frequência, associada ao som de um sino (em animais que naturalmente salivam quando veem comida, como os cães), o som do sino por si só acabará por desencadear a salivação. Isso é chamado de "condicionamento clássico". Da mesma forma, se um comportamento voluntário costuma ser acompanhado por recompensas, esse comportamento aumentará, assim como diminuirá se for acompanhado por punições. Portanto, se um cachorro que pula em visitantes é abraçado, ele pulará com mais frequência; se for repreendido, pulará menos. Isso é chamado de "condicionamento operante" – também conhecido como lei do efeito.

Tais descobertas não foram conquistas pequenas; elas mostraram que a mente está sujeita a leis naturais, assim como todas as coisas. No entanto, há muito mais na mente do que apenas aprendizagem, e até mesmo a aprendizagem é influenciada por outros fatores além de estímulos externos. Imagine pensar consigo mesmo:

depois de ler esta página, vou fazer uma xícara de chá para mim. Esse tipo de pensamento influencia seu comportamento o tempo todo. No entanto, os behavioristas não consideravam esses relatos introspectivos como dados científicos aceitáveis, porque os pensamentos não são observáveis externamente. Como consequência, eles não teriam como saber o que levou você a fazer uma xícara de chá.

O grande neurologista Jean-Martin Charcot disse certa vez: "A teoria é boa, mas não impede as coisas de existirem."[2] Visto que os eventos mentais internos claramente existem e influenciam de forma causal o comportamento, a abordagem behaviorista foi pouco a pouco eclipsada na segunda metade do século XX por outra abordagem, a chamada psicologia "cognitiva", capaz de acomodar processos mentais internos, por assim dizer.

O ímpeto por trás da revolução cognitiva foi o advento dos computadores. Os behavioristas consideraram o funcionamento interno da mente como uma caixa-preta inescrutável e voltaram sua atenção apenas aos dados e resultados. Mas os computadores não são inexplicáveis. Seria impossível inventá-los sem entender completamente seu funcionamento interno. Ao tratar a mente como se fosse um computador, os psicólogos se sentiram encorajados a formular modelos do *processamento de informações* que ocorre dentro dela. Esses modelos foram então testados usando simulações artificiais de processos mentais combinadas com experimentos comportamentais.

O que é o processamento de informações? Falarei muito sobre isso adiante, mas o mais interessante para os nossos propósitos atuais é que ele pode ser implementado com uma vasta gama de equipamentos físicos. Isso lança uma nova luz sobre a natureza física da mente. Sugere que a mente (concebida como uma processadora de informações) é uma *função*, e não uma estrutura. Nessa perspectiva, as funções de "software" da mente são implementadas pelas estruturas de "hardware" do cérebro, mas as mesmas funções

---

[2] Freud (1893a), p. 13.

podem ser igualmente implementadas por outros substratos, como computadores. Assim, tanto cérebros como computadores realizam funções *de memória* (codificam e armazenam informações) e funções *perceptuais* (classificam padrões de informações recebidas, comparando-os com informações armazenadas), bem como funções *executivas* (tomam decisões sobre o que fazer em resposta a essas informações).

Essa é a força do que veio a ser chamado de abordagem "funcionalista", mas também sua fraqueza. Se as mesmas funções podem ser realizadas por computadores, que presumidamente não são seres sencientes, é legítimo reduzir a mente a uma mera processadora de informações? Até mesmo o seu telefone possui funções de memória, perceptuais e executivas.

A terceira grande resposta científica para a metafísica da mente-corpo se desenvolveu em paralelo com a psicologia cognitiva, mas, ao final do século passado, ela havia crescido e se tornado proeminente. Refiro-me a uma abordagem amplamente chamada de "neurociência cognitiva". Ela se concentra no hardware da mente e surgiu com o desenvolvimento de uma infinidade de técnicas fisiológicas que nos permitem observar e medir de forma direta as dinâmicas do cérebro vivo.

Nos tempos behavioristas, os neurofisiologistas estavam limitados a uma única técnica desse tipo: podiam registrar a atividade elétrica do cérebro a partir da superfície externa do couro cabeludo usando um eletroencefalograma (EEG). Hoje em dia, temos muitas outras ferramentas à nossa disposição, como a imagem por ressonância magnética funcional (fMRI), que mede as taxas de atividade hemodinâmica em diferentes partes do cérebro enquanto ele executa tarefas mentais específicas, e a tomografia por emissão de pósitrons (PET), com a qual podemos medir a atividade metabólica diferencial de sistemas únicos de neurotransmissores. Isso nos permite identificar com precisão quais processos cerebrais geram nossos diferentes estados mentais. Também podemos visualizar a conectividade funcional-anatômica detalhada entre essas diferentes regiões do cérebro usando a tractografia por tensor de difusão. E usando a optogenética podemos ver e ativar os circuitos de neurônios que compõem traços de memória individuais enquanto eles se iluminam durante tarefas cognitivas.

Essas técnicas tornam visíveis os processos internos da mente enquanto órgão – realizando, assim, os sonhos empiristas mais loucos dos behavioristas sem limitar o escopo da psicologia apenas a estímulos e respostas.

O estado da neuropsicologia na década de 1980, quando entrei na área, explica por que os behavioristas fizeram uma transição tão tranquila da teoria da aprendizagem para a neurociência cognitiva. A neuropsicologia daquela época poderia muito bem ter sido chamada de neurobehaviorismo. Quanto mais eu aprendia sobre funções como a memória de curto prazo, que diziam funcionar como uma "região" destinada a manter as memórias na consciência, mais eu percebia que meus professores estavam falando sobre algo diferente daquilo que esperava quando me matriculei. Eles estavam nos ensinando sobre as ferramentas funcionais usadas pela mente, e não sobre a mente em si. Fiquei desanimado.

O neurologista Oliver Sacks, em seu livro *Com uma perna só* (1984), descreveu com propriedade a situação em que eu me encontrava:

> A neuropsicologia, como a neurologia clássica, visa ser totalmente objetiva, e sua grande força, seus avanços provêm justamente disso. Mas uma criatura viva, e especialmente um ser humano, é em seu todo *ativa* – um sujeito, não um objeto. É precisamente o sujeito, o "eu" vivo, que está sendo excluído. A neuropsicologia é admirável, mas exclui a *psique* – exclui o "eu" vivo, ativo, que tem experiências.[3]

---

[3] Sacks (1984), p. 164. [Ed. bras.: *Com uma perna só*. Trad. Laura Teixeira Motta. São Paulo: Companhia das Letras, 2003, p. 182.]

A frase "A neuropsicologia é admirável, mas exclui a psique" capturou com perfeição meu descontentamento. Depois de ler suas obras, comecei a me corresponder com Oliver Sacks até sua morte, em 2015. O que mais me atraiu nele foi o fato de levar tão a sério os relatos subjetivos de seus pacientes. Isso era evidente em seu livro *Enxaqueca* (1970), e ainda mais no extraordinário *Tempo de despertar* (1973). O segundo registrou com riqueza de detalhes as jornadas clínicas de um grupo de pacientes "acinético-mudos" crônicos com encefalite letárgica. Essa doença também era conhecida como "doença do sono", embora os pacientes não estivessem literalmente dormindo, ainda que não demonstrassem nenhuma iniciativa ou impulso espontâneo. Sacks os "despertou" dando-lhes levodopa, uma droga que aumenta a presença de dopamina. Após o retorno de sua autonomia ativa, no entanto, eles rapidamente se tornaram animados em excesso, maníacos e, por fim, psicóticos. Pouco tempo depois de eu ter lido *Com uma perna só*, que descreve a experiência subjetiva do próprio Sacks após uma lesão no sistema nervoso, ele publicou *O homem que confundiu sua mulher com um chapéu* (1985) – uma série de estudos de caso que forneceram visões esclarecedoras sobre os distúrbios neuropsicológicos da perspectiva de *ser* um paciente neurológico. Isso trouxe a Sacks uma fama duradoura.

Essas obras eram bem diferentes dos meus livros didáticos de neuropsicologia, que dissecavam as funções mentais como funções de qualquer órgão do corpo. Por exemplo, aprendi que a linguagem era produzida pela área de Broca, no lobo frontal esquerdo, que a compreensão da fala ocorria na área de Wernicke, alguns centímetros atrás, no lobo temporal, e que a capacidade de repetir o que foi dito a você era mediada pelo fascículo arqueado, um trato de fibras que conecta essas duas regiões. Da mesma forma, aprendi que as memórias eram codificadas pelo hipocampo, armazenadas no neocórtex e recuperadas por mecanismos fronto-límbicos.

O cérebro não era mesmo diferente do estômago e dos pulmões? O fato óbvio que o diferenciava era existir "algo que é como" *ser* um cérebro. Isso não se aplica a nenhuma outra parte do corpo.

As sensações que identificamos em outros órgãos do corpo não são sentidas por eles próprios; os impulsos nervosos que surgem deles são sentidos apenas quando chegam ao cérebro. Decerto essa propriedade muito distinta do tecido cerebral – a capacidade de perceber, sentir e pensar as coisas – existia por algum motivo. Essa propriedade parecia fazer alguma coisa. E, se assim fosse – se a experiência subjetiva tivesse efeitos causais sobre o comportamento, como parece acontecer quando decidimos de forma espontânea fazer uma xícara de chá –, estaríamos muito enganados ao omiti-la de nossas pesquisas científicas. No entanto, era exatamente isso que estava ocorrendo na década de 1980. Em nenhum momento meus professores falaram sobre como é compreender a fala ou recuperar uma memória, muito menos sobre por que isso acontece.

Aqueles que tomaram em consideração a perspectiva subjetiva não foram levados a sério pelos respeitáveis neurocientistas. Não tenho certeza de quantas pessoas sabem que as publicações de Sacks foram ridicularizadas de forma ampla por seus colegas. Um comentarista chegou a ponto de chamá-lo de "o homem que confundiu seus pacientes com uma carreira literária". Isso lhe causou muita angústia. De que maneira é possível descrever a vida interior dos seres humanos sem contar suas histórias? Como Freud havia lamentado um século antes em relação aos seus próprios relatórios clínicos:

> Ainda me parece estranho que as histórias dos casos que escrevo sejam lidas como contos e que, como se poderia dizer, não tenham o selo de ciência séria. Devo me consolar com a reflexão de que a natureza do assunto é evidentemente responsável por isso, em vez de qualquer preferência minha.[4]

---

[4] Freud (1895), p. 160. Cerca de 36 anos mais tarde, Freud escreveu de forma comovente a Albert Einstein sobre a falta de posição científica da psicologia em comparação com a física (Freud, 1994, p. 239): "É certo que não é de todo lamentável que se tenha optado pela psicologia. Não há assunto maior, mais rico e mais misterioso, digno de todo o esforço do intelecto humano, do que a vida da mente. A psicologia certamente é a mais amável de todas as nobres damas; mas seu cavaleiro está condenado a permanecer infeliz em seu amor."

Sacks ficou encantado quando lhe enviei essa citação[5]. De minha parte, quando li tais linhas pela primeira vez, percebi que não era o único a ter entrado para a neuropsicologia com a esperança de que ela me permitiria aprender como o cérebro gera a subjetividade. Essa noção é rapidamente desmentida. Você é advertido a não se dedicar a essas questões intratáveis – elas são "ruins para sua carreira". E, assim, a maioria dos estudantes de neurociência esquece aos poucos porque escolheu esse campo de estudo e acaba se identificando com o dogma do cognitivismo, que trata o cérebro como se ele não fosse diferente de um telefone celular.

O único aspecto da consciência que *era* um tópico científico respeitável na década de 1980 consistia no mecanismo cerebral de vigília *versus* sono. Em outras palavras, o "nível" de consciência era um tópico respeitável, mas não seu "conteúdo". Assim, decidi concentrar minha pesquisa de doutorado em um aspecto do sono. Em particular, optei por estudar o seu aspecto subjetivo, ou seja, os mecanismos cerebrais do sonho. Afinal de contas, sonhar nada mais é do que uma intrusão paradoxal da consciência ("vigília") no sono. Surpreendentemente, havia uma enorme lacuna na literatura sobre esse tópico: ninguém havia descrito de forma sistemática como os danos a diferentes partes do cérebro afetavam o sonho. Então, foi isso que me propus a fazer.

O que torna o estudo do sonho complicado é justamente sua natureza subjetiva. Os fenômenos mentais podem, em geral, ser testemunhados apenas de maneira introspectiva por um único observador e depois relatados a outros de forma indireta, por meio de palavras. Mas os sonhos são ainda mais problemáticos: eles só podem ser relatados em retrospecto, depois que o sonho termina e o

---

[5] "*Adoro* a passagem de Freud – estou muito feliz por você tê-la encontrado. Como você aponta generosamente, algo análogo pode ser dito de minhas próprias histórias de casos, e também de histórias de casos neurológicos (pelo menos neuropsicológicos) em geral. Eu o citei em um artigo geral recém-concluído (embora sem saber se ele sobreviverá – meu manuscrito ficou muito longo e com muitas notas de rodapé) – 'Scotoma' – sobre esquecimento e negligência na ciência" (carta de Sacks datada de 2 de janeiro de 1995).

sonhador acorda. Todos sabemos como nossa memória dos sonhos não é confiável. Que tipo de "dados" são esses?[6] É por isso que, a partir de meados do século XX, os sonhos foram uma frente importante na transição do behaviorismo para o que mais tarde se tornaria a neurociência cognitiva.

O EEG foi aplicado pela primeira vez ao estudo do sono no início da década de 1950 por dois neurofisiologistas, Eugene Aserinsky e Nathaniel Kleitman. Eles levantaram a hipótese de que o nível de atividade cerebral diminuiria conforme adormecemos e aumentaria quando acordamos. Portanto, previram que a amplitude de nossas ondas cerebrais (que é uma das coisas que a eletroencefalografia mede) aumentaria e sua frequência (a outra coisa que ela mede) diminuiria quando adormecemos, e que o oposto aconteceria quando acordamos (ver Figura 10, p. 141).

Quando o cérebro descende para o que hoje é chamado de sono de "ondas lentas", vemos exatamente o que Aserinsky e Kleitman previram. A hipótese deles foi confirmada. A surpresa vem em seguida: cerca de noventa minutos depois que se adormece (e aproximadamente a cada noventa minutos depois disso, em ciclos regulares), as ondas cerebrais se aceleram de novo, quase atingindo níveis de vigília, embora a pessoa que está sendo monitorada permaneça dormindo[7]. Aserinsky e Kleitman chamaram esses curiosos estados de ativação cerebral de "sono paradoxal" – o paradoxo é que o cérebro está, do ponto de vista fisiológico, desperto, apesar de estar dormindo profundamente.

Várias outras coisas acontecem nesse estado peculiar. Os olhos se movem com rapidez (razão pela qual o sono paradoxal foi depois rebatizado de "movimento rápido dos olhos", ou sono REM), mas o corpo abaixo do pescoço fica temporariamente paralisado.

---

[6] Como o neurocientista Semir Zeki escreveu na época: "A maioria [de nós] se encolheria de horror ao pensar em investigar o que parece ser um problema tão impenetrável" (Zeki, 1993, p. 343).

[7] Aserinsky e Kleitman (1953).

Também há mudanças autonômicas drásticas, como a redução do controle da temperatura corporal basal e o ingurgitamento dos órgãos genitais, o que leva a ereções visíveis nos homens. Como a ciência conseguiu não perceber tudo isso até 1953 é impressionante.

Com base nessas observações, Aserinsky e Kleitman formularam uma hipótese adicional, não irracional: que o sono REM é a base fisiológica do estado psicológico chamado sonho. Dessa forma, previram que o despertar do sono REM geraria relatos de sonhos, enquanto o despertar do sono de ondas lentas (não REM) não. Junto com William Dement – um nome lamentável –, eles testaram essa previsão e a confirmaram: enquanto aproximadamente oitenta por cento dos despertares do sono REM produziam relatos de sonhos, o mesmo acontecia em dez por cento dos despertares do sono não REM. Daquele momento em diante, o sono REM foi considerado sinônimo de sonho[8]. Excelente notícia! O campo não precisava mais se preocupar com o sonho, porque agora havia um marcador objetivo dele, permitindo que os neurocientistas fizessem ciência adequada sem ter de lidar com as complicações metodológicas introduzidas por relatos verbais retrospectivos, de uma única testemunha, sobre experiências subjetivas fugazes.

Havia outro motivo para o campo ser grato por ter se livrado dos sonhos: o papel embaraçoso que eles haviam desempenhado no estabelecimento da psicanálise. Ao contrário das respostas convencionais à metafísica mente-corpo que caracterizou a ciência mental na segunda metade do século XX, os psicanalistas não tinham escrúpulos em tratar os relatos introspectivos como dados. De fato, os relatos obtidos por "associação livre" (amostragem não estruturada do fluxo de consciência) eram os principais dados da pesquisa psicanalítica. Usando esse método, Freud chegou à conclusão de que, apesar da aparência absurda das experiências oníricas "manifestas", seu conteúdo "latente" (a história subjacente, que

---

[8] Dement e Kleitman (1957).

ele inferiu das associações livres do sonhador) revelava uma função psicológica coerente. Essa função era a *realização de desejos*.

De acordo com Freud, o sonho é o que acontece quando as necessidades biológicas que geram o comportamento de vigília se liberam da inibição durante o sono. Os sonhos são tentativas de atender a essas necessidades, que continuam a nos demandar mesmo quando dormimos. Entretanto, eles fazem isso de forma alucinatória e, assim, permitem que permaneçamos dormindo (em vez de acordarmos para realmente satisfazer nossos impulsos). Como as alucinações são uma característica central das doenças mentais, Freud, em seu livro seminal *A interpretação dos sonhos* (1900), usou essa teoria para pintar um modelo abrangente de como a mente funciona em sua totalidade, na saúde e na doença.

Como Freud disse: "A psicanálise se baseia na análise dos sonhos."[9] Mas os sonhos, como vimos, são objetos incrivelmente difíceis de estudar de forma empírica e, portanto, os behavioristas os excluíram do campo da ciência. Além disso, o edifício teórico que Freud construiu sobre os sonhos não era melhor do que seus alicerces. O grande filósofo da ciência Karl Popper declarou que a teoria psicanalítica era "pseudocientífica", porque não dava origem a previsões experimentalmente falseáveis[10]. Como falsear a hipótese de que os sonhos expressam os desejos latentes que Freud inferiu? Se os desejos não precisam aparecer no sonho manifesto (relatado), qualquer sonho pode ser "interpretado" para atender às exigências da teoria. Não é de se surpreender, portanto, que, quando a descoberta do sono REM possibilitou aos neurocientistas passarem do material efêmero dos relatos de sonhos para seus correlatos fisiológicos concretos, os próprios sonhos foram abandonados como peixes escorregadios.

---

[9] Ver Freud (1912), p. 259: "Há um produto psíquico que pode ser encontrado nas pessoas mais normais e que, no entanto, apresenta uma analogia muito marcante com as produções mais fortes da insanidade, e não é mais inteligível para os filósofos do que a própria insanidade. Refiro-me aos sonhos. A psicanálise se baseia na análise dos sonhos; a interpretação dos sonhos é o trabalho mais completo que a jovem ciência realizou até o momento."

[10] Popper (1963).

A descoberta do sono REM, na década de 1950, desencadeou uma corrida para identificar sua base neurológica, já que sua função poderia revelar o mecanismo *objetivo* dos sonhos, cuja elucidação colocaria a psiquiatria da época em uma base científica mais respeitável. (Essa pesquisa foi facilitada em virtude do fato de que o sono REM ocorre em todos os mamíferos.) A corrida foi vencida por Michel Jouvet, em 1965. Em uma série de experimentos cirúrgicos em gatos, ele demonstrou que o sono REM era gerado não pelo prosencéfalo (que inclui o córtex, a camada superior do cérebro que é tão impressionantemente grande nos seres humanos e, em parte por essa razão, é considerado o órgão da mente), mas pelo tronco cerebral, uma estrutura, ao que parece, muito mais humilde e de origem evolutiva muito mais antiga[11]. Jouvet chegou a essa conclusão observando que cortes progressivos no cérebro, começando no topo e indo para baixo, só produziam perda do sono REM quando atingiam o nível de uma estrutura "inferior" do tronco cerebral conhecida como ponte (ver Figura 1)[12].

Coube a Allan Hobson, aluno de Jouvet, esclarecer os detalhes. Hobson identificou com precisão quais conjuntos de neurônios pontinos geravam o sono REM e, portanto, os sonhos. Em meados da década de 1970, tornou-se evidente que todo o ciclo de sono-vigília – incluindo todos os fenômenos do sono REM enumerados anteriormente, bem como os dos diferentes estágios do sono não

---

[11] Do ponto de vista estritamente anatômico, o tálamo não é considerado parte do tronco encefálico. Fisiologicamente, porém, alguns de seus núcleos "não específicos" fazem parte do sistema de ativação reticular; portanto, são agrupados com as funções do tronco encefálico (daí o termo "sistema de ativação retículo-talâmico estendido", ERTAS). Os núcleos talâmicos "específicos", que atuam principalmente como estações de retransmissão de sinais sensoriais, são agrupados com as funções do córtex. Neste livro, usarei os termos "tronco cerebral" e "córtex" sobretudo para designar a divisão funcional-anatômica entre a excitação do ERTAS e a representação talamocortical, respectivamente. Dessa forma, considerarei não apenas o tálamo e o hipotálamo "inespecíficos" como estruturas do tronco encefálico, mas também os núcleos basais do prosencéfalo. Para uma visão contemporânea do sistema de ativação retículo-talâmico estendido, ver Edlow *et al.* (2012).

[12] Jouvet (1965).

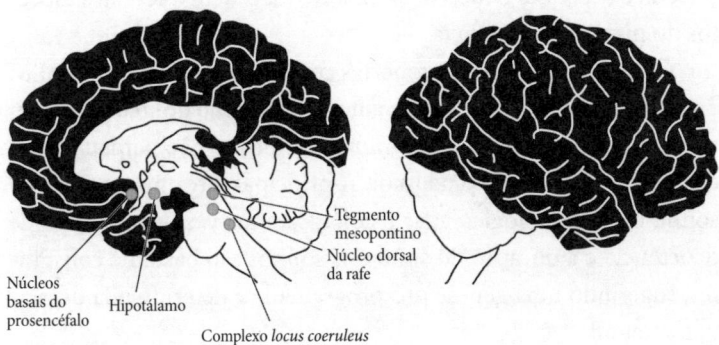

Figura 1. A imagem da esquerda é uma visão medial do cérebro (cortada no meio) e a da direita é uma visão lateral. A figura mostra o córtex (preto) e o tronco cerebral (branco). Apenas os núcleos do tronco encefálico considerados importantes para o controle do sono REM são indicados, a saber, o tegmento mesopontino, o núcleo dorsal da rafe e o complexo *locus coeruleus*. Também é mostrada a localização dos núcleos basais do prosencéfalo (abaixo do córtex) e do hipotálamo, cuja relevância será evidenciada posteriormente.

REM – era orquestrado por um pequeno número de núcleos do tronco cerebral que interagiam entre si[13].

Aqueles que controlam o sono REM se assemelham a uma simples chave liga-desliga. Os neurônios que *ligam* o REM são encontrados no tegmento mesopontino (ver Figura 1). Eles liberam um neurotransmissor chamado acetilcolina em todo o prosencéfalo. A acetilcolina causa excitação: ela aumenta o "nível" de consciência (por exemplo, é estimulada pela nicotina, o que ajuda na concentração). Os neurônios do tronco cerebral que *desligam* o sono REM estão localizados de forma mais profunda na ponte, na rafe dorsal e no complexo *locus coeruleus* (mais uma vez, ver Figura 1). Eles liberam serotonina e noradrenalina, respectivamente. Assim como

[13] Hobson, McCarley e Wyzinski (1975).

a acetilcolina, esses neurotransmissores modulam diferentes aspectos do nível de consciência.

Combinando essas descobertas com o fato de que o sono REM é ativado e desativado de forma automática, como um relógio, aproximadamente a cada noventa minutos, Hobson não perdeu tempo e chegou à inevitável conclusão: "A principal força motivadora do sonho não é psicológica, mas fisiológica, uma vez que o tempo de ocorrência e a duração do sono dos sonhos são bastante constantes, sugerindo uma gênese pré-programada e determinada de maneira neural."[14]

Dado que o sono REM surge do tronco cerebral colinérgico – uma parte antiga e modesta do cérebro, longe do majestoso córtex, no qual, ao que tudo indica, ocorre toda a ação da psicologia humana –, ele acrescentou que o sonho não poderia ser motivado por desejos; era "motivacionalmente neutro"[15]. Portanto, de acordo com Hobson, a visão de Freud de que os sonhos eram movidos por desejos latentes deveria estar completamente errada. O significado que Freud via nos sonhos não era mais intrínseco a eles do que às manchas de tinta. Era uma projeção; não estava no próprio sonho. Do ponto de vista científico, a interpretação dos sonhos não era melhor do que ler folhas de chá.

Como toda a psicanálise se baseava no método que Freud usava para estudar os sonhos, todos os ramos teóricos derivados dela poderiam, portanto, ser descartados. Após o trabalho de demolição que Hobson fez sobre a ideia de que os sonhos poderiam significar qualquer coisa, a psiquiatria conseguiria finalmente se afastar de sua dependência histórica de relatos introspectivos e, em vez disso, basear-se em métodos neurocientíficos objetivos (em especial neuroquímicos) de pesquisa e tratamento. Por consequência, enquanto na década de 1950 era quase impossível se tornar um professor titular de psiquiatria em uma importante universidade americana a

---

[14] McCarley e Hobson (1977), p. 1346.
[15] McCarley e Hobson (1977), p. 1219.

menos que você fosse um psicanalista, hoje o oposto é verdadeiro: é quase impossível se tornar um professor de psiquiatria se você é um psicanalista.

Nada disso me impressionou, em particular, na época. A questão central da minha pesquisa de doutorado parecia bastante simples e não estava de forma alguma envolvida nas batalhas sobre os legados do freudianismo e do behaviorismo. Tudo o que eu queria saber era o seguinte: como os danos a diferentes partes do prosencéfalo e de seu córtex afetam a experiência real de sonhar? Afinal de contas, se o prosencéfalo era onde estava a ação, psicologicamente falando, decerto ele devia fazer *alguma coisa* nos sonhos.

O departamento de neurocirurgia da Universidade de Witwatersrand tinha alas em dois hospitais-escola: o Hospital Baragwanath e o Hospital Geral de Johannesburgo. O Baragwanath era um amplo ex-hospital militar, localizado no município "não europeu" de Soweto. Levando em conta que isso ocorreu durante o auge do *apartheid* na África do Sul, era um mar de miséria humana. Por outro lado, o Hospital Geral de Johannesburgo, reservado para "europeus", era uma instituição acadêmica de última geração, um monumento à desigualdade racial. O departamento de neurocirurgia também tinha leitos na Unidade de Reabilitação do Cérebro e da Coluna Vertebral do Hospital Geral de Edenvale, que ficava em um antigo prédio colonial no subúrbio de Johannesburgo. A partir de 1985, trabalhei nos três locais, examinando centenas de pacientes por ano. Incluí 361 deles na minha pesquisa de doutorado, que se estendeu pelos cinco anos seguintes.

Depois de aprender a usar a tecnologia da eletroencefalografia e de outras tecnologias relacionadas, e a reconhecer as ondas cerebrais características associadas aos diferentes estágios do sono, eu estava apto a acordar as pessoas durante a fase REM, quando era mais provável que estivessem sonhando. Também perguntei aos pacientes neurológicos à beira do leito sobre as mudanças em seus sonhos e depois os acompanhei durante dias, semanas e meses. Foi assim que comecei a investigar se o conteúdo dos sonhos era sistematicamente afetado por danos localizados em diferentes partes do cérebro. Apesar da reputação duvidosa dos relatos de sonhos, assumi que, se os pacientes com lesões na mesma área do cérebro alegassem as mesmas mudanças no conteúdo dos sonhos, havia motivos para acreditar neles. Esse método é chamado de "correlação clínico-anatômica": ao sondar as capacidades psicológicas dos pacientes clinicamente, você observa como uma função mental foi alterada por danos a uma parte do cérebro; em seguida, você correlaciona essa alteração com o local do dano, descobrindo assim pistas sobre a função da estrutura cerebral danificada, o que leva a hipóteses testáveis. Décadas antes, o método fora aplicado de forma sistemática a todas as principais funções cognitivas, como percepção, memória e linguagem, mas ainda não ao sonho.

No início, fiquei um pouco desconfortável em conversar com pessoas com doenças graves sobre seus sonhos. Muitas delas estavam enfrentando – ou tinham acabado de passar por – uma cirurgia cerebral com risco de vida e, nessas circunstâncias, eu temia que elas considerassem minhas perguntas frívolas. Mas meus pacientes estavam surpreendentemente dispostos a descrever as mudanças em sua vida mental provocadas por doenças neurológicas.

Na época em que comecei minha pesquisa, haviam sido publicados vários relatos de casos em que o mesmo efeito observado em animais de laboratório fora demonstrado em seres humanos; nomeadamente, o sono REM tinha sido obliterado por danos ao tegmento mesopontino (ver Figura 1). Mas, de forma surpreendente, ninguém se preocupou em perguntar a esse pacientes sobre as mudanças em seus *sonhos*. Esse é o exemplo mais claro que se pode ter do preconceito contra dados subjetivos na neurociência[16].

---

[16] O único paciente que relatou perda de sonhos quase certamente sofreu danos muito além do tegmento mesopontino gerador de REM (devido a hemorragia subaracnóidea traumática; Lavie *et al.*, 1984). Portanto, era difícil associar as alterações em seus sonhos a qualquer região cerebral específica.

Em minha pesquisa, eu esperava encontrar o óbvio: que pacientes com danos ao córtex visual teriam sonhos não visuais; que pacientes com danos ao córtex da linguagem teriam sonhos não verbais; que pacientes com danos ao córtex somatossensorial e motor teriam sonhos hemiplégicos; e assim por diante. Trata-se dos abecês da correlação cérebro-comportamento. Essa era a lacuna que eu queria preencher e, felizmente, consegui[17].

Para minha surpresa, no entanto, além de todas as coisas óbvias que observei, descobri que os pacientes com danos à parte do cérebro que gera o sono REM *ainda sonhavam*. Além disso, os danos dos pacientes nos quais o sonho *fora* abolido se localizavam em uma parte completamente diferente do cérebro. O sonho e o sono REM eram, portanto, o que chamamos de fenômenos "duplamente dissociáveis"[18]. Eles estavam correlacionados (isto é, em geral ocorriam ao mesmo tempo), mas não eram a mesma coisa[19].

Por um período de quase cinquenta anos, em todo o campo da ciência do sono, os pesquisadores do cérebro confundiram correlação com identidade. Assim que estabeleceram que o sonho acompanhava o sono REM, eles chegaram à conclusão de que ambos eram a mesma coisa – e em seguida descartaram o incômodo lado subjetivo da correlação. Depois disso, com pouquíssimas exceções,

---

[17] Ver Solms (1997a) para uma descrição completa de minhas descobertas sobre lesão. Minha tese foi apresentada em 1991, mas só consegui publicá-la seis anos depois.

[18] Solms (2000a). O princípio da "dupla dissociação" na neuropsicologia nos permite esculpir as funções mentais em suas articulações: se o dano à área *X* (do cérebro) causar a perda da função *A*, mas não da função *B*, e o dano à área *Y* causar a perda da função *B*, mas não da função *A*, então as funções *A* e *B* não podem ser a mesma coisa. Em outras palavras, nesse caso, a função do sono REM e a função do sonho não podem ser as mesmas.

[19] Muitos outros fatos, além das minhas descobertas sobre lesão, apoiam essa conclusão. Por exemplo, há cinquenta por cento de chance de obter relatos de sonhos durante os primeiros minutos de sono (no estágio 2 descendente), muito antes do primeiro episódio REM. Da mesma forma, os sonhos que são completamente indistinguíveis dos sonhos REM ocorrem no sono não REM com frequência cada vez maior durante a fase matinal ascendente do ritmo diurno. Isso é chamado de "efeito do final da manhã". Além disso, embora o sonho seja muito mais frequente no sono REM do que no não REM, este é mais prevalente do que aquele. Como consequência, pelo menos um quarto de todos os sonhos ocorre no sono não REM. Ver Solms (2000a) para detalhes.

estudaram apenas o sono REM, em especial em animais de laboratório, que não podem fornecer relatos introspectivos. O erro só veio à tona quando comecei a me interessar pela neurociência da *experiência* dos sonhos em pacientes neurológicos.

Quando, no início da década de 1990, relatei pela primeira vez que o sonho era obliterado por danos a uma parte do cérebro diferente da parte que gera o sono REM, esforcei-me para enfatizar que a área crítica não estava no tronco cerebral[20]. Isso porque eu queria destacar a natureza mental do sonho, e todos nós sabíamos que as funções mentais residem no córtex.

De fato, encontrei duas áreas de lesão que causaram a perda do sonho com preservação do sono REM. A primeira foi no córtex, no lóbulo parietal inferior (ver Figura 2). Essa descoberta não foi surpreendente, pois o lobo parietal é importante para a memória de curto prazo. Se um paciente não consegue manter o conteúdo de sua memória na região da consciência, como ele pode ter um sonho? Muito mais interessante foi a segunda área do cérebro, ou seja, a substância branca do quadrante ventromedial dos lobos frontais, que conecta o córtex frontal a várias estruturas subcorticais. Essa descoberta foi inesperada; nada sobre as funções dessa parte do cérebro está obviamente ligado à experiência manifesta de sonhar e, ainda assim, ela deve contribuir com algo crucial para o processo, pois danos a essa área causaram, de forma confiável, a interrupção total do sonho.

Digo "de forma confiável" embora tenha relatado apenas nove casos de perda de sonhos entre meus pacientes com danos ao lobo frontal (e 44 casos do tipo de lesão parietal). Essas lesões são extremamente raras na prática clínica comum. No entanto, a correlação é confiável. Na primeira metade do século XX, a substância branca frontal ventromedial foi alvo de cirurgia em milhares de casos por meio de uma técnica conhecida como leucotomia pré-frontal modificada.

---

[20] Solms (1991, 1995).

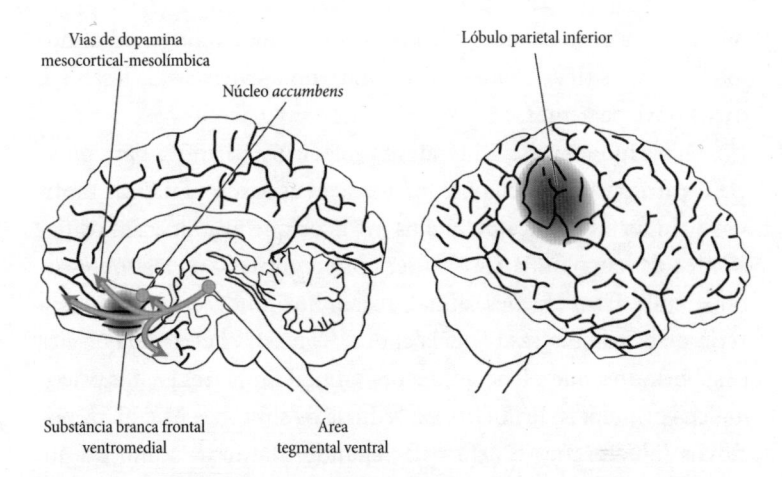

Figura 2. As duas áreas de lesão que levam à interrupção do sonho estão sombreadas nesta figura, a saber, a substância branca ventromedial do lobo frontal (à esquerda) e o lóbulo parietal inferior do córtex (à direita). Também na figura estão a área tegmental ventral do tronco cerebral e as principais vias de fibra que surgem a partir dela, ou seja, as vias de dopamina mesocortical-mesolímbica. Observação: o local da lesão no lobo frontal ventromedial envolve essas vias subcorticais, que passam por baixo do córtex, e não dentro dele. Um dos principais destinos dessas vias é o núcleo *accumbens*, que também é mostrado.

Os psiquiatras daquela época de empolgação descobriram que algumas doenças mentais graves poderiam ser atenuadas com a destruição cirúrgica completa dos lobos pré-frontais (tecnicamente conhecida como lobotomia frontal), mas também notaram que esse procedimento radical tinha muitos "efeitos colaterais" – como costumavam chamar com eufemismo. Assim, eles reduziram a extensão da lesão, tentando identificar qual era a menor parte dos lobos frontais que poderia ser desconectada do resto do cérebro ainda obtendo os resultados desejados. O procedimento modificado de Walter Freeman e James Watts foi a resposta. Ele exigia a inserção de uma pequena lâmina giratória através das órbitas oculares, que cortava a substância branca no quadrante ventromedial dos lobos frontais (leucotomia pré-frontal), no local exato da lesão em meus nove pacientes.

Desse modo, voltei à literatura psicocirúrgica antiga para ver se ela confirmava o que eu observava em meus casos[21]. Eu tinha motivos para ter esperança de que os médicos que examinaram os pacientes de leucotomia clássica teriam perguntado a eles sobre sonhos após as operações; afinal, os sonhos ainda eram levados a sério pelos psiquiatras naquela época. E eu estava certo. O que eles descobriram é que a leucotomia pré-frontal tinha três efeitos psicológicos principais. Primeiro, ela reduzia os sintomas psicóticos positivos (alucinações e delírios). Segundo, diminuía a motivação. Terceiro, causava a perda do sonho. De fato, um dos primeiros pesquisadores psicocirúrgicos chegou a sugerir que a preservação do sonho após a operação era um sinal de mau prognóstico[22].

Esse último ponto me ajudou a conjecturar qual dos muitos circuitos neurais no quadrante ventromedial dos lobos frontais seria o mais provável responsável pela perda do sonho. Ele também forneceu uma primeira dica de por que deveríamos encontrar o culpado nessa região inesperada do cérebro. O que são os sonhos senão alucinações e delírios? É por isso que seria um sinal de mau prognóstico se eles persistissem após a leucotomia.

Na verdade, o tratamento neurocirúrgico de alucinações e delírios não foi abandonado por motivos éticos; ele caiu em desuso quando se tornou evidente que resultados terapêuticos equivalentes poderiam ser obtidos com menos morbidade e mortalidade por meio do uso de alguns medicamentos que se tornaram amplamente disponíveis na década de 1950, os "grandes tranquilizantes". O que esses medicamentos faziam, e os "antipsicóticos" modernos ainda fazem, era bloquear a dopamina neuroquímica nos terminais de um circuito cerebral conhecido como sistema dopaminérgico me-

---

[21] Frank (1946, 1950), Partridge (1950).
[22] Schindler (1953).

socortical-mesolímbico (ver Figura 2). Como esse circuito é cortado na leucotomia pré-frontal, caso dos meus nove pacientes com danos naturais, levantei a hipótese de que esse poderia ser o sistema que gera os sonhos.

Outros experimentos confirmaram minha hipótese. Já havia sido estabelecido que a estimulação farmacológica desse circuito aumentava a frequência, a duração e a intensidade dos sonhos, sem efeitos proporcionais no sono REM[23]. A droga em questão era a levodopa, a mesma que Oliver Sacks havia usado para "despertar" seus pacientes pós-encefalíticos. Os neurologistas que usam estimulantes de dopamina para o tratamento da doença de Parkinson sabem há muito tempo que precisam ter cuidado para não levar seus pacientes à psicose, como fez Sacks, e a ocorrência de sonhos excepcionalmente vívidos costuma ser o primeiro sinal desse efeito colateral[24]. As observações cruciais subsequentes indicaram que os neurônios que constituem esse circuito (cujos corpos celulares estão localizados na área tegmental ventral) disparam em taxas máximas durante o sono dos sonhos[25] e, ao mesmo tempo, liberam dopamina em quantidades máximas para seus alvos no núcleo *accumbens* (ver Figura 2)[26]. Portanto, agora é amplamente aceito que o sonho pode ocorrer independentemente do sono REM e que o circuito mesocortical-mesolímbico da dopamina é, de fato, o principal impulsionador do sonho[27].

Danos às vias colinérgicas no quadrante ventromedial dos lobos frontais (que surgem dos núcleos basais do prosencéfalo, ver Figura 1) produzem o efeito oposto ao que acontece quando as vias dopaminérgicas são danificadas, ou seja, *mais* sonhos em vez de menos. Hobson havia afirmado que a acetilcolina era o gerador

---

[23] Hartmann *et al.* (1980).
[24] Sharf *et al.* (1978). Estudos posteriores mostraram que os antagonistas da dopamina têm o efeito oposto (Yu, 2007).
[25] Dahan *et al.* (2007).
[26] Léna *et al.* (2005).
[27] Solms (2011).

motivacionalmente neutro dos sonhos, mas o mesmo ocorre quando se bloqueia a acetilcolina de forma farmacológica, como acontece quando suas vias são danificadas. Hoje em dia, sabe-se que os medicamentos anticolinérgicos – bloqueadores da acetilcolina – causam sonhos *excessivos*[28]. Em outras palavras, o bloqueio do sistema neural que Hobson afirmava ser responsável pelos sonhos tem o efeito oposto ao que sua teoria previa.

Ficou claro muito rápido que a neurociência devia um pedido de desculpas a Freud. Se há uma parte do cérebro que pode ser considerada responsável pelos "desejos", é o circuito mesocortical-mesolímbico da dopamina. Ele é tudo menos motivacionalmente neutro. Edmund Rolls (e muitos outros) chama esse circuito de sistema de "recompensa" do cérebro[29]. Kent Berridge o chama de sistema de "desejo". Jaak Panksepp o chama de sistema de BUSCA e destaca seu papel na função de *forrageamento*[30]. Esse é o circuito cerebral responsável pelos "comportamentos exploratórios e de busca mais energizados que um animal é capaz de exibir"[31]. É também o circuito que impulsiona o sonho[32].

Hobson não gostou. Ele me convidou para apresentar minhas descobertas ao seu grupo de pesquisa no departamento de neurofisiologia de Harvard. Inicialmente, ele as aceitou e publicou uma resenha favorável do livro que escrevi sobre o assunto em 1997, observando que minhas descobertas clínico-anatômicas foram confirmadas até o último detalhe pelos estudos de neuroimagem de Allen

---

[28] Solms (2001).
[29] Esse é um nome ruim; um retrocesso aos tempos behavioristas. Há muitas variedades diferentes de "recompensa" (ou seja, prazer) no cérebro.
[30] Rolls (2014), Berridge (2003), Panksepp (1998).
[31] Panksepp (1998), p. 155.
[32] A atividade de BUSCA dopaminérgica (ao contrário de outras atividades monoaminérgicas) continua com o início do sono e é máxima durante o sono REM. Talvez não seja coincidência o fato de isso coincidir com movimentos sacádicos dos olhos. Os movimentos oculares em humanos, assim como o farejar e a contração dos bigodes em roedores, são um bom indicador da ativação de BUSCA (ver Panksepp, 1998).

Braun (ver Figura 3, p. 37)[33]. Em seguida, percebeu que esses desenvolvimentos poderiam justificar uma perspectiva amplamente freudiana sobre os sonhos e, então, escreveu-me dizendo que estava disposto a endossar minhas descobertas de forma pública com a condição de que eu não afirmasse que elas apoiavam Freud. Isso é o que acontece com a suposta objetividade da neuropsicologia.

No entanto, havia outro aspecto muito surpreendente em minha descoberta. Quando me deparei com ela pela primeira vez, não prestei muita atenção ao fato de que os neurônios que acionam esse circuito estão localizados no *tronco cerebral* (como os dos circuitos que geram o sono REM). Como eu disse, queria enfatizar a natureza mental do sonho. Meu descuido teve de ser educadamente apontado por Allen Braun, o criador de imagens cerebrais que acabamos de mencionar. No contexto da discordância científica entre mim e Hobson sobre quais circuitos cerebrais conduzem o processo do sonho (dopaminérgico ou colinérgico), Braun escreveu:

> O curioso é que, depois de argumentar que as estruturas do prosencéfalo devem desempenhar um papel fundamental no sistema de sonhos, Solms acaba sugerindo que são as aferências dopaminérgicas a essas regiões que [geram sonhos] – *colocando, assim, o instigador do sonho de volta no tronco cerebral.*[34]

E concluiu: "Parece-me que esses senhores estão se aproximando de um terreno comum."[35] Na década de 1990, eu, assim como o resto da neuropsicologia, achava que o córtex era onde estava toda a ação psicológica, então me concentrei no fato de que os tratos de substância branca que me interessavam estavam nos lobos frontais, que é onde o dano em meus nove casos estava localizado. Mas todos os núcleos centrais do tronco cerebral enviam longos axônios para cima, para o prosencéfalo (ver Figura 2). Os corpos celulares desses

---

[33] Pace-Schott e Hobson (1998).
[34] Braun (1999), p. 196.
[35] *Ibid.*, p. 201.

neurônios estão localizados no tronco encefálico, embora suas fibras de saída (os axônios) terminem no córtex. Isso sustenta a principal função de *excitação* desses núcleos do tronco cerebral, conhecidos coletivamente como sistema de ativação reticular. Essas vias de ativação são as que foram danificadas em meus nove pacientes e nas centenas de pacientes documentados com leucotomia e sem sonhos que os precederam.

A partir de 1999, em parte motivado pelos comentários de Braun sobre as implicações de minha descoberta, direcionei minha atenção para os outros sistemas de excitação do tronco cerebral. O trabalho mais interessante nessa área estava sendo feito por Jaak Panksepp, cujo livro enciclopédico *Affective Neuroscience* [Neurociência afetiva] (1998) apresentava em detalhes primorosos uma vasta gama de evidências a respeito de sua visão de que esses sistemas supostamente irracionais, responsáveis por regular apenas o "nível" de consciência, geravam um "conteúdo" próprio.

Isso acabaria sendo muito significativo.

Capítulo 2

Antes e depois de Freud

Em 1987, tomei outra decisão que me pôs em desacordo com o restante da minha área. Decidi me formar psicanalista[1]. Minhas descobertas de então sobre os sonhos me convenceram de que os relatos subjetivos tinham um papel vital a desempenhar na neuropsicologia e que a oposição desse campo de pesquisa a Freud havia nos conduzido ao erro em mais de um aspecto. Mas os resultados de minha pesquisa não foram o fator decisivo.

O que me fez optar por isso foi um seminário do qual participei na Universidade de Witwatersrand, em meados da década de 1980, conduzido por um professor de literatura comparada chamado Jean-Pierre de la Porte. O seminário tratava da obra *A interpretação dos sonhos*, livro sobre o qual eu tinha curiosidade, em função da minha pesquisa de doutorado. Como todo mundo naquela época, eu era cético em relação a Freud. Desde a graduação, havia aprendido que a psicanálise era uma "pseudociência". Ninguém nas ciências ditas exatas levava Freud a sério, o que com certeza explica o motivo pelo qual o seminário foi realizado em um departamento de humanidades. A razão que me levou a participar foi: Freud estava disposto a falar sobre o *conteúdo* dos sonhos, o tópico da minha pesquisa.

De la Porte explicou que não era possível entender as conclusões teóricas de Freud sem antes digerir um manuscrito anterior

---
[1] Fui aceito na época, mas só iniciei de fato o treinamento em 1989.

dele, escrito em 1895, mas publicado somente na década de 1950, após sua morte. Esse manuscrito foi intitulado "Projeto para uma psicologia científica"[2]. Nele, Freud tentou colocar suas primeiras percepções sobre a mente em uma base neurocientífica.

Ao fazer isso, ele estava seguindo os passos de seu grande professor, o fisiologista Ernst von Brücke, membro fundador da Sociedade de Física de Berlim. A missão dessa sociedade foi formulada da seguinte forma por Emil du Bois-Reymond, em 1842:

> Brücke e eu fizemos um juramento solene para pôr em prática esta verdade: "Nenhuma outra força além das forças físicas e químicas comuns está ativa no organismo. Nos casos que não podem ser explicados por essas forças, é preciso encontrar o modo ou a forma específica de sua ação por meio do método físico-matemático ou assumir novas forças iguais em dignidade às forças físico-químicas inerentes à matéria, redutíveis às forças de atração e repulsão."[3]

Seu querido professor Johannes Müller havia perguntado como e por que a vida orgânica difere da matéria inorgânica. E concluiu que "os organismos vivos são fundamentalmente diferentes das entidades não vivas porque contêm algum elemento não físico ou são regidos por princípios diferentes daqueles das coisas inanimadas"[4]. Em resumo, de acordo com Müller, os organismos vivos possuem uma "energia vital" ou "força vital" que as leis fisiológicas não podem explicar. Ele defendia a opinião de que as criaturas vivas não podem ser reduzidas aos mecanismos fisiológicos que as com-

---

[2] Na verdade, Freud não deu um título a esse manuscrito; o título foi inventado por seus tradutores ingleses. Em sua correspondência com Wilhelm Fliess, Freud o chamou de "Psicologia para neurologistas", "Esboço de uma psicologia" e "A psicologia".
[3] Carta a Hallmann (1842), publicada em Du Bois-Reymond (1918), p. 108. Também frequentemente citado é o prefácio de Du Bois-Reymond para seu Über die Lebenskraft [Sobre a força vital] (1848-84, pp. xliii-iv): "Não há novas forças em operação nos organismos e em suas partículas nem forças que não estejam também em operação fora deles. Tampouco há forças que mereçam o nome de 'força vital'. A separação entre as chamadas naturezas orgânica e inorgânica é completamente arbitrária."
[4] Bechtel e Richardson (1998).

põem, pois são seres indivisíveis com *objetivos* e *propósitos*, o que atribuía ao fato de possuírem uma alma. Considerando que a palavra alemã *Seele* pode ser traduzida como "alma" ou "mente"[5], a discordância entre Müller e seus alunos tem uma semelhança impressionante com o debate que ocorre em nosso tempo entre filósofos como Thomas Nagel e Daniel Dennett, que refletem sobre se a *consciência* pode ser reduzida às leis da física (Nagel afirma que não, Dennett afirma que sim).

Minha surpresa, ao participar do seminário de De la Porte, foi saber que Freud – o pesquisador pioneiro da subjetividade humana – havia se alinhado não com o vitalismo de Müller, mas com o fisicalismo de Brücke. Como ele escreveu nas linhas iniciais de seu "Projeto": "A intenção é promover uma psicologia que seja uma ciência natural, isto é, representar os processos psíquicos como estados quantitativamente determinados de partículas materiais especificáveis, tornando assim esses processos claros e livres de contradição."[6]

Eu não tinha me dado conta de que Freud era um neurocientista. Aprendi então que ele só abandonou, com certa relutância, os métodos neurológicos de investigação quando lhe ficou claro, em algum momento entre 1895 e 1900, que esses métodos então disponíveis não estavam à altura da tarefa de revelar a base fisiológica da mente.

No entanto, a mudança de opinião de Freud criou uma compensação importante. Esse gesto o forçou a olhar com mais atenção para os fenômenos psicológicos em si e a elucidar os mecanismos funcionais que os sustentavam. Assim, deu-se origem ao modo de investigação psicológica que ele passou a chamar de "psicanálise". Seu pressuposto fundamental era que os fenômenos subjetivos manifestos (hoje chamados de "explícitos" ou "declarativos") têm causas latentes (hoje chamadas de "implícitas" ou "não declarativas").

---

[5] Ver minha discussão sobre esse termo em Solms (no prelo).
[6] Freud (1950b), p. 295.

Ou seja, Freud argumentou que a sequência errática de nossos pensamentos conscientes só pode ser explicada se assumirmos ligações intervenientes implícitas das quais não temos conhecimento. Isso originou a noção de funções mentais latentes e, por sua vez, à famosa conjectura de Freud sobre a intencionalidade "inconsciente".

Como não havia, na virada do século XIX, métodos disponíveis para investigar a fisiologia dos eventos mentais inconscientes, seus mecanismos só podiam ser inferidos a partir da observação clínica. O que Freud aprendeu dessa forma deu origem à sua segunda afirmação fundamental. Ele observou que os pacientes adotavam uma atitude nada indiferente em relação às suas intenções inconscientes inferidas; parecia ser mais uma questão de *não querer* do que de não conseguir tomar consciência delas. Ele chamou essa tendência de "resistência", "censura", "defesa" e "recalque", e observou que ela evita o sofrimento emocional. Isso, por sua vez, revelou o papel fundamental que os *sentimentos* desempenham na vida mental e como eles sustentam todos os tipos de preconceitos egoístas. Essas descobertas (hoje óbvias) mostraram a Freud que algumas das principais forças motivadoras da vida mental são não apenas inteiramente subjetivas, mas também inconscientes. A investigação sistemática dessas forças o levou à sua terceira afirmação fundamental. Ele concluiu que, em última análise, o que sustentava os sentimentos eram as necessidades corporais; que a vida mental humana, assim como a dos animais, era *impulsionada* pelos imperativos biológicos de sobrevivência e reprodução. Esses imperativos, para Freud, proporcionaram a ligação entre a mente que sente e o corpo físico.

Freud adotou uma abordagem notavelmente sutil para a relação mente-corpo. Ele percebeu que os fenômenos psicológicos que estudava não eram redutíveis de forma direta aos fenômenos fisiológicos. Já em 1891, argumentou que não era possível atribuir sintomas psicológicos a processos neurofisiológicos sem antes reduzir os fenômenos psicológicos e fisiológicos relevantes (ambos os lados da equação) às suas respectivas *funções* subjacentes. Conforme observado antes em relação ao processamento de informações, as funções podem ser executadas em vários substratos[7]. Freud argumentou que apenas a psicologia e a fisiologia podem ser reconciliadas com base na função comum. Seu objetivo era explicar os fenômenos psicológicos por meio de leis funcionais "metapsicológicas" (o termo significa "além da psicologia")[8]. A tentativa de pular esse nível funcional de análise, saltando diretamente da psicologia para a fisiologia, é hoje chamada de falácia localizacionista[9].

É evidente que, para Freud, se não para seus seguidores, a psicanálise foi concebida como uma etapa intermediária. Embora sua busca, desde o início, tenha sido discernir as leis que sustentam nossa rica vida interior de experiência subjetiva, a vida mental continuou sendo um problema *biológico* para ele[10]. Como escreveu em 1914: "todas as nossas ideias provisórias em psicologia, em princí-

---

[7] A prioridade de Freud na formulação da posição "funcionalista" não é amplamente reconhecida (Freud, 1900, p. 536): "Tentamos tornar inteligíveis as complicações do funcionamento mental dissecando a função e atribuindo seus diferentes constituintes a diferentes partes componentes do aparelho. Até onde sei, ainda não foi realizado o experimento de usar esse método de dissecação para investigar a maneira pela qual o instrumento mental é montado, e não vejo nenhum mal nisso." Cf. Shallice (1988).

[8] Quando Freud introduziu esse curioso termo, explicou que ele se refere a um nível de explicação que incorpora tanto a psicologia quanto a biologia (carta a Fliess de 10 de março de 1898; Freud, 1950a). Como Freud escreveu certa vez a Georg Groddeck: "O inconsciente é o elo perdido, há muito procurado, entre o físico e o mental" (carta de 5 de junho de 1917). Ver Solms (2000b). Ver também minha apresentação em uma reunião da Academia de Ciências de Nova York realizada para comemorar o centenário do "Projeto" de Freud (Solms, 1998). O grande Karl Pribram falou nessa reunião. Nela também conheci o pioneiro neurofisiologista Joseph Bogen. Lembro-me bem dele dizendo de forma casual que a consciência era gerada pelos núcleos intralaminares do tálamo. Foi a primeira vez que ouvi alguém sugerir que o córtex não era intrinsecamente consciente. Ver Bogen (1995).

[9] A crítica de Freud (1891) ao localizacionismo lançou as bases para a abordagem de "sistemas funcionais" que dominou a neuropsicologia posterior e, depois, o cognitivismo. Discuti essa questão em detalhes em Solms e Saling (1986) e Solms (2000b).

[10] Daí o título do livro de Sulloway (1979), *Freud: Biologist of the Mind* [Freud: biólogo da mente].

pio, um dia serão colocadas em uma base orgânica"[11]. Portanto, ele antecipou com entusiasmo o dia em que a psicanálise se uniria mais uma vez à neurociência:

> A biologia é realmente uma terra de possibilidades ilimitadas. Podemos esperar que ela nos forneça as informações mais surpreendentes, e não podemos adivinhar quais respostas ela nos dará em algumas dezenas de anos. [...] Elas podem ser de um tipo que destruirá toda a nossa estrutura artificial de hipóteses.[12]

Esse não era o Freud extremamente especulativo que eu havia estudado durante minha graduação. O "Projeto" foi uma revelação para mim, como havia sido para o próprio Freud. Na época, ele escreveu para seu amigo Wilhelm Fliess:

> No decorrer de uma noite agitada [...] as barreiras foram subitamente levantadas, os véus caíram e foi possível enxergar desde os detalhes das neuroses até os determinantes da consciência. Tudo parecia se encaixar, as engrenagens estavam em ordem, a coisa dava a impressão de que era de fato uma máquina e logo funcionaria por si mesma.[13]

Mas a euforia durou pouco tempo. Um mês depois, ele escreveu: "Não consigo mais entender o estado de espírito em que criei a 'Psicologia'; não consigo entender como cheguei a infligi-la a você."[14] Desprovido de métodos neurocientíficos apropriados, Freud se baseou em "imaginações, transposições e suposições" para traduzir suas inferências clínicas primeiro em termos funcionais e depois em termos fisiológicos e anatômicos[15]. Depois de uma tentativa final de revisão (contida em uma longa carta que ele enviou a Fliess em 1º de

---

[11] Freud (1914), p. 78.
[12] Freud (1920), p. 83.
[13] Carta a Fliess de 20 de outubro de 1895.
[14] Carta a Fliess de 29 de novembro de 1895.
[15] Carta a Fliess de 25 de maio de 1895.

janeiro de 1896), o "Projeto" desapareceu de vista até seu ressurgimento, cerca de cinquenta anos depois. Mas as ideias contidas nele (seu "fantasma oculto", de acordo com o tradutor de Freud para o inglês, James Strachey) assombraram toda a sua teorização psicanalítica – aguardando o progresso científico futuro[16].

O "Projeto" continha duas ideias que se destacam à luz das descobertas contemporâneas. Em primeiro lugar, o prosencéfalo é um "gânglio simpático" que monitora e regula as necessidades do corpo. Em segundo lugar, essas necessidades são a força motriz da vida mental, "o motor do mecanismo psíquico"[17]. Sem nenhuma compreensão neurobiológica de como essas necessidades corporais são reguladas no cérebro – e muito menos de como elas poderiam ser explicadas "por meio do método físico-matemático" –, Freud não teve escolha a não ser "assumir novas forças iguais em dignidade às forças físico-químicas inerentes à matéria" se quisesse permanecer fiel aos ideais da Sociedade de Física de Berlim. Essas eram as forças que ele chamou de "metapsicológicas", aquelas que *estão por trás* dos fenômenos psicológicos. Ele esclareceu que queria "transformar a metafísica em metapsicologia"[18]. Em outras palavras, Freud queria substituir a filosofia pela ciência – uma ciência da subjetividade. Ele pediu que não julgássemos com muita severidade suas inferências especulativas sobre processos mentais latentes:

> Isso se deve apenas ao fato de sermos obrigados a operar com os termos científicos, ou seja, com a linguagem figurativa, peculiar à psicologia (ou, para ser mais preciso, à psicologia profunda). De outra forma, não poderíamos descrever os processos em questão e, de fato, não poderíamos nem mesmo tomar consciência deles. As

---

[16] Atualmente, estou preparando uma tradução para o inglês das obras neurocientíficas completas de Freud (*The Complete Neuroscientific Works of Sigmund Freud*), em 4 volumes. Ver também minha revisão das traduções de Strachey: *The Revised Standard Edition of the Complete Psychological Works of Sigmund Freud* (24 volumes).
[17] Freud (1950b), pp. 303 e 316. Muitos anos antes de Freud, Baruch Espinosa escreveu: "o desejo é a própria natureza ou essência de uma pessoa".
[18] Freud (1901), p. 259.

deficiências em nossa descrição provavelmente desapareceriam se já estivéssemos em condições de substituir os termos psicológicos por termos fisiológicos e químicos.[19]

Entre as novas forças que Freud foi obrigado a inferir, a principal foi o conceito de "pulsão", que ele definiu como "o representante psíquico dos estímulos originados no interior do organismo e que chegam à mente, como *uma medida da demanda de trabalho feita* à *mente* em consequência de sua conexão com o corpo"[20].

A noção de Freud de "pulsão" – que ele considerava ser a fonte de toda a "energia psíquica" – não era diferente da "energia vital" de Müller, mas estava enraizada nas necessidades corporais. Freud descreveu os mecanismos causais pelos quais as pulsões se transformam em cognição intencional como uma "economia de força nervosa"[21]. Ainda assim, ele admitiu abertamente ser "incapaz por completo de formar uma concepção" de como as necessidades corporais se transformam em energia mental[22].

Quando li essas palavras cerca de um século depois, percebi que havia chegado o momento de "substituir os termos psicológicos por termos fisiológicos e químicos". Por exemplo, a força motriz por trás dos sonhos, que era "latente" nos relatos subjetivos dos pacientes de Freud e cuja existência era, portanto, considerada infalseável, era claramente "manifesta" na evidência objetiva obtida por métodos fisiológicos *in vivo* modernos que não estavam disponíveis na época de Freud. Considere, por exemplo, as imagens da Figura 3, derivadas da tomografia por emissão de pósitrons[23], que

---

[19] Freud (1920), p. 60.
[20] Freud (1915a), pp. 121-2, grifo nosso.
[21] Carta a Fliess de 25 de maio de 1895.
[22] Freud (1940), p. 197.
[23] Esta figura foi adaptada de Braun *et al.* (1997). O estudo de Braun foi puramente descritivo. Suas descobertas são compatíveis com a teoria de Freud, mas não a confirmam com experiências porque não testaram nenhuma previsão derivada dela. No entanto, uma aluna minha (Catherine Cameron-Dow, 2012) recentemente testou a teoria de Freud no sentido de que os sonhos protegem o sono. Sua confirmação da hipótese está

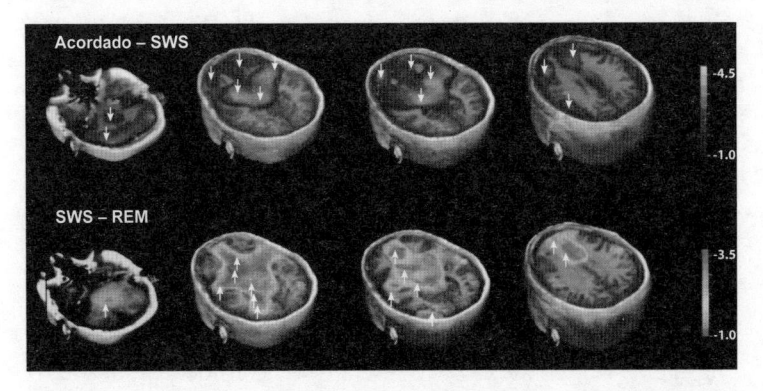

Figura 3. As fileiras horizontais mostram cortes progressivamente maiores no cérebro (da esquerda para a direita). A fileira de cima mostra a diferença entre o cérebro acordado e o cérebro adormecido, com a área sombreada representando a *diminuição* da ativação cortical com o início do sono; a fileira de baixo mostra a diferença entre o sono REM e o sono não REM (de ondas lentas – *slow-wave sleep*, SWS), com a área destacada representando o *aumento* da ativação subcortical com o início do REM. A área de maior ativação é onde o sistema de BUSCA está localizado.

mostram claramente que o circuito "desejoso" de BUSCA se ilumina como uma árvore de Natal durante o sono dos sonhos, enquanto os lobos pré-frontais inibitórios estão essencialmente desligados. Com base nessas descobertas, quando Hobson e eu fomos convidados a debater a credibilidade científica da teoria do sonho freudiano na conferência "A ciência da consciência" de 2006, nossos colegas votaram 2-1 a favor da viabilidade da teoria mais uma vez[24].

O "eu" subjetivo nunca foi excluído da psicanálise, apesar de todos os seus defeitos. Ele ocupava um lugar de destaque, por mais

---

sendo acompanhada em um estudo maior pela minha colega Tamara Fischmann em Berlim.

[24] A propósito, o debate foi presidido por ninguém menos que David Chalmers. O resultado reverteu uma votação de 1978 que se seguiu a uma apresentação feita por Hobson de sua teoria da "ativação-síntese" para os membros reunidos da Associação Americana de Psiquiatria.

embaraçoso que pudesse ser para o restante da ciência. Muitos colegas cientistas me aconselharam a não associar o que eu estava fazendo à psicanálise, dada a bagagem histórica que a palavra carregava. Eles disseram que era como um astrônomo se associar à astrologia. Mas eu considerava desonestidade intelectual não dar a Freud o devido valor. Não importa o grau de incompletude com que ele atingiu seus objetivos: eram claramente os *objetivos corretos* para uma ciência da mente. Por isso, chamei minha abordagem de "neuropsicanálise". Eu disse que a neuropsicologia que me foi ensinada poderia muito bem ter sido chamada de neurobehaviorismo, tal era sua atitude em relação à subjetividade. Queria deixar claro que a neuropsicologia que eu estava desenvolvendo se baseava na experiência vivida. Nesse sentido, depois de escrever um artigo programático sobre a relação entre a psicanálise e a neurociência, comecei a trabalhar[25].

Mudei-me para Londres em 1989 para fazer um treinamento psicanalítico. Para continuar minha pesquisa e trabalho clínico, assumi simultaneamente o cargo de professor honorário de neurocirurgia na Escola de Medicina do Hospital Real de Londres. Tive o prazer de seguir sua grande tradição neurológica: em meados do século XIX, John Hughlings Jackson, o pai fundador da neurologia e da neuropsicologia britânicas, foi médico na instituição. O hospital estava localizado em Whitechapel, uma área que tem sido um ímã para imigrantes há séculos e que, portanto, sempre atendeu comunidades vulneráveis. Ele me lembrava o Hospital Baragwanath, em Soweto. Parecia um lar longe de casa.

No início da década de 1990, um colega neurocirurgião da África do Sul me encaminhou o Sr. S, um paciente no qual, dez meses antes, ele havia realizado uma operação para remover um tumor que estava crescendo sob os lobos frontais do cérebro e deslocando os nervos ópticos. O Sr. S havia sofrido uma pequena hemorragia durante a operação, que interrompeu o suprimento de sangue para

---

[25] Solms e Saling (1986).

o prosencéfalo basal (ver Figura 1). Os núcleos basais do prosencéfalo transmitem acetilcolina a várias estruturas corticais e subcorticais envolvidas na recuperação de memórias de longo prazo. Acredita-se que essas vias colinérgicas interajam com as vias dopaminérgicas (ver Figura 2), sendo as últimas o chamado sistema de recompensa que ativa os comportamentos de "busca", não apenas em relação às ações físicas no mundo externo, mas também em relação ao mundo interno das representações, as ações imaginárias que surgem no pensamento e nos sonhos[26]. Como resultado de sua hemorragia, o Sr. S acordou da cirurgia com uma síndrome amnésica profunda, conhecida como psicose de Korsakoff, cuja característica central é um estado semelhante a um sonho chamado confabulação. Sua memória para eventos recentes estava profundamente desordenada, de tal forma que ele recuperava falsas lembranças com constância. Esse déficit de *busca* já é incapacitante por si só, mas na amnésia confabulatória ele é agravado pelo fato de que os pacientes não *monitoram* adequadamente a confiabilidade das lembranças que recuperam de forma errônea e, portanto, tratam-nas como se fossem verdadeiras, quando claramente não são.

Por exemplo, o Sr. S achava que estava em Johannesburgo (sua cidade natal), mas na verdade tinha acabado de viajar a Londres para se consultar comigo. Ele não se lembrava da viagem. Quando o corrigi a esse respeito, insistiu que não poderia estar em Londres. Por isso, pedi que ele olhasse pela janela, pois estava nevando, o que nunca acontece em Johannesburgo. Ele pareceu chocado no começo, mas depois se recompôs e retrucou: "Não, eu *sei* que estou em Jo'burg; só porque você está comendo pizza, não significa que está na Itália."

O Sr. S era um engenheiro elétrico de 56 anos. Eu o atendia em meu ambulatório seis vezes por semana, na tentativa de orientá-lo e ajudá-lo a ter alguma noção de como sua memória estava falhando. Embora eu o atendesse no mesmo horário e local todos os dias,

---

[26] Ver Braun (1999).

ele nunca me reconheceu como seu terapeuta de uma sessão para a outra. Aparentemente, ele conhecia meu rosto, mas sempre me confundia com outra pessoa que ele havia conhecido em um contexto diferente – na maior parte das vezes, um colega de engenharia que estava trabalhando com ele em algum problema eletrônico ou um cliente que buscava ajuda profissional. Em outras palavras, o Sr. S me tratava como se eu estivesse precisando da ajuda dele, não o contrário. Outro equívoco frequente consistia em achar que nós dois éramos estudantes universitários, tomando um drinque juntos após alguma atividade esportiva (uma competição de remo ou uma partida de rúgbi). Eu era jovem o suficiente na época para que isso fosse plausível, mas o Sr. S não era estudante havia mais de trinta anos.

Depois de cada sessão clínica, eu consultava sua esposa para contextualizar seus erros de memória e tentar estabelecer seus significados. Essa era a principal diferença entre a abordagem que eu estava adotando e a abordagem mais tradicional que meus colegas adotavam para a "reabilitação cognitiva". Enquanto os neuropsicólogos convencionais se preocupam com o *grau* de distúrbio de memória, medido do ponto de vista da terceira pessoa, eu estava mais interessado no *conteúdo* subjetivo dos erros do Sr. S., entendido do ponto de vista da primeira pessoa. Parti do pressuposto de que o significado pessoal dos eventos que surgiam de forma compulsiva na sua mente, no lugar das memórias que ele estava procurando, lançaria alguma luz sobre o mecanismo dessas confabulações e, assim, abriria novos caminhos para influenciá-las. Então, nas reuniões com sua esposa, por exemplo, eu queria saber se o Sr. S realmente fazia parte de equipes de remo e rúgbi quando era estudante e se efetivamente fornecia ajuda profissional para problemas eletrônicos.

Dois fatos que aprendi com isso são relevantes para entender suas confabulações. Primeiro, que ele tinha problemas crônicos nos dentes – problemas que acabaram sendo tratados (com sucesso) com implantes dentários – e, segundo que sofria de arritmia cardíaca, controlada por um marca-passo.

Selecionei uma pequena transcrição de uma gravação de áudio dos primeiros minutos da décima sessão que tive com o Sr. S. Escolhi esse trecho específico porque, quando fui buscá-lo na sala de espera naquele dia, ele pareceu reconhecer de forma breve (pela primeira vez) quem eu era e por que estava se consultando comigo. Quando entrei na sala de espera, ele tocou a cicatriz da craniotomia no alto da cabeça e disse: "Oi, doutor."

Eu esperava tirar algum proveito desse vislumbre de percepção, se é que era isso mesmo, quando nos sentamos em meu consultório.

Eu: Você tocou sua cabeça quando nos encontramos na sala de espera.

Sr. S: Acho que o problema é que falta um cartucho. Precisamos… só precisamos das especificações. O que era mesmo? Um C49? Devemos encomendá-lo?

Eu: O que faz um cartucho C49?

Sr. S: Memória. É um cartucho de memória; um implante de memória. Mas eu nunca entendi muito bem isso. Na verdade, não tenho usado há uns cinco ou seis meses. Parece que realmente não precisamos disso. Um médico o retirou. Qual é o nome dele? Dr. Solms, acho. Mas parece que realmente não preciso disso. Os implantes funcionam bem.

Eu: Você está ciente de que algo está errado com a sua memória, mas…

Sr. S: Sim, não está funcionando cem por cento, mas não precisamos de fato disso – só estavam faltando algumas batidas. A análise mostrou que estava faltando algo com C ou C09. Denise [sua primeira esposa] me trouxe aqui para ver um médico. Qual é o nome dele mesmo? Dr. Solms ou algo assim. E ele fez uma daquelas coisas de transplante de coração, e agora está funcionando bem; nunca perde o ritmo.

Eu: Você está ciente de que algo está errado. Algumas memórias estão faltando, e é claro que isso é preocupante. Você espera que eu

possa consertar, assim como outros médicos consertaram os problemas com seus dentes e coração. Mas você quer tanto isso que está tendo dificuldade em aceitar que ainda não está resolvido.
Sr. S: Ah, entendi. Sim, não está funcionando cem por cento. [Ele toca a cabeça.] Eu levei um golpe na cabeça. Saí do campo por alguns minutos. Mas agora está tudo bem. Acho que eu não deveria voltar, mas você me conhece, não gosto de desistir. Então, perguntei a Tim Noakes [um renomado médico esportivo sul-africano] – tenho seguro, você sabe, então por que não usar, por que não ir ao melhor – e ele disse: "Tudo bem, continue jogando."

Vou interromper nesse ponto. Deve ser bastante fácil reconhecer os distúrbios puramente cognitivos de busca e monitoramento da memória que mencionei antes. Quando o Sr. S me viu entrando na sala de espera para aquela décima sessão, minha aparência evocou nele uma série de associações – relacionadas a médicos, sua cabeça, memória perdida, procedimentos cirúrgicos e coisas do gênero. Contudo, em cada um desses casos, ele não recuperou a memória-alvo que estava procurando; em vez disso, encontrou o que pode ser caracterizado como quase-erros (*near misses*) – memórias que estavam nas mesmas categorias semânticas amplas das memórias-alvo que ele buscava, mas que se apresentavam deslocadas no espaço e no tempo. Assim, a ideia de um "médico" evocou associações relativas ao neurocirurgião e a um famoso profissional de medicina esportiva em vez de seu alvo, eu; a ideia de "cabeça" evocou um incidente de concussão em vez de um tumor cerebral; "memória perdida" evocou um cartucho eletrônico em vez de sua amnésia; "procedimentos cirúrgicos" evocou seus procedimentos odontológicos e cardiológicos anteriores em vez da recente cirurgia cerebral, e assim por diante. Também é fácil ver o déficit de monitoramento: o Sr. S aceitou a veracidade de suas memórias equivocadas com muita facilidade. O fato de ele se sentir como um estudante de vinte e poucos anos em um campo de rúgbi (apesar de todas as evidências em contrário) é um exemplo óbvio disso. Outro é sua crença de que ainda estava em Johannesburgo.

Mas, quando as confabulações do Sr. S são consideradas do ponto de vista *subjetivo*, surgem fatos adicionais. Imagine como é *perceber* de repente que você não reconhece o médico que acabou de entrar na sala, embora ele pareça ser o responsável pelo seu tratamento; que você não sabe em que sala (ou mesmo em que cidade) está; que tem uma cicatriz enorme no topo da cabeça e não sabe de onde ela veio; que – na verdade – você não se lembra do que aconteceu há apenas dois minutos, muito menos dos dias e meses anteriores ao momento atual. Você provavelmente sentiria algo parecido com *pânico*, imaginando se esse médico teria realizado uma operação em sua cabeça que fez com que você não se lembrasse mais de nada de um momento para o outro. É assim que os mecanismos de busca e monitoramento de memória ausentes são sentidos pelo sujeito intencional da mente – pelo eu vivo.

Agora, observe o que o Sr. S fez em consequência desses sentimentos (em outras palavras, observe quais efeitos causais eles tiveram em sua cognição). Ao perceber que seu "cartucho de memória" está faltando, ele (de forma delirante) garante a si mesmo que *basta encomendar um novo*. Não totalmente convencido de sua própria segurança, ele muda de ideia. Na verdade, *não é necessário o cartucho*, é possível passar bem sem ele, e o Sr. S já faz isso há meses. Ele, então, faz uma ligação entre o cartucho perdido e a cicatriz da craniotomia: aparentemente, algo foi cortado por um médico. Ele espera que esse não seja o médico que está diante dele e, além disso, espera que a operação não tenha sido malfeita. Nesse momento, o Sr. S se lembra de que suas operações odontológicas e cardiológicas equivalentes foram bem-sucedidas e confunde (de forma delirante) esses procedimentos com o atual: *foi um sucesso, os implantes funcionam bem* e ele "nunca perde o ritmo". Quando apresento alguma dúvida sobre esse aspecto, ele muda de rumo: concorda que não está funcionando cem por cento, mas ao mesmo tempo decide que o que aconteceu com sua cabeça não foi uma cirurgia, *mas apenas uma concussão*; ele está sofrendo os efeitos temporários de um pequeno acidente esportivo. Por isso, ele foi retirado de campo por alguns minutos. Mas, felizmente, com acesso ao melhor médico esportivo que o dinheiro pode comprar, ele está mais uma vez tranquilo: *pode continuar jogando*. Tudo ficará bem.

Considerar as confabulações do Sr. S na perspectiva da primeira pessoa revela de forma clara algo novo sobre elas: o conteúdo de suas lembranças equivocadas é tendenciosamente *motivado*. Tais lembranças estão longe de ser erros de busca aleatórios. Elas contêm um claro viés de autosserviço; têm o objetivo e a finalidade de reformular sua situação de ansiedade em uma situação reconfortante, segura e familiar. Portanto, assim como Freud inferiu no caso dos sonhos, as confabulações são motivadas. Os processos mentais na amnésia confabulatória são *desejosos*. Mas esse fato só se torna aparente quando o contexto emocional e o significado pessoal (vivenciado apenas pelo Sr. S) dos implantes dentários ("os implantes funcionam bem") e do marca-passo cardíaco ("nunca perde o ritmo") são levados em conta – como faria um psicanalista. É isso que os neuropsicólogos não conseguem ver quando pretendem ser totalmente objetivos; como disse Sacks, quando excluem a psique.

A perspectiva observacional da primeira pessoa, que acabei de descrever, também revela algo novo sobre o *mecanismo* da confabulação, algo que é ignorado pelo ponto de vista da terceira pessoa. Ela nos diz que a confabulação ocorre não apenas devido a déficits na busca estratégica e no monitoramento da fonte (ou seja, a falta de "cartuchos de memória"), mas também devido à liberação da inibição de formas de lembrança mais *emocionalmente* mediadas, da mesma forma que a memória de uma criança pode funcionar. Esse mecanismo psicodinâmico tem implicações para o tratamento da confabulação e, é claro, para a questão sobre quais processos cerebrais estão envolvidos nela. As funções precisas de busca e monitoramento da memória dependem, em parte, dos circuitos colinérgicos do prosencéfalo basal, que restringem os mecanismos de "recompensa" do circuito mesocortical-mesolímbico da dopamina na recuperação da memória. Acontece que um desdobramento semelhante da busca dopaminérgica se dá nos sonhos[27]. Foi por isso que relatei o caso do Sr. S aos meus colegas com o título "O homem que vivia em um sonho".

Isso me permitiu, assim como aconteceu com os sonhos, vincular de forma provisória o mecanismo dopaminérgico irrestrito de "recompensa", "desejo" ou "BUSCA" à noção de Freud de "realização de desejos"[28] – um conceito metapsicológico que estava intimamente ligado ao seu conceito de "pulsão"[29]. Por outro lado, as funções dos núcleos colinérgicos do prosencéfalo podem ser ligadas, em alguns aspectos, às influências inibitórias do "teste de realidade"[30]. Dessa forma, comecei a traduzir as inferências de Freud sobre os mecanismos funcionais da subjetividade para seus equivalentes fisiológicos.

Esses foram meus primeiros passos. É natural que generalizações tão amplas não possam ser baseadas em evidências puramente clínicas em um único caso. Sendo assim, depois de formular minha impressão sobre o Sr. S, pedi a avaliadores "cegos" (colegas que não estavam familiarizados com minha hipótese) que medissem, em uma escala Likert de sete pontos, o grau de agradabilidade *versus* desagradabilidade em uma amostra contínua não selecionada de 155 de suas confabulações. Os resultados foram estatisticamente (muito) significativos: quando comparadas às memórias-alvo que elas substituíam, as confabulações do Sr. S melhoravam de forma substancial sua situação do ponto de vista emocional[31]. Em seguida,

---

[27] Malcolm-Smith *et al.* (2012).
[28] Solms (2000c), Solms e Zellner (2012).
[29] É interessante notar que Freud desenvolveu seu conceito de "pulsão libidinal" em uma época em que usava regularmente cocaína, um alcaloide que ativa de forma poderosa o sistema dopaminérgico de BUSCA. É fantasioso demais supor que a experiência pessoal de Freud com os efeitos motivacionais generalizados da cocaína tenha contribuído para que ele reconhecesse a existência de um mecanismo motivacional tão polivalente na mente?
[30] No capítulo 7, relacionarei a "realização de desejos" com a codificação preditiva e o "teste de realidade" com o que hoje é chamado de "erro de previsão" (ou erro de previsão modulado por precisão).
[31] Fotopoulou, Solms e Turnbull (2004).

meus colaboradores de pesquisa e eu demonstramos o mesmo forte efeito em estudos envolvendo vários outros pacientes com confabulações. Em estudos empíricos posteriores, os efeitos reguladores do humor da confabulação que inferi clinicamente no caso do Sr. S foram validados por meio da estatística[32]. Esse programa de pesquisa abriu uma abordagem totalmente nova para a neuropsicologia da confabulação[33] e de distúrbios relacionados, como a anosognosia[34]. Também lançou as bases para uma nova abordagem de distúrbios psiquiátricos comuns, como a dependência e o transtorno depressivo grave[35]. Passei as últimas três décadas desenvolvendo essa abordagem "neuropsicanalítica" da doença mental, tentando devolver a subjetividade à neurociência[36].

Como acumulei experiências clínicas do tipo que acabamos de descrever durante meu treinamento psicanalítico em Londres, fui convidado a relatar minhas descobertas em uma série de apresentações científicas em Nova York. Essas apresentações começaram em 1992 com um simpósio de um dia na Academia de Medicina de Nova York e continuaram na forma de seminários mensais com meus colaboradores mais próximos na Sociedade e Instituto Psicanalítico de Nova York[37]. As reuniões desse grupo de colegas gradualmente geraram atividades semelhantes em outras partes do mundo, resultando na decisão (em 1999) de criar uma revista para servir como veículo de comunicação entre nós. A publicação preci-

---

[32] Turnbull, Jenkins e Rowley (2004).
[33] Fotopoulou e Conway (2004), Turnbull, Berry e Evans (2004), Fotopoulou *et al.* (2007, 2008a/b), Turnbull e Solms (2007), Fotopoulou, Conway e Solms (2007), Fotopoulou (2008, 2009, 2010a/b), Coltheart e Turner (2009), Cole *et al.* (2014), Besharati, Fotopoulou e Kopelman (2014), Kopelman, Bajo e Fotopoulou (2015).
[34] Ver Turnbull, Fotopoulou e Solms (2014) para revisão. Ver também Besharati *et al.* (2014, 2016).
[35] Zellner *et al.* (2011).
[36] Solms e Turnbull (2002, 2011), Panksepp e Solms (2012), Solms (2015a).
[37] Essas apresentações acabaram sendo reunidas em um volume: Kaplan-Solms e Solms (2000).

sava de um nome e, por isso, usei pela primeira vez o termo que inventei: *Neuropsychoanalysis*.

Meu trabalho nesse campo interdisciplinar recebeu um forte incentivo de Eric Kandel, que conheci em 1993. Kandel é raro entre os neurocientistas pela grande consideração que tem por Freud. Na verdade, ele tinha a intenção inicial de se formar psicanalista, mas foi dissuadido por Ernst Kris, um dos principais analistas de sua época e sogro de Kandel à época. Kandel não esconde o fato de que o velho achava que sua personalidade não era adequada para a prática clínica da psiquiatria, e acredito que ele seja grato a Kris por tê-lo orientado para a pesquisa do cérebro.

Cinco anos depois de nos conhecermos (e dois anos antes de ele ganhar o prêmio Nobel), Kandel publicou um artigo intitulado "Um novo referencial intelectual para a psiquiatria", no qual argumentava que a psiquiatria do século XXI deveria se basear na integração da neurociência com a psicanálise[38]. Em um artigo posterior, ele disse: "A psicanálise ainda representa a visão mais sensata e intelectualmente satisfatória da mente."[39] Essa opinião coincidiu com a minha: apesar de todos os seus defeitos, a psicanálise hoje em dia oferece o melhor ponto de partida conceitual para abordar a subjetividade de modo científico.

Não é de surpreender, portanto, que Kandel tenha aceitado meu convite para fazer parte do conselho editorial fundador da *Neuropsychoanalysis*, juntamente com uma massa crítica de outros neurocientistas e psicanalistas importantes que concordavam ser essa a maneira correta de nossas disciplinas procederem[40]. Um ano

---

[38] Kandel (1998).
[39] Kandel (1999), p. 505.
[40] Entre os neurocientistas estavam Allen Braun, Jason Brown, António Damásio, Vittorio Gallese, Nicholas Humphrey, Eric Kandel, Marcel Kinsbourne, Joseph LeDoux, Rodolfo Llinás, Georg Northoff, Jaak Panksepp, Michael Posner, Vilayanur Ramachandran, Oliver Sacks, Todd Sacktor, Daniel Schacter, Carlo Semenza, Tim Shallice, Wolf Singer e Max Velmans. Entre os psicanalistas estavam Peter Fonagy, André Green, Ilse Grubrich--Simitis, Otto Kernberg, Marianne Leuzinger-Bohleber, Arnold Modell, Barry Opatow, Allan Schore, Theodore Shapiro, Riccardo Steiner e Daniel Widlöcher.

depois, com o início do novo século, fundamos a Sociedade Internacional de Neuropsicanálise, com Jaak Panksepp e eu como seus primeiros copresidentes. Esse evento coincidiu com o congresso inaugural da sociedade, que tem sido realizado anualmente em diferentes cidades do mundo desde então. O tema do primeiro congresso foi emoção. A reunião foi realizada na Faculdade Real de Cirurgiões da Inglaterra, e os palestrantes foram Oliver Sacks, Jaak Panksepp, António Damásio e eu.

Já mencionei meu relacionamento com Oliver Sacks. Também mencionei o livro *Affective Neuroscience*, de Jaak Panksepp, cujo título fazia alusão ao fato de que a neurociência cognitiva não dava atenção suficiente ao "afeto" (o termo técnico para sentimentos). Depois de ler Panksepp, estabeleci uma estreita colaboração científica com ele, o que mudou de modo decisivo o foco do meu trabalho nas duas décadas seguintes, afastando-o do córtex e aproximando-o do tronco cerebral. Sou-lhe profundamente grato por ter me mostrado o caminho para as percepções que relatarei nas páginas a seguir, razão pela qual este livro é dedicado à sua memória.

Conheci o trabalho de António Damásio e sua parceira, Hanna Damásio, durante meu treinamento em neuropsicologia. Eles eram neurocientistas cognitivos muito respeitados, cujo livro *Lesion Analysis in Neuropsychology* [Análise de lesões em neuropsicologia] (1989) foi indispensável para minha pesquisa sobre sonhos. No entanto, o que trouxe destaque mundial a António Damásio foi sua obra *O erro de Descartes* (1994), um apelo apaixonado à neurociência cognitiva para que haja maior reconhecimento do afeto.

Panksepp e Damásio também desempenharam um papel importante no XII Congresso Internacional de Neuropsicanálise, em 2011, que provou ser um ponto de virada para a área. Realizado em Berlim, teve como tema o cérebro incorporado. Os outros palestrantes foram Bud Craig e Vittorio Gallese, dois dos maiores especialistas do mundo no assunto. Minha função convencional nesses congressos é fazer as considerações finais, que resumem os principais temas e, o mais importante, *integram* as perspectivas neurocientíficas e psicanalíticas que foram apresentadas. Nessa ocasião, minha tarefa foi excepcionalmente difícil.

O primeiro motivo para a dificuldade foi o fato de, durante o congresso, Damásio ter entrado em forte conflito com Craig sobre como o sentimento de "si mesmo" ou "eu" é gerado no cérebro. Embora ambos os cientistas concordassem que seu sentido emerge de regiões cerebrais que monitoram o estado do corpo visceral, Damásio – seguindo Panksepp – defendeu a opinião de que os mecanismos em questão estavam localizados, pelo menos de forma parcial, no tronco cerebral. Craig, por outro lado, afirmou que eles estavam localizados exclusivamente no córtex – na ínsula anterior, para ser mais preciso. Essa discordância foi relativamente fácil de resolver em meu resumo final, porque Damásio forneceu dados convincentes, concentrando-se em um paciente com obliteração total da ínsula cortical. Descreverei esse paciente no próximo capítulo.

Muito mais difícil de conciliar foi a grande contradição que surgiu entre as novas visões de Panksepp e Damásio, por um lado, e as antigas de Freud, por outro.

O paciente de Damásio sem córtex insular "relatou sensações de fome, sede e desejo de evacuar, e se comportou de acordo com elas"[41]. Essas sensações são exemplos do que Panksepp chama de "afetos homeostáticos" – afetos que regulam as necessidades vitais do corpo. Freud os chamou de "pulsões" – a fonte de sua "energia psíquica", o "motor do mecanismo psíquico". O termo abrangente de Freud para a parte da mente que executa essas funções vitais é o id:

> O id, isolado do mundo externo, tem um mundo de percepção próprio. Ele detecta, com extraordinária acuidade, certas mudanças em seu interior, especialmente oscilações na tensão de suas

---
[41] Damásio, Damásio e Tranel (2013).

necessidades impulsivas, e essas mudanças se tornam conscientes como sentimentos na série prazer-desprazer. É difícil afirmar com certeza por quais meios e com a ajuda de quais órgãos sensoriais terminais essas percepções ocorrem. Mas é um fato estabelecido que as autopercepções – sentimentos cenestésicos e sentimentos de prazer-desprazer – governam a passagem dos eventos no id com força despótica. O id obedece ao inexorável princípio do prazer.[42]

Meu objetivo científico, você deve se lembrar, era traduzir essas noções metapsicológicas para as linguagens da anatomia e da fisiologia, de modo que pudéssemos integrar a abordagem de Freud à neurociência. Mas aqui me deparei com uma grande contradição na concepção clássica de Freud: ele havia chegado à conclusão de que o id era inconsciente. Essa era uma de suas concepções mais fundamentais sobre como a mente funciona. Ficou claro para mim que a parte do cérebro que mede a "demanda de trabalho feita à mente em consequência de sua conexão com o corpo" – a parte que gera o que Freud chamou de "pulsões", sinônimos dos "afetos homeostáticos" de Panksepp (os quais acionam seu mecanismo de BUSCA de desejos) – estava localizada no tronco cerebral e no hipotálamo (ver Figura 1). Essa é a parte do cérebro que obedece ao "princípio do prazer". Mas como as sensações de prazer podem ser inconscientes? Como vimos com o paciente de Damásio, impulsos como a fome, a sede e o desejo de evacuar são *sentidos*. É claro que são. No entanto, Freud disse que o id – a sede das pulsões – era inconsciente. Ele havia absorvido a mesma doutrina clássica de Craig (assim como eu, pelo menos de início) e, portanto, localizado a consciência no córtex cerebral. Assim, escreveu o seguinte no ensaio de 1920 que citei anteriormente, no qual ele esperava que as deficiências em suas teorias desaparecessem quando estivéssemos em condições de substituir os termos psicológicos por termos fisiológicos e químicos:

---

[42] Freud (1940), p. 198. Ao longo deste livro, estou usando minhas versões revisadas das traduções de James Strachey (ver Solms, no prelo).

O que a consciência produz consiste essencialmente em percepções de excitações provenientes do mundo externo e de sentimentos de prazer e desprazer que só podem surgir de dentro do aparato mental; portanto, é possível atribuir ao sistema Pcpt-Cs [percepção-consciência] uma posição no espaço. Ele deve estar na fronteira entre o interior e o exterior; deve estar voltado para o mundo externo e envolver os outros sistemas psíquicos. Veremos que não há nada de ousadamente novo nessas suposições; *apenas adotamos os pontos de vista sobre localização defendidos pela anatomia cerebral, que localiza a "sede" da consciência no córtex cerebral* – a camada mais externa e envolvente do órgão central. A anatomia cerebral não precisa considerar por que, em termos anatômicos, a consciência deveria estar alojada na superfície do cérebro em vez de estar abrigada com segurança em algum lugar em seu interior mais profundo.[43]

Caso haja alguma dúvida sobre o ponto de vista de Freud de que *toda* a consciência (inclusive as sensações de prazer e desprazer) está localizada no córtex, farei mais uma citação dele:

> O processo de algo se tornar consciente está, acima de tudo, ligado às percepções que nossos órgãos dos sentidos recebem do mundo externo. Do ponto de vista topográfico, portanto, é *um fenômeno que ocorre no córtex mais externo do ego*. É verdade que também recebemos informações do interior do corpo – os sentimentos, que de fato exercem uma influência mais peremptória sobre nossa vida mental do que as percepções externas; ademais, em certas circunstâncias, os próprios órgãos dos sentidos transmitem sentimentos, sensações de dor, além das percepções específicas a eles. Como, entretanto, essas sensações (conforme as chamamos em contraste com as percepções conscientes) também emanam dos órgãos terminais e como *consideramos todos eles prolongamentos ou ramificações da camada cortical*, ainda podemos manter a afirmação feita acima. A única distinção seria que, no que diz respeito aos

---
[43] Freud (1920), p. 24, grifo nosso.

órgãos terminais da sensação e do sentimento, o próprio corpo tomaria o lugar do mundo externo.⁴⁴

Para Freud, claramente, os sentimentos conscientes, assim como as percepções, são gerados no ego (a parte da mente que ele identificou com o córtex)⁴⁵, e não no id inconsciente – que eu agora era obrigado a localizar no tronco cerebral e no hipotálamo. Em resumo, parece que Freud entendeu a relação funcional entre o id (tronco cerebral) e o ego (córtex) de forma errada, pelo menos no que diz respeito aos sentimentos. Ele achava que o ego perceptivo era consciente e o id sensorial era inconsciente. Será que ele tinha seu modelo da mente de cabeça para baixo?⁴⁶

---

⁴⁴ Freud (1940), pp. 161-2, grifo nosso.
⁴⁵ Ver Freud (1923), p. 26: "O ego é, antes de tudo, um ego corporal; não é meramente uma entidade de superfície, mas é, ele próprio, a projeção de uma superfície. Se quisermos encontrar uma analogia anatômica para ele, podemos identificá-lo melhor com o 'homúnculo cortical' dos anatomistas, que fica de ponta-cabeça no córtex, levanta os calcanhares, vira-se para trás e, como sabemos, tem sua área de fala do lado esquerdo. [...] O ego é, em última análise, derivado de sensações corporais, sobretudo daquelas que brotam da superfície do corpo. Portanto, ele pode ser considerado uma projeção mental da superfície do corpo."
⁴⁶ Ver Solms (2013).

Capítulo 3
A falácia cortical

No final de 2004, o neurocientista Bjorn Merker juntou-se a cinco famílias que tinham crianças com deficiência neurológica em uma viagem de uma semana à Disney. A idade das crianças variava de dez meses a cinco anos. Elas participaram de alguns passeios: um dos favoritos era o "It's a Small World". Tiraram fotos com o Mickey Mouse, comeram pipoca, salgadinhos de milho e sorvete – talvez mais do que o aconselhável – e beberam refrigerantes em abundância. Às vezes, pareciam estar sobrecarregadas pelo êxtase; deixaram cair algumas lágrimas em mais de uma ocasião. Mas, apesar desses momentos estressantes, o que impressionou Merker foi o quanto as crianças pareciam estar se divertindo, como elas adoravam estar ali. Afinal de contas, de acordo com uma das premissas mais básicas da neurologia, essas crianças deveriam estar em um "estado vegetativo". Era para elas estarem a um passo do coma: capazes de exibir apenas funções autonômicas, como a regulação dos batimentos cardíacos, da respiração e da atividade gastrointestinal, com suas respostas motoras limitadas a reflexos simples, como piscar e engolir.

Merker havia feito amizade com essas famílias no ano anterior, quando se juntou a um grupo de autoajuda para cuidadores de crianças que sofriam da rara doença cerebral conhecida como hidranencefalia. A partir do início de 2003, Merker leu mais de 26 mil mensagens de e-mail trocadas entre os membros do grupo. Motivado por teorias, ele ficou preocupado com o fato de que a suposição geral de que essas crianças seriam "vegetativas" poderia ter se tornado uma profecia autorrealizável, causada não pela condição em si, mas porque esses pacientes eram *tratados* pela maioria dos pediatras e neurologistas como se fossem completamente insensíveis. Aqui está o que ele relatou:

> Essas crianças não apenas estão acordadas e frequentemente alertas, mas também demonstram capacidade de resposta ao ambiente na forma de reações emocionais ou de orientação a eventos ambientais [...]. Além disso, as crianças estão sujeitas a crises de epilepsia de ausência. Os pais reconhecem esses lapsos de acessibilidade em seus filhos, descrevendo-os em termos como "ela está conversando com os anjos", e não têm dificuldade em reconhecer quando seus filhos "estão de volta". [...] O fato de essas crianças apresentarem tais episódios parece ser uma evidência de peso em relação ao seu estado consciente.[1]

A observação mais importante de Merker não é que os pacientes perdem e recuperam o estado de alerta, mas que demonstram "capacidade de resposta ao ambiente na forma de reações emocionais ou de orientação a eventos ambientais". Essa é a característica definidora do que supostamente falta aos pacientes vegetativos: intencionalidade. É por isso que o estado vegetativo também é definido como "vigília *não responsiva*"[2]. Em geral é aceito que esses pacientes registram estímulos visuais, auditivos e táteis *inconscientemente*, mas Merker viu as crianças expressando prazer por meio de sorrisos e gargalhadas, e aversão por meio de agitação, arqueamento das costas e choro, "seus rostos sendo animados por esses estados emocionais". Ele observou que os adultos familiares utilizavam a capacidade de

---

[1] Merker (2007), p. 79. Essas observações confirmaram um relatório anterior de Shewmon, Holmes e Byrne (1999).
[2] O relato das descobertas de Merker a seguir foi parafraseado de seu relatório, publicado em 2007.

resposta delas para criar sequências de brincadeiras, fazendo-as progredir previsivelmente do sorriso, passando pelas risadas, até a gargalhada e a empolgação. Elas respondiam com mais vigor às vozes e às ações de seus pais e de outras pessoas com as quais estavam familiarizadas e demonstravam preferências por determinadas situações em detrimento de outras. Por exemplo, pareciam gostar de determinados brinquedos, músicas ou vídeos, e até mesmo esperavam a presença regular desses itens nas rotinas diárias.

Embora o comportamento varie de criança para criança, algumas delas demonstraram claramente iniciativa (dentro das limitações de suas deficiências motoras), por exemplo, chutando bugigangas que fazem barulho penduradas em uma estrutura especial construída para esse fim ou ativando seus brinquedos favoritos usando inter-

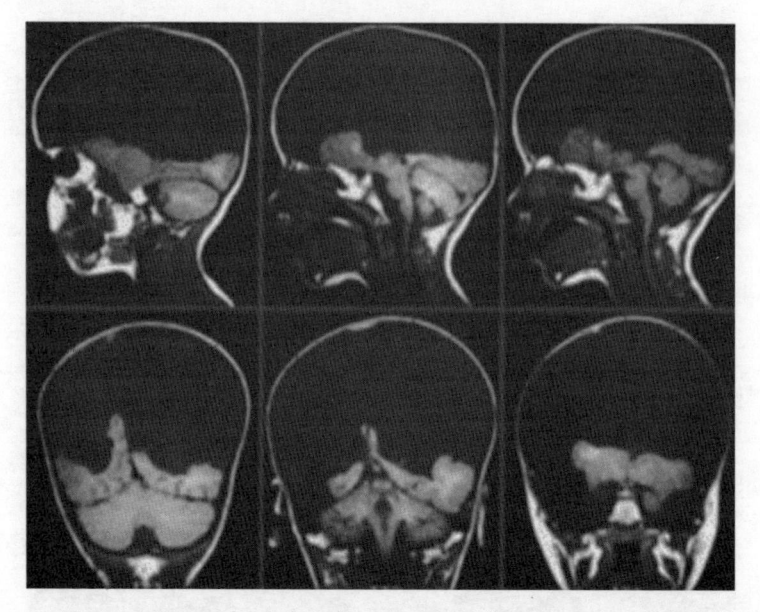

Figura 4. Exame do cérebro de uma menina de três anos que nasceu sem córtex cerebral. A grande região escura dentro do crânio indica a falta de tecido.

ruptores. Esses comportamentos eram acompanhados de sinais de prazer ou empolgação apropriados à situação por parte da criança.

Essas crianças, é claro, não podem ser descritas como vegetativas. O que torna tudo isso tão surpreendente é que as crianças com hidranencefalia *nascem sem córtex*. Isso geralmente ocorre devido a um derrame maciço no útero, que resulta na reabsorção do prosencéfalo, de modo que o crânio do bebê é preenchido com fluido cerebrospinal em vez de tecido cerebral. Uma ilustração dessa condição é apresentada na Figura 4: uma ressonância magnética do cérebro de uma menina de três anos que nasceu sem córtex. As fotografias dessa criança na Figura 5 demonstram sua reação emocional quando seu irmãozinho é colocado em seu colo.

Em que parte do cérebro a consciência é gerada? Nos últimos 150 anos, a resposta quase universal a essa pergunta tem sido "no córtex". Esse foi o único ponto em que Freud e a tradição dominante da ciência mental do século XX concordaram. E, portanto, se essa afirmação estiver correta, a consciência deve desaparecer quando o córtex estiver ausente. No caso das crianças com hidranencefalia, isso parece não acontecer. Todas as evidências compor-

Figura 5. Reação de uma menina com hidranencefalia quando seu irmão mais novo é colocado em seu colo.

tamentais sugerem que elas estão, de fato, conscientes. Elas não estão em coma nem existem em um estado vegetativo.

A teoria cortical da consciência deve ser rejeitada? Não nos precipitemos. Uma possível objeção é que o córtex não foi literalmente *removido*, por meio de cirurgia, nessas crianças. Esse procedimento é chamado de "decorticação".

O que acontece quando isso é feito? Obviamente, esses procedimentos experimentais não podem ser realizados em crianças humanas, mas têm sido praticados com frequência em outros mamíferos recém-nascidos, como cães, gatos e ratos. O resultado é sempre o mesmo: de acordo com os critérios comportamentais objetivos que normalmente usamos para medi-la, a consciência é *preservada*[3]. O comportamento pós-operatório desses animais não pode, de forma alguma, ser descrito como "comatoso" ou "vegetativo". Merker escreve que eles não apresentam "nenhuma anormalidade grosseira no comportamento que permitiria a um observador casual identificá-los como deficientes". António Damásio concorda: "Os mamíferos que receberam a decorticação exibem uma notável persistência de comportamento coerente e orientado para objetivos que são consistentes com sentimentos e consciência."[4] Os ratos, depois do procedimento, na fase neonatal, por exemplo, ficam em pé, andam de costas, escalam, penduram-se em barras e dormem com posturas normais. Eles se limpam, brincam, nadam, comem e se defendem. Ambos os sexos são capazes de se acasalar com sucesso quando pareados com companheiros normais de gaiola. Quando crescem, as fêmeas mostram os elementos essenciais do comportamento maternal, que, embora deficientes em alguns aspectos, permitem que elas criem filhotes até a maturidade[5].

A situação é ainda mais estranha do que parece à primeira vista. Em muitos aspectos, os mamíferos decorticados são, de fato, *mais*

---

[3] Ironicamente, foi em parte o resultado de experimentos como esse que acabou mudando nossas atitudes em relação à ética de tais pesquisas.
[4] Damásio e Carvalho (2013), p. 147.
[5] Essas observações parafraseiam o resumo da literatura feito por Merker (2007), p. 74.

ativos, emocionais e responsivos do que os normais. Panksepp costumava pedir a seus alunos de pós-graduação que escolhessem entre dois grupos de ratos para determinar, com base em seu comportamento, qual deles havia sido operado. Os alunos geralmente escolhiam os normais, argumentando que o outro grupo (decorticado) era "mais animado"[6].

Se formos defender a hipótese de que o córtex é a sede da consciência, esses animais animados – e as crianças expressivas e emocionalmente sensíveis que Merker observou na Disney – devem, em algum sentido, ser inconscientes. Como isso poderia ser possível?

Há uma resposta convencional para essa pergunta. A história é a seguinte. Há, por assim dizer, dois cérebros, que se duplicam em determinadas funções e que conversam entre si em certos pontos, mas que, por outro lado, não são nada parecidos em termos de status. Um deles (o córtex) é psicológico e consciente. O outro (o tronco cerebral) não é nada disso. As informações dos órgãos dos sentidos são enviadas não apenas ao córtex, mas também aos colículos superiores do tronco encefálico, por meio de um conjunto de conexões subcorticais (ver Figura 6). Essas conexões processam as informações sensoriais, mas o fazem de forma *inconsciente*. Considere o famoso fenômeno da "visão cega", que ocorre quando o córtex visual é destruído[7]. Esses pacientes são capazes de responder a estímulos visuais e, no entanto, quando solicitados a descrever como é sua "visão", relatam que não experimentam nenhuma imagem visual; em vez disso, se solicitados, eles usam a intuição para *adivinhar* onde os estímulos visuais estão localizados, o que fazem com notável precisão. Considere o caso do paciente conhecido como TN, conforme relatado pelo neurocientista Lawrence Weiskrantz: embora cego por completo – em outras palavras, totalmente desprovido de experiência visual consciente –, TN manobrou com destreza em torno de obstáculos colocados em seu caminho ao longo de um corredor. Quando ques-

---

[6] Panksepp (1998).
[7] Ver Weiskrantz (2009).

A falácia cortical | 59

Diagrama cerebral com as seguintes indicações: Núcleo geniculado lateral, Córtex occipital, Olho, Colículos superiores, Substância cinzenta periaquedutal.

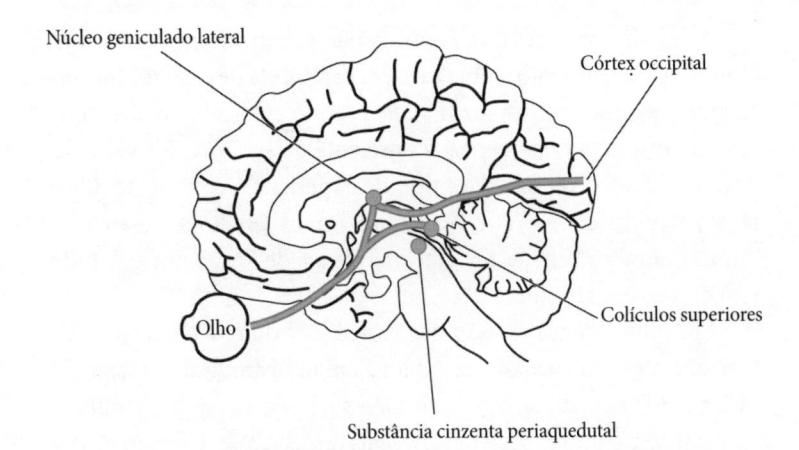

Figura 6. Esta figura mostra a localização dos colículos superiores e do córtex occipital e suas conexões com o olho. Existem conexões semelhantes para as outras modalidades sensoriais. Também está indicada a substância cinzenta periaquedutal (PAG), que ainda não abordei, mas cuja importância ficará evidente em breve.

tionado depois, ele relatou não ter ideia de que estava se desviando de algo[8]. Essa capacidade surpreendente é possível porque o caminho do nervo óptico para os colículos superiores no tronco cerebral permaneceu intacto, apesar da ausência do córtex occipital[9].

A existência da visão cega foi considerada uma implicação de que a consciência da percepção visual deve ocorrer no córtex, e não no tronco cerebral. Neste, supõe-se que não há "ninguém em casa": é uma máquina autônoma que processa informações visuais da mesma forma não consciente que uma câmera. Esse princípio também se aplica aos outros sentidos: cada um deles envolve sua própria zona específica de consciência no córtex, mas cada um (exceto o olfato) também transmite informações para os colículos superiores inconscientes do tronco cerebral.

---

[8] Assista ao vídeo: <www.youtube.com/watch?v=ACkxe_5Ubq8>.
[9] O mesmo se aplica ao caminho do olho para o corpo geniculado lateral. Ver Figura 6.

A menina retratada na Figura 5 não tem nenhum córtex funcional. Se o argumento acima estiver correto, ela deve sentir *inconscientemente* que seu irmãozinho está sendo colocado em seu colo, sem gerar qualquer percepção consciente da situação. Na verdade, deve ser incapaz de qualquer tipo de experiência consciente. Ela é algo parecido com o que o filósofo David Chalmers chama de "zumbi". Embora em certos aspectos ela aja de forma normal, tudo está escuro em seu interior[10].

Em uma extensa revisão das variedades do que chamamos de "consciência", o neurologista Adam Zeman distinguiu dois significados principais do termo: "consciência como estado de vigília" e "consciência como experiência"[11]. Mais tarde, Anton Coenen elaborou: "A consciência no primeiro sentido (consciência como estado de vigília) é, nesse ponto de vista, uma *condição necessária* para a consciência no segundo sentido (consciência como experiência ou consciência fenomenal)."[12]

Os dois significados coincidem com a distinção convencional em neurologia entre o "nível" quantitativo e o "conteúdo" qualitativo da consciência. Portanto, é possível que, embora os animais decorticados e as crianças com hidranencefalia estejam acordados, sua experiência não tenha conteúdo. Vimos que eles são responsivos e demonstram iniciativa comportamental. No entanto, podemos manter a hipótese de que o córtex é a sede da "consciência como experiência", postulando que *estar* consciente no sentido comportamental de estar desperto e responsivo é significativamente diferente de *ter* consciência no sentido fenomenológico, ou seja, ser um sujeito da experiência.

Nesse estágio, se você for como eu, pode estar se sentindo bastante desconfortável. A menina da Figura 5 é consciente no sentido

---

[10] A noção filosófica de zumbi é diferente da noção hollywoodiana: trata-se de uma criatura humanoide imaginária que age em todos os aspectos *como se* estivesse consciente e, portanto, é externamente indistinguível de uma pessoa normal, mas na verdade não tem a dimensão interna da experiência subjetiva.

[11] Zeman (2001).

[12] Coenen (2007), p. 88, grifo nosso.

de que está acordada e responsiva e inicia movimentos dirigidos por objetivos próprios. Ao mesmo tempo, se "consciência" significa ter experiências fenomenais, ela supostamente não tem nada disso. Para usar outra expressão popular entre os filósofos, *não há "algo que é como" ser ela.*

Deixe-me dizer o que acho tão perturbador nessa linha de raciocínio, mesmo que pareça um pouco ingênuo. A julgar pelo meu próprio caso, estar acordado e responsivo e ter experiência consciente são mais ou menos a mesma coisa. Até onde sei, nunca estou acordado e responsivo e, ao mesmo tempo, fenomenalmente inconsciente. As duas coisas andam juntas. Assim que acordo, tomo ciência das coisas. Na verdade, de onde estou sentado, minha consciência interna parece *causar* minha capacidade de resposta externa, pelo menos até certo ponto. Normalmente, é quando percebo as coisas – ou seja, quando me torno consciente delas – que respondo a elas de forma intencional. É provável que você opere do mesmo modo.

É por isso que avaliamos a consciência em pacientes neurológicos com base em sua capacidade de resposta. O que mais podemos fazer? Na prática clínica, fazemos distinções entre condições como coma, estado vegetativo e vigília totalmente responsiva por meio da escala de coma de Glasgow, que tem quinze pontos. Essa escala é composta de testes das respostas de abertura ocular do paciente, suas respostas verbais a perguntas, suas respostas motoras a instruções e (se necessário) a dor[13]. Se o paciente estiver totalmente responsivo, consideramos que ele está consciente e o tratamos como tal. Não nos preocupamos com o fato de que ele possa responder *como se* estivesse consciente quando, na verdade, é um zumbi. A preocupação vai na direção oposta: os neurologistas devem se pro-

---

[13] Sem *abertura ocular* = 1 ponto, abertura em resposta à dor = 2 pontos, abertura em resposta à fala = 3, abertura espontânea = 4; sem *resposta verbal* = 1, resposta com sons incompreensíveis = 2, resposta com palavras inadequadas = 3, resposta coerente, mas inadequada = 4, resposta adequada = 5; sem *resposta motora* = 1, postura descerebrada = 2, postura decorticada = 3, afastamento da dor = 4, localização da dor = 5, obediência a comandos = 6.

teger contra a possibilidade de que os pacientes possam estar não responsivos no exterior, mas conscientes no interior – como ocorre, por exemplo, em casos de incapacidade motora completa, como a "síndrome do encarceramento".

    Aonde isso nos leva? É inegável que o problema filosófico de outras mentes levanta dúvidas sobre o que podemos saber a respeito dos estados subjetivos dos animais e das pessoas a partir de seu comportamento, da mesma forma que a mentira ou a encenação podem nos enganar em relação aos estados internos de alguém. O que o problema de outras mentes *não* faz é estabelecer que a experiência interna e a resposta externa sejam de fato independentes uma da outra. Como sentimos a presença de um forte vínculo em nossos próprios casos individuais, o ônus da prova certamente recai sobre aqueles que querem afirmar que o comportamento emocionalmente responsivo não implica experiência fenomenal. É isso que as regras da ciência em geral exigem. Isso é em particular verdadeiro quando estamos lidando com seres humanos que, independentemente de quaisquer outros distúrbios neurológicos de que sofram, podem gerar seu comportamento de vigília de uma maneira semelhante à usual – ou seja, por meio do funcionamento normal das partes não danificadas de seus cérebros, e não por meio de mentiras ou encenações, ou do tipo de artifício astuto que se pode esperar encontrar em robôs filosóficos imaginários.

    As implicações para a ética médica são consideráveis. Uma colega psiquiatra cujo filho tinha hidranencefalia compartilhou recentemente comigo um terrível dilema que enfrentou quando era uma jovem mãe. O neurocirurgião que tratava seu bebê sugeriu que uma operação para fechar a fontanela do crânio poderia ser realizada sem anestesia, já que, por não ter córtex, o bebê era incapaz de sentir dor. Minha colega não me disse qual foi a decisão tomada, e a pergunta era muito perturbadora para ser feita. Ainda assim, você pode ver, em casos como esse, de que modo considerações teóricas aparentemente abstratas podem levar, em pouco tempo, a erros médicos terríveis. Portanto, eu gostaria de enfatizar este ponto: se quisermos aceitar que alguém que *parece* estar consciente na verdade *não está*, devemos exigir um argumento extremamente convincente. O simples fato de levantar dúvidas filosóficas não é suficiente. Precisamos de fundamentos muito bons para pensar que os dois tipos de consciência se separaram nessas pessoas como, ao que tudo indica, nunca acontece conosco.

Hoje em dia, essas bases são fornecidas pela teoria cortical da consciência: a teoria de que a consciência surge de forma exclusiva no córtex. Essa ideia é aceita de forma tão rotineira na neurociência comportamental que nunca me ocorreu questioná-la, até que, com base em minha própria pesquisa sobre sonhos, Allen Braun direcionou minha atenção para o misterioso papel desempenhado pelo tronco cerebral. Com base na teoria cortical, os médicos decidem se devem ou não tratar os pacientes vivos como seres sencientes. Por exemplo, alguns cuidadores criam crianças com hidranencefalia em condições de grave negligência emocional, partindo do pressuposto de que elas são "vegetativas". Se a teoria estiver correta, isso deveria ser perfeitamente aceitável: não se trata de fato de negligência, uma vez que as crianças são algo como zumbis filosóficos. Elas parecem ter sentimentos, mas na realidade não os têm. A aparência de tê-los é uma ilusão produzida pelo problema de outras mentes. Seu comportamento externo nos leva a imaginar que elas têm alguma natureza interior[14].

---

[14] Também foi argumentado que a ilusão decorre da "falácia moralista". A neurocientista cognitiva Heather Berlin considerou "arbitrário" presumir que a capacidade de resposta externa implica consciência interna. Ela escreveu (Berlin, 2013, pp. 25-6): "A suposição primária de Solms de que as crianças com hidranencefalia são conscientes é injustificada. Não podemos presumir que ter um ciclo de sono-vigília e expressões de emoção (riso, raiva etc.) requer consciência. [...] Embora seja verdade que elas possam de fato estar conscientes, não podemos presumir que estejam. Os processos inconscientes podem ser bastante sofisticados e complexos (Berlin, 2011). O ponto crucial da teoria de Solms se baseia em uma projeção da existência da consciência com base no que parecem ser comportamentos emocionais significativos, um exemplo da 'falácia moralista' (argumentar que algo deve ser verdadeiro porque acreditar nisso nos faria sentir bem). Os seres humanos têm um desejo natural de presumir que a consciência existe." Eis o

O que é, então, a teoria cortical da consciência e quão persuasiva ela é?

A primeira coisa a ser notada é que ela começou a se desenvolver muito cedo. A observação cotidiana de que nossa consciência consiste principalmente em imagens perceptuais de eventos que ocorrem ao nosso redor sugere que a consciência flui por meio dos sentidos. Essa visão de senso comum está conosco, sem dúvida, desde que começamos a pensar sobre esses assuntos. Nos séculos XVII e XVIII, deu origem às filosofias empiristas de John Locke e David Hume. Eles teorizaram que a mente – que começa como uma lousa em branco – adquire todas as suas características específicas a partir de impressões deixadas por vibrações sensoriais. As impressões deveriam ser associadas umas às outras por meio de conjunções regulares de vários tipos[15] para produzir nossas *imagens mnemônicas* para objetos, que, por sua vez, se tornariam os blocos básicos da construção de ideias mais abstratas. As vibrações sensoriais subsequentes estimulariam essas imagens reunidas na vanguarda da consciência, de modo que o que experimentamos não são sensações brutas, mas *o que aprendemos* sobre o mundo.

A maneira pela qual as ideias se tornam conscientes em resposta a um estímulo externo foi chamada de *apercepção* (que significa, *grosso modo*, perceber o presente por meio das lentes da experiência passada)[16]. Dizia-se que os processos cognitivos, como as ima-

---

que escrevi em resposta (Solms, 2013, pp. 80-1): "Por que deveríamos presumir que as manifestações emocionais contextualmente apropriadas, que são de pronto evocadas pela estimulação de uma determinada região cerebral e obliteradas por lesões dessa mesma região e que correspondem a sentimentos afetivos em nós mesmos, *não* correspondem a sentimentos afetivos nessas crianças e animais? Certamente, essa suposição seria mais 'arbitrária' do que a minha. A única evidência para isso é que essas crianças e animais não podem 'declarar' seus sentimentos *em palavras*."

[15] Conhecidas como leis de associação: por contiguidade, repetição, atenção, similaridade etc.

[16] A apercepção é "o processo pelo qual uma nova experiência é assimilada e transformada pelo resíduo de experiências passadas de um indivíduo para formar um novo todo" (Runes, 1972).

gens mentais usadas no pensamento, envolviam aproximadamente o mesmo processo ao contrário: ativações geradas internamente das imagens mnemônicas, reorganizadas de forma adequada (e mais fracas do que as geradas externamente).

Por mais especulativa que fosse, essa ideia filosófica sobre a mente tornou-se o mapa que os primeiros neurologistas seguiram. Quando os pioneiros da neuropsicologia moderna, no século XIX, procuraram estabelecer os correlatos neurais desses processos, observaram que os órgãos sensoriais estavam conectados ao córtex e supuseram que as "vibrações" sensoriais ocorriam nesses nervos de conexão. Eles não ignoraram o fato de que os órgãos sensoriais também estavam conectados aos núcleos subcorticais. No entanto, presumiram que o vasto armazenamento de imagens mnemônicas que constituem nosso conhecimento do mundo devia estar localizado no córtex, porque ele contém um número incrivelmente maior de neurônios. Desse modo, conjecturou-se que a "apercepção" e as "ideias" associadas que geram a atividade mental propriamente dita eram fenômenos corticais. Theodor Meynert, a maior autoridade em neuroanatomia da época, colocou a questão da seguinte forma:

> A principal função do órgão central é transmitir o fato da existência a um ego que gradualmente se molda no fluxo do cérebro. [...] Se considerarmos o córtex um órgão que funciona como um todo, então o fato de que ele atende aos processos da mente é tudo o que pode ser dito. [...] Pensar mais sobre o córtex é impossível e desnecessário.[17]

É claro que o córtex é impressionantemente grande nos seres humanos[18]. O neuroanatomista e neurologista Alfred Walter Campbell

---
[17] Meynert (1867).
[18] Isso convenientemente ignora o fato de que ele é maior em alguns outros mamíferos (como os elefantes). O córtex humano não é nem mesmo maior do que o de alguns outros mamíferos em termos da proporção entre o córtex e o tamanho do corpo, ou entre o córtex e o subcórtex.

resumiu a visão dominante sobre isso da seguinte forma na reunião geral anual da Associação Médico-Psicológica de 1904, em Londres:

> Visto de maneira coletiva, o cérebro humano abriga duas variedades de centros, controlando o que podemos chamar de funções "primárias" e "evolucionárias superiores"; as primeiras são aquelas comuns a todos os animais e essenciais para a sobrevivência, ou seja, centros para o movimento e sensações comuns e especiais; as últimas são aquelas funções psíquicas complexas que o homem possui e que o tornam superior a todos os outros seres.[19]

É importante reconhecer que a mente, nessa visão, consiste inteiramente de imagens mnemônicas que refletem experiências passadas do mundo exterior. As sensações recebidas apenas estimulam essas imagens e suas associações na consciência. As vibrações que fluem dos órgãos dos sentidos são, portanto, eventos pré-mentais – *gatilhos para a atividade mental* –; não são eventos mentais propriamente ditos. O mesmo se aplica à função dos nervos de saída que conectam o córtex ao resto do corpo: não há nada de "mental" nessas vias; elas simplesmente descarregam os *resultados* da atividade mental. Esta só pode ocorrer no córtex, onde residem as imagens mnemônicas.

Meynert descreveu a relação entre o córtex e o mundo externo da seguinte forma:

> Os efeitos motores de nossa consciência que reagem sobre o mundo exterior não são o resultado de forças inatas no cérebro. O cérebro, como uma estrela fixa, não irradia seu próprio calor: ele obtém a energia subjacente a todos os fenômenos cerebrais do mundo além dele.[20]

Também vale a pena ressaltar que, como Freud ainda não havia surgido, presumia-se que toda atividade mental era consciente. As palavras "mental" e "consciente" eram consideradas sinônimos.

---

[19] Campbell (1904), pp. 651-2.
[20] Meynert (1884; trad. inglesa de 1885), p. 160.

O trabalho experimental do século XIX que levou à nossa concepção moderna de consciência foi todo conduzido dentro dessa estrutura filosófica. No final dos anos 1800, o fisiologista Hermann Munk identificou o córtex occipital como o local do aspecto mental da visão (ver Figura 6). Ele se interessou pelo comportamento de cães com lesões experimentais no córtex occipital. Esses infelizes animais conseguiam ver, mas aparentemente não tinham a "compreensão" normal do que viam: não conseguiam mais reconhecer pela visão seus donos, por exemplo, nem identificar suas próprias tigelas de comida, embora olhassem para elas, as rodeassem e fossem capazes de reconhecê-las por meio dos outros sentidos[21]. Munk chamou essa condição de "cegueira mental" para diferenciá-la da forma comum de cegueira causada por lesões das vias sensoriais (subcorticais) que levam dos olhos ao córtex[22]. Seguindo a filosofia empirista, ele equiparou o que chamou de visão "mental" à capacidade de ativar *imagens da memória* visual por meio de associações, em oposição à atividade mecânica de receber sensações visuais brutas e disparar reflexos motores. Dessa forma, a condição descrita por Munk é hoje chamada de "agnosia" visual, ou seja, falta de *conhecimento* visual.

Fenômenos clínicos exatamente do mesmo tipo foram logo relatados em casos humanos – por exemplo, pelo oftalmologista Hermann Wilbrand, em 1887, que descreveu o caso de Fräulein G, uma mulher de 63 anos que sofreu um derrame occipital bilateral[23]:

---

[21] Munk (1878, 1881).

[22] Acreditava-se que a base anatômica para a distinção entre cegueira e cegueira mental era o fato, descoberto por Paul Flechsig (1901, 1905), de que o córtex estriado de "projeção" contém células primordiais que estão conectadas diretamente à periferia da retina. Essas células primordiais são mielinizadas no nascimento e, portanto, não contêm imagens *mnemônicas*. O córtex de "associação" circundante – o veículo de todas as funções mentais – é mielinizado muito mais tarde. O mesmo se aplica aos córtices específicos de outras modalidades.

[23] Wilbrand (1887, 1892). Ver minha tradução para o inglês do relato de caso original de Wilbrand, no qual muitos desses pontos teóricos são discutidos em detalhes (Solms, Kaplan-Solms e Brown, 1996).

Ela era considerada cega por todas as pessoas ao seu redor. No entanto, tinha plena consciência de que não era cega por completo, "pois, quando as pessoas ficavam ao lado de minha cama e falavam com pena da minha cegueira, eu pensava comigo mesma: você não pode ser realmente cega, porque consegue ver a toalha de mesa ali, com a borda azul, estendida sobre a mesa no quarto do doente" [...]. Quando essa senhora – muito inteligente em outros aspectos – levantou-se [depois da perda inicial de consciência que se seguiu ao derrame], ela se encontrou em um estado curioso de não ver e, ao mesmo tempo, ser capaz de ver [...]. Ainda hoje, ela se emociona quando se lembra de sua primeira excursão após o derrame: como a cidade parecia absolutamente diferente e completamente estranha, e como se sentiu muito angustiada e abalada quando foi conduzida por seu atendente pela primeira vez pelo Jungfernstieg e pela Neuer Wall até o Stadthaus, e como o atendente lhe indicou os prédios e as ruas que lhe eram tão familiares. Ela relata sua reação à mulher que a acompanhava na época: "Se você diz que aquele é o Jungfernstieg, e aquela a Neuer Wall, e este o Stadthaus, então suponho que deva ser assim, mas não os reconheço." [...] "Eu disse ao meu médico: 'Pode-se concluir, a partir da minha condição, que se vê mais com o cérebro do que com os olhos; os olhos são apenas o veículo da visão, porque vejo qualquer coisa de forma absolutamente clara e lúcida, mas não a reconheço e, com frequência, não sei o que poderia ser a coisa que estou vendo.'"

Wilbrand concluiu que essa paciente sofria de perda de memória visual (ou seja, um distúrbio de reconhecimento visual, compreensão ou conhecimento) em vez de simples cegueira. E observou que, embora os pacientes cegos ainda possam gerar imagens visuais em seus sonhos – uma vez que suas imagens mentais estão intactas –, os pacientes com cegueira *mental*, como Fräulein G, não podem; eles perdem a capacidade de sonhar. Como é possível gerar alucinações visuais sem imagens da memória visual?, indagou[24].

---

[24] Essa observação de Wilbrand se baseou em uma observação anterior semelhante, feita por Charcot (1883), sobre um paciente que tinha sonhos *não visuais*, dando origem ao

Essas observações sobre a visão foram então postas para as outras modalidades de percepção. Assim, a ablação do córtex auditivo (mais uma vez em cães) produziu a "surdez mental", agora chamada de agnosia auditiva, na qual os animais afetados não conseguiam mais responder aos sons com significado adquirido, embora claramente não fossem surdos: respondiam ao ruído bruto, mas não reconheciam mais seus próprios nomes quando chamados. Em 1874, o neurologista Carl Wernicke observou algo semelhante em pacientes humanos, o que levou à sua concepção dos distúrbios de linguagem adquiridos chamados de "afasia"[25].

Na modalidade motora, Hugo Liepmann afirmou que as lesões corticais também produziam déficits do aspecto mental do movimento, conhecidos como "paralisia psíquica" (ou "apraxia"). Uma lesão das vias motoras de saída causava paralisia física, mas uma lesão no centro cortical das imagens da memória motora causava o esquecimento das habilidades de movimento adquiridas (apraxia "membro-cinética"), e uma lesão das vias transcorticais das asso-

---

conceito de "síndrome de Charcot-Wilbrand": incapacidade de revisualizar e reconhecer objetos visuais durante o dia e perda do sonho durante a noite. Ver Solms, Kaplan-Solms e Brown (1996) e Solms (1997a) para uma discussão crítica do conceito de Charcot-Wilbrand à luz de minhas descobertas posteriores.

[25] Dessa forma, ele fez uma distinção entre a surdez comum e a "surdez de palavras" (afasia). Dizia-se que a afasia de Wernicke era causada por danos à área cortical que contém imagens da memória auditiva para palavras – memórias de sons da fala –, enquanto a surdez comum decorria de danos às vias subcorticais que conectam essa área às sensações auditivas recebidas. Paul Pierre Broca (1861, 1865) havia descrito anteriormente uma forma paralela de afasia causada por danos às imagens motoras das palavras, ou seja, danos aos programas aprendidos de como *produzir* os sons da fala. De acordo com Ludwig Lichtheim (1885), aluno de Wernicke, outras formas de afasia surgiram de danos às vias de "associação" transcorticais que levam as imagens da memória auditiva e motora das palavras a ideias *abstratas*, que dão significado às imagens concretas.

Heinrich Lissauer (1890) também subdividiu a "cegueira mental" em dois tipos: um tipo "aperceptivo", causado por danos às próprias imagens da memória visual, e um tipo "associativo", causado por danos às vias transcorticais que levam as imagens da memória para objetos visuais àquelas para ideias abstratas. Foi Freud (1891) quem mais tarde renomeou a cegueira mental como "agnosia" visual.

Hugo Liepmann (1900) também dividiu a "paralisia psíquica" (apraxia) nos tipos aperceptivo e associativo – "membro-cinética" e "ideomotora", respectivamente –, conforme mencionado no texto.

ciações motoras causava uma desconexão entre o movimento habilidoso e as ideias abstratas, como o significado simbólico dos gestos com as mãos (apraxia "ideomotora")[26].

Assim, a cegueira subcortical, a surdez e a paralisia eram conceituadas como distúrbios físicos, enquanto os efeitos visuais, auditivos e motores das lesões corticais eram *mentais*: as formas perceptivas e associativas de agnosia, afasia e apraxia. Esses últimos distúrbios são hoje em dia chamados de distúrbios "neurocognitivos". A distinção entre essas duas classes de distúrbios (subcorticais *versus* corticais) coincidiu, portanto, com a fronteira disciplinar entre a neurologia e a neuropsicologia, como ainda ocorre.

Quando os contemporâneos de Munk fizeram a ablação de todo o córtex dos cães – em oposição às partes especializadas responsáveis por modalidades sensório-motoras individuais –, os animais não entraram em coma ou em estado vegetativo; em vez disso, comportaram-se como se *não tivessem mente* (conforme os empiristas entendiam a palavra). Eles se tornaram amnésicos, ou seja, perderam todas as suas imagens mnemônicas e, portanto, sua "compreensão". Assim, Friedrich Goltz os descreveu como "idiotas". O fato de não entrarem em coma não surpreendeu os primeiros pesquisadores, pois, considerando as suposições teóricas da época, eles esperavam apenas que os cães decorticados perdessem todo o *conhecimento* adquirido. Essa perda não precisava ter nenhum efeito sobre as sensações e os reflexos corporais, que se supunha serem subcorticais. A ideia de que a vida mental consistia apenas em imagens mnemônicas não era controversa. As controvérsias daquela época giravam em torno de outros aspectos, como a limitação da localização de cada função mental em regiões específicas do córtex. Ninguém duvidava que todas essas funções fossem corticais.

Dessa forma, quando Meynert resumiu todo o quadro emergente em seu famoso livro *Psychiatrie. Klinik der Erkrankungen des Vorderhirns, begründet auf dessen Bau, Leistungen und Ernährung*.

---

[26] Liepmann (1900).

[Psiquiatria. Clínica de doenças do prosencéfalo, com base na sua estrutura, desempenho e nutrição.], de 1884[27], identificou a mente com a *totalidade das imagens da memória para objetos* produzidas pela projeção da periferia sensório-motora no córtex, mais as associações transcorticais entre elas e as imagens mnemônicas que constituíam ideias abstratas. Naturalmente, ele localizou todas essas imagens, associações e ideias no córtex – conforme citação acima. Ele chamou essa porção do cérebro de "voluntária" e afirmou que ela tinha conexões diretas com a periferia do corpo por meio dos nervos sensoriais e motores. Em outras palavras, afirmou que o córtex estava conectado ao corpo *independentemente* da massa cinzenta subcortical. Ele reconheceu que a parte subcortical do cérebro também estava conectada ao córtex e à periferia do corpo por meio de suas próprias vias separadas, mas descreveu essas vias como "reflexas". Aqui temos os "dois cérebros" que mencionei antes para explicar o comportamento das crianças com hidranencefalia.

Foi assim que o córtex se tornou o órgão da mente – a mente interpretada como a *consciência das imagens* mnemônicas – e que o cérebro subcortical se tornou insensível. Tudo se resumiu à noção de que sua "mente" é constituída por experiências passadas, as quais deixam traços que são associados uns aos outros para formar imagens concretas e ideias abstratas. O restante de você, as partes sensório-motoras periféricas e as partes inatas e subcorticais, incluindo as que transmitem impressões do *interior* do seu corpo, foram consideradas puramente reflexas. E assim, por mais estranho que pareça, a distinção filosófica entre sua mente e seu corpo acabou coincidindo com a distinção anatômica entre o córtex e o subcórtex.

Na década de 1960, Norman Geschwind, o grande pioneiro da neurologia comportamental nos Estados Unidos, reviveu com en-

---

[27] No prefácio, ele afirma: "O leitor não encontrará nenhuma definição de 'Psiquiatria' neste livro a não ser a que consta na página de rosto: Clínico de doenças do prosencéfalo. O termo histórico para psiquiatria, como 'tratamento mental', promete o que não pode simplesmente ser alcançado e transcende os limites da investigação científica." Ver: <wellcomecollection.org/works/ba38y6he/items?canvas=5>.

tusiasmo essas ideias clássicas[28]. O renascimento do associacionismo empirista na neurologia coincidiu com a "revolução cognitiva" na psicologia. Os fluxogramas de informações dos cientistas cognitivos tinham grande semelhança com os diagramas que os neurologistas alemães clássicos usavam para ilustrar as relações funcionais entre os centros corticais que continham imagens mnemônicas de vários tipos. No entanto, como veremos, o cognitivismo moderno também levou à constatação, que se estabeleceu na década de 1990, de que muitas funções mentais (inclusive a percepção e a memória) *não eram conscientes, no fim das contas.*

Mais ou menos na mesma época em que Geschwind voltou a associar a neuropsicologia com a teoria cortical clássica, os pioneiros do que mais tarde se tornaria a neurociência afetiva (como Paul MacLean e James Olds) estavam acumulando observações reveladoras de que muitos núcleos subcorticais que conectam o cérebro com o interior do corpo também desempenhavam funções mentais. Essas funções eram como o *impulso* motivacional e o *sentimento* emocional.

Apesar desses desenvolvimentos paralelos na neurociência cognitiva e afetiva, de que tratarei em breve, é com base nessa herança intelectual – a tentativa dos neurologistas do século XIX de confirmar as teorias dos filósofos do século XVIII – que os neurologistas de hoje presumem que as crianças com hidranencefalia não têm mente. Eles assumem isso mesmo quando reconhecem que as antigas equações de "mente" com consciência e com córtex não são mais válidas: que nem toda atividade mental é consciente e nem toda consciência é cortical. Em outras palavras, a insistência na validade da equação original, de que a "consciência como experiência" é necessariamente cortical, é feita com base na inércia teórica e não em evidências científicas.

---

[28] Ver Absher e Benson (1993) e Goodglass (1986). É interessante notar que António Damásio foi aluno de Geschwind.

Como você deve ter percebido, não acredito que a teoria cortical da consciência seja válida. De fato, eu diria que os animais e os seres humanos podem ser conscientes mesmo que não tenham um córtex completo. Acho que *há* "algo que é como" ser uma criança com hidranencefalia.

É claro que uma das razões pelas quais é tão difícil saber o que os pacientes com hidranencefalia experimentam – na verdade, se têm alguma experiência interna – é que eles não conseguem falar. A linguagem é realmente uma função cortical e, portanto, não podemos esperar que pessoas que não têm córtex nos forneçam relatos verbais introspectivos. Elas não podem nos fornecer o tipo de evidência subjetiva que geralmente nos faz acreditar que outras pessoas estão conscientes, apesar do problema de outras mentes[29]. O mesmo se aplica aos animais. No entanto, há seres humanos que perderam quantidades substanciais de córtex e, mesmo assim, mantêm a capacidade de falar. Nesses casos, podemos simplesmente *perguntar* a eles como é.

Os neurocirurgiões Wilder Penfield e Herbert Jasper cortaram grandes extensões de córtex (até mesmo hemisférios inteiros) em 750 pacientes humanos sob anestesia local, sobretudo para o tratamento de epilepsia. Eles observaram que essas operações têm efeitos limitados sobre a consciência relatada pelo próprio paciente, mesmo quando o córtex está sendo removido. (A cirurgia cerebral em geral é realizada sob anestesia local para que o paciente possa relatar os efeitos do que o cirurgião está fazendo.) Penfield e Jasper concluíram que as ressecções corticais não interrompem o ser senciente; elas simplesmente privam os pacientes de "certas formas de informação"[30]. Eu mesmo já participei de muitas operações desse

---

[29] A propósito, sabemos que os pacientes corticais sem linguagem mantêm a consciência plena, pois podem comunicar seus sentimentos de outras maneiras. Ver Kaplan-Solms e Solms (2000) para descrições detalhadas de relatos introspectivos não verbais de pacientes afásicos de vários tipos. Após alguma hesitação inicial no século XIX, o consenso sempre foi de que a perda da linguagem não afeta a "inteligência" de forma significativa.
[30] Merker (2007), p. 65.

tipo, em que minha função habitual é avaliar os efeitos da estimulação elétrica das partes de memória e linguagem do córtex antes que o cirurgião as corte. Testemunhei exatamente a mesma coisa que Penfield e Jasper relataram.

Mas nem todo córtex é igual. São as regiões do córtex que recebem entradas de cada um dos nossos sentidos especiais que geram os "*qualia*" fenomenais associados a esses sentidos (cor para a visão, tom para a audição, e assim por diante). Entretanto, de acordo com a visão padrão, as sensações brutas só podem ser declaradas depois de terem sido acessadas por um tipo abrangente de consciência que constitui o "eu" senciente[31].

Várias terminologias são usadas para descrever a relação entre a consciência "fenomenal" (por exemplo, simplesmente ver e ouvir) e a consciência "reflexiva" (*saber* que está vendo e ouvindo). Todas elas transmitem a mesma ideia básica: você é mais do que as várias formas de informações sensoriais que processa. É por isso que os pacientes com danos ao córtex visual primário podem ser cegos e aqueles com danos ao córtex auditivo podem ser surdos, mas seu senso de *identidade* ainda está presente. É esse "eu" senciente que adivinha o que a pessoa está vendo quando está desprovida de *qualia* visuais na visão cega, por exemplo. Esses pacientes perdem apenas "certas formas de informação". Portanto, a pergunta que não quer calar é: o que aprendemos com os pacientes que perderam as partes do córtex que se diz serem responsáveis pela individualidade?

Há três locais que são candidatos para essa função. O primeiro é o *córtex insular*, que é especializado em consciência interoceptiva e amplamente reivindicado como gerador dos sentimentos que constituem um "eu" senciente[32]. O segundo é o *córtex pré-frontal dorsolateral*, que forma uma superestrutura sobre todas as outras partes do cérebro, e, em geral, acredita-se que possibilita "pensamentos de ordem superior", incluindo a consciência dos sentimen-

---

[31] Cf. a distinção de Ned Block (1995) entre consciência "fenomenal" e "de acesso".
[32] Ver Craig (2009, 2011).

tos³³. O terceiro é o *córtex cingulado anterior* (CCA), que se destaca em praticamente todos os experimentos de imagens cognitivas do cérebro e é considerado mediador de coisas como "processamento relacionado a si mesmo" e "vontade"³⁴.

Vamos examinar essas três regiões uma a uma.

Aqui está um trecho de uma entrevista de António Damásio com um paciente cujo córtex insular foi totalmente obliterado por uma doença viral chamada encefalite por herpes simples³⁵:

> Pergunta: Você tem senso de identidade?
> Resposta: Sim, eu tenho.
> P: E se eu dissesse que você não está aqui agora?
> R: Eu diria que você ficou cego e surdo.
> P: Você acha que outras pessoas podem controlar seus pensamentos?
> R: Não.
> P: E por que você acha que isso não é possível?
> R: Você controla sua própria mente, espero.
> P: E se eu dissesse que sua mente é a mente de outra pessoa?
> R: Quando foi o transplante, quero dizer, o transplante de cérebro?
> P: E se eu dissesse que te conheço melhor do que você mesmo?
> R: Eu acharia que você está errado.
> P: E se eu dissesse que você está ciente de que estou ciente?
> R: Eu diria que você está certo.
> P: Você está ciente de que estou ciente?
> R: Eu estou ciente de que você está ciente de que estou ciente.

Esse paciente, conhecido como "B.", foi estudado pela equipe de Damásio durante um período de 27 anos (ele adoeceu aos 48 anos e

---

³³ Ver Dehaene e Changeux (2005) e Baars (1989, 1997). O termo "pensamento de ordem superior" é de Rosenthal (2005).
³⁴ Qin *et al.* (2010), Mulert *et al.* (2005).
³⁵ Esse diálogo foi extraído de um relato oral do caso que foi apresentado no Congresso de Neuropsicanálise de 2011, em Berlim. O estudo de caso foi posteriormente publicado em Damásio, Damásio e Tranel (2013).

morreu aos 75). No estudo publicado do caso, eles relataram abrangentes dados neuropsicológicos sobre sua capacidade de sentir e reagir emocionalmente. As principais conclusões são as seguintes:

> O paciente B., cujos córtices insulares foram totalmente destruídos, experimentou sensações corporais e emocionais. Ele relatou sentir dor, prazer, coceira, cócegas, felicidade, tristeza, apreensão, irritação, carinho e compaixão, e se comportou de maneira compatível com esses sentimentos quando relatou tê-los experimentado. Também relatou sensações de fome, sede e desejo de evacuar, e se comportou de acordo com elas. Ele ansiava por oportunidades de brincar – por exemplo, jogar damas –, visitar outras pessoas, passear, e registrava um prazer evidente quando se envolvia nessas atividades, bem como decepção ou até mesmo irritação quando as oportunidades eram negadas. [...] Dado o empobrecimento de sua imaginação, a existência do paciente B. era uma reação "afetiva" praticamente contínua aos estados de seu próprio corpo e às modestas demandas impostas pelo mundo ao seu redor, não atenuadas por controles cognitivos de alta ordem. [...] De acordo com Craig (2011), o sinal revelador da autoconsciência é a capacidade de se reconhecer em um espelho, uma capacidade que, em suas palavras, "só pode ser fornecida por uma representação neural funcional e emocionalmente válida do *self*". O paciente B. passou nesse teste de forma consistente e repetida. Em resumo, esses achados contrariam a proposta de que a autoconsciência humana, junto com a capacidade de sentir, dependeria por completo dos córtices insulares e, especificamente, de seu terço anterior (Craig, 2009, 2011). Na ausência de córtices insulares, precisamos considerar alternativas neuroanatômicas para explicar a base das habilidades sensoriais e da senciência de B.[36]

Bud Craig e outros afirmam que os sentimentos afetivos que constituem o *self* são gerados no córtex insular. E, no entanto, Damásio descobriu que o paciente B. era, como os ratos decorticados, na verdade *mais* emocional após a lesão cortical do que antes dela.

---

[36] Damásio, Damásio e Tranel (2013).

A previsão de que esses pacientes perderiam sua "presença" senciente foi claramente rechaçada.

O mesmo ocorre em pacientes humanos com danos à segunda região que estamos considerando aqui: o córtex pré-frontal, que forma uma superestrutura sobre todas as outras partes do cérebro. A emocionalidade dos pacientes pré-frontais é amplamente reconhecida; ela constitui uma característica central da "síndrome do lobo frontal". Isso já havia sido observado em 1868, no famoso caso de Phineas Gage, depois que uma barra de ferro atravessou seu crânio em um acidente de trabalho:

> O equilíbrio ou balanço, por assim dizer, entre suas faculdades intelectuais e propensões animais, parece ter sido destruído. Ele é inconstante, desrespeitoso, às vezes se entrega à mais grosseira profanação (o que não era seu costume antes), manifestando pouca deferência por seus companheiros, impaciente com restrições ou conselhos quando estes entram em conflito com seus desejos.[37]

Alguns dos principais neurocientistas da emoção, como Joseph LeDoux, acreditam que os sentimentos literalmente *passam a existir* no córtex pré-frontal dorsolateral[38]. Nessa visão, os precursores subcorticais dos sentimentos são totalmente inconscientes até que sejam "rotulados" na memória de trabalho consciente[39]. Para esses teóricos, a emoção é apenas outra forma de cognição – na verdade, uma forma de cognição bastante abstrata e reflexiva. Mas, se eles estão certos, por que os pacientes cuja memória de trabalho está em grande parte obliterada demonstram tanta emoção? Phineas Gage é apenas o caso mais famoso em uma literatura substancial. Se a forma pré-reflexiva de sentimento é expressa de forma tão vívida

---

[37] Harlow (1868).
[38] LeDoux e Brown (2017).
[39] Ver LeDoux (1999), p. 46, grifo nosso: "Quando estímulos elétricos aplicados à amígdala de seres humanos provocam sensações de medo (ver Gloor, 1992), não é porque a amígdala 'sente' medo, mas porque as várias redes ativadas pela amígdala acabam fornecendo à memória de trabalho entradas que são *rotuladas* de medo."

no comportamento desses pacientes, o que a consciência reflexiva pode acrescentar ao quadro?

Para ser justo, a maioria dos teóricos corticais não está particularmente interessada em sentimentos. Em vez disso, eles se concentram na contribuição feita pelos lobos pré-frontais para o *pensamento* de ordem superior. As hipóteses que surgem dessas teorias mais amplas também são facilmente testáveis em casos humanos com danos aos lobos pré-frontais. Lesões pré-frontais completas são muito raras, mas não inéditas.

Meu paciente "W" tinha 48 anos quando o examinei pela primeira vez. Ele obteve nota máxima na escala de coma de Glasgow, o que significa que estava totalmente acordado e responsivo. Aos treze anos de idade, havia sofrido uma ruptura de aneurisma no cérebro, o que exigiu uma operação na qual os lobos frontais foram retraídos para envolver o vaso sanguíneo vulnerável e, assim, evitar mais sangramentos. Infelizmente, essa cirurgia levou a uma infecção cerebral crônica, requerendo várias operações adicionais, o que acabou resultando na destruição total dos lobos pré-frontais de ambos os lados (ver Figura 7).

Felizmente, seu córtex linguístico foi poupado. Aqui está parte de nossa conversa:

> P: Você está consciente de seus pensamentos?
> R: Sim, claro que estou.
> P: Para confirmar isso, vou pedir que você resolva um problema que requer que imagine conscientemente uma situação em sua mente.
> R: Ok.
> P: Imagine que você tem dois cachorros e uma galinha.
> R: Ok.
> P: Você os vê em sua mente?
> R: Sim.
> P: Agora me diga quantas pernas você vê no total?
> R: Oito.
> P: Oito?
> R: Sim, os cachorros comeram a galinha.

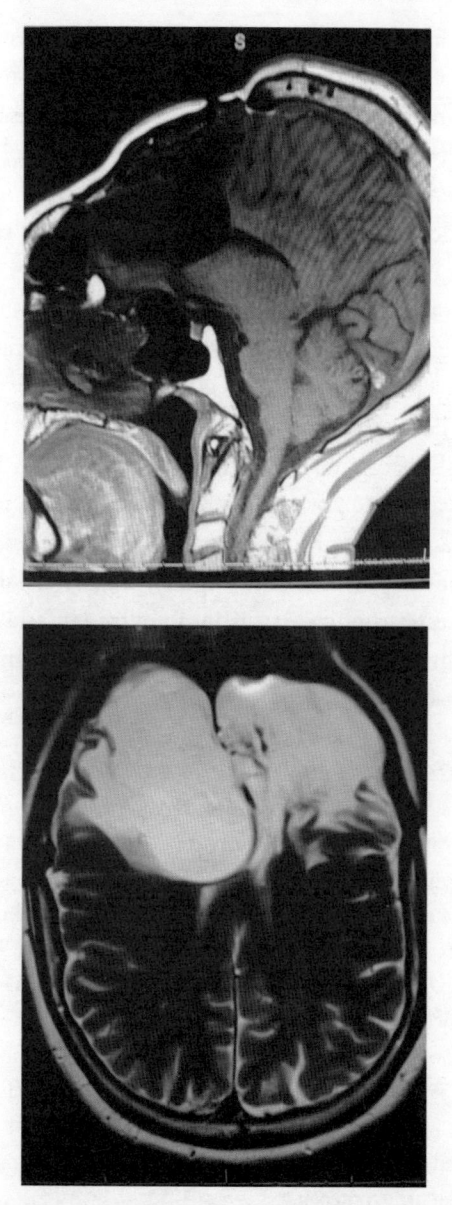

Figura 7. Ressonância magnética do cérebro do paciente W, mostrando a destruição completa dos lobos pré-frontais bilateralmente.

A piada foi contada com um sorriso malicioso. Pode não ser a melhor piada do mundo, mas fornece evidências convincentes de que, falando de forma coloquial, alguém estava em casa. O paciente W disse que estava consciente, assim como o paciente B., de Damásio, e, na ausência de qualquer razão mais convincente do que o ceticismo filosófico radical, estou inclinado a acreditar em suas palavras.

A terceira e última região cortical que se supõe ter uma relação especial com o "eu" senciente é o córtex cingulado anterior. É relativamente fácil encontrar pacientes com lesões bilaterais completas nessa região, em parte porque esse segmento do córtex tem sido alvo regular de cirurgias para doenças psiquiátricas, como o transtorno obsessivo-compulsivo. (A região do cingulado anterior tem atraído essa atenção, por assim dizer, precisamente por causa de sua associação com o "processamento relacionado a si mesmo".)

No período pós-operatório agudo, alguns desses pacientes apresentam uma ruptura da distinção entre fantasia e realidade. Charles Whitty e Walpole Lewin descreveram um exemplo impressionante (Caso 1):

> Em resposta a uma pergunta sobre o que estava fazendo naquele dia, ele respondeu: "Eu estava tomando chá com minha esposa." Sem mais comentários por parte de quem perguntava, ele acrescentou: "Ah, na verdade não tomei. Ela não esteve aqui hoje. Mas, assim que fecho os olhos, a cena ocorre de forma bem vívida. Posso ver as xícaras e os pires e ouvi-la servindo a bebida. Mas, ao levantar a xícara para beber, acordo e não há ninguém lá."
> P: Você adormece bastante, então?
> R: Não, eu não estou dormindo – é uma espécie de sonho acordado [...] às vezes com os olhos abertos mesmo. [...] Meus pensamentos parecem estar fora de controle; eles surgem sozinhos – tão reais. Na metade do tempo, não tenho certeza se apenas pensei nisso ou se realmente aconteceu.[40]

---

[40] Whitty e Lewin (1957), p. 73.

Observe a referência frequente ao "eu". Whitty e Lewin suspeitaram que seu paciente poderia estar sofrendo convulsões complexas, mas experiências semelhantes foram relatadas em vários outros casos com lesões bilaterais do córtex cingulado anterior. Aqui está, por exemplo, um dos meus[41]: uma mulher de 44 anos que sofreu uma hemorragia cerebral subaracnóidea. Ela relatou o seguinte: "É como se meu pensamento se tornasse real – quando penso em algo, vejo isso de fato acontecendo diante dos meus olhos, e daí fico muito confusa e, às vezes, não sei o que realmente aconteceu e o que estou apenas pensando."

E seguiu com um exemplo:

> Paciente: Eu estava deitada em minha cama pensando, e então aconteceu que meu marido [falecido] estava lá conversando comigo. Depois, fui dar banho nas crianças e, de repente, abri os olhos e disse: "Onde estou?" – e estava sozinha!
> Eu: Você tinha adormecido?
> Paciente: Acho que não; é como se meus pensamentos tivessem se transformado em realidade.

A consciência é obviamente anormal nesses casos, mas essa não é a questão. Ninguém contesta que o córtex está envolvido no processamento consciente. O que não é sustentável é a visão de que o *self* consciente é *gerado* lá.

Vimos comportamentos vivos, intencionais, responsivos e emocionais em humanos e animais que não têm córtex. A introspecção sugere que a consciência está intimamente envolvida nesses comportamentos em nossos próprios casos (presumivelmente normais); portanto, apesar do problema de outras mentes, precisaríamos de um bom motivo para pensar que ela não está envolvida nesses casos também. Mas, quando vamos em busca desses bons motivos,

---

[41] Solms (1997a), p. 186, Caso 22.

encontramos apenas o peso morto da história acadêmica, um modelo pré-neurológico da mente que, por acaso, foi usado como modelo pelos primeiros exploradores do cérebro. Hoje em dia, pouquíssimos cientistas endossariam a versão do empirismo de Hume ou da *Psychiatrie* de Meynert. Na verdade, os pontos de vista de Meynert são amplamente ridicularizados como "mitologias do cérebro"[42]. E, no entanto, o dogma de que o córtex é o órgão da mente se tornou o pressuposto básico de todo um campo da medicina.

O córtex está, de modo evidente, envolvido em muitas funções cognitivas, inclusive a linguagem. Portanto, não podemos esperar relatos verbais introspectivos de pessoas nas quais ele está ausente por completo. Mas temos o testemunho em primeira mão de pacientes cujas deficiências permitem declarações verbais autorreflexivas, embora não tenham as partes específicas do córtex que supostamente dão origem a uma autoconsciência abrangente. Vez por outra, esses pacientes afirmam estar conscientes e declaram seu "ser" introspectivo. Será que estão mentindo? Em caso afirmativo, por quê? E o que poderia significar dizer que uma pessoa sem um "eu" está mentindo sobre sua individualidade? A neurociência cognitiva está oscilando à beira da incoerência aqui – um bom sinal de que ela tomou um rumo errado.

Na minha opinião, no que diz respeito às evidências, a teoria cortical é insustentável. Não há nenhuma boa razão para acreditar que o córtex dá origem à existência senciente da maneira que você e eu normalmente a experimentamos, e muitas boas razões para concluir que isso não acontece. Teremos que procurar a fonte de nosso ser em outro lugar.

---

[42] O epíteto foi introduzido por Karl Jaspers (1963).

Capítulo 4

O que é experienciado?

Você precisa estar ciente do que está percebendo e aprendendo para poder perceber e aprender? O senso comum talvez diga que sim. Os filósofos empiristas disseram que sim. Mas a resposta é não.

As ideias dos empiristas deram origem à visão neuroanatômica clássica na qual a percepção (e os traços de memória derivados dela) é o ingrediente básico da consciência. No entanto, as evidências científicas que mostram que *não temos consciência da maior parte do que percebemos e aprendemos* são agora abundantes. A percepção e a memória não são funções cerebrais inerentemente conscientes. Nesse aspecto, o senso comum estava errado. Acontece que tudo o que sua mente faz (exceto uma coisa, como veremos) pode ser feito muito bem de forma inconsciente.

Essa percepção, por incrível que pareça, é atribuída a Freud.

Apesar de ter apoiado por toda a vida a teoria cortical da consciência, ele foi um dos primeiros neurocientistas a questionar a distinção feita por seu professor Meynert entre as partes "mental" e "não mental" do cérebro[1]. Depois de examinar os dados disponíveis,

---

[1] Ver Solms e Saling (1990) para uma discussão detalhada das divergências de Freud com Meynert e outros contemporâneos neuropsicológicos. Ele primeiro expôs suas opiniões divergentes em um manuscrito de livro não publicado (Freud, 1887). Elas foram publicadas pela primeira vez em Freud (1888). Em seguida, ele as reiterou em seu livro (1891) e as desenvolveu ainda mais em Freud (1893b) e, finalmente, em sua carta a Fliess de 6 de dezembro de 1896.

Freud concluiu em 1891 que os pontos de vista de "Munk e de outros pesquisadores que se baseiam em Meynert [...] não podem mais ser mantidos"[2]. Especificamente, ele não encontrou nenhuma distinção anatômica clara entre as vias "voluntárias" e "reflexas" de Meynert. Ele também demonstrou (contando o número de fibras nervosas envolvidas) que as imagens da memória cortical eram geradas apenas depois de uma série de ligações intermediárias entre elas e a periferia sensorial. Essas ligações estavam localizadas nas partes supostamente *não mentais* do cérebro e reduziam a quantidade de informações transmitidas em cada estágio. Freud inferiu que essas ligações subcorticais deviam estar fazendo algo com as informações sensoriais que processavam. Observe sua intrigante metáfora, concebida em uma era pré-digital:

> Sabemos apenas que as fibras que chegam ao córtex cerebral após sua progressão através dos tecidos cinzentos [subcorticais] ainda mantêm alguma relação com a periferia do corpo, mas não podem mais fornecer uma imagem que se assemelhe topologicamente a ele. Elas contêm a periferia do corpo da mesma forma que [...] um poema contém o alfabeto, em um rearranjo completo, servindo a diferentes propósitos, com múltiplas ligações entre os elementos topológicos individuais, de modo que alguns deles podem ser reproduzidos várias vezes e outros não.[3]

Se o córtex não estiver conectado de forma direta com a periferia do corpo, mas, em vez disso, por meio de ligações subcorticais intermediárias, as imagens mnemônicas nele depositadas não podem ser projeções literais do mundo externo. Elas devem ser os produtos finais do processamento de informações em vários estágios. Como esse processamento culmina em imagens da memória cortical,

---

[2] Freud (1891), tradução minha. Freud (1886), p. 14, relatou que fez "repetidas visitas" ao laboratório de Munk, em Berlim. O curso das vias neurais no tronco cerebral foi um dos principais focos da pesquisa anatômica do próprio Freud na década de 1880.
[3] Freud (1891), tradução minha.

a parte subcortical do processamento deve, de certa forma, gerar *versões preliminares* de tais imagens. As ligações subcorticais devem, portanto, fornecer parte do processamento mental que chamamos de "apercepção". Não faz sentido, argumentou Freud, traçar uma linha artificial entre as partes subcorticais e corticais do processamento e afirmar que somente o produto final é "mental":

> É justificável tomar uma fibra nervosa, que em toda a extensão de seu curso foi apenas uma estrutura fisiológica e sujeita a modificações fisiológicas, mergulhar sua extremidade na mente e fornecer a essa extremidade uma ideia ou uma imagem de memória?[4]

Como Freud, assim como todo mundo à época, presumiu que apenas os processos corticais são *conscientes*, isso o levou a alimentar a noção de que a percepção e o aprendizado devem incluir estágios preliminares *inconscientes* que são tão "mentais" quanto os conscientes. Ou seja, os traços de memória inconscientes (subcorticais) devem ser tão mentais quanto os corticais; eles também fazem parte da função que chamamos de "memória", embora não tenham consciência. Freud concluiu em uma carta a Wilhelm Fliess: "O que há de essencialmente novo em minha teoria é a tese de que a memória está presente não uma vez, mas várias vezes, sendo estabelecida em vários tipos de significados."[5]

Ele identificou cinco estágios sucessivos no processamento de informações: "percepção", "traço perceptual", "inconsciente", "pré-consciente" e "consciente" (ver Figura 8). A diferença crucial entre os estágios não estava no fato de que o inconsciente era corporal e o pré-consciente era mental, mas no de que o tipo pré-consciente de processamento de memória podia ser reproduzido na consciência,

---

[4] *Ibid.*, tradução minha. Freud também questionou a base anatômica e fisiológica da distinção que Meynert e outros fizeram entre os estágios aperceptivo e associativo do processamento cortical (*ibid.*).
[5] Carta a Fliess de 6 de dezembro de 1896 (Freud, 1950a, p. 233).

enquanto o tipo inconsciente não podia[6]. Em outras palavras, *apenas uma parte da mente é consciente.*

Em 1895, Freud fez uma observação semelhante sobre as vias nervosas que partem do *interior* do corpo. Também nesse caso, argumentou ele, não faz sentido afirmar que as informações corporais viscerais se tornam "mentais" apenas quando chegam ao córtex. Como essas informações (que transmitem sensações como fome e sede) exigem que a mente trabalhe em consequência de sua conexão com o corpo, devemos acomodar essas exigências também em nossa visão da mente. Mesmo que você não esteja ciente de suas "pulsões" biológicas, como Freud as chamou, elas decerto fazem parte de sua mente. Lembre-se de que, como vimos no capítulo 2, Freud chegou a sugerir que as demandas do corpo são "o motor do mecanismo psíquico" e que o prosencéfalo (cujo córtex representa o mundo exterior) é apenas um "gânglio simpático". Em outras palavras, ele concluiu que as imagens mnemônicas, tanto conscientes quanto inconscientes, são formadas "em simpatia" com as demandas do corpo – que só representamos perceptualmente o mundo exterior e aprendemos sobre ele porque precisamos atender às nossas necessidades biológicas nesse mundo.

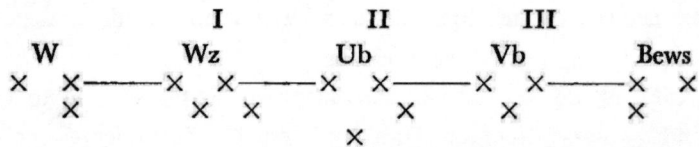

```
          I           II          III
 W         Wz          Ub          Vb         Bews
X X——X X——X X——X X——X X
  X        X X          X           X          X
                        X
```

Figura 8. Primeiro diagrama de Freud dos sistemas de memória, que acompanhava sua carta a Wilhelm Fliess. (W = Percepção, Wz = Traço perceptual, Ub = Inconsciente, Vb = Pré-consciente, Bews = Consciente).

---

[6] Os sistemas inconsciente e pré-consciente de Freud, portanto, coincidem com o que hoje chamamos de memória "não declarativa" e "declarativa" de longo prazo, e seu sistema consciente coincide com o que chamamos de memória de curto prazo. O primeiro e o último dos cinco estágios de Freud (percepção e consciência) são *estados* de neurônios em vez de traços.

A essa visão do cérebro a ciência moderna acrescentou muitos detalhes dos quais Freud não tinha a menor ideia, e nós o corrigimos em alguns pontos importantes. Mesmo assim, sua conclusão básica é em geral aceita na neurociência dos dias de hoje: o cérebro realiza uma ampla gama de funções *mentais* que não entram na consciência. O título de uma famosa revisão da literatura relevante feita pelo cientista cognitivo moderno John Kihlstrom diz tudo: existe de fato "Percepção sem consciência do que é percebido, aprendizado sem consciência do que é aprendido"[7]. Outra revisão bem conhecida feita por John Bargh e Tanya Chartrand resume nosso entendimento atual com um título mais poético, "A insuportável automaticidade do ser":

> A maior parte da vida psicológica momento a momento deve se dar por meios não conscientes para que possa ocorrer. [...] Para moderarmos consciente e intencionalmente nosso próprio comportamento, avaliações, decisões e estados emocionais, precisamos empregar um esforço considerável e isso é relativamente lento. Além disso, parece exigir um recurso limitado que se esgota com rapidez, de modo que os atos de autorregulação conscientes só podem ocorrer com moderação e por pouco tempo. Por outro lado, os [processos psicológicos] não conscientes ou automáticos não são intencionais, não exigem esforço, são bem rápidos e muitos deles podem operar em um determinado momento. O mais importante é que eles não exigem esforço e estão sempre em ação, guiando o indivíduo com segurança ao longo do dia.[8]

Entretanto, nosso reconhecimento moderno da onipresença do funcionamento mental inconsciente não se baseou nas teorias de Freud. Ele foi obtido de forma totalmente independente, com base em novas descobertas neurológicas e evidências experimentais. Um ponto de virada foi o caso de HM, publicado em 1957. Como resultado da ressecção cirúrgica de seus hipocampos (a par-

---
[7] Kihlstrom (1996).
[8] Bargh e Chartrand (1999), p. 476.

te do córtex responsável pela codificação de memórias declarativas e que o levava a sofrer ataques epilépticos), ele era completamente incapaz de se lembrar de qualquer evento ocorrido após a data da operação. No entanto, os neuropsicólogos que o investigaram sucessivas vezes desde aquela época (1953) até sua morte em 2008 observaram que seu desempenho em testes psicométricos melhorou de forma drástica ao longo dos anos, mostrando efeitos claros da prática. Ele aprendeu a dominar os testes, embora não tivesse nenhuma lembrança consciente de tê-los feito[9].

Observações semelhantes foram feitas antes por Édouard Claparède, embora ele não tenha reconhecido seu significado. Ele relatou o caso de uma mulher amnésica que apertava sua mão todos os dias como se nunca o tivesse visto antes (como meu paciente Sr. S). Claparède decidiu esconder um alfinete em sua palma para ver se ela continuaria tão ansiosa para cumprimentá-lo depois de ser picada. Após essa experiência, ela se recusou a apertar sua mão, embora não tivesse nenhuma lembrança consciente do evento doloroso. Quando lhe perguntaram por que se recusava, ela ofereceu apenas evasivas, como: "Uma dama não tem o direito de negar sua mão a um cavalheiro?"[10]

O processamento inconsciente equivalente foi demonstrado pela própria apercepção. Antes dos conselhos de revisão institucional examinarem a ética dos protocolos de pesquisa médica, Roger Sperry relatou o caso de uma mulher cujos hemisférios corticais foram separados cirurgicamente para controlar uma epilepsia intratável. Quando imagens pornográficas eram exibidas em seu hemisfério direito isolado, ela ria e corava, embora seu hemisfério esquerdo (verbal) não pudesse "declarar" de forma consciente do que se tratava seus sentimentos. Ela podia oferecer apenas declarações tangenciais para explicar seu constrangimento, dizendo coisas como: "Essa é uma máquina e tanto que você tem aí, dr. Sperry!"[11]

---

[9] Squire (2009).
[10] Claparède (1911).
[11] Galin (1974), p. 573.

O que é importante observar aqui é que o processamento mental inconsciente não se restringe às estruturas subcorticais do cérebro. No caso de Sperry, por exemplo, a paciente não conseguia conscientizar as informações perceptuais embaraçosas que seu córtex cerebral direito havia recebido, processado e reconhecido. O fato de o córtex poder executar essas funções sem consciência foi demonstrado de forma conclusiva por muitos estudos experimentais. Em um deles, palavras negativas e positivas foram apresentadas muito rapidamente aos participantes da pesquisa – tão rápido que eles não tinham consciência de ter visto qualquer coisa. Seu comportamento subsequente foi influenciado de forma clara pelas palavras que eles alegaram não ter visto: por exemplo, depois que adjetivos negativos foram mostrados em associação com uma fotografia do rosto A e adjetivos positivos com o rosto B, os participantes demonstraram preferência pelo rosto B, embora não soubessem a razão[12]. Isso mostra que as palavras negativas e positivas devem ter sido vistas, lidas *e compreendidas* de forma inconsciente. Como a leitura com compreensão é uma função exclusiva da área cortical – função que os anatomistas clássicos consideravam "mental" por excelência –, só podemos concluir que as *funções corticais não são inerentemente conscientes*.

Nos dias de hoje, esta é a visão mais aceita na ciência cognitiva: a mente entendida como imagens mnemônicas (agora chamadas de "representações") não é intrinsecamente consciente. A parte do cérebro que gera os "conteúdos" da consciência ("consciência como experiência") – o córtex – pode fazer exatamente a mesma coisa na ausência de experiência consciente. Mas, se esse é o caso, o que torna suas funções inconscientes *mentais*? O que torna o córtex – o suposto órgão da mente – diferente de outros dispositivos de processamento de informações, como os telefones celulares? Mais uma vez, estamos à beira da incoerência.

Isso nos traz de volta à grande questão com a qual concluí o capítulo 3: se o córtex não é o local de onde vem nossa consciência,

---
[12] Ver McKeever (1986).

então de onde ela vem? E, além disso, se a maior parte da "vida psicológica momento a momento" prossegue sem experiência consciente, por que *alguma vez* ela envolveria tal experiência? Por que todo esse processamento de informações não ocorre de forma não consciente?

A história da neurociência cognitiva é um cemitério de teorias que tentaram especificar a função da consciência. Elas têm em comum a suposição de que sua função é "vincular" a multiplicidade de fluxos de informações espalhados pelo cérebro ao todo coerente que caracteriza nossa experiência consciente. Por exemplo, a leitura, o reconhecimento de faces e de objetos, a percepção de cores, de movimentos e do espaço e coisas do gênero ocorrem ao mesmo tempo em partes extensivamente distribuídas do cérebro. Como se reúnem nas imagens visuais associadas que normalmente percebemos – com a cor e o movimento de um rosto, por exemplo, acontecendo apenas nos locais corretos?

Meynert afirmou que essa função de ligação era realizada pelas fibras transcorticais, que "associam" as imagens mnemônicas umas às outras. Mais de cem anos depois, não avançamos muito além dessa hipótese. James Newman e Bernard Baars propuseram que um "espaço de trabalho global" unificado é gerado no córtex pelo tálamo, tornando os diferentes *bits* – pequenas unidades – de informação acessíveis à experiência de modo global. Stanislas Dehaene e Lionel Naccache acrescentaram que as áreas corticais de associação pré-frontal e parietal integram as atividades das zonas sensoriais primárias nesse espaço de trabalho. Gerald Edelman apresentou os "*loops* reentrantes" talamocorticais como a função principal, por meio da qual as informações integradas são enviadas de volta aos níveis anteriores de processamento perceptual. Giulio Tononi enfatizou o processamento de informações "de modo maciço" resultante, afirmando que o grau de integração entre os *bits* é o principal componente; a consciência é uma função da *quantidade* de informações integradas. Francis Crick e Christof Koch levantaram a hipótese de que a sincronia das oscilações gama no córtex vincula e armazena as experiências – em outras palavras, que a integração deve ocorrer mais no tempo do que no espaço. Rodolfo Llinás também sugeriu a sincronização da atividade talamocortical abaixo de quarenta hertz. E assim por diante[13].

Nenhuma dessas teorias nos diz por que ou como a vinculação de informações – por meio de associação, oscilação, sincronização, reentrada, integração maciça etc. – deve *necessariamente* dar origem à experiência. Por que, exatamente, o conteúdo de um "espaço de trabalho global" para o processamento de informações deveria ser experienciado de forma consciente? A vinculação, o armazenamento, a sincronização, a integração maciça, entre outros, não ocorrem também no processamento *inconsciente* de informações? Os computadores geram espaços de trabalho globais e integram informações em massa o tempo todo quando estão conectados pela internet. Por que, então, a internet não é consciente?

Um desenvolvimento preocupante, resultante dessas teorias contemporâneas, é o fato de que um número cada vez maior de neurocientistas respeitáveis (como Koch e Tononi) agora sugere que ela *pode* ser. Isso ocorre porque suas teorias os obrigam a aceitar essa estranha possibilidade. Ao fazerem isso, estão seguindo a virada "panpsiquista" iniciada por Thomas Nagel, para quem *todas* as coisas podem ser (só um pouquinho) conscientes[14].

Devemos avaliar essas teorias à luz das observações que relatei anteriormente, no sentido de que a consciência persiste na ausência do córtex. Newman e Baars localizam seu "espaço de trabalho global" no córtex cerebral e, no entanto, animais decorticados e crianças nascidas sem córtex parecem estar conscientes. No mínimo, a evidência de que esses animais e crianças são seres sencientes

---

[13] Crick e Koch (1990), Newman e Baars (1993), Dehaene e Naccache (2001), Bogen (1995), Edelman (1990), Joliot, Ribary e Llinás (1994), Tononi (2012).

[14] Nagel (1974). Ver também Chalmers (1995a) e Strawson (2006).

é muito mais convincente do que a evidência de que a internet o é. Além disso, adultos que falam, nos quais se supõe que o substrato crucial para o processamento de informações altamente integradas tenha sido destruído por doença, dizem-nos que seu senso de si persiste mesmo sem esse substrato. Isso se aplica ao meu paciente W, cujos lobos pré-frontais foram obliterados por completo.

Nada disso deve nos surpreender se combinarmos essas observações clínicas com as evidências experimentais que analisei antes, segundo as quais o córtex faz a maior parte de seu processamento de informações (como leitura e reconhecimento facial) de *forma inconsciente*.

Existe algo notável oculto nas evidências que apresentei até o momento e que gostaria de trazer à tona agora. Quando a paciente de Claparède se recusou a apertar sua mão, ela não sabia o motivo. No entanto, ao que tudo indica, *sentiu* alguma aversão em fazer isso. Ela deve ter tido alguma base subjetiva para recusar a mão dele, embora não tivesse acesso à causa objetiva (a lembrança do alfinete). O mesmo se aplica à paciente de Sperry: ela realmente deve ter se sentido constrangida, mas não sabia o porquê. Em outras palavras, ela estava inconsciente da causa objetiva de seu sentimento (as imagens pornográficas), mas não dos sentimentos subjetivos que as acompanhavam (seu constrangimento).

Provavelmente ocorreu o mesmo no experimento que envolvia mostrar as palavras de forma rápida: os participantes devem ter sentido alguma preferência pelo rosto B, embora não soubessem o motivo. Isso também parece ter acontecido com a criança com hidranencefalia apresentada na Figura 5: ela demonstrou prazer espontâneo quando seu irmãozinho foi colocado em seu colo, embora não pudesse saber a causa objetiva de seu sentimento, já que estava totalmente desprovida de imagens corticais.

Portanto, em todos esses casos, quando eu disse que os pacientes e participantes da pesquisa que descrevi estavam "inconscientes" das causas de suas ações, falei de forma muito vaga. Eles estavam inconscientes de certas percepções ou memórias – representações –, mas seu *sentimento* persistia. Ainda havia "algo que é como" ser eles, fazendo seus julgamentos de valor. Eles estavam conscientes de seus sentimentos; estavam inconscientes apenas da origem desses sentimentos.

Isso nos dá uma pista importante sobre em que consiste de modo fundamental a senciência. À primeira vista, apenas entre as funções mentais o sentimento é *necessariamente* consciente. Quem já ouviu falar de um sentimento que não tenha qualidade subjetiva? Qual seria o sentido de um sentimento se você não o sentisse? Até mesmo Freud aceitou que os sentimentos *devem* ser conscientes: "Certamente é da essência de uma emoção que estejamos cientes dela, ou seja, que ela se torne conhecida pela consciência. Assim, a possibilidade do atributo da inconsciência seria toda excluída no que diz respeito a emoções, sentimentos e afetos."[15]

Estou ciente de que algumas pessoas (inclusive psicanalistas) discordam dessa afirmação e asseveram que as emoções inconscientes existem. Voltarei a esse assunto em breve. Por enquanto, deixe-me ser absolutamente claro sobre o que quero dizer com o termo "sentimento": Refiro-me ao aspecto de uma emoção (ou qualquer afeto) que você *sente*, ao sentimento em si. Se você não sente algo, isso não é um sentimento.

Alguns parágrafos atrás, eu disse que a paciente de Claparède "ao que tudo indica" sentiu alguma aversão, que a paciente de Sperry "deve ter" sentido constrangimento e que os participantes do teste de palavras "provavelmente" sentiram preferência. Fiz isso porque os neurocientistas em geral não fazem perguntas sobre experiências subjetivas. Essa é a única razão pela qual não sabemos o que

---

[15] Freud (1915b), p. 177, explicou: "Toda a diferença [entre ideias e afetos] decorre do fato de que as ideias são catexias – basicamente de traços de memória –, enquanto os afetos e as emoções correspondem a processos de descarga, cuja manifestação final é percebida como sentimentos. No estado atual de nosso conhecimento sobre afetos e sentimentos, não podemos expressar essa diferença de forma mais clara."

esses participantes de pesquisas sentiram. Por outro lado, eu (como Freud e Sacks) levo muito a sério os relatos introspectivos de meus pacientes. Dessa forma, espero evitar erros como a confusão entre sonhar e o sono REM.

Se cem entre cem pessoas relatam uma sensação de dor quando você belisca as mãos delas, não é irracional concluir que beliscar as mãos das pessoas causa dor, mesmo que tenhamos de nos basear em relatos introspectivos em cada caso. Isso é ainda mais verdadeiro para observações que podemos replicar em nossos próprios casos, quando temos acesso direto ao fenômeno em questão. Se beliscar minha mão me faz sentir dor, tenho uma experiência pessoal do que os outros querem dizer quando relatam "dor".

Os sentimentos são difíceis de pesquisar porque são inerentemente subjetivos, mas (*ao contrário* dos behavioristas) isso não nos dá licença para ignorá-los. Se excluirmos de nossa descrição do cérebro os sentimentos, nunca entenderemos como ele funciona. O papel que os sentimentos desempenharam nas confabulações do Sr. S. ilustra muito bem esse ponto.

Quando observamos o que aparece em nossa própria consciência, percebemos algumas categorias gerais de conteúdo. Há, é claro, "representações" do mundo exterior – tanto percepções e lembranças dele quanto pensamentos sobre ele. Os filósofos têm dado muita atenção a essas representações, e o modelo empirista da mente foi projetado para dar conta delas. Mas elas não são a única coisa que encontramos na consciência.

Além disso, há sentimentos – sentimentos sobre o que está acontecendo no mundo, sobre nossos pensamentos a respeito deste mundo, sobre nós mesmos (acima de tudo), e inclusive aqueles que parecem ser relatórios sobre a condição de nossos corpos. Há também sentimentos que flutuam de forma livre: as emoções e os estados de espírito que qualificam nossa experiência do mundo e moldam nosso comportamento dentro dele. Às vezes, eles são registrados como sensações corporais; ainda assim, muitos humores parecem não ser atribuíveis nem à condição dos nossos corpos nem a qualquer coisa em que possamos tocar no mundo exterior. A consciência não está repleta de sentimentos como esses? E, no entanto, em um grau surpreendente, os neurocientistas que buscam uma explicação para a consciência os ignoraram[16].

É surpreendente a extensão em que os filósofos empiristas e seus herdeiros científicos, os behavioristas e os cientistas cognitivos, ignoraram o sentimento[17]. Os behavioristas afirmaram que todo aprendizado é regido por "recompensas" e "punições", mas nunca nos disseram o que são essas coisas. Eles realizaram experimentos rigorosos que deram origem à "lei do efeito". Essa lei diz que, se um comportamento for consistentemente seguido de recompensas, ele aumentará, e do mesmo modo, se for consistentemente seguido de punições, diminuirá. Esse processo de aprendizagem pela experiência foi chamado de "condicionamento".

Edward Thorndike, o autor da lei do efeito, queria provar que os animais aprendem por tentativa e erro, não por pensamento. Mas a lei de Thorndike na verdade equivale a uma lei do *afeto*[18], pois implica que os comportamentos que nos fazem sentir bem (e a outros animais) são os que repetimos, e aqueles que nos fazem sentir

---

[16] Por exemplo, em *The Quest for Consciousness* [Em busca da consciência], Francis Crick e Christof Koch explicaram que o afeto envolve "os aspectos mais difíceis da consciência" (Crick, 2004, p. xiv); assim, eles "ignoraram propositadamente [...] como as emoções [...] ajudam a formar e moldar a(s) coalizão(ões) neuronal(is) que é(são) suficiente(s) para a percepção consciente" e, em vez disso, concentraram-se em "aspectos da consciência experimentalmente mais fáceis de serem tratados", como a percepção visual (Koch, 2004, p. 94). De forma surpreendente, consideraram o mecanismo neocortical da visão consciente como um problema mais simples do que o mecanismo primitivo do afeto no tronco cerebral, ao mesmo tempo que reconheceram que o afeto molda as coalizões neuronais que são (supostamente) suficientes para a percepção consciente. De qualquer forma, mesmo que o problema do afeto *seja* "mais difícil", essa não é uma boa razão para deixá-lo de fora de nossa descrição da consciência. Imagine deixar os efeitos quânticos de fora de um relato da física!

[17] Não quero dizer que eles o negligenciaram completamente; ver *Investigação sobre o entendimento humano*, de Hume (1748).

[18] Esse termo pode ser atribuído a Panksepp (2011).

mal são os que evitamos. Portanto, a lei do efeito é, em sua essência, nada mais do que o "princípio do prazer" de Freud. Mas os behavioristas não podiam aceitar a existência de algo tão subjetivo quanto o sentimento. B. F. Skinner, por exemplo, declarou de forma notória que "as 'emoções' são excelentes exemplos das causas fictícias às quais comumente atribuímos o comportamento"[19].

A redação original da lei de Thorndike revela a mentira: "As respostas que produzem um efeito satisfatório em uma determinada situação tornam-se mais prováveis de ocorrer novamente nessa situação, e as respostas que produzem um efeito desconfortável tornam-se menos prováveis de ocorrer novamente nessa situação."[20] Mais tarde, as palavras "satisfatório" e "desconfortável" foram editadas e substituídas por "reforço" e "punição". Veja o motivo:

> Os novos termos, "reforçar" e "punir", são usados de forma diferente na psicologia e na linguagem coloquial. Algo que reforça um comportamento torna mais provável que esse comportamento ocorra novamente, enquanto algo que pune um comportamento torna menos provável que esse comportamento ocorra novamente.[21]

Essa definição dos termos é vazia por inteiro, como tem de ser, já que a palavra central é "algo". O mesmo se aplica aos termos behavioristas "reforço positivo" e "negativo": o que torna um reforço positivo ou negativo senão um sentimento?

O significado pretendido de "recompensa" e "punição" parece ser que o valor está contido *no estímulo* – e não no receptor do estímulo. Se um cavalo se aproximar de mim e eu lhe der um torrão de açúcar, ele terá (pela lei do efeito) maior probabilidade de se aproximar de mim novamente, ao passo que, se eu jogar um limão em seu rosto, ele terá menor probabilidade de fazer isso. Segundo Thorndike, o torrão de açúcar e o limão *propriamente ditos* tornam-se, desse

---

[19] Skinner (1953), p. 160.
[20] Thorndike (1911).
[21] Mazur (2013).

modo, recompensadores ou agentes punitivos do comportamento do cavalo; não há necessidade de considerar os sentimentos que evocam, se é que essas coisas de fato existem. Esse é, claro, um raciocínio errôneo que desloca a força causal, resultando no problema do qual Sacks se queixou: uma mente destituída de agência. Uma coisa é tratar o cérebro como uma caixa-preta por motivos metodológicos. Outra totalmente diferente é atribuir a coisas fora da caixa poderes causais que elas de fato não possuem, e então concluir que nada está acontecendo na caixa.

A ideia de que os sentimentos são "fictícios" teve muitos efeitos negativos sobre a ciência. Por exemplo, durante a maior parte do século passado, quando os mecanismos fisiológicos básicos do equilíbrio energético estavam sendo pesquisados, os behavioristas proibiram o uso das palavras "fome" e "saciedade", já que essas coisas não podem ser vistas ou tocadas. Os cientistas comportamentais falavam apenas dos "incentivos" e das "recompensas" associados ao comportamento alimentar. Essa não é apenas uma questão semântica. Se uma palavra como "fome" não pode ser usada, como podemos entender o papel que ela desempenha na regulação da alimentação? Será que isso, por sua vez, não retardaria o desenvolvimento de tratamentos para a obesidade que reduzam a fome? Na verdade, o comportamento alimentar é regulado por dois mecanismos cerebrais que interagem entre si: um sistema "homeostático", que regula os estoques de energia, e um sistema "hedônico", que medeia o *apetite*[22]. E, assim como acontece com os efeitos corporais como a fome, será que a proibição de palavras emocionais como "tristeza" e "medo" não atrasaria o desenvolvimento de tratamentos antidepressivos e ansiolíticos?[23] Se os sentimentos de fato existem, certamente eles têm correlações fisiológicas que serão ignoradas se não as levarmos em conta.

---

[22] Ver Leng (2018), caps. 16-9, para um relato fascinante da pesquisa.
[23] Ver Solms e Panksepp (2010).

No que se segue, vou proceder de forma diferente dos behavioristas. Seguindo Panksepp, que foi o primeiro neurocientista com a temeridade de usar palavras como "fome" para explicar a regulação do equilíbrio energético tanto em seres humanos quanto em outros animais, aceitarei que os sentimentos *existem*[24]. Vou presumir que você sabe o que é sentir sede, tristeza, sono, prazer, confiança ou incerteza. Essa suposição não é menos justificada do que outras inferências científicas sobre coisas na natureza. E ela pode ser testada da maneira usual, por meio de previsões falseáveis.

Os sentimentos são reais, e sabemos deles porque permeiam nossa consciência. Eles são, pelas razões que explicarei agora, a fonte da existência consciente – em um sentido que me parece pouco metafórico. Desde sua origem em alguns dos estratos mais antigos do cérebro, eles irrigam o solo morto das representações inconscientes e as trazem à vida mental.

---

[24] Panksepp (1974).

Capítulo 5

Sentimentos

Para a alegria dos médicos e de todos nós, meu irmão Lee se recuperou bem de sua lesão cerebral e teve uma excelente adaptação. Embora pudesse ser facilmente enganado por pessoas que tentavam se aproveitar dele, tinha um físico grande e forte e usava isso a seu favor. Ele nunca mais foi o mesmo, mas seguiu em frente.

Para mim, a adaptação foi mais difícil.

Quando eu tinha cinco anos de idade, nosso pai comprou um relógio de pulso para Lee, que só o receberia quando aprendesse a ver as horas. Seguiu-se uma breve lição. Lee se debateu com perguntas sobre o que significava quando o ponteiro menor estava no nove e o ponteiro maior no onze. Observando do outro lado da sala, deixei escapar as respostas. Meu pai me disse para ficar quieto. Naquela noite, ele deu o relógio a Lee, mesmo que meu irmão ainda não tivesse aprendido a ver as horas. Onde está meu relógio?, pensei.

À medida que fui crescendo, esses sentimentos infantis deram lugar à culpa. Eu estava indo bem na escola. Lee teve sorte de se formar. As coisas para mim pareciam acontecer com mais facilidade do que para ele. Eu queria que minha família pudesse conversar sobre esse problema e criar estratégias para evitar que eu lhe causasse sofrimento. Minha mãe, no entanto, não suportava qualquer discussão sobre o acidente, e meu pai não era o tipo de pessoa com quem eu pudesse conversar sobre *qualquer coisa* com sinceridade – muito menos sobre como ele cuidava da família.

Em retrospecto, parece óbvio, mas, quando tomei a decisão de estudar neuropsicologia, não tinha a menor ideia de que isso pudesse ter algo a ver com o acidente de Lee. Lembro-me de pensar, quando criança, que a única coisa que valia a pena fazer na vida era descobrir o que é "ser". No entanto, foi apenas durante minha formação psicanalítica, anos mais tarde, quando já estava trabalhando como neuropsicólogo, que juntei os pontos. Claramente, minha escolha de carreira foi um compromisso entre a ambição, por um lado, e a culpa, por outro. Se eu me tornasse um neuropsicólogo, poderia ser bem-sucedido academicamente e, ao mesmo tempo, ajudar pessoas com dificuldades. Isso também explicava, é provável, por que eu estava tão frustrado com a neuropsicologia acadêmica e por que decidi me tornar um clínico e até mesmo um terapeuta ocasional de neurorreabilitação – funções profissionais que tendem a ser desprezadas pelos neurocientistas.

Deixe-me fazer uma pausa nas recordações por um momento. Você acha que esse é um relato plausível sobre minha decisão? Não é uma pergunta capciosa: creio que minhas memórias dessas experiências explicam o motivo das escolhas de carreira que fiz. Mas não é assim que nossos sentimentos, em geral, parecem nos motivar, em algum lugar abaixo do limiar de nossa consciência? É um lugar-comum da explicação psicológica – uma parte do freudianismo já tão absorvida pelo senso comum que poucos pensariam em se opor a ela. É muito estranho, então, afirmar que os sentimentos são conscientes por definição: que são, de certa forma, a essência da consciência. Como isso é possível?

Um dia, em 1985, depois de concluir meus estudos de graduação, fui para o Hospital Baragwanath para meu primeiro dia como neuropsicólogo estagiário. O meu estado psicossomático era de preocupação porque meu professor, Michael Saling, havia partido para uma licença sabática na Austrália, e eu ficaria sem a supervisão regular. Meu estresse foi multiplicado pelo fato de eu ter me perdido no caminho para o hospital, em Soweto, uma cidade muito perigosa para meninos branquelos como eu.

Quando finalmente encontrei o hospital, aliviado por ter chegado inteiro, corri para a ala 7 (neurocirurgia) e perguntei pelo sr. Percy Miller, o neurocirurgião a quem eu havia sido instruído a me apresentar. A diretora me conduziu pela ala. Havia um cheiro forte: uma mistura de fluidos corporais, antisséptico e algo parecido com repolho cozido.

Miller era um homem parecido com um pássaro. Enquanto retirava o líquido cefalorraquidiano de uma enorme abertura na cabeça de um paciente, ele me abordou com intensidade. "Você é Mark Solms? Prazer em conhecê-lo. Mike disse-nos que você o está substituindo. Que bom que você está aqui. Espere um pouco. Vou terminar e levá-lo para uma visita à enfermaria."

Tentei parecer calmo e profissional. Substituindo-o? O neurocirurgião lavou as mãos e depois me levou para o primeiro leito. Antes que eu registrasse o que estava acontecendo, ele contou o histórico clínico do paciente. "Este é o sr. Fulano de Tal, 43 anos de idade, astrocitoma temporal esquerdo, terceiro grau. Vamos operá-lo na quarta-feira. Obtenha algumas medidas básicas de suas funções de linguagem. Memória também, suponho; você sabe melhor do que eu."

Fiquei pensando se deveria perguntar o que era um astrocitoma de terceiro grau.

Passamos para a cama ao lado. "Este é o sr. Fulano de Tal, 58 anos. Ele tem um macroadenoma de hipófise. Vamos operá-lo amanhã, então, por favor, avalie-o primeiro. Faremos uma abordagem transesfenoidal. Mike acha que os resultados cognitivos são melhores, o que faz sentido."

E assim foi, de leito em leito. Quando chegamos ao quinto ou sexto, já era tarde demais para confessar que eu não entendia a maior parte do que estava sendo dito. Além disso, eu não conseguia me lembrar dos pontos importantes sobre os primeiros casos. Não conseguia me lembrar de quase nada. Disse a mim mesmo que voltaria e daria uma olhada nos arquivos mais tarde.

Passamos por um par de portas basculantes em direção à ala feminina. O cirurgião não parava de falar: "Esta é a sra. Fulana de Tal, 36 anos; cisticercose." Eu também não sabia o que era isso. A próxima paciente estava nua. Alguns dos homens também estavam nus, mas aquilo era diferente. Eu não deveria estar vendo isso, pensei. Será que eles sabem que não sou médico? Enquanto prosseguíamos, notei as expressões faciais dos pacientes. Um deles olhava para mim melancolicamente, outro sem qualquer expressão, alguns com ansiedade e muitos quietos.

Eu estava completamente fora do meu domínio. Aquelas pessoas presumiram que eu sabia o que estava fazendo. E, como eu estava concordando com essa suposição, ficou bem claro que eu seria responsável pela morte de alguém.

A ala pediátrica era ainda pior. A primeira criança era um caso de hidrocefalia desenfreada: sua cabeça era como a do E.T., com o dobro do tamanho normal. Eu me sentia mal, com calor e transpirava muito. A criança seguinte tinha um balão macio de carne saindo da parte de trás do pescoço. Ela estava olhando para a parede. Percy Miller disse algo sobre uma "mielomeningocele". Sua voz diminuiu e foi substituída pelo lento bater do meu coração. Minha visão se afinou e, quando sua boca falante sumiu de vista, tive um último pensamento: vou bater a cabeça no chão, abrir o crânio e acabar em uma dessas camas. Sentindo-me estranhamente aliviado, desmaiei.

Esse exemplo do meu primeiro dia de trabalho ilustra muitas das características essenciais do "afeto", inclusive o fato de que, embora nem sempre saibamos por que sentimos as coisas, decerto sabemos *o que* sentimos. Nesse caso, senti uma desgraça iminente, que associei na minha mente à minha incompetência profissional, por trás da qual havia todo tipo de sentimentos complicados em relação ao meu irmão, incluindo minha necessidade de ajudá-lo e uma profunda identificação com ele. Mas a causa imediata de meu desmaio foi um reflexo *corporal* primitivo, desencadeado diretamente por minhas emoções.

A síncope vasovagal faz com que você desmaie porque seu cérebro reage a algo alarmante, em geral a visão de sangue ou algum outro risco percebido como lesão física. Esse gatilho (registrado pela amígdala) ativa o núcleo solitário no tronco cerebral, fazendo a frequência cardíaca e a pressão arterial caírem de forma abrupta. Isso, por sua vez, leva à redução da perfusão cerebral, e você perde a consciência.

Por que temos esse reflexo inato? A resposta é: ele reduz o fluxo sanguíneo e, assim, estanca a hemorragia, antecipando-se a uma lesão[1]. É somente em nós, seres humanos, que o reflexo causa desmaio. Isso ocorre devido à nossa postura ereta e ao nosso cérebro grande, que exigem mais esforço cardíaco. (A teoria de que o desmaio é uma forma de "fingir-se de morto" é, portanto, improvável.) Em suma, o reflexo vasovagal aumenta suas chances de sobreviver a lesões corporais em vez de reduzi-las; e, de qualquer forma, o fluxo sanguíneo cerebral é restaurado assim que você cai no chão.

Vejamos outro exemplo[2]. Geralmente, o controle respiratório é automático: desde que os níveis de oxigênio e dióxido de carbono no sangue permaneçam dentro de limites viáveis, não é preciso estar ciente da respiração para respirar. No entanto, quando os gases sanguíneos excedem esses limites normais, o controle respiratório invade a consciência na forma de uma sensação aguda chamada "fome de ar". Quantidades inesperadas de gases sanguíneos são uma indicação de que é necessário agir. É imperioso remover uma obstrução das vias aéreas ou sair de uma sala cheia de dióxido de carbono. Nesse momento, o controle respiratório entra na sua consciência por meio de um sistema de alerta interno que experimentamos como *alarme* – nesse caso, para ser específico, alarme de sufocamento.

---

[1] Alboni (2014).
[2] O que se segue nesse parágrafo parafraseia Merker (2007).

As formas mais simples de sentimento – fome, sede, sonolência, fadiga muscular, náusea, frio, urgência urinária, necessidade de defecar e coisas do gênero – podem não parecer afetos, mas é o que são. O que distingue os estados afetivos de outros estados mentais é que eles têm uma *valoração* hedônica: eles são "bons" ou "ruins". É assim que as sensações afetivas, como a fome e a sede, diferem das sensórias, como a visão e a audição. A visão e o som não têm valor intrínseco, mas o sentimento sim[3].

A bondade ou a maldade de um sentimento diz algo sobre o estado da necessidade biológica que está por trás dele. Assim, o sentimento de sede é ruim e o de saciá-la é bom, pois é necessário manter a hidratação dentro dos limites viáveis para a sobrevivência. O mesmo se aplica ao sentimento desagradável de fome em relação ao alívio prazeroso proporcionado pela alimentação. Em suma, o prazer e o desprazer lhe dizem *como você está se saindo* quanto às suas necessidades biológicas. A valoração reflete o sistema de valores que sustenta toda a vida biológica, ou seja, que é "bom" sobreviver e se reproduzir e "ruim" não fazê-lo.

O que motiva cada indivíduo não são esses valores biológicos de forma direta, é claro, mas os sentimentos subjetivos que eles suscitam – mesmo que não tenhamos a menor ideia de quais são os valores biológicos subjacentes e que não os endossemos intelectualmente. Por exemplo, comemos coisas doces porque têm gosto bom, não porque tendem a ter alto teor de energia, que é a razão biológica pela qual têm gosto bom. Os afetos contam longas histórias evolutivas das quais não temos conhecimento algum. Como no caso do reflexo vasovagal, estamos conscientes apenas dos sentimentos.

O motivo pelo qual uso a palavra "desprazer" em vez de "dor" é que há muitos tipos diferentes de prazer e desprazer no cérebro. A fome é um sentimento ruim, e é bom aliviá-la comendo; um intes-

---

[3] Ver Nummenmaa *et al.* (2018) – um artigo muito interessante que apoia várias das conclusões que tirei a seguir; por exemplo, com relação à impossibilidade de afetos "neutros", à incorporação de afetos e à natureza categórica dos afetos.

tino distendido é ruim, e é bom aliviá-lo defecando; a dor é ruim, e é bom afastar-se da origem dela. Esses são efeitos corporais, mas o mesmo se aplica aos emocionais. A angústia de separação é ruim, e reagimos a ela buscando o reencontro. O medo é ruim, e escapamos dele fugindo do perigo (e, às vezes, desmaiando). O alarme de sufocamento, a fome, a sonolência e o medo são ruins, mas são ruins de maneiras diferentes. Por outro lado, livrar-se deles é uma sensação boa, também de maneiras diferentes.

Os diferentes sentimentos sinalizam diferentes situações de significância biológica, e cada um deles nos obriga a *fazer* algo diferente: urinar não pode satisfazer a fome e comer não pode aliviar uma bexiga cheia. Lembre-se do que Damásio disse sobre o paciente B.: "Ele [...] relatou sensações de fome, sede e desejo de evacuar, *e se comportou de acordo com elas*." Fazer o contrário seria fatal.

Os sentimentos levam criaturas como nós a fazer algo que é *necessário*. Nesse sentido, eles são medidas de demandas de trabalho. Com a fome de ar, é necessário reequilibrar os gases sanguíneos. No caso da hipotermia, é preciso restabelecer o nível de temperatura normal. No caso da angústia de separação, deve-se ter o auxílio de um cuidador. E assim por diante. No jargão da teoria do controle, desequilíbrios de gases sanguíneos, temperatura abaixo do comum, falta de cuidadores e aproximação de predadores são "sinais de erro", e as ações que eles provocam destinam-se a *corrigir* esses erros. A resolução do afeto por meio de algo como a saciedade significa que um erro foi corrigido com sucesso e, depois disso, ele desaparece do radar da consciência.

Estamos, mais uma vez, em um território que parecerá estranhamente familiar aos psicanalistas. Freud, você deve se lembrar, definiu "pulsão" como "uma medida da demanda de trabalho feita à mente em consequência de sua conexão com o corpo". Agora é possível ver como os afetos estão ligados de forma íntima às pulsões; eles são a manifestação subjetiva delas. Os afetos são a forma como nos tornamos conscientes de nossas pulsões; eles nos dizem se as coisas estão indo bem ou mal em relação às necessidades específicas que medem.

É para isso que servem os afetos: eles revelam *quais* coisas biológicas estão indo bem ou mal para nós e nos estimulam a fazer algo a respeito. Nesse aspecto, as sensações afetivas são diferentes das perceptivas. Em geral, os filósofos se preocupam com a possibilidade do que eles chamam de "inversão de *qualia*". Como posso saber se o vermelho que eu vejo é o mesmo que você vê? Será que meu vermelho não parece azul para você? O problema de outras mentes sugere que nunca poderemos saber, porque você e eu apontaríamos para os mesmos objetos no mundo e os chamaríamos de "vermelhos". Mas o que é verdadeiro para a percepção visual não o é para a experiência afetiva. O vermelho não *causa* nada diferente do azul e, portanto, você pode trocá-los de forma arbitrária sem nenhuma consequência física.

O mesmo não se aplica a sentimentos como fome em comparação com a urgência urinária, ou medo em comparação com a angústia de separação. Um sentimento (medo) o impele a fugir de algo; outro (angústia de separação) o impele a procurar alguém. O sentimento é indissociável do estado corporal a que está vinculado[4]. Se você os trocasse, sentiria um desejo irresistível de fugir de um cuidador desaparecido e procuraria em lágrimas um predador que o persegue. Se você trocasse a vermelhidão subjetiva pelo azul, não haveria consequências, mas, se trocasse o sentimento de medo pela angústia de separação (ou a fome pela urgência urinária), isso o levaria à morte[5].

O segundo aspecto a ser observado em relação aos sentimentos é que *eles são sempre conscientes*. Um sentimento do qual você está

---

[4] Por exemplo, o medo provoca respiração rápida, aumento da frequência cardíaca, redirecionamento do sangue dos órgãos para a musculatura esquelética e, portanto, alerta tônico e prontidão para fuga. Se a sensação de medo provocasse respiração lenta, redução da frequência cardíaca, redirecionamento do sangue da musculatura esquelética para os órgãos e, portanto, repouso lento, *não seria medo*. A natureza incorporada dos afetos é evidente nas varreduras térmicas de corpo inteiro das diferentes emoções (ver Nummenmaa *et al.*, 2018). Ver também Niedenthal (2007).

[5] Essas questões filosóficas são discutidas com mais detalhes no capítulo 11.

inconsciente não é um sentimento. Isso é verdade por definição, como eu disse antes, mas também é verdade devido a uma característica específica da fisiologia do cérebro. Descobriremos por que isso acontece no próximo capítulo, ao discutirmos os mecanismos cerebrais de "excitação". Por enquanto, quero convencê-lo de que os sentimentos são sempre conscientes, sem exceção. Isso não quer dizer que todos os mecanismos de regulação de necessidades no cérebro sejam conscientes, mas este é o meu ponto: *faz diferença se uma necessidade é sentida ou não*. No fundo, sua proporção de água para sal pode estar diminuindo o tempo todo, mas, quando você a sente, lhe dá sede. Você pode estar realmente em perigo sem perceber, mas, quando o sente, procura maneiras de escapar dele.

Coisas diferentes exigem nomes diferentes, e a diferença entre necessidades sentidas e não sentidas torna indispensável a introdução de uma distinção terminológica. "Necessidades" são diferentes de "afetos". As necessidades corporais podem ser registradas e reguladas de forma *autônoma*, como nos exemplos de controle cardiovascular e respiratório, termorregulação e metabolismo da glicose. Essas funções são chamadas de "vegetativas", e por um bom motivo: não há nada de consciente nelas. Daí o termo "reflexo" autonômico. A consciência entra na equação apenas quando as necessidades são sentidas. É quando elas exigem que *você* trabalhe. (Observação: as pulsões medem as demandas de trabalho feitas à mente; algumas necessidades nunca despertam ação voluntária e, portanto, nunca se tornam conscientes. A pressão arterial é um exemplo clínico notório; você não sabe nada sobre os valores abaixo e acima do normal até que seja tarde demais.)

As necessidades emocionais também podem ser gerenciadas de forma automática, por meio de estereótipos comportamentais, como os "instintos" (estratégias inatas de sobrevivência e reprodução, que Freud colocou no centro de sua concepção da mente inconsciente). Mas, na maioria das vezes, essas necessidades são mais difíceis de satisfazer do que as corporais, por motivos que explicarei adiante neste capítulo. É por isso que os sentimentos que elas evocam são, em geral, mais duradouros. Um sentimento desaparece da consciência quando a necessidade que ele anuncia é atendida.

O terceiro aspecto a ser observado em relação aos sentimentos é que as necessidades sentidas são *priorizadas* em detrimento das não sentidas. Somos constantemente assediados por múltiplas necessidades. Funções vegetativas como equilíbrio energético, controle respiratório, digestão, termorregulação e similares estão em constante atividade, assim como comportamentos estereotipados de várias espécies. Não é possível sentir todas essas coisas ao mesmo tempo, até porque só é possível *fazer* uma coisa (ou pouquíssimas coisas) de cada vez. É preciso fazer uma seleção. Isso é feito em uma base *contextual*. As prioridades são determinadas pelos pontos fortes *relativos* de suas necessidades (o tamanho dos sinais de erro) *em relação à* gama de oportunidades oferecidas por suas circunstâncias atuais. Aqui está um exemplo simples. Enquanto dou uma palestra, minha bexiga se distende de modo gradual, mas não sinto o aumento da pressão até o final da apresentação, quando de repente preciso urinar. Eu *fico ciente* do sinal de erro por causa da mudança de contexto. Nesse momento, ao perceber a oportunidade, minha necessidade corporal se torna consciente como um sentimento[6].

Priorizar as necessidades dessa forma tem consequências significativas. A mais importante delas é que, *quando você se torna consciente de uma necessidade, quando ela é sentida, ela governa seu comportamento voluntário.*

O que significa "voluntário"? É o oposto de "automático". É estar sujeito a *escolhas* aqui e agora. As escolhas só podem ser feitas se estiverem fundamentadas em um sistema de valores – o que determina a "bondade" *versus* a "maldade". Caso contrário, suas respostas a eventos desconhecidos seriam aleatórias. Isso nos leva a um círculo completo, de volta à característica mais fundamental do afeto: sua valoração. Você decide o que fazer e o que não fazer com

---

[6] Os urologistas chamam essa situação de "síndrome da fechadura".

base *nas consequências sentidas de suas ações*. Essa é a lei do afeto. O comportamento voluntário, guiado pelo afeto, confere uma enorme vantagem adaptativa em relação ao comportamento involuntário: ele nos liberta das amarras do automatismo e nos permite sobreviver em situações imprevistas.

O fato de que o comportamento voluntário deve ser consciente revela a função biológica mais profunda do sentimento: ele orienta nosso comportamento em condições de *incerteza*. Ele nos permite determinar, no calor do momento, se um curso de ação é melhor ou pior do que outro. No exemplo da fome de ar, a regulação de seus gases sanguíneos se torna consciente quando você não tem uma solução pronta para manter seus limites fisiologicamente viáveis. Em sua pressa para escapar da sala cheia de dióxido de carbono, por exemplo, como você sabe para onde ir? Você nunca esteve nessa situação antes (em nenhum prédio em chamas, muito menos nesse) e, assim, não tem como prever o que fazer. Você precisa decidir se deve ir para lá ou para cá, para cima ou para baixo etc., e toma essas decisões *sentindo a sua direção ao longo do problema*: a sensação de sufocamento aumenta ou diminui se você está indo pelo caminho certo ou não, ou seja, dependendo do aumento ou diminuição da disponibilidade de oxigênio.

A sensação consciente do alarme de sufocamento envolve estruturas neurais e substâncias químicas diferentes daquelas responsáveis pelo controle respiratório inconsciente, assim como a sensação de fome recruta sistemas cerebrais diferentes daqueles responsáveis pela regulação autonômica do equilíbrio energético. A ciência nunca teria descoberto essas coisas se tivesse continuado a ignorar as sensações.

Há muito mais a ser dito sobre os sentimentos – por exemplo, como eles possibilitam o *aprendizado pela experiência* (por meio da lei do afeto) e como se relacionam com o pensamento –, mas os pontos que acabei de expor, em poucas palavras, explicam *por que* sentimos. Descrevi o que o sentimento acrescenta ao repertório de mecanismos que nós, seres vivos, usamos para nos manter vivos e nos reproduzir. Essa é a contribuição da psicologia para a biologia. A seleção natural determinou esses mecanismos de sobrevivência, mas, quando os sentimentos evoluíram – ou seja, ao alcançarmos a capacidade única que temos, como organismos complexos, de *registrar nossos próprios estados* –, algo totalmente novo surgiu no universo: o ser subjetivo.

É difícil imaginar como alguém poderia estar sentindo dor física sem senti-la: estar com dor é simplesmente senti-la. Mas e quanto aos estados afetivos mais sutis que chamamos de emoções e humores? É preciso sentir que se está feliz para ser feliz? Não é corriqueiro perceber tardiamente que se está de mau humor, chegar à conclusão de que se está deprimido, e assim por diante?

Começamos a explorar o afeto por meio de suas formas corporais. Isso se deve ao fato de que elas fornecem os exemplos mais simples, além de terem sido, sem dúvida, as primeiras a aparecer na evolução. Acho que a "aurora da consciência" não envolveu nada mais elaborado do que sensações somáticas com valoração. O que quero lhe mostrar agora é que as emoções humanas são versões complexas do mesmo tipo de coisa. Elas também são, em última análise, sinais de "erro" que registram desvios de seus estados biologicamente preferidos, que lhe dizem se as medidas que está tomando estão tornando as coisas melhores ou piores para você.

Infelizmente, na neuropsicologia atual não há um consenso sobre a classificação de afetos. Fiz uma distinção entre afetos corporais e emocionais, mas essas demarcações nítidas não existem na natureza. Ao traçar essa linha, estou seguindo a taxonomia de Jaak Panksepp, que é aceita de forma ampla, mas não universal. Ele também dividiu os afetos corporais, que são muito variados, em subtipos interoceptivos ("homeostáticos") e exteroceptivos ("sensoriais"). A fome e a sede, por exemplo, são afetos homeostáticos, enquanto a dor, a surpresa e o nojo são sensoriais[7]. Assim, para deixar claro, de acordo com Panksepp, há três tipos de afeto: os homeostáticos e sensoriais (ambos corporais) e os emocionais (que envolvem o corpo, mas não podem ser descritos como "corporais" em nenhum sentido simples). Pense, por exemplo, na saudade de seu irmão, que é um estado emocional; não é corporal como são a fome e a dor.

Panksepp baseou sua taxonomia em estudos de *estimulação cerebral profunda* que ele e seus alunos, e muitos outros antes deles, realizaram em milhares de animais. Visitei seu laboratório em várias ocasiões e era um verdadeiro zoológico, repleto de pombos, galinhas, *beagles*, porquinhos-da-índia, ratos e arganazes-do-campo. (A doença que acabou por matá-lo pode muito bem ter sido causada pela exposição excessiva a alguns desses animais, em especial os pássaros.)

Não há dúvida de que Jaak sentia compaixão e até mesmo amor por esses animais. Mas também é preciso reconhecer que eles foram sacrificados em nome da ciência, em grande número, sem que eles próprios escolhessem esse destino. É uma triste ironia que devamos à pesquisa de Panksepp o conhecimento quase certo de que os animais listados acima são criaturas sencientes, sujeitas a emoções intensas, que em sua essência não são diferentes daquelas que você e eu sentimos. Como resultado dessas descobertas e da crescente preocupação com as questões éticas que decorrem delas, Panksepp passou as últimas décadas de sua vida estudando apenas emoções positivas.

No que se segue, quando alterno entre observações sobre animais e humanos, faço isso de forma deliberada. Como Panksepp disse quando foi acusado por colegas de antropomorfismo em relação aos animais, prefiro me declarar culpado de zoomorfismo em relação aos seres humanos. O objetivo de seus experimentos era

---

[7] Panksepp (1998). Não uso o termo "homeostático" de Panksepp para o subtipo interoceptivo de afeto corporal porque, como veremos em breve, todos os afetos são homeostáticos. O uso mais restrito do termo pode, portanto, ser confuso.

determinar quais estruturas e circuitos cerebrais despertavam de forma confiável as mesmas respostas afetivas não apenas entre indivíduos, mas também entre espécies. No que diz respeito aos afetos emocionais, descobriu-se que sete deles podem ser reproduzidos de forma confiável não apenas em todos os primatas, mas também *em todos os mamíferos*, por meio da estimulação das mesmas estruturas cerebrais e substâncias químicas. (Muitas delas também podem ser suscitadas em pássaros e algumas em todos os vertebrados.) Os mamíferos se separaram dos pássaros há cerca de 200 milhões de anos; essa é a idade de tais emoções. Ainda assim, como os seres humanos são mamíferos, vou me concentrar a seguir nesses sete tipos. Até onde sabemos, esses são os ingredientes *básicos* de todo o repertório emocional humano. Todas as nossas inúmeras alegrias e tristezas parecem ser os resultados desses sete sistemas, combinados entre si e com processos cognitivos superiores.

Talvez a taxonomia alternativa mais conhecida das "emoções básicas" (como são chamadas) seja a de Paul Ekman[8]. As disparidades decorrem principalmente do fato de Ekman ter usado um método diferente do de Panksepp, ou seja, o estudo das expressões faciais e dos comportamentos relacionados. Como Charles Darwin observou há muito tempo em *A expressão das emoções no homem e nos animais* (1872), essas expressões mostram semelhanças notáveis entre as espécies de mamíferos. No entanto, embora Panksepp e Ekman classifiquem os afetos de forma diferente (por exemplo, Ekman considera o nojo um afeto "emocional", enquanto Panksepp o chama de "sensorial"), há um amplo consenso sobre os próprios afetos. Ninguém duvida que o nojo exista, portanto, de certa forma, não importa muito como o classificamos.

A principal voz discordante é a de Lisa Feldman Barrett. Mais uma vez, a discordância pode ser atribuída principalmente a diferenças metodológicas[9]. Ela se concentra em emoções autorrelata-

---

[8] Ekman *et al.* (1987).
[9] Barrett (2017).

das em seres humanos e, sem surpresa, descobre que há uma enorme variabilidade na forma como diferentes pessoas (e culturas) caracterizam e analisam os sentimentos. Isso não nega o fato de que tipos naturais básicos se escondem sob a superfície socialmente construída. Em breve, ilustrarei os mecanismos pelos quais essa variabilidade surge, mas a explicação resumida é a seguinte: nossos reflexos e instintos fornecem ferramentas prontas para a sobrevivência e o sucesso reprodutivo, mas não podem nos equipar de modo adequado para a multiplicidade de situações e ambientes imprevistos em que nos encontramos. Assim sendo, precisamos complementar de forma adaptativa as respostas inatas por meio do aprendizado pela experiência. O fato de os seres humanos fazerem isso com tanta facilidade é a principal razão pela qual, para o bem ou para o mal, chegamos a dominar o mundo no grau em que o fazemos agora.

Os programas instintivos que sustentam as ações dos seres humanos são em geral tão condicionados pelo aprendizado que não são mais reconhecíveis como "instintivos". No entanto, os instintos e os reflexos estão sempre presentes em segundo plano. Toda a teoria psicanalítica se baseia nessa percepção: se você se der ao trabalho de encontrá-las, as tendências instintivas implícitas sempre poderão ser percebidas por trás das intenções explícitas.

A seguir, uma rápida introdução às emoções instintivas na taxonomia de Panksepp[10]. Assim como cientistas diferentes classificam os afetos de forma diferente, eles também usam palavras diferentes para designá-los. Panksepp grafou seus termos para as emoções básicas com letras maiúsculas a fim de diferenciá-los do uso coloquial, ou seja, com o propósito de indicar que ele estava falando sobre funções cerebrais inteiras, não apenas sobre os sentimentos.

---

[10] Ver Panksepp (1998) e Panksepp e Biven (2012) para detalhes empíricos e referências bibliográficas.

(1) DESEJO SEXUAL. Não estamos excitados sexualmente a todo momento. O sentimento erótico entra na consciência apenas quando o sexo é priorizado em relação a outros motivos, o que acontece no contexto de necessidades e oportunidades flutuantes. Quando o desejo sexual é despertado, você o sente e, então, os sentimentos eróticos guiam suas ações. Você presta atenção a detalhes diferentes quando está sexualmente excitado em comparação com quando está com medo, por exemplo, e se comporta de modo diferente também. Dessa forma, sua consciência exteroceptiva e seu comportamento voluntário são determinados por seu estado interno; você vivencia o mundo de maneiras diversas – literalmente trazendo múltiplas experiências para sua cabeça – dependendo do que está sentindo. É também por isso que você não pode sentir atração sexual e repulsa por medo ao mesmo tempo com facilidade; não é possível priorizar os dois. Quando a necessidade de segurança é priorizada, as motivações sexuais são expulsas de sua mente.

Não se sabe ao certo se o DESEJO SEXUAL deve ser classificado como um afeto "corporal" ou "emocional". Algumas pessoas até duvidam que a sexualidade seja uma necessidade. Esse é um excelente exemplo da diferença entre as necessidades (inconscientes) e os afetos (conscientes) que elas geram. Quando nos envolvemos em atos sexuais, em regra não estamos tentando cumprir nosso dever biológico. Na verdade, com muita frequência estamos esperando *não* nos reproduzir. Assim como acontece com os sabores doces *versus* os suprimentos de energia, o que nos motiva como seres subjetivos é a busca do prazer erótico, não o sucesso reprodutivo. Ou seja, somos movidos por *sentimentos*. Mas os organismos vivos *necessitam* se reproduzir, pelo menos em alguma medida. É por isso que o sexo se tornou subjetivamente prazeroso em primeiro lugar, por meio da seleção natural.

Digo "em alguma medida" porque nem toda atividade sexual resulta em reprodução, apenas o suficiente para manter a espécie em atividade. Isso exemplifica outro princípio central: a utilidade limitada dos comportamentos inatos para atender às nossas necessidades emocionais. No sexo, os aspectos inatos se resumem a pouco mais do que ingurgitamento e lubrificação genital, lordose (arqueamento das costas, o que torna a vagina disponível para a penetração), montagem, intromissão, penetração e ejaculação. Juntamente com esses reflexos, acariciar o clitóris ou o pênis (que são órgãos equivalentes) em um determinado ritmo produz sensações agradáveis que preveem a liberação da tensão sexual, por fim, por meio do orgasmo até a saciedade. Esses artifícios involuntários não nos preparam para a difícil tarefa de persuadir outras pessoas – em especial aquelas pelas quais nos sentimos atraídos – a atenderem ao nosso desejo de fazer sexo com elas. A principal razão pela qual as necessidades "emocionais" são mais difíceis de satisfazer do que as "corporais" é que elas normalmente envolvem outros agentes sensíveis, que têm necessidades próprias; não são meras substâncias como comida e água. Portanto, para satisfazer as necessidades sexuais, precisamos complementar nosso conhecimento inato com outras habilidades, adquiridas por meio do *aprendizado*. Esse fato, por si só, explica a grande variedade de atividades sexuais a que nos entregamos, além da forma "média" que foi legada pela seleção natural.

Observe que o aprendizado não *apaga* os reflexos e os instintos; ele os elabora, complementa e anula, mas eles ainda estão lá. As lâmpadas das ruas iluminam os caminhos à noite, mas não conseguem se livrar completamente da escuridão. O mecanismo usual de atualização de memórias de longo prazo, a "reconsolidação" (que descreverei no capítulo 10), não se aplica a reflexos e instintos. Isso se deve ao fato de que reflexos e instintos não são *memórias*, e sim disposições fundamentais que são "conectadas" a cada espécie por meio da seleção natural.

Nossa gama de comportamentos sexuais também é ampliada pelo fato de que os circuitos cerebrais de DESEJO SEXUAL típico feminino e típico masculino existem em todos os mamíferos. A tendência dominante é determinada por vários fatores, inclusive eventos genéticos e intrauterinos[11]. Não entrarei em detalhes anatômicos e químicos aqui, exceto para salientar que ambos os circuitos surgem no hipotálamo e terminam na substância cinzenta periaquedutal, abreviada como PAG. (A localização da PAG foi mostrada na Figura 6. Você saberá em breve por que ela é tão importante.) Em outras palavras, eles são totalmente subcorticais[12].

(2) BUSCA. Todas as necessidades corporais (e sexuais) – que são registradas por "detectores de necessidades" localizados principalmente no hipotálamo medial – ativam esse segundo impulso emocional, que foi apresentado no capítulo 1. É quase um sinônimo do conceito freudiano de "libido", mas Freud não sabia que o DESEJO SEXUAL apenas *ativa* esse sistema; DESEJO SEXUAL e BUSCA não são a mesma coisa. A BUSCA gera um comportamento exploratório de "forrageio", acompanhado por um estado de sentimento consciente que pode ser caracterizado como expectativa, interesse, curiosidade, entusiasmo ou otimismo. Pense em um cachorro em um campo aberto: não importa quais sejam suas necessidades corporais atuais, o forrageio o impulsiona a se envolver de forma positiva com o ambiente para que possa satisfazê-las. Quase tudo que nós, seres vivos, precisamos está "lá fora"; por meio do forrageio aprendemos, quase acidentalmente, quais coisas no mundo satisfazem cada uma de nossas necessidades. Dessa forma, codificamos

---

[11] Ver LeVay (1993).

[12] Para os interessados nos detalhes anatômicos: em homens típicos, o foco do circuito de DESEJO SEXUAL é o hipotálamo anterior (especialmente os núcleos intersticiais), de onde desce pelo núcleo leito da estria terminal até a PAG. Quimicamente, o hormônio esteroide testosterona (que é liberado pelos testículos e atua sobretudo no hipotálamo anterior) medeia a liberação no cérebro de um peptídeo chamado vasopressina, responsável pela excitação sexual masculina. Nas mulheres típicas, o hipotálamo ventromedial é o local de controle sexual, e as principais substâncias químicas são o estrogênio e a progesterona (ambos liberados pelos ovários, o equivalente feminino dos testículos). Esses hormônios medeiam a atividade da oxitocina – um peptídeo que governa grande parte da resposta sexual típica feminina – no cérebro. O DESEJO SEXUAL também é mediado por outros peptídeos, como LH-RH e CCK.

suas relações de causa e efeito. Isso ilustra mais uma vez como os instintos estereotipados levam ao aprendizado individualizado.

A BUSCA é incomum entre as emoções básicas, pois ela se envolve *proativamente* com a incerteza. Essa é a origem dos comportamentos de busca por novidades e, inclusive, de comportamentos de risco. O forrageio nos faz explorar coisas interessantes para que saibamos o que esperar quando as encontrarmos no futuro. Quando um cão explora uma cerca viva, por exemplo, e se familiariza com seu conteúdo, ele se interessa menos por ela na próxima vez. Dessa forma, a BUSCA é nossa emoção "padrão". Quando não estamos sob o domínio de um dos outros afetos ("relacionados à tarefa"), nossa consciência tende a esse senso generalizado de interesse no mundo.

Anatomicamente, os neurônios do circuito de BUSCA surgem da área tegmental ventral do tronco cerebral, de onde seguem para cima, via hipotálamo lateral, até o núcleo *accumbens*, a amígdala e o córtex frontal (ver Figura 2). Quimicamente, seu neuromodulador de comando é a dopamina, o "material dos sonhos" (capítulo 1)[13]. Isso revela um fato interessante sobre a BUSCA: ela pode ser despertada mesmo durante o sono por demandas de trabalho feitas à mente, levando a atividades de resolução de problemas que devem ser guiadas por sentimentos conscientes. Por isso, sonhamos.

(3) RAIVA. Embora nos envolvamos positivamente com o mundo por meio da BUSCA na crença otimista de que nossas necessidades serão atendidas ali, as coisas nem sempre saem como esperado. Assim como a pré-história evolutiva nos equipou com reflexos e instintos que preveem de forma confiável maneiras de atender às nossas necessidades corporais, também nascemos com tendências emocionais que preveem maneiras de nos livrar de problemas. Em situações desafiadoras de importância universal, os

---

[13] A BUSCA é mediada também pelo neurotransmissor glutamato e por uma série de peptídeos, como a oxitocina, a neurotensina e a orexina.

sentimentos apropriados são priorizados para governar o comportamento. Dessa forma, somos poupados dos custos biológicos de ter que reinventar as engrenagens que permitiram a nossos ancestrais sobreviverem e se reproduzirem. As emoções são uma herança preciosa. Elas transmitem habilidades inatas de sobrevivência – conhecimento implícito e inconsciente – na forma consciente de sentimentos que podem orientar de forma explícita nossas ações.

Quando o sistema de RAIVA é acionado – como acontece quando alguma coisa se interpõe entre nós e o que poderia atender às nossas necessidades atuais –, nossa consciência é qualificada por sentimentos que vão desde a frustração irritada até a fúria cega. Os reflexos e instintos então liberados incluem piloereção (cabelos em pé), protrusão das unhas, sibilos, rosnados e cerração dos dentes, seguidos do "ataque afetivo": lançar-se sobre o alvo de sua ira e mordê-lo, chutá-lo ou golpeá-lo até que ele ceda.

Por que você *sente* os efeitos que acompanham esse comportamento? A resposta é a mesma de antes: os sentimentos lhe dizem como você está se saindo, se as coisas estão indo bem ou mal, enquanto você tenta se livrar de um obstáculo – que muitas vezes está tentando se livrar de você ao mesmo tempo. Você sente o sabor doce da vitória ou o amargo da derrota. Isso orienta o que fará em seguida, incluindo a possibilidade de que a dor (um afeto sensorial que é suprimido durante o ataque afetivo) seja priorizada, substituindo assim a RAIVA e pondo fim à luta – e talvez levando à fuga.

Como tudo isso poderia acontecer de forma automática, sem uma avaliação consciente contínua? Essa pergunta se aplica ainda mais ao papel do afeto no *pensamento* – um tópico que podemos introduzir de forma proveitosa agora. Pensar é ação "virtual", a capacidade de experimentar coisas na imaginação – uma capacidade que, por razões biológicas óbvias, salva vidas. Essa capacidade não é exclusiva dos seres humanos, mas é particularmente desenvolvida em nós. Então, vamos nos voltar para uma história humana. Imagine esta situação, derivada de minha própria experiência. Meu diretor está me repreendendo em sua sala. Sinto-me cada vez mais irritado. A resposta instintiva é o ataque afetivo, mas *penso* nas possíveis consequências. Em vez de atacar o diretor, portanto, inibo a tendência instintiva de ação e *imagino* minha gama de alternativas; sinto meu caminho através delas. Por fim, chego a uma solução satisfatória: depois de sair do escritório, quando ninguém está olhando, esvazio os pneus do carro dele. Dessa forma, reduzo minha RAIVA sem sofrer consequências terríveis. Isso ilustra, mais uma vez, por que os estereótipos comportamentais inatos devem ser complementados por meio do aprendizado pela experiência, incluindo a forma imaginária de experiência chamada pensamento. Quando nos confrontamos com frustrações da vida real, que com frequência incluem necessidades *conflitantes* (nesse caso, RAIVA *versus* MEDO), as soluções instintivas não são suficientes. Mas, novamente, observe: complementar as respostas instintivas por meio do aprendizado não as elimina. Decidi não atacar meu diretor, mas a inclinação para fazê-lo permaneceu e voltaria a surgir em futuras situações semelhantes. (Essa não é uma história exclusivamente humana. Um cachorro talvez não tivesse encontrado uma solução igual, mas os primatas fazem todo tipo de truques astutos.)[14]

Emoções como a RAIVA não são "meros" sentimentos. As emoções desempenham um papel fundamental na sobrevivência. Imagine as consequências se não pudéssemos reivindicar os recursos disponíveis e impedir que outros ficassem com nossa parte. Se não pudéssemos ficar frustrados, irritados ou com raiva, não estaríamos inclinados a lutar pelo que precisamos; nesse caso, mais cedo ou mais tarde, estaríamos mortos. É fácil ignorar a função biológica da emoção nas condições civilizadas em que vivemos hoje. Mas só estamos vivendo assim (em assentamentos permanentes com leis artificiais que regulam o comportamento social) há cerca de 12 mil anos. A civilização é uma característica muito recente da existência

---

[14] Voltarei ao tema do pensamento, com alguns detalhes, no capítulo 10.

dos mamíferos; ela não desempenhou nenhum papel na concepção de nossos cérebros.

O pensamento consciente requer o córtex. Mas os sentimentos que o guiam não. O circuito que faz a mediação da RAIVA é quase totalmente subcortical e, como todos os outros circuitos afetivos, seu destino final é a PAG do tronco cerebral[15].

(4) MEDO. A dicotomia entre luta e fuga mostra que o ataque afetivo nem sempre é a melhor maneira de lidar com um adversário. Os fatores contextuais que separam a luta da fuga são codificados na amígdala, que faz a mediação tanto da RAIVA quanto do MEDO[16].

A maioria dos mamíferos "sabe" desde o primeiro dia que algumas coisas são essencialmente assustadoras. Os roedores recém-nascidos, por exemplo, congelam quando expostos a um único pelo de gato, embora nunca tenham experienciado gatos e não saibam nada sobre a atitude deles em relação aos camundongos. É fácil ver por que isso acontece; se cada camundongo tivesse que aprender com a experiência como reagir aos gatos, seria o fim da espécie. Mais uma vez, vemos o enorme valor biológico das emoções. Nós, humanos, tememos perigos como alturas, lugares escuros e criaturas que se arrastam em nossa direção, e os evitamos com os mesmos instintos e reflexos de outros mamíferos: comportamentos de congelamento e fuga. Ao contrário do que ocorre no reflexo de desligamento vasovagal discutido anteriormente, esses comportamentos de "fuga" são facilitados pela respiração rápida, aumento da frequência cardíaca e redirecionamento do sangue do intestino para a

---

[15] Tem sua origem na parte medial da amígdala e passa pelo núcleo leito da estria terminal e pelo hipotálamo medial e perifornical, a caminho da PAG. Seu neuromodulador de comando é um peptídeo chamado substância P, que atua junto com o glutamato e a acetilcolina. Esse último fato pode explicar por que o distúrbio comportamental do sono REM é tão frequentemente expresso pela RAIVA.

[16] O circuito de MEDO tem origem na amígdala central e basolateral. Quimicamente, ele é mediado pelo neurotransmissor glutamato, além dos peptídeos DBI, CRF, CCK, α-MSH e NPY.

musculatura esquelética (daí a perda do controle intestinal associada ao medo extremo). Assim como ocorre com outras emoções, a sensação consciente de medo indica se você está indo em direção à segurança ou se está se afastando dela.

Um exemplo interessante é fornecido pela paciente S.M., que tinha vinte e poucos anos quando seu caso foi publicado pela primeira vez. Ela sofria da doença de Urbach-Wiethe, uma condição genética rara que resulta em calcificação bilateral da amígdala. Ela não sentia medo. Em consequência:

> [Ela] foi vítima de inúmeros atos de crime e encontros traumáticos e com risco de vida. Foi assaltada com uma faca e sob a mira de uma arma, quase morreu em um incidente de violência doméstica e recebeu ameaças explícitas de morte em várias ocasiões. Apesar da natureza de risco de vida de muitas dessas situações, S.M. não apresentou nenhum sinal de desespero, urgência ou outras respostas comportamentais que normalmente estariam associadas a esses incidentes. O número desproporcional de eventos traumáticos na vida de S.M. foi atribuído a [...] uma deficiência acentuada de sua parte em detectar ameaças iminentes em seu entorno e em aprender a se afastar de situações potencialmente perigosas.[17]

Estudei muitos pacientes como S.M., pois há uma incidência excepcionalmente alta da doença de Urbach-Wiethe em um canto remoto da África do Sul chamado Namaqualand, que fica perto da minha terra natal. (O gene defeituoso foi levado para lá por um colonizador alemão e depois se concentrou em uma comunidade isolada.) Achei seus sonhos especialmente interessantes: são curtos, simples e ávidos. Uma das pacientes que estudei, cujo marido estava desempregado, relatou-me um sonho: "Meu marido encontrou um emprego; fiquei muito feliz." Um sonho de outra paciente, que era mãe de uma criança com deficiência, foi: "Minha filha po-

---

[17] Ver Tranel *et al.* (2006), que se concentraram explicitamente na emocionalidade subjetiva de S.M.

dia andar; eu estava muito feliz." E ainda outra, cujo pai havia morrido, contou-me: "Vi meu pai de novo; fiquei muito feliz." Esses sonhos são típicos de pessoas que sofrem de Urbach-Wiethe, cujas imaginações destemidas não têm nenhuma expectativa de perigo na realização de seus desejos[18].

A maioria das pessoas parece ter nascido com alguns gatilhos de MEDO específicos. Você consegue imaginar qual seria nossa situação se cada um de nós tivesse de aprender por experiência própria o que acontece quando pulamos de um penhasco ou manuseamos uma víbora? É por isso que somos descendentes de ancestrais que não se sentiam inclinados a tentar esse tipo de coisa. Aqueles que tentaram não são nossos antepassados porque não deixaram descendentes. Temos todos os motivos para sermos gratos por essa herança.

Mas então precisamos aprender *o que mais* temer. Aprendemos com a experiência – inclusive com o pensamento – que outras coisas além de cair de alturas vertiginosas e receber picadas de cobra podem causar danos semelhantes. As tomadas elétricas e os choques que elas produzem, por exemplo, não poderiam ter sido previstos pela evolução, mas são tão perigosas quanto as víboras. Além disso, precisamos aprender o que mais *fazer* quando estamos com medo, para complementar nossas respostas instintivas. Não é adaptativo paralisar ou fugir diante de tudo o que nos assusta ou atacar todos os que nos frustram. Já deve estar claro o papel que os sentimentos conscientes desempenham nesse processo de aprendizagem; eles dizem o que funciona e o que não funciona antes que seja tarde demais e, assim, ajudam você a permanecer vivo.

O medo condicionado revela fatos adicionais importantes sobre o que é consciente e o que não é. Uma de suas características especiais é o "aprendizado de exposição única"; basta enfiar o dedo em uma tomada elétrica *uma vez* para evitar que você o faça de novo. É fácil entender o motivo: você teve sorte de sobreviver da primeira

---

[18] Ver Blake *et al.* (2019).

vez, então por que repetir a experiência? Entretanto, assim como ocorre com todos os outros mecanismos biológicos que sustentam as emoções, você não precisa saber disso em nenhum sentido "declarativo"; o condicionamento simplesmente se dá de forma automática. Isso acontece porque o condicionamento do MEDO não exige o envolvimento do córtex. Ele pode ocorrer na primeira infância, mesmo antes do amadurecimento do hipocampo (a estrutura cortical responsável pelo estabelecimento de memórias declarativas de longo prazo). Por esse motivo, assim como no caso de Claparède, muitas pessoas neurologicamente saudáveis têm medo de coisas sem saber por quê.

Os cientistas cognitivos atribuem isso ao aprendizado "inconsciente", mas, como já foi observado, isso ocorre apenas porque eles negligenciam o afeto. É verdade que muitas pessoas não têm consciência dos motivos que as levam a temer as coisas, mas elas estão muito conscientes dos sentimentos associados. O sentimento é tudo o que é necessário para orientar o comportamento voluntário. Veja o experimento, descrito antes, de mostrar palavras muito rapidamente: se palavras como "assassino" e "estuprador" forem associadas de modo subliminar ao rosto A, e "carinhoso" e "generoso" ao rosto B, os participantes da pesquisa sentirão uma preferência pelo segundo quando tiverem de escolher depois entre eles, mesmo que não saibam dizer o motivo. A "intuição" é o que orienta essa escolha, mas os sentimentos não são reconhecidos de forma fácil; por isso, são descritos cognitivamente por palavras como "adivinhação"[19].

Isso explica grande parte da perplexidade que cerca as "emoções inconscientes" na ciência cognitiva. Não são as *emoções* que são inconscientes, mas os aspectos *cognitivos* que as envolvem. Como vimos anteriormente em relação ao pensamento, com certeza pode

---

[19] A mesma coisa se aplica a outras tarefas semelhantes, como a "intuição" na tarefa de jogo de Iowa (Turnbull *et al.*, 2014). Como expliquei a Nicholas Humphrey, que se opôs ao meu uso do termo "intuição" em vez de "adivinhação" na visão cega, tudo depende das perguntas que você faz (conferência "A ciência da consciência", Interlaken, junho de 2019).

ser útil saber sobre o que são seus sentimentos, mas essa percepção não é essencial. De fato, às vezes é melhor *não* pensar antes de agir, até porque pensar leva tempo.

O mesmo se aplica ao condicionamento do medo. Depois que você aprende a temer algo – em especial se não souber de forma consciente o motivo –, a associação é praticamente irreversível. Como Joseph LeDoux disse de forma memorável, as memórias de medo são "indeléveis"[20]. Isso revela fatos importantes sobre a memória inconsciente em geral, que descreverei adiante. Por enquanto, mencionarei apenas que as memórias "não declarativas" (como as emocionais e processuais) são difíceis de esquecer, pelo mesmo motivo por que são inconscientes: elas implicam menos incerteza (ou seja, são mais generalizáveis) e, portanto, estão menos sujeitas à revisão contextual. É assim que os comportamentos adquiridos se tornam estereotipados e automatizados. Na medida em que o objetivo da cognição é aprender como atender às suas necessidades no mundo, a automatização é o ideal do aprendizado.

(5) PÂNICO/TRISTEZA. A angústia de separação é diferente do MEDO. Ela surge na infância, quando você se torna ligado de modo instintivo à sua mãe (ou ao principal cuidador). Diferentemente do condicionamento do medo, mas por razões biológicas igualmente boas, costuma levar cerca de seis meses: um caso de cuidado carinhoso não é suficiente para mostrar que se pode confiar em alguém para sempre.

Quando os mamíferos se separam de suas figuras de apego, uma sequência estereotipada se desenvolve, começando com o comportamento de "protesto" seguido pelo de "desespero". A fase de protesto é caracterizada por sentimentos de pânico, juntamente com vocalizações de angústia e comportamento de busca. O pânico é com frequência combinado com ira – "onde ela *está*?" –, o que evoca outro conflito, dessa vez entre PÂNICO/TRISTEZA e RAIVA.

---

[20] LeDoux (1996).

Uma emoção faz com que você queira manter seu cuidador perto de você para sempre; a outra, que queira destruí-lo. A culpa, uma emoção *secundária* que inibe a RAIVA, é o resultado típico aprendido. Esse é um bom exemplo de como as emoções secundárias (como culpa, vergonha, inveja e ciúme) surgem de situações de conflito. Ao contrário das emoções básicas, elas são construções aprendidas – mistura de emoção e cognição (como mostra a pesquisa de Barrett).

A fase de desespero é caracterizada por sentimentos de desesperança – literalmente "desistência". A explicação padrão é: se o choro e a busca do filhote separado não levarem com rapidez ao reencontro, os custos potenciais de alertar os predadores sobre seu estado vulnerável começam a superar os benefícios. Além disso, se o filhote se afastar muito da base de origem, suas chances de ser encontrado quando a mãe retornar serão reduzidas. Assim, no balanço estatístico, como ocorre com o desligamento vasovagal, a desistência (apesar de dolorosa) se torna a estratégia de sobrevivência herdada.

Aqui está uma descrição clássica da cascata de separação em crianças humanas, feita pelo psicanalista John Bowlby:

> [Protesto] pode começar de imediato ou pode ser retardado; dura de algumas horas a uma semana ou mais. Durante esse período, a criança parece extremamente angustiada por ter perdido a mãe e tenta recuperá-la com o exercício pleno de seus recursos limitados. Com frequência, ela chora alto, sacode o berço, se joga e olha ansiosa para qualquer visão ou som que possa ser o da mãe desaparecida. Todo esse comportamento sugere uma forte expectativa de que ela retornará. Enquanto isso, a criança está apta a rejeitar todas as figuras alternativas que se oferecem para fazer coisas por ela, embora algumas se agarrem desesperadamente a uma enfermeira.
> [Desespero] sucede ao protesto; a preocupação da criança com a mãe desaparecida ainda é evidente, embora seu comportamento sugira uma desesperança crescente. Os movimentos físicos ativos diminuem ou cessam, e ela pode chorar de forma monótona ou in-

termitente. A criança fica retraída e inativa, não exige nada das pessoas no ambiente e parece estar em um estado de luto profundo.[21]

Esse último estado é, obviamente, semelhante à depressão, que em geral é acompanhada de culpa. Dessa forma, Panksepp e outros (inclusive eu) aplicaram sua elucidação dos mecanismos cerebrais do PÂNICO/TRISTEZA ao desenvolvimento de novos tratamentos para transtornos do humor[22]. De maneira química, a transição do "protesto" para o "desespero" é mediada por peptídeos chamados opioides, que desativam a dopamina (para conhecer os efeitos disso, ver o caso descrito adiante, p. 136). É por isso que a depressão é caracterizada pelos opostos espelhados dos sentimentos que caracterizam a BUSCA[23]. A trajetória anatômica do componente PÂNICO desse sistema desce do córtex cingulado anterior para a PAG, que é onde todos os circuitos de emoção terminam[24]. (Mais tarde, explicarei como todos os ciclos afetivos terminam *e* começam na PAG do tronco cerebral.)

É interessante que esse circuito mediado por opioides tenha evoluído a partir do sistema analgésico mais antigo do cérebro; a angústia mental da perda é uma elaboração dos mecanismos corporais para a dor sensorial[25]. Esse é um bom exemplo da transição perfeita que existe na natureza entre os afetos sensoriais que salvam vidas e os sentimentos emocionais. Não há nada de "fictício" nas emoções. Os sentimentos dolorosos associados à separação e à perda – aliados ao aprendizado pela experiência – desempenham um papel causal na garantia da sobrevivência de mamíferos e aves, que *precisam* de cuidadores. Isso também se aplica além da infância: os

---

[21] Bowlby (1969).
[22] Por exemplo, Yovell *et al.* (2016) e Coenen *et al.* (2019).
[23] Solms e Panksepp (2010).
[24] Através do núcleo leito da estria terminal, da área pré-óptica e do tálamo dorsomedial. Além dos mecanismos opioides descritos no texto, o PÂNICO é mediado pelo neurotransmissor glutamato e pelos neuropeptídeos oxitocina, prolactina e CRF.
[25] Presume-se que essa seja a razão pela qual a dor mental é tão frequentemente somatizada como dor física. Ver Eisenberger (2012) e Tossani (2013).

circuitos cerebrais que acabamos de descrever medeiam os vínculos de apego ao longo da vida, assim como, infelizmente, medeiam muitas outras formas de dependência.

(6) CUIDADO é o outro lado do apego; não precisamos apenas receber cuidados amorosos, mas também cuidar dos pequenos, em especial de nossos próprios filhos. O chamado instinto materno existe em todos nós, mas não no mesmo grau, porque é mediado por substâncias químicas encontradas em níveis mais altos (em média) nas mulheres: estrogênio, prolactina, progesterona e oxitocina – todos aumentam drasticamente durante a gravidez e o parto[26]. Também é digna de nota a sobreposição entre a química e os circuitos cerebrais de CUIDADO, PÂNICO/TRISTEZA e DESEJO SEXUAL típico feminino[27]. Esses fatos, por si sós, poderiam explicar por que a depressão é muito mais comum (quase três vezes maior) em mulheres do que em homens. Por volta de oitenta por cento das mulheres sabem, de alguma forma, desde a infância, que é "bom" embalar os bebês à esquerda da linha média do corpo, ao passo que os homens tendem a descobrir isso (instintivamente) depois de ter filhos[28]. Por outro lado, mesmo os meninos totalmente inexperientes em geral sabem o que fazer quando um bebê chora. Eles não o cutucam com os dedos ou o pegam pelo pé para ver se isso ajuda; eles sabem (preveem de forma inata) que uma coisa "boa" a fazer é segurá-lo perto de si e balançá-lo enquanto fazem barulhos reconfortantes.

E, no entanto, como todo pai aprende, isso não é suficiente. A criação bem-sucedida de um bebê até a maturidade exige muito mais do que instinto. Portanto, como acontece com as outras emoções, precisamos aprender com a experiência o que fazer nas inú-

---

[26] O CUIDADO também é mediado pela dopamina.
[27] O circuito de CUIDADO desce do cingulado anterior, via núcleo leito da estria terminal, área pré-óptica e área tegmental ventral, até a PAG.
[28] Forrester *et al.* (2018).

meras situações imprevistas que surgem; nossas decisões a esse respeito também são guiadas por sentimentos (de cuidado e preocupação) – que nos dizem se as coisas estão indo bem ou mal. Outro motivo pelo qual o impulso de nutrição não é suficiente é o fato de não sentirmos *apenas* amor por nossos filhos, como qualquer pai ou mãe pode atestar. Os conflitos resultantes devem ser resolvidos por meio de processos cognitivo-emocionais híbridos.

Aprender a conciliar as várias necessidades emocionais entre si de maneira flexível determina a base da saúde mental e da maturidade. Considere, por exemplo, as parcerias românticas sustentáveis, que exigem a integração criteriosa de DESEJO SEXUAL com o apego infantil do tipo PÂNICO/TRISTEZA (pense no complexo de Madonna-prostituta, que surge da incapacidade de conciliar sentimentos sexuais e afetivos). Os vínculos afetivos também são difíceis de conciliar com o sistema de BUSCA itinerante (pense na emoção da novidade), bem como com as inevitáveis frustrações que provocam a RAIVA (daí a onipresença das brigas domésticas), que, por sua vez, entra em conflito com as preocupações do CUIDADO nutritivo, e assim por diante. Sustentar relacionamentos de longo prazo é apenas um exemplo dos muitos desafios que todo coração humano enfrenta. Para gerenciar os problemas da vida, usamos as emoções como uma bússola. É o sentimento que orienta todo o aprendizado a partir da experiência, nas várias formas que descrevi. Mas a biologia fornece mais um impulso para nos ajudar em nosso caminho.

(7) BRINCAR. Nós *precisamos* brincar. É o meio pelo qual os territórios são reivindicados e defendidos, as hierarquias sociais são formadas e as fronteiras dentro e fora do grupo são forjadas e mantidas.

Muitas vezes as pessoas se surpreendem ao saber que se trata de um impulso biológico, mas todos os mamíferos juvenis se envolvem em brincadeiras vigorosas e físicas. Se eles forem privados de sua cota em um dia, tentarão compensá-la no seguinte – como se fosse um rebote. Todos nós sabemos o que é a brincadeira de simulação de briga, embora a forma que ela assume varie um pouco de uma espécie de mamífero para outra. Uma sessão começa com uma postura ou gesto de "convite"; depois, se for aceito, o jogo começa. Um animal – ou uma criança – persegue o outro, e então eles param enquanto lutam ou fazem cócegas um no outro, revezando quem fica por cima – tudo isso acompanhado de gargalhadas ou vocalização equivalente, dependendo da espécie (até mesmo os ratos "riem")[29]. Em seguida, voltam a se levantar, perseguindo um ao outro na direção oposta. O estado de sentimento associado é igualmente universal: é chamado de diversão.

As crianças adoram brincar. No entanto, analisando empiricamente, a maioria dos episódios de brincadeiras termina em lágrimas. Isso fornece uma pista importante sobre do que se trata, falando de forma biológica: *encontrar os limites* do que é socialmente tolerável e permissível. Quando o jogo não é mais divertido para um colega – em geral porque ele decide que você não está sendo "justo" –, ele não joga mais. O limite dele é então atingido. A marcação desses limites é fundamental para a formação e a manutenção de grupos sociais estáveis. E a sobrevivência de um grupo é importante para a sobrevivência de cada membro do grupo em espécies sociais como a nossa.

Um critério importante a esse respeito é a *dominância*. Em qualquer situação de brincadeira, um dos participantes assume o papel principal e o outro é submisso. Isso é divertido para ambas as partes, desde que o dominante não insista em dar as ordens *o tempo todo*. A proporção aceitável de tomada de vez parece ser de aproximadamente 60/40. A "regra 60/40" da *reciprocidade* afirma que o parceiro submisso continua brincando desde que tenha oportunidades suficientes para assumir a liderança.

Isso revela uma segunda função do BRINCAR, qual seja, o estabelecimento de hierarquias sociais – uma "ordem de poder".

---

[29] Panksepp e Burgdorf (2003).
Ver também <www.youtube.com/watch?v=j-admRGFVNM>.

Assim, as brincadeiras de roda dão lugar (por meio do desenvolvimento) a jogos mais organizados e competitivos. É claro que as brincadeiras não se limitam a simulações de briga. Nós, seres humanos, nos envolvemos em jogos de faz de conta, nos quais os participantes experimentam diferentes papéis sociais (por exemplo, mãe/bebê, professor/aluno, médico/paciente, policial/ladrão, caubói/índio[30], rei do castelo/malandro – observe as sempre presentes hierarquias de status e poder). Não sabemos o que se passa na imaginação de outros mamíferos enquanto brincam, mas podemos supor com segurança que eles também estão "experimentando" diferentes papéis sociais e, assim, aprendendo o que podem e o que não podem fazer.

Isso sugere uma terceira função biológica para o BRINCAR. Ela exige (e condiciona) que você leve em conta os sentimentos dos outros. Se não o fizer, eles se recusarão a brincar com você, e assim você não sentirá o enorme prazer que isso proporciona. O agressor pode ficar com todos os brinquedos, mas será privado de toda a diversão. Parece ser por isto que o BRINCAR evoluiu (e por que tanto prazer está ligado a ele): ele promove formações sociais viáveis. Em uma palavra, é um veículo importante para o desenvolvimento da *empatia*[31].

Os episódios de brincadeira chegam a um fim abrupto quando perdem sua qualidade de "como se fosse". Se você trancar sua irmãzinha e jogar fora a chave, não só terá quebrado a regra 60/40, mas também não estará mais brincando de polícia e ladrão; em vez disso, terá aprisionado sua irmã. Em outras palavras, o que está governando seu comportamento mútuo agora é o MEDO ou a RAIVA, e

---

[30] Felizmente, esse não é mais um jogo popular. Não estou *endossando* o fato de que os nativos americanos foram dominados por fazendeiros colonizadores, mas certamente foram.

[31] A empatia surge da postura intencional, ou "teoria da mente", que, obviamente, não é desenvolvida da mesma forma em todas as espécies de mamíferos. Portanto, o desenvolvimento da empatia não é de maneira alguma um processo automático, como a teoria do "neurônio-espelho" pode sugerir. A empatia não é um reflexo; é uma conquista do desenvolvimento (ver Solms, 2017a).

não o BRINCAR. O mesmo se aplica às outras brincadeiras listadas antes. "Médico/paciente" é uma brincadeira até que se torne sexo de verdade; então, passa a ser governado pelo DESEJO SEXUAL. O fato de o BRINCAR pairar, por assim dizer, sobre todas as outras emoções instintivas – experimentando-as e testando seus limites – talvez seja a razão pela qual não foi possível identificar um único circuito cerebral dele. Provavelmente, o BRINCAR recruta todos os sentidos[32]. No entanto, quem duvida que brincar seja de fato um instinto básico deveria ler o maravilhoso livro de Sergio e Vivien Pellis *The Playful Brain* [O cérebro brincalhão][33].

Nem sempre gostamos de reconhecer que os seres humanos, assim como outros mamíferos, *naturalmente* reivindicam territórios e formam hierarquias sociais com regras claras. (As regras que regem o comportamento dos primatas são muito complexas.) A estrutura de famílias, clãs, exércitos e até mesmo nações – de quase todos os grupos sociais – é hierárquica e territorial de forma inegável, e tem sido assim ao longo da história. Quanto mais alto o status social de um indivíduo dentro do grupo, maior o acesso que esse indivíduo tem aos recursos do território que o grupo controla. Essa observação não é uma questão de preferência pessoal; é um fato. Se não enfrentarmos esses fatos, não poderemos começar a lidar com eles. O fato de existirem impulsos emocionais não significa que não temos controle sobre eles, que somos obrigados a nos curvar diante da "lei da selva"; mas ignoramos esses impulsos por nossa conta e risco.

É fácil ver como o BRINCAR, em particular, dá origem a regras sociais. Essas regras norteiam o comportamento do grupo e, por-

---

[32] Entretanto, o tálamo dorsomedial e a área parafascicular parecem ser especialmente importantes, assim como a PAG, é claro. Se existe algo que modula o comando do BRINCAR são os opioides μ, mas isso pode simplesmente refletir o fato de que a segurança (ou seja, baixo nível de PÂNICO/TRISTEZA) é uma condição prévia necessária para o BRINCAR. Outros possíveis moduladores do BRINCAR são o glutamato, a acetilcolina e os canabinoides. O circuito talamocortical identificado por Zhou *et al.* (2017) refere-se apenas a um aspecto específico do BRINCAR, ou seja, a dominância. Ver também Van der Westhuizen e Solms (2015) e Van der Westhuizen *et al.* (2017).

[33] Pellis e Pellis (2009).

tanto, nos protegem dos excessos de nossas necessidades individuais. Também é fácil ver como as regras sociais incentivam formas complexas de comunicação e, consequentemente, como contribuem para o surgimento do pensamento simbólico. A qualidade "como se fosse" do BRINCAR sugere que ela pode até ser o precursor biológico do pensamento em geral (ou seja, da ação virtual *versus* real; ver acima). Alguns cientistas também acreditam que *sonhar* é um BRINCAR noturno, ou seja, é experimentar as emoções instintivas em um mundo "como se fosse". É interessante notar que, no distúrbio comportamental do sono REM, em que a paralisia motora que costuma acompanhar os sonhos é perdida por causa de danos ao tronco cerebral, os pacientes (e os animais experimentais) *encenam* fisicamente os vários estereótipos instintivos – por exemplo, fuga, congelamento, ataque predatório e ataque afetivo.

Espero que agora você possa ver que, embora os afetos corporais tenham uma certa vivacidade e imediatismo que os tornam, de certa forma, impossíveis de ignorar, os afetos emocionais também operam por meio de sentimentos conscientes. Embora nem sempre os reconheçamos pelo que são, eles regulam quase todo o nosso comportamento voluntário por meio de seus vários impulsos e surtos internos. O comportamento voluntário consiste essencialmente em fazer escolhas aqui e agora. Como é possível fazer escolhas sem que elas estejam fundamentadas em algum sistema de avaliação que diga qual opção é melhor ou pior? São esses os valores com que o sentimento contribui para o comportamento.

Entretanto, como nossos estados emocionais internos nem sempre são reconhecidos pelo cérebro *cognitivo* e, portanto, nem sempre são declarados de forma autorreflexiva, nós não vemos a tendência geral até olharmos para trás e juntarmos os pontos. Quando digo "nós", não estou referindo-me apenas aos leigos, que têm todo o direito de ignorar os fatos experimentais. Embora seja verdade que todos nós ignoramos com facilidade o papel fundamental que os sentimentos desempenham na vida cotidiana, na realidade estou me referindo à corrente principal da ciência cognitiva contemporânea. Os cientistas cognitivos com frequência ignoram os sentimentos.

Mas, como o próximo capítulo mostrará a partir de uma perspectiva neurológica, qualquer relato científico da consciência que ignore o papel fundamental dos sentimentos deixa passar o evento principal.

Capítulo 6

A origem

Um pressuposto básico da neuropsicologia – fundamentado no método clínico-anatômico – é que, se uma determinada função mental é realizada por uma determinada região cerebral, uma lesão completa dessa região deve resultar na perda completa dessa função. Como tenho demonstrado, no que diz respeito à consciência o córtex não passa nesse teste. Mas as coisas são ainda piores para a teoria cortical da consciência: lesões em *outros lugares* do cérebro a destroem – mesmo lesões muito pequenas.

Os fisiologistas Giuseppe Moruzzi e Horace Magoun estabeleceram, há mais de setenta anos, que a consciência em gatos é perdida após pequenas incisões que desconectam o córtex do núcleo "reticular" (semelhante a uma rede) do tronco cerebral[1]. Esse núcleo deve ter cerca de 525 milhões de anos, pois é compartilhado por todos os vertebrados, de peixes a humanos. Desde a descoberta de Moruzzi e Magoun, os pesquisadores confirmaram em todos os tipos de espécies que lesões relativamente pequenas nesse núcleo – conhecido de forma técnica como sistema de ativação reticular – causam coma. Por exemplo, David Fischer e seus colegas recentemente identificaram em pacientes humanos com derrame cerebral uma minúscula região "específica para coma" de dois milímetros cúbicos no tegmento mesopontino superior (ver Figura 1)[2].

---

[1] Moruzzi e Magoun (1949).
[2] Fischer *et al.* (2016). A lesão estava próxima (logo acima) do núcleo parabraquial medial. É interessante notar que essa é a região em que Hobson identificou as células de

Há duas explicações possíveis. A primeira é que a consciência surge nesse núcleo densamente nodoso do tronco cerebral: ele é a origem oculta da mente, a fonte de sua essência. Defendo esse ponto de vista, assim como Jaak Panksepp. A segunda é que ele é como o cabo de alimentação de uma televisão: necessário, mas não suficiente, e pouco esclarecedor se o que você quer entender é como o aparelho funciona. Essa é a visão dominante.

Suponhamos que a segunda opção seja verdadeira. Ao estimular o tronco cerebral, podemos esperar ligar ou desligar a consciência. Na melhor das hipóteses, podemos atenuá-la de certas maneiras, como uma redução de energia que faz com que a tela da televisão desligue aos poucos. Não esperamos que ela reproduza a transmissão atual em tempo real. E, no entanto, um eletrodo implantado em um núcleo reticular do tronco cerebral de uma mulher de 65 anos (para tratamento do mal de Parkinson) suscitou de forma confiável esta espantosa resposta:

> O rosto da paciente expressou profunda tristeza em cinco segundos […]. Apesar de ainda alerta, a paciente se inclinou para a direita, começou a chorar e comunicou de forma verbal sentimentos de tristeza, culpa, inutilidade e desesperança, como: "Estou caindo de cabeça, não quero mais viver, ver nada, ouvir nada, sentir nada." Quando lhe perguntaram por que estava chorando e se sentia dor, ela respondeu: "Não, estou farta da vida, já tive o suficiente… Não quero mais viver, tenho nojo da vida… Tudo é inútil, sempre me sinto inútil, tenho medo deste mundo." Quando lhe perguntaram por que estava triste, ela respondeu: "Estou cansada. Quero me esconder em um canto… Estou chorando por mim mesma, é claro… Não tenho esperança, por que estou incomodando você?" […] A depressão desapareceu menos de noventa segundos após a interrupção da estimulação. Durante os cinco minutos seguintes, a paciente ficou em um estado ligeiramente hipomaníaco, riu e brincou com a gravata do examinador. Ela se lembrou de todo o episódio.

---

origem colinérgica para o sono REM. Ver também Parvizi e Damásio (2003) e Golaszewski (2016).

A estimulação [em outro local do cérebro, que era o alvo real do eletrodo] não provocou essa resposta psiquiátrica.[3]

Essa paciente não tinha histórico de sintomas psiquiátricos de qualquer tipo.

O mesmo se aplica à estimulação *química* ou ao bloqueio desses núcleos centrais do tronco cerebral. A maioria dos antidepressivos – estimuladores de serotonina – age sobre os neurônios cujos corpos celulares estão localizados em uma região do sistema de ativação reticular chamada núcleos da rafe (ver Figura 1). A serotonina "surge" ali, como dizemos. Os antipsicóticos – bloqueadores de dopamina – agem sobre os neurônios que se originam em outra parte do sistema de ativação reticular: a área tegmental ventral (ver Figura 2). Isso também se aplica aos medicamentos ansiolíticos, muitos dos quais bloqueiam uma substância química chamada noradrenalina, que é produzida por neurônios originários do complexo *locus coeruleus* (também Figura 1), outra parte do sistema de ativação reticular. Todos esses neurônios estão agrupados no núcleo reticular do tronco cerebral. Os psiquiatras não mexeriam nessa região do cérebro se ela apenas ligasse e desligasse a consciência. Se isso fosse tudo o que ela fizesse, interessaria apenas aos anestesistas. Assim sendo, a segunda opção deve estar errada.

A neuroimagem funcional do cérebro em estados emocionais parece confirmar isso. A tomografia por emissão de pósitrons durante os estados de TRISTEZA, BUSCA, RAIVA e MEDO, por exemplo, mostra que a maior atividade metabólica ocorre no núcleo do tronco cerebral (e em outras regiões subcorticais; ver Figura 9), enquanto o córtex apresenta desativação. A imagem magnética funcional durante o orgasmo revela o mesmo: a atividade hemodinâmica que se correlaciona com esse estado intensamente afetivo está quase exclusivamente localizada no mesencéfalo[4].

---

[3] Blomstedt *et al.* (2008). O eletrodo foi colocado na substância negra. O local pretendido era o núcleo subtalâmico.
[4] Damásio *et al.* (2000), Holstege *et al.* (2003).

Estudos de lesão, estimulação cerebral profunda, manipulação farmacológica e neuroimagem funcional apontam para a mesma conclusão: o núcleo reticular do tronco cerebral gera o *afeto*. À primeira vista, portanto, a única parte do cérebro que sabemos ser necessária para despertar toda a consciência tem uma influência igualmente poderosa sobre outra função mental, ou seja, o sentimento. No capítulo anterior, mostrei como os sentimentos permeiam a experiência consciente: seja o que for que se pretenda fazer, ter e lidar com sentimentos (que vêm *de dentro* de nós e regulam nossas necessidades biológicas) aparenta ser uma das tarefas centrais da consciência. Mas agora parece que as fontes neurológicas do afeto e da consciência estão, no mínimo, emaranhadas de

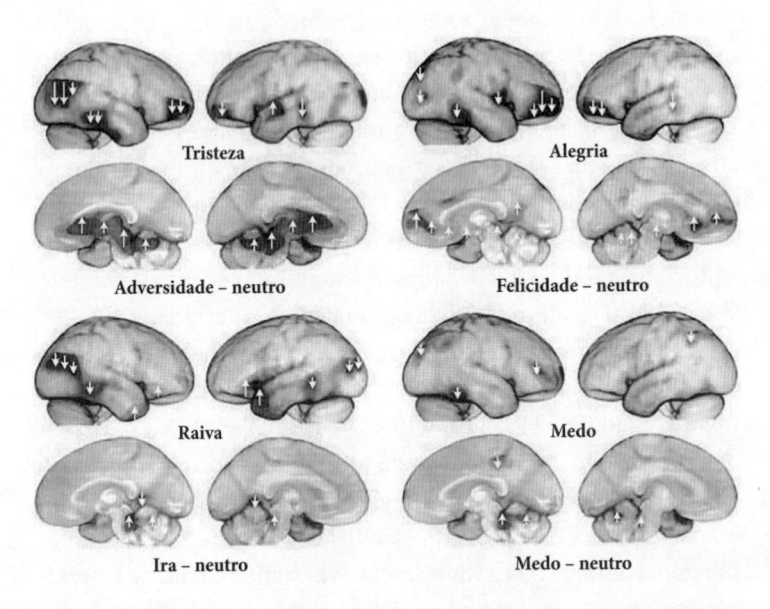

Figura 9. Imagens tomográficas por emissão de pósitrons de quatro estados emocionais (cortesia de António Damásio). As setas para cima indicam regiões de ativação *aumentada*; as setas para baixo, regiões de ativação *diminuída*. A área destacada na imagem da "Alegria" parece mostrar a ativação do sistema de BUSCA.

forma profunda uma na outra e podem, de fato, ser o mesmo mecanismo. Ao contrário da visão empirista clássica segundo a qual a consciência flui por meio de nossos sentidos, e ao contrário da citada declaração de Meynert baseada nessa visão, parece que o cérebro *faz* "irradiar seu próprio calor".

Como devemos chamar o meio básico, esse misterioso material mental que parece brotar de dentro de nós? Não podemos chamá-lo de "estado de vigília", como fez Zeman, pois isso exigiria que descrevêssemos o sonho como um tipo de vigília, o que é absurdo. Também não podemos chamá-lo de "nível" quantitativo, como fizeram Moruzzi e Magoun, pois os fatos descritos antes mostram que ele envolve características intensamente qualitativas.

Então vamos tentar o terceiro termo usado na literatura: "excitação". Essa me parece uma palavra boa e neutra para o assunto. Tanto a vigília quanto o sonho envolvem excitação; e isso não exclui a qualidade – como o termo "nível" faz. De fato, "excitação" sugere sentimento de modo positivo.

Mas o que é excitação? Falamos sobre ela em termos comportamentais diretos – por exemplo, as distinções entre coma, estado vegetativo e vigília totalmente responsiva. Em geral, ela é medida pela escala de coma de Glasgow: testes das respostas do paciente à abertura ocular, suas respostas verbais a perguntas e suas respostas motoras a instruções e dor. No entanto, também pode ser definida de forma fisiológica.

Um EEG produz traçados gráficos da atividade elétrica cortical. Quando o córtex é deixado por conta própria (ou seja, se estiver desconectado do sistema de ativação reticular, mesmo ao processar entradas sensoriais), ele produz o padrão de onda *delta*, uma série de ondas de alta amplitude que ocorrem cerca de duas vezes por segundo (ou seja, com uma frequência de dois hertz). Quando estimulado pelo sistema de ativação reticular na ausência de informações sensoriais, o córtex normalmente produz o padrão *teta* (de quatro a sete hertz)[5] ou o *alfa* (ondas dessincronizadas com frequências de oito a treze hertz; "dessincronizadas" significa erráticas). Ao processar de forma ativa informações externas, o córtex normalmente exibe o padrão *beta* (ondas dessincronizadas de amplitude muito baixa com frequências de catorze a 24 hertz) ou o *gama* (ondas de baixa amplitude com frequências muito altas, de 25 a cem hertz). O padrão gama é o mais associado à consciência.

Hoje em dia, também é possível medir a excitação fisiológica usando a neuroimagem funcional, que literalmente retrata a atividade cerebral mapeando os padrões regionais de mudança nas taxas metabólicas. A Figura 3 ilustrou essa técnica, com referência a diferentes estágios do sono. A fileira inferior da figura exibe a excitação do sono REM, que por via de regra (embora, como mostrei, não exclusivamente) está associada à consciência do sonho e tem origem no tronco cerebral superior. A neuroimagem de alguns dos estados emocionais básicos da consciência descritos anteriormente (ver Figura 9) e do orgasmo mostra a mesma coisa: excitação do tronco cerebral.

O córtex torna-se consciente somente à medida que é despertado pelo tronco cerebral. A relação entre os dois é hierárquica; a consciência cortical *depende* da excitação do tronco cerebral. É por isso que o padrão de onda delta – que não está associado ao comportamento consciente –, mostrado na parte superior da Figura 10, é gerado pela atividade cortical intrínseca, e que o padrão gama – que está muito associado à consciência –, mostrado na parte inferior, pode ser conduzido apenas pelo sistema de ativação reticular[6]. É também por isso que a queda na excitação fisiológica mostrada na fileira superior da Figura 3 coincide com o declínio da consciência e o início do sono, enquanto o aumento da excitação mostrado na fileira inferior coincide com o reaparecimento da consciência no sonho. Esses fatos não são controversos.

---
[5] Isso se refere à convexidade neocortical, não ao hipocampo.
[6] Garcia-Rill (2017).

Tempo (s)

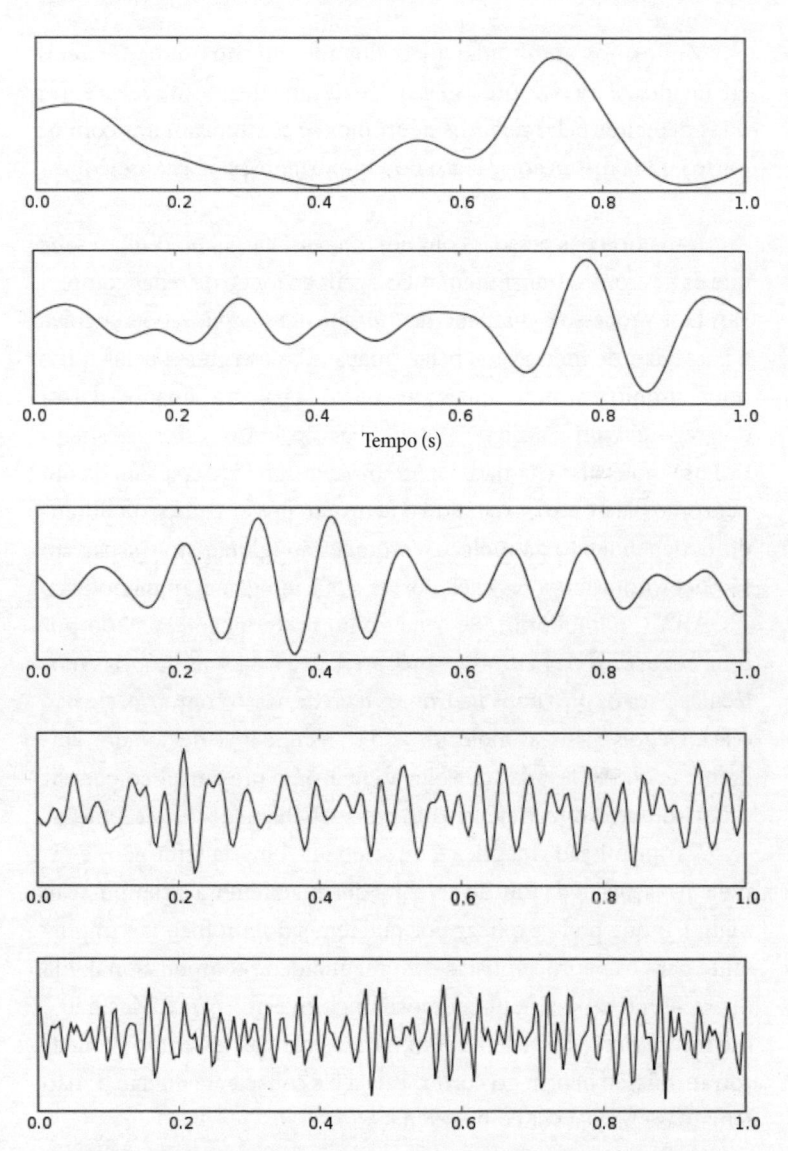

Figura 10. Padrões típicos de atividade de EEG cortical. O padrão menos excitado (delta) é mostrado na parte superior; o padrão mais excitado (gama), na parte inferior. Os padrões intermediários, de cima para baixo, são teta, alfa e beta.

Vamos nos aprofundar mais nos mecanismos cerebrais reais envolvidos. Para isso, preciso introduzir uma distinção básica entre duas maneiras pelas quais os neurônios se comunicam uns com os outros. Essa distinção acaba sendo importante para a consciência.

A maioria das pessoas com um interesse casual no cérebro sabe que os neurônios transmitem mensagens ao longo de redes complexas. Esse processo é chamado de *transmissão sináptica*, pois envolve a passagem de mensagens pelas sinapses, as estruturas pelas quais um neurônio transmite sinais para outro (a palavra "sinapse" deriva do grego *súnapsis*: "ação de juntar", "ligação"). A transmissão sináptica usa moléculas chamadas *neurotransmissores*, que passam de um neurônio para outro, excitando o neurônio pós-sináptico ou inibindo-o, dependendo da molécula em questão (glutamato e aspartato são neurotransmissores excitatórios e o ácido gama-aminobutírico – GABA – é inibitório). Se o neurônio posterior for excitado por uma enxurrada de neurotransmissores, ele passa suas próprias moléculas para os próximos neurônios da rede. Caso contrário, ele não o faz. Depois disso, as moléculas do transmissor se degradam rapidamente ou são levadas de volta ao neurônio pré-sináptico para limitar a duração do seu efeito – um processo chamado de "recaptação".

A transmissão sináptica é direcionada, binária (sim/não) e rápida. É o aspecto da função cerebral que mais lembra a computação digital, o que pode explicar por que tem sido um foco tão importante para os neurocientistas com mentalidade computacional. Ela ocorre em todo o sistema nervoso, inclusive no córtex. Mas não é intrinsecamente consciente. Em outras palavras, esse tipo de neurotransmissão ocorre no córtex, esteja ele consciente ou não. E não tem quase nada a ver com a excitação.

O que poucas pessoas sabem é que a transmissão sináptica ocorre sob constante influência de um processo fisiológico completamente diferente. Esse outro tipo de atividade neuronal é chamado de *modulação pós-sináptica*. Ao contrário da transmissão sináptica, ela é confusa, inevitavelmente química e muito diferente do que acontece em um computador comum. Ela surge de forma endógena do sistema de ativação reticular (e de outras estruturas subcorticais, e até mesmo de algumas estruturas corporais não neurológicas) e tem tudo a ver com a excitação.

Os atores centrais desse processo são uma classe de moléculas chamadas *neuromoduladores*. Ao contrário dos neurotransmissores, essas moléculas se espalham de modo difuso pelo cérebro, ou seja, são liberadas na vizinhança geral de populações inteiras de neurônios, e não em sinapses individuais[7]. Em vez de passar mensagens ao longo de "canais" específicos, elas se espalham por faixas da rede, regulando assim o "estado" integral do córtex. Por exemplo, o córtex está em um estado diferente nas duas fileiras de imagens da Figura 3 (sono de ondas lentas *versus* sono REM) e nos quatro estados emocionais mostrados na Figura 9 (TRISTEZA, BUSCA, RAIVA e MEDO). Em cada um desses estados, ele processa as informações de forma diferente. Assim, se alguém chamar seu nome quando você estiver dormindo, você reagirá de forma muito diferente de como reagirá quando estiver totalmente acordado[8]. Da mesma forma, considere sua resposta a um estranho que se aproxima quando você está em um estado de BUSCA *versus* o de MEDO: no primeiro, você pode cumprimentar o estranho e até mesmo iniciar uma conversa com ele, enquanto no segundo você pode desviar o olhar e esperar que ele não o perceba.

Essa distinção entre "canal" e "estado" é uma abreviação útil para as duas maneiras pelas quais os neurônios se comunicam entre si[9]. O *estado* do córtex afeta as forças diferenciais da passagem

---

[7] Observe que algumas moléculas neuromoduladoras podem atuar também como neurotransmissores.
[8] Holeckova *et al.* (2006).
[9] O uso dos termos "canal" e "estado" com essa conotação pode ser atribuído a Mesulam (2000). No capítulo 9, uso a analogia de "modos operacionais" para funções de "estado". Para uma descrição legível de como o cérebro realmente se apresenta em diferentes estados ou modos operacionais, em nível celular, ver Abbott (2020).

de mensagens que ocorre dentro de seus *canais*; de certa forma, o estado ajusta o quão "alto" os diferentes canais se comunicam (ver Figura 11). É por isso que o mesmo som (por exemplo, alguém chamando seu nome) é amplamente difundido no córtex durante a vigília, mas sequestrado no córtex auditivo durante o sono, e que a aproximação de um estranho desperta uma rede cerebral durante o estado de MEDO e outra durante o de BUSCA.

Esse é o ponto crucial do que chamamos de excitação. Observe, no entanto, que a excitação cortical pode ser modulada tanto para cima *quanto para baixo*, a ponto de suprimir totalmente a transmissão, como acontece todas as noites quando dormimos (é por isso que alguns fisiologistas preferem o termo "modulação" a "excitação"). A excitação, portanto, determina quais impulsos sinápticos serão transmitidos e com que intensidade, como no exemplo do seu nome sendo chamado quando você está dormindo *versus* acordado.

A transmissão sináptica é binária (ligado/desligado, sim/não, 1/0), mas a neuromodulação pós-sináptica *modula* a probabilidade de que um determinado conjunto de neurônios dispare. Ela altera as chances estatísticas de que algo aconteça neles. Esse ajuste probabilístico e analógico das taxas de disparo é realizado por meio de receptores localizados em vários locais ao longo do neurônio. Ao contrário dos neurotransmissores, os neuromoduladores têm efeitos relativamente lentos e duradouros – não apenas porque as substâncias químicas em si permanecem, mas também porque os canais que disparam com mais frequência se tornam mais propensos a disparar com o tempo. Se você estimular alguma parte da rede, ela permanecerá de certa forma estimulada até o momento em que for reduzida. Isso influencia a neuroplasticidade e é uma grande parte de como o aprendizado funciona. Os estados de excitação inscrevem nossas várias lições de forma mais profunda nos canais de nossos cérebros. Assim, por exemplo, é mais provável que você se lembre de uma viagem quando estiver tentando com ansiedade encontrar um destino desconhecido do que quando estiver viajando para o mesmo lugar por hábito, no piloto automático.

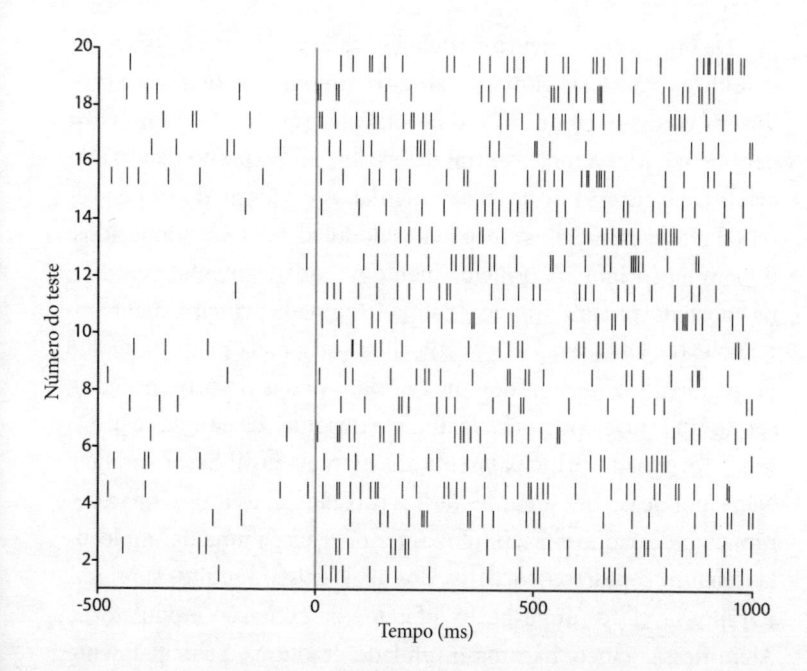

Figura 11. A imagem acima é um gráfico das sequências de impulsos de vinte neurônios (representados no eixo vertical y) em um período de 1,5 segundo (representado no eixo horizontal x) durante a apresentação de um estímulo visual. A apresentação do estímulo ocorre no tempo 0 no eixo x (representado pela segunda linha vertical). Nesse momento, os neurônios, que têm uma taxa de disparo de linha de base de seis hertz (em média, quando não há estímulo), aumentam sua taxa de disparo média para trinta hertz. Uma sequência de impulsos é uma sequência em que um neurônio dispara (= impulsos) e não dispara (= silencia). Isso pode ser representado por uma sequência digital de informações: "1" para um impulso e "0" para um silêncio. Por exemplo, uma sequência de impulsos codificada poderia ser lida como "00111110101". Os dois primeiros zeros aqui representam o tempo de latência entre a apresentação do estímulo e o primeiro impulso.

O ponto importante a ser observado é que as taxas de disparo não são determinadas apenas pelo estímulo; elas surgem de uma interação entre o estímulo, a potenciação ou inibição de longo prazo dos neurônios (ou seja, se o estímulo é familiar ou não) e seu nível atual de modulação. O ajuste da modulação pós-sináptica é o efeito da excitação nos neurônios. Por esse motivo, o estímulo descrito aqui pode não evocar nenhuma resposta dos mesmos neurônios quando a excitação é modulada para baixo.

De onde vêm os neuromoduladores? Vêm de todo o corpo, incluindo as glândulas pituitária, adrenal, tireoide e sexuais (que produzem vários hormônios) e o hipotálamo (que produz inúmeros peptídeos). Mas a fonte central de "excitação" do ponto de vista do cérebro é o sistema de ativação reticular. A excitação do tronco cerebral reticular libera os cinco neuromoduladores mais conhecidos: dopamina (originada principalmente na área tegmental ventral e na substância negra), noradrenalina (originada principalmente no complexo *locus coeruleus*), acetilcolina (originada principalmente no tegmento mesopontino e nos núcleos basais do prosencéfalo), serotonina (originada principalmente nos núcleos da rafe) e histamina (originada principalmente no hipotálamo tuberomamilar). Não é por acaso que algumas dessas substâncias químicas apareceram com destaque em capítulos anteriores. Cada uma das moléculas e seus receptores associados, dos quais existem muitos subtipos, é responsável por um aspecto diferente da excitação modulatória. Além dessas cinco, há uma infinidade de outras, principalmente hormônios e peptídeos de ação lenta (dos quais há mais de cem no cérebro), que modulam sistemas neurais bastante específicos.

O efeito de todos esses moduladores é determinado pela presença ou ausência dos receptores e subtipos de receptores relevantes. Em outras palavras, embora os neuromoduladores estejam espalhados por todo o cérebro, eles só influenciam as células que possuem os receptores relevantes. A excitação não deve ser considerada um processo rudimentar ou sem corte. Ela é multifacetada e se desdobra em várias dimensões, tanto de forma espacial quanto temporal. As possíveis mensagens transportadas pelos neuromoduladores flutuam pelas muitas redes do cérebro, mas (como os analgésicos) só são usadas onde necessárias. Por exemplo: enquanto você lê este texto, todos os tipos de estímulos de fundo estão sendo registrados pelos seus sistemas sensoriais sem que você preste atenção a eles, mas se você for uma mãe e o seu bebê recém-nascido começar a chorar, sua concentração no livro será anulada e você imediatamente se tornará consciente da criança. Isso se deve ao aumento dos níveis de hormônios e peptídeos específicos – estrogênio, progesterona, prolactina e oxitocina – que flutuam pelo cérebro quando você tem um bebê e mudam seu estado (ou seja, ativam o sistema CUIDADO do cérebro).

Os neuromoduladores só podem modular (para cima ou para baixo) os sinais que realmente existem, ou seja, os canais em atividade. Eles são liberados de forma difusa, mas influenciam apenas os neurônios que (1) têm os receptores relevantes e (2) estão ativos no momento. O mesmo modulador tem efeitos diferentes sobre classes diferentes de receptores em locais diferentes. Uma especificidade adicional é obtida pelos moduladores que são liberados não apenas pelo tronco cerebral (e pelo sistema endócrino), mas também nos próprios circuitos neurais. Os cinco moduladores da excitação mais conhecidos que listei têm origem principalmente no tronco cerebral reticular. Os hormônios têm origem em outras partes do corpo e chegam ao cérebro sobretudo por meio da corrente sanguínea. Os mais específicos são os peptídeos, muitos dos quais têm origem no hipotálamo. Cada peptídeo faz algo diferente, novamente dependendo do tipo e do local do receptor. Muitos deles, que modulam as emoções básicas de maneiras muito específicas, são citados em algumas notas do capítulo 5.

Até agora, neste capítulo, abordei duas perguntas: *de onde* vem a excitação em termos anatômicos? *Como* ela surge em termos fisiológicos? As respostas são: ela é gerada principalmente, mas não de forma exclusiva, no tronco encefálico e no hipotálamo, e surge ao despertar o prosencéfalo modulando a neurotransmissão. Para recapitular o capítulo 5, *o motivo* de a excitação ser gerada é que ela responde a demandas endógenas de trabalho feitas à mente. Essas demandas assumem a forma de uma multiplicidade de sinais de "erro" que convergem para o núcleo do cérebro. A maioria desses sinais é tratada de forma automática e inconsciente e exige respostas conscientes apenas em situações que as respostas automáticas não são suficientes. Isso me leva à questão principal do presente capítulo: onde ocorre essa mudança, aparentemente mágica, do reflexo automático para o sentimento determinado pela vontade?

O que estou prestes a descrever e explicar não é definitivo. Isso porque os fatos em si ainda não estão totalmente claros. No entanto, o conhecimento neurocientífico atual está avançado o suficiente para que um esboço amplo do quadro geral tenha surgido. O pioneiro dessa pesquisa foi Jaak Panksepp, seguido por António Damásio. Damásio tem o dom de enxergar o quadro geral, mas o neurocientista com quem acho que temos a maior dívida aqui, em relação a como o cérebro dá o misterioso salto do reflexo autonômico para a ação voluntária, é Bjorn Merker. Ele tem estudado os mecanismos de excitação e orientação do tronco cerebral em uma grande variedade de espécies de vertebrados, incluindo aves, roedores, gatos e primatas.

A mudança da vigília vegetativa para a excitação afetiva parece depender da integridade de um pequeno nó de neurônios bem compactados que circunda o canal central do mesencéfalo, a *substância cinzenta periaquedutal* (PAG), para onde convergem *todos* os circuitos afetivos do cérebro (ver Figura 6, que mostra a localização dessa estrutura). Portanto, pacientes com lesões na PAG "olham para um espaço psicoafetivo vazio"[10]:

> Danos extensos à PAG [causam] uma enorme deterioração de todas as atividades conscientes [...]. Por exemplo, os primeiros estudos em que os eletrodos de lesão foram inseridos do quarto ventrículo até o aqueduto e a borda caudal do diencéfalo produziram déficits impressionantes na consciência em gatos e macacos, operacionalizados por sua *incapacidade de exibir qualquer comportamento* intencional aparente e sua *falta global de resposta a*

---

[10] Panksepp (1998), p. 314. Essa citação de Panksepp continua abaixo e incorpora as duas notas a seguir.

estímulos emocionais[11]. Embora as formas de lesão em quaisquer outras áreas superiores do cérebro possam danificar as "ferramentas da consciência" [cognitivas], elas normalmente não prejudicam a base da intencionalidade em si. As lesões na PAG fazem isso com a menor destruição absoluta do tecido cerebral.[12]

O estado descrito acima é o "estado vegetativo". A principal diferença entre ele e o coma é a preservação da vigília. Mas o ciclo circadiano de sono-vigília é apenas outra função autonômica[13]. É por isso que o estado vegetativo também é chamado de "vigília *não responsiva*" – um aparente contrassenso que revela a distinção fundamental entre vigília (vegetativa) e excitação (afetiva) –, o que Panksepp chamou de "intencionalidade" nessa citação[14]. Essa é outra razão pela qual prefiro o termo "excitação" a "vigília" ou "nível" de consciência. A "excitação" acomoda (até sugere de forma positiva) a responsividade emocional e a intencionalidade, que, como vemos

---

[11] Bailey e Davis (1942).

[12] Depaulis e Bandler (1991).

[13] Ver Walker (2017) para um relato muito legível de como isso funciona. Até mesmo moluscos e equinodermos (como a estrela-do-mar) apresentam um ciclo de sono-vigília. Panksepp (1998), p. 135, aponta que a regulação do sono é filogeneticamente mais antiga do que o sistema de ativação reticular. Com base nisso, ele faz uma intrigante sugestão: "O que hoje é o mecanismo do sono REM originalmente mediou a excitação seletiva da emocionalidade. Antes do surgimento de estratégias cognitivas complexas, os animais podem ter gerado a maior parte de seu comportamento a partir de rotinas psico-comportamentais de processo primário que hoje reconhecemos como sistemas emocionais primitivos [...]. Em outras palavras, muitos dos comportamentos de animais antigos podem ter surgido, em grande parte, de sub-rotinas emocionais pré-programadas. Essas soluções comportamentais simplistas acabaram sendo substituídas por abordagens cognitivas mais sofisticadas, que exigiam não apenas mais neocórtex, mas também novos mecanismos de excitação para sustentar funções de vigília eficientes dentro dessas áreas cerebrais emergentes."

À luz do que proponho a seguir, a sugestão de Panksepp pode ser reformulada da seguinte forma: o prosencéfalo acrescenta aos programas motores instintivos inferiores e automatizados a capacidade de modular *contextualmente* o comportamento emocional e, assim, aprender com a experiência.

[14] Isso não deve ser equiparado ao conceito filosófico de intencionalidade ou "em relação a" (*aboutness*). Panksepp alude a algo como "volição". De todo modo, quando eu abordar o conceito filosófico mais tarde, ficará evidente que ele está profundamente relacionado à volição.

aqui mais uma vez, estão no centro do comportamento consciente[15]. A excitação afetiva possibilita a *volição*. Isso é o que a PAG acrescenta ao funcionamento automático e vegetativo.

Como ela faz isso? A PAG não faz parte do sistema de ativação reticular, embora esteja bem próxima e interconectada de forma densa a ele[16]. A principal diferença entre esses núcleos e a PAG é a direção do fluxo de informações entre eles e o prosencéfalo. Enquanto o sistema de ativação reticular exerce sua influência principalmente no sentido *ascendente* do córtex, este só transmite sinais *de volta* para a PAG[17].

A PAG é o ponto de montagem final de todos os circuitos de afeto do cérebro. Portanto, enquanto o prosencéfalo é despertado pelo sistema de ativação reticular, ela é despertada (por assim dizer) pelo prosencéfalo. Podemos pensar no sistema de ativação reticular e na PAG, respectivamente, como a origem e o destino da excitação do prosencéfalo.

---

[15] Assim, no tratamento cabal de Pfaff (2005) sobre o tema da excitação, descrito ali como "a força mais fundamental do sistema nervoso", ele operacionaliza o termo da seguinte forma: "'Excitação generalizada' é maior em um animal ou ser humano que é: (S) mais alerta a estímulos sensoriais de todos os tipos, (M) mais ativo motoramente e (E) mais reativo emocionalmente." Tendo em vista a centralidade da "excitação" neste livro, cito um longo trecho de Pfaff (2005) no apêndice, p. 361, que também fornece uma ponte útil para o tópico do próximo capítulo. Sou grato por esta oportunidade de reconhecer o trabalho seminal de Donald Pfaff, que (já no início da década de 1990, quando o conheci) demonstrou uma apreciação incomum da formulação de Freud sobre "pulsão".

[16] A PAG projeta-se sobre todos os núcleos-fonte neuromoduladores do sistema de ativação reticular. Os outros principais destinos das projeções da PAG no tronco encefálico são o hipotálamo medial, o núcleo cuneiforme, a formação reticular pontina, o núcleo solitário, o núcleo grácil, o núcleo dorsorreticular e a medula ventrolateral. Ver Linnman *et al.* (2012).

[17] Ao longo deste livro, estou usando as palavras "acima" e "abaixo", "superior" e "inferior", "ascendente" e "descendente" etc. não como julgamentos de valor, mas como localizadores anatômicos. Diferentemente de outros órgãos do corpo, o cérebro é hierárquico de modo *estrutural*. Ele é estratificado de certa forma como um sítio arqueológico, com os níveis mais antigos cobertos pelos mais novos. Daí o título deste livro. O núcleo mais profundo do tronco cerebral contém as estruturas mais antigas, em termos evolutivos, e os níveis mais altos do córtex contêm as mais recentes. Isso não significa que as estruturas inferiores (e mais antigas) sejam menos importantes do que as superiores (mais recentes). Na verdade, em termos funcionais, as estruturas mais altas do prosencéfalo são meras *elaborações* das mais baixas do tronco cerebral.

Dessa forma, a PAG é conceituada como o terminal da rede "descendente" de afeto, em contraste com as redes de afeto "ascendente" e "modulatória" dos núcleos de monitoramento corporal do tronco cerebral e do sistema de ativação reticular[18]. Isso significa que ela é o principal centro de *saída* de todos os circuitos afetivos, canalizando informações para os efetores musculoesqueléticos e viscerais que geram a "emoção propriamente dita"[19]. (Cito de forma direta as revisões de autoridades aqui para garantir que retratei com precisão nossa compreensão atual dessas funções.) A rede descendente para o afeto está "envolvida em ações motoras específicas originadas pelas emoções, bem como no controle da frequência cardíaca, respiração, vocalização e comportamento de acasalamento"[20]. A função da PAG nessa rede é atuar como "uma *interface* para estímulos salientes entre o prosencéfalo e o tronco encefálico inferior"[21]. Nesse sentido, ela é conceituada como um centro para "*equilibrar ou dar sequência a* informações relacionadas à saliência de sobrevivência"[22]. Em outras palavras, a PAG funciona "*orquestrando* diferentes estratégias de enfrentamento quando exposta a estressores externos"[23]. Ela "fornece um *ponto de montagem* maciço dos sistemas neurais que geram emocionalidade"[24]. Dessa forma, desempenha papel central na "defesa homeostática da resposta do indivíduo, *integrando* informações aferentes da periferia e informações de centros superiores"[25].

---

[18] Venkatraman, Edlow e Immordino-Yang (2017). Não gosto da palavra "descendente" nesse contexto, porque a PAG *integra* o *feedback* afetivo cerebral superior e visceral inferior. Só "desce" no sentido de que resulta em saída motora. "Centrípeta" seria uma palavra melhor, que poderia ser contrastada com uma rede "centrífuga" (ou seja, com o que Edlow chama de rede "modulatória"). Uma rede "centrípeta" incluiria tanto a rede "descendente" quanto a "ascendente". Linnman *et al.* (2012) descrevem a PAG como o local de *interação entre* os sistemas "límbico descendente" e "sensorial ascendente".

[19] Venkatraman, Edlow e Immordino-Yang (2017).

[20] *Ibid.*

[21] Linnman *et al.* (2012), p. 517, grifo nosso.

[22] *Ibid.*, grifo nosso. Não é de surpreender que, em estudos de imagens do cérebro humano, a PAG pertença a uma rede de "saliência" (Seeley *et al.*, 2007).

[23] Ezra *et al.* (2015), p. 3468, grifo nosso.

[24] Panksepp e Biven (2012), p. 413, grifo nosso.

[25] Linnman *et al.* (2012), p. 506, grifo nosso.

Dizendo da forma mais direta possível: *todos os circuitos afetivos convergem para a PAG, que é o principal centro de saída para sentimentos e comportamentos emocionais*. É por isso que "intensidades menores de estimulação elétrica dessa zona cerebral despertam os animais para uma variedade maior de ações emocionais coordenadas em comparação com a estimulação em qualquer outro local do cérebro"[26].

As colunas pouco diferenciadas que constituem a PAG circundam o canal central do tronco encefálico a uma distância de catorze milímetros. O canal central, pelo qual flui um líquido incolor (o líquido cefalorraquidiano), é o aqueduto de Sylvius, nomeado em homenagem ao anatomista do século XVII que o descreveu pela primeira vez. Sua localização no meio do mesencéfalo dá nome à PAG; "substância cinzenta periaquedutal" significa simplesmente "substância cinzenta que circunda o canal"[27]. Esse núcleo primitivo do cérebro é aquilo que Freud descreveu como "seu interior mais profundo". Ele se divide em dois grupos de colunas funcionais[28]. Um deles, o de trás, está relacionado a "estratégias de enfrentamento" *ativas* ou comportamentos defensivos, como reações de luta ou fuga, aumento da pressão arterial e alívio da dor com não opioides[29]. É aqui que terminam os circuitos de MEDO, RAIVA e PÂNICO/TRISTEZA. O grupo de colunas da frente relaciona-se a estratégias *passivas* de enfrentamento e defesa, como congelamento com hiporreatividade, "comportamento doente" de longo prazo, diminui-

---

[26] Panksepp e Biven (2012).
[27] Costumava ser chamada de "cinza central".
[28] Os "posteriores" são a PAG lateral e a dorsolateral. O "frontal" é a PAG ventrolateral. Essa classificação não leva em conta a PAG dorsomedial.
[29] Ver Venkatraman, Edlow e Immordino-Yang (2017): "Quando estimulada, essa coluna produz vocalização emocional, confronto, agressão e ativação simpática, demonstrada pelo aumento da pressão arterial, da frequência cardíaca e da respiração. [...] Dentro dessa coluna dorsolateral/lateral propriamente dita, há duas partes. A parte rostral é responsável pelo poder/dominância (produzindo uma resposta de luta); a parte caudal, pelo medo (produzindo uma resposta de fuga), com fluxo sanguíneo para os membros."

ção da pressão arterial e alívio da dor com opióides[30]. Os circuitos de DESEJO SEXUAL, CUIDADO e BUSCA terminam nesse grupo da frente.

A PAG é o *caminho comum final* para a produção afetiva. Portanto, ela deve, em uma palavra, "escolher" o que deve ser feito em seguida, uma vez que os vários circuitos afetivos e seus comportamentos condicionados associados tenham feito suas contribuições para a ação[31]. Deve fazer essas escolhas avaliando os sinais de erros residuais que lhe são transmitidos pelos sistemas afetivos. Deve julgar suas ofertas concorrentes pelos imperativos biológicos finais de sobrevivência e reprodução, com cada sinal de erro comunicando a ele a necessidade de seu componente. Em resumo, a PAG deve *definir prioridades* para a próxima sequência de ações.

Mas as prioridades de ação não podem ser determinadas apenas pelas necessidades. Estas devem ser *contextualizadas* não apenas umas com as outras, mas também com as oportunidades existentes.

Veja o exemplo do controle respiratório, descrito anteriormente. Considere primeiro o contexto interno: se eu sentir os alarmes de sufocamento e sede ao mesmo tempo, o sufocamento deve ser priorizado em relação à sede, mas a sede, em comparação com a tristeza, por exemplo, pode ter prioridade. Em segundo lugar, considere o contexto externo: se eu sentir o alarme de sufocamento, o contexto me dirá se preciso – por exemplo – remover uma obstru-

---

[30] A coluna frontal "recebe mal localizados sinais de dor somática e visceral 'lentos e ardentes' e, quando estimulada, produz enfrentamento passivo, comportamento doentio de longo prazo, congelamento com hiporreatividade e inibição do fluxo simpático [...]. Dessa forma, é provável que esteja envolvida em emoções de fundo, como as que contribuem para o humor" (*ibid.*).

[31] Simone Motta e seus colegas colocam a questão da seguinte forma (Motta, Carobrez e Canteras, 2017), p. 39: "[A PAG] tem sido comumente reconhecida como um local a jusante em redes neurais para a expressão de uma variedade de comportamentos, e acredita-se que forneça respostas estereotipadas. No entanto, um conjunto crescente de evidências sugere que a PAG pode exercer uma modulação mais complexa de várias respostas comportamentais e funcionar como um centro exclusivo que fornece o tom emocional primário para influenciar os locais prosencefálicos que medeiam respostas complexas aversivas e apetitivas."

ção das vias aéreas ou sair de uma sala cheia de dióxido de carbono. O contexto externo no qual estou agindo permanece relevante à medida que os eventos se desenrolam e eu decido repetidamente o que fazer em seguida.

Lembre-se de minha definição de afeto no capítulo 5; ela inclui muitas coisas que as pessoas em geral não consideram afetivas. Assim, por exemplo, os alarmes de sufocamento e sede não são apenas sensações corporais; da mesma forma que coisas como a angústia de separação, eles transmitem valores intrínsecos – bondade e maldade biológicas. A dor é um exemplo útil para distinguir entre a valoração intrínseca do afeto e seu contexto exteroceptivo. A *sensação* desagradável da dor é o que a torna afetiva, enquanto a sensação somática exteroceptiva transmite a *localização* de um estímulo doloroso: "Dor vinda da mão esquerda." Essa não é uma distinção filosófica; os aspectos duplos podem ser manipulados de forma separada – por exemplo, por meio da estimulação da PAG e do córtex parietal, respectivamente. Portanto, em algumas condições clínicas, é possível *perceber* que a mão esquerda foi picada por um alfinete sem *sentir* dor alguma[32].

Nesse contexto, Bjorn Merker faz uma observação contundente[33]. Embora, na anatomia, a PAG esteja localizada abaixo do córtex, em termos funcionais ela é fundamental. *Depois* que o córtex e outras estruturas do prosencéfalo tiverem realizado seu trabalho cognitivo – depois de terem apresentado suas contribuições para a ação –, a *decisão final* sobre "o que fazer em seguida" é tomada no nível do mesencéfalo. Essas decisões assumem a forma de sentimentos afetivos, gerados pela PAG, que podem se sobrepor a quaisquer estratégias cognitivas formuladas durante a sequência de ação anterior. A cada momento, a PAG escolhe o afeto que determinará e modulará a próxima sequência. Por exemplo, em meu primeiro

---

[32] A PAG é um local frequente de estimulação cerebral profunda para o tratamento da dor crônica, mas não diminui as capacidades somatossensoriais corticais.

[33] Merker (2007). Ele, por sua vez, atribui essa percepção a Penfield e Jasper (1954).

dia de trabalho como neuropsicólogo, resolvi de forma cognitiva voltar para os leitos dos pacientes e ler suas fichas, mas o que de fato aconteceu *afetivamente* foi que desmaiei.

É claro que a vida não consiste em emergências intermináveis; na maioria das vezes, a atividade padrão de BUSCA (interesse e envolvimento de fundo) prevalecerá. No entanto, em emergências, o bando de sinais de erro que chegam ao mesencéfalo transmitindo necessidades não pode ser sentido de uma só vez, porque não é possível *fazer* tudo ao mesmo tempo. Esse, então, é o ponto central da função de priorização da PAG: qual desses sinais de erro é o mais importante, dadas as circunstâncias atuais? Quais dos meus problemas podem ser adiados (ou tratados de forma automática) e quais precisam ser resolvidos com calma?

A exigência de que as circunstâncias atuais sejam levadas em conta requer, naturalmente, algum aparato adicional. A PAG dá seu veredicto com a ajuda de uma estrutura mesencefálica adjacente conhecida como *colículo superior* (ver Figura 6), que está localizado imediatamente atrás dela e é dividido em várias camadas, cada uma fornecendo mapeamentos simples derivados dos sentidos corpóreos. As camadas mais profundas fornecem mapas motores do corpo, enquanto as camadas superficiais são responsáveis pelos mapas sensório-espaciais. Juntas, montam uma representação comprimida de forma maciça e integrada do mundo exteroceptivo, proveniente em parte do córtex, mas também de regiões sensório-motoras subcorticais, como o nervo óptico (mais uma vez, ver Figura 6). Assim, os colículos superiores representam, de maneira destilada, o estado momentâneo do corpo *objetivo* (sensorial e motor), ao passo que a PAG monitora seu estado *subjetivo* (necessidade). Merker chama essa interface afetivo-sensório-motora entre a PAG, os colículos superiores e a região locomotora do mesencéfalo de "triângulo de decisão" do cérebro[34].

---

[34] Estou simplificando o termo técnico "triângulo de seleção mesodiencefálico" para os fins deste livro. Além disso, meu uso do termo de Merker refere-se mais a uma *interface* de decisão do que a um *triângulo* (ou seja, uma interface entre necessidade e contexto). Como veremos no próximo capítulo, a ação ("seleção da ação" para Merker) e a percep-

Panksepp a chamou de SELF primordial, a própria fonte de nossa existência senciente[35].

As decisões do mesencéfalo sobre o que fazer em seguida baseiam-se, portanto, na reação dos circuitos afetivos do cérebro *juntamente com* seus mapas sensório-motores, cada um nos atualizando sobre diferentes aspectos de "como as coisas estão agora". Lembre-se do exemplo em que, de repente, percebi que precisava urinar ao final de uma palestra de duas horas. Naquele momento, percebendo a oportunidade, minha necessidade corporal foi sentida e se tor-

---

ção ("seleção do alvo" para ele), que juntas formam o contexto, são dois lados da mesma moeda. Aqui está a descrição de Merker (2007), p. 70, sobre isso: "Por mais que o telencéfalo tenha se expandido posteriormente até o ponto de enterrar o mesodiencéfalo sob um neocórtex de mamífero em forma de cogumelo, nenhum outro arranjo foi necessário, e isso pelas razões mais fundamentais. Nenhum nervo eferente tem seu núcleo motor situado acima do nível do mesencéfalo. Isso significa que a seção transversal muito estreita do tronco encefálico na junção entre o mesencéfalo e o diencéfalo [...] carrega a extensão total das informações pelas quais o prosencéfalo é capaz de gerar, controlar ou influenciar qualquer tipo de comportamento." Merker chama essa seção transversal de "gargalo sinencefálico". Ele acrescenta: "Não é preciso saber nada mais sobre o cérebro dos vertebrados do que o fato de que seus motoneurônios mais rostrais estão localizados *abaixo* do gargalo sinencefálico para saber que o conteúdo informacional total do prosencéfalo deve passar por uma redução maciça de dados no decorrer de sua tradução em tempo real para o comportamento."

O fato de que a decisão sobre o que fazer em seguida é tomada nesse nível (tronco cerebral), ou seja, depois que as regiões do prosencéfalo enviaram seus "lances", é dramaticamente ilustrado pelo exemplo do alarme de sufocamento, discutido acima: todas as considerações cognitivas são *substituídas* pela sensação de fome de ar, que é acionada no nível do tronco cerebral. Os centros de controle respiratório estão localizados na ponte e na medula oblonga.

[35] Panksepp (1998), p. 312, descreveu o arranjo funcional do SELF, uma década antes de Merker, da seguinte forma: "As camadas mais profundas dos colículos constituem um mapeamento motor básico do corpo [objetivo], que interage não apenas com os sistemas visual, auditivo, vestibular e somatossensorial, mas também com os circuitos emocionais próximos da PAG. A PAG elabora um mapa diferente, do tipo visceral, do corpo [subjetivo], juntamente com representações neurais básicas de dor, medo, raiva, angústia de separação e sistemas de comportamento sexual e maternal [...]. Adjacente à PAG está a região locomotora mesencefálica, capaz de instigar padrões neurais que devem ser um substrato essencial para o estabelecimento de várias tendências de ação coerentes."

Damásio e Carvalho (2013) também propuseram esse arranjo funcional geral para o que chamaram de "proto-self". Eles apontaram que outros mapas sensoriais heteromodais primitivos do corpo são fornecidos pelo complexo parabraquial e pelo núcleo do trato solitário. Estes podem ser plausivelmente precursores evolutivos da função integrativa desempenhada pelo triângulo de decisão do mesencéfalo.

nou um *impulso* volitivo. Em resumo, como o triângulo de decisão do mesencéfalo leva em conta as condições internas e externas, ele prioriza as opções de comportamento com base não apenas nas necessidades atuais, mas também nas oportunidades atuais.

A camada mais profunda dos colículos superiores consiste em um mapa que controla os movimentos dos olhos e que é intrinsecamente mais estável do que os mapas sensoriais subjacentes, pois os outros mapas são calibrados em relação a ele, estabelecendo assim o "ponto de vista" unificado que caracteriza a experiência perceptual subjetiva. É por isso que nos sentimos em uma cena visual estável não importa o quanto nossos olhos se movam, como fazem cerca de três vezes por segundo. A cena estabilizada indica que o que percebemos é apenas uma *cena* –, uma perspectiva construída sobre a realidade, não a realidade em si. É também por isso que nos sentimos como se vivêssemos em nossas cabeças[36]. Explicarei a natureza virtual da percepção com mais detalhes no capítulo 10.

Como vimos em relação à visão cega, o "mapa bidimensional em forma de tela" do mundo sensório-motor – como Merker o chama –, presente nos colículos superiores, é inconsciente nos seres humanos[37]. Ele contém pouco mais do que uma representação da direção do "desvio do alvo" – o alvo sendo o foco de cada ciclo de ação – produzindo o olhar, a atenção e a orientação da ação. Brian White o

---

[36] De Merker (2007), p. 73: "[O *self* consciente] é único e está localizado atrás da ponte do nariz, dentro da cabeça. A partir daí, *parece* que confrontamos o mundo visível diretamente por meio de uma abertura ciclópica única e vazia na frente da cabeça (Hering, 1879; Julesz, 1971). No entanto, isso é obviamente uma mera aparência, pois, se estivéssemos literal e realmente localizados dentro de nossas cabeças, ao olhar deveríamos ver não o mundo, mas os tecidos anatômicos dentro da frente de nossos crânios. A abertura ciclópica é uma ficção neural conveniente pela qual o mundo visual distal é "inserido" por meio de uma parte ausente do corpo visual proximal, que está "sem cabeça", por assim dizer, ou, mais precisamente, sem a região superior da face (ver Harding, 1961). Em contrapartida, a somestesia mantém uma continuidade ininterrupta nessa região. A abertura vazia pela qual olhamos para o mundo revela a natureza simulada do corpo e do mundo que nos é dada na consciência."

[37] *Ibid.*, p. 72. Ver Stoerig e Barth (2001) para uma simulação plausível. Isso dá uma certa impressão do provável mundo sensório-motor da criança com hidranencefalia e do animal decorticado (cf. também a visão cega).

chama de mapa de "saliência" ou "prioridade". Panksepp explica que é assim que os nossos "desvios de um estado de repouso passam a ser representados como estados de prontidão para a ação"[38]. Eu mesmo não consigo explicar isso de uma maneira mais clara.

A consciência perceptual do mundo ao nosso redor torna-se possível com a ajuda do córtex excitado de forma adequada, que (diferentemente da consciência afetiva) é o que falta às crianças com hidranencefalia e aos animais decorticados. Os colículos superiores fornecem mapeamentos condensados do "aqui e agora" de alvos e ações em potencial, mas o córtex fornece as "representações" detalhadas que usamos para orientar cada sequência de ação à medida que ela se desenrola. Além dessas imagens altamente diferenciadas, há no prosencéfalo subcortical muitos programas de ação *inconscientes* que são chamados de "procedimentos" e "respostas" – não imagens. (Pense, por exemplo, nos tipos de memória automatizada em que você confia para andar de bicicleta ou para navegar pela rota de um local familiar.) Elas são codificadas sobretudo nos gânglios basais *subcorticais*, na amígdala e no cerebelo. As memórias não são meros registros do passado. Biologicamente falando, elas são *sobre* o passado, mas *para* o futuro. Todas elas são, em sua essência, *previsões* destinadas a atender às nossas necessidades. Abordarei esse importante ponto nos capítulos a seguir.

As tendências motoras que são ativadas por meio da seleção do efeito mesencefálico liberam reflexos e instintos simples – e isso é tudo o que fazem em bebês, crianças com hidranencefalia e muitos animais. Mas, como você já sabe, esses comportamentos automáticos são colocados sob controle individualizado durante o desenvolvimento, por meio do aprendizado pela experiência. Assim, as respostas estereotipadas são complementadas por um repertório mais flexível de opções. A sequência comportamental que surge com cada novo ciclo de ação se desdobra para cima ao longo desses níveis progressivamente crescentes de controle do prosencéfalo,

---

[38] White *et al.* (2017), Panksepp (1998), p. 311.

desde as "respostas" processuais até as "imagens mnemônicas" representacionais. Isso gera o que Merker chama de um "mundo tridimensional, panorâmico e totalmente articulado, composto de objetos sólidos modelados: o mundo de nossa experiência fenomenal familiar"[39].

Lembre-se de que as memórias de longo prazo servem para o futuro. Uma vez que o triângulo de decisão do mesencéfalo tenha avaliado a reação (*feedback*) comprimida que flui de cada ação anterior, ele ativa um processo de *feedforward* expandido que se desdobra na direção inversa por meio dos sistemas de memória do prosencéfalo, gerando um *contexto esperado* para a sequência motora selecionada. Esse é o produto de todo o nosso aprendizado. Em outras palavras, quando uma necessidade nos impulsiona para o mundo, *não o descobrimos novamente a cada novo ciclo*. Ela ativa um conjunto de previsões sobre as prováveis consequências sensoriais de nossas ações, com base em nossa experiência anterior de como atender à necessidade selecionada nas circunstâncias predominantes.

A ação voluntária implica, então, um processo de testar nossas *expectativas* em relação às consequências *de fato* de nossas ações. A comparação produz um sinal de erro, que usamos para reavaliar nossas expectativas à medida que avançamos e ajustar nossos planos de ação de acordo com elas. É disso que se trata o comportamento "voluntário": decidir o que fazer em condições de incerteza, mediado pelas consequências de cada ação. Isso envolve consequências sentidas tanto de forma afetiva quanto perceptual, e é por esse motivo que os sinais de erro residual afetivo e sensório-motor convergem para o triângulo de decisão do mesencéfalo. Gosto do termo de Jakob Hohwy para o processo mental que controla o comportamento voluntário: "prever o presente"[40].

Para ter uma avaliação clínica do que estou falando, considere o que aconteceu com o Sr. S, o engenheiro elétrico com psicose de

---

[39] Merker (2007), p. 72.
[40] Hohwy (2013).

Korsakoff cujo caso descrevi no capítulo 2. Ele esperava ver Johannesburgo quando olhou pela minha janela. Isso aconteceu por causa de seu distúrbio de memória: ele não havia atualizado seu modelo preditivo de acordo com os eventos recentes. Quando a paisagem nevada de Londres que realmente viu não correspondeu às suas expectativas, ele não mudou de ideia. Ignorou o sinal de erro recebido e manteve sua previsão original, dizendo: "Não, eu *sei* que estou em Jo'burg; só porque você está comendo pizza, não significa que está na Itália." Em outras palavras, seu cérebro reduziu a modulação do sinal de erro. Assim, ele não ajustou seu programa de ação, que acabaria em lágrimas – porque não conseguiu aprender com a experiência. Se não fosse pelo fato de que sua família e seus médicos cuidaram de todas as suas necessidades, ele com certeza teria morrido[41].

A maioria das pessoas não percebe que nossas percepções do aqui e agora são orientadas de forma constante por previsões, geradas principalmente pela memória de longo prazo. Mas elas são. É por isso que muito menos neurônios levam sinais dos órgãos sensoriais externos para os sistemas de memória interna do que o contrário[42]. Por exemplo, a proporção entre conexões de entrada e de saída no corpo geniculado lateral (que retransmite informações dos olhos para o córtex visual e vice-versa; ver Figura 6) é de cerca de 1/10. O trabalho pesado é feito pelos sinais preditivos que se *encontram* com os sinais sensoriais vindos da periferia. Isso economiza uma enorme quantidade de processamento de informações e, portanto, de trabalho metabólico. Considerando que o cérebro consome cerca de vinte por cento do nosso suprimento total de energia, essa é uma eficiência valiosa. Por que tratar todas as coisas do mundo como se você nunca as tivesse encontrado antes? Em vez disso, o que o cérebro faz é conduzir para dentro apenas a parte da informação recebida que *não* corresponde às suas expectativas. É por isso que hoje em dia a percepção é às vezes descrita como "fantasia" e "alucinação

---

[41] Como de fato aconteceu, poucos anos depois de sua operação, devido a uma infecção respiratória superior (facilmente tratável) que foi reconhecida tarde demais.
[42] Ver Friston (2005).

controlada"; ela começa com um cenário *esperado*, que é então ajustado para corresponder ao sinal recebido[43]. Nesse sentido, os anatomistas clássicos estavam certos: o processamento cortical consiste principalmente na ativação de "imagens mnemônicas", reorganizadas para prever o próximo ciclo de percepção e ação.

O que estou dizendo aqui se aplica a todos os vertebrados, não apenas aos seres humanos. Pode até se aplicar a todos os organismos equipados com um cérebro ou um sistema nervoso. (Os insetos, por exemplo, têm estruturas cerebrais que funcionam de forma muito parecida com o nosso sistema de ativação reticular.)[44] Já sabemos que a forma fundamental de consciência é o afeto, o qual nos permite "sentir" nosso caminho em situações imprevistas. Mas como o afeto endógeno se transforma em exterocepção consciente?

Panksepp sugere que uma ponte evolutiva entre esses dois aspectos da experiência pode ter sido forjada pelos "afetos sensoriais" (por exemplo, dor, nojo e surpresa). Os afetos sensoriais são ao mesmo tempo sentimentos internos *e* percepções externas; são percepções inerentemente "valoradas" qualificadas por sentimentos específicos. Assim, por exemplo, a sensação de dor é diferente da de nojo, e você reage a elas também de forma diferente, retraindo-se ou vomitando, dependendo de qual delas você tenha. Na visão de Panksepp, ao longo dessa ponte evolutiva, a consciência se estendeu à percepção em geral, pois ela contextualiza o afeto. Afinal de contas, o mundo externo adquire valor para nós apenas porque precisamos satisfazer nossas necessidades nele; ele adquire valor *em relação ao* afeto.

Portanto, minha resposta à pergunta sobre por que a percepção, a ação e a cognição são sentidas é que *o* são porque contextualizam o afeto. É como se a nossa experiência perceptiva dissesse:

---

[43] Hohwy (2013), Clark (2015).
[44] Considere, por exemplo, os neurônios mediais dorsais emparelhados na mosca-da--fruta (*Drosophila melanogaster*). Surpreendentemente, parece haver até mesmo precursores primitivos no nematoide *Caenorhabditis elegans* (ver Bentley *et al*., 2016, e Chew *et al*., 2018).

"Eu me sinto assim *em relação a isso*."[45] A percepção é, de certo modo, uma incerteza aplicada. Isso faz com que seja razoável dizer, como faz Merker, que as consciências afetiva e perceptual utilizam uma "moeda comum"; são *tipos* diferentes de sentimento, mas são sentimentos mesmo assim[46]. Estou falando aqui apenas da percepção *consciente*. A partir daí, é um pequeno passo inferir que nossas cinco modalidades de consciência perceptual (visão, audição, tato, paladar e olfato)[47] evoluíram para qualificar as diferentes categorias de informações externas que são registradas por nossos órgãos sensoriais[48], assim como as sete variedades de consciência afetiva dis-

---

[45] A passagem a seguir, de Freud (1925), p. 231, pode ajudar a imaginar o arranjo funcional que acabamos de descrever e, ao mesmo tempo, nos permitir substituir seus termos "metapsicológicos" por termos fisiológicos: "As inervações catéticas são enviadas e retiradas em rápidos impulsos periódicos de dentro para o sistema completamente permeável Pcpt-Cs [o sistema "percepção-consciência"]. Enquanto esse sistema estiver catexizado dessa maneira, recebe percepções (que são acompanhadas pela consciência) e passa a excitação para os sistemas mnêmicos inconscientes; mas, assim que a catexia é retirada, a consciência é extinta e o funcionamento do sistema é paralisado. É como se [o id] estendesse os sentidos, por meio do sistema Pcpt-Cs, em direção ao mundo externo e os retirasse apressadamente assim que tivesse captado as excitações provenientes dele." A "catexia" é a excitação modulatória. Portanto, as "inervações catéticas" que palpam a percepção cortical nessa imagem figurativa são pulsos de excitação do núcleo cerebral. Substituí o termo de Freud "o inconsciente" por "o id" nessa citação para contornar o fato de que ele confundiu erroneamente esses dois sistemas (Solms, 2013).

[46] Merker (2007). Panksepp e Biven (2012), pp. 404-5, usam o ritmo teta do hipocampo como um exemplo da maneira pela qual essa "moeda comum" pode se desenvolver fisiologicamente, levando em conta que o hipocampo codifica o *contexto*: "Há indícios sugestivos na literatura tradicional de neurociência para certos tipos de oscilação síncrona relevante no cérebro, como os ritmos de quatro a sete hertz no hipocampo conhecidos como *ritmo teta*, que ajudam os animais a investigar o mundo (por exemplo, o farejar em ratos) e, assim, criar memórias no hipocampo. O ritmo teta é a assinatura neural bastante característica do hipocampo quando ele está processando informações ativamente. Esse ritmo é especialmente evidente durante a excitação artificial do sistema de BUSCA em ratos, um dos principais sistemas emocionais de coleta de informações, à medida que os animais farejam e investigam seus arredores (Vertes e Kocsis, 1997). Em outras palavras, o ritmo de farejar normalmente corresponde à frequência contínua do teta hipocampal [...]. Isso pode destacar como o conhecimento cognitivo emerge das excitações padronizadas dos processos afetivos."

[47] "Tato" (*touch*) é o termo coloquial para a sensação somática, que contém submodalidades como sensação muscular, articular, de temperatura e de vibração – assim como outras modalidades perceptivas.

[48] Quando são notáveis.

cutidas no capítulo anterior qualificam as diferentes categorias de necessidade emocional nos mamíferos.

É importante lembrar também que a percepção cortical é *apercepção*. O que aparece na consciência não são os sinais sensoriais brutos transmitidos da periferia, mas *inferências* preditivas derivadas de traços de memória desses sinais e suas consequências. O fato de que o sentimento é espalhado, por assim dizer, sobre inferências corticais estabilizadas para criar o que chamo de "sólidos mentais"[49] – o mundo externo como ele se manifesta na percepção – explica em parte as diferentes qualidades fenomenais do afeto *versus* a percepção consciente. Voltarei a abordar esses temas no capítulo 10.

O modelo interno do cérebro é o mapa que usamos para navegar pelo mundo – a bem da verdade, para *gerar* um mundo esperado. Mas não podemos considerar todas as nossas previsões pelo seu valor nominal. Na realidade, há dois aspectos do "contexto esperado" que o modelo interno gera: por um lado, temos o conteúdo real de nossas previsões e, por outro, nosso *nível de confiança* sobre sua precisão. Como todas as previsões são probabilísticas, o grau de *incerteza esperado* associado a elas também deve ser codificado. As próprias previsões são fornecidas pelas redes de memória de longo prazo do prosencéfalo, que filtram o presente por meio das lentes do passado. Mas a segunda dimensão – o ajuste dos níveis de confiança – é a essência do trabalho realizado pela excitação modulatória.

Foi isso que aconteceu no caso do Sr. S: ele confiou demais em suas previsões. Em outras palavras, como resultado de sua condição, ele não deu importância suficiente aos seus sinais de erro (prestou pouca *atenção* a eles)[50]. Como isso é possível? De certa forma, já analisamos isso pelo outro lado. Modular os sinais neuro-

---

[49] Solms (2013).
[50] Pode-se dizer que a acetilcolina modula a confiança nos sinais de erro, mas isso é uma grande simplificação. Poderiam ser feitas generalizações igualmente amplas sobre a serotonina em relação aos sinais de previsão, a dopamina em relação aos estados ativos e a noradrenalina em relação aos estados sensoriais. Ver Parr e Friston (2018) para uma visão mais elaborada.

nais significa apenas ajustar sua força para cima ou para baixo. Isso é o que o triângulo de decisão do mesencéfalo faz quando seleciona quais sinais devem ser reforçados; ele *modula* a intensidade do sinal por meio do sistema de ativação reticular. As intensidades dos sinais de linha de base representam o contexto *esperado*. Entretanto, à medida que o contexto real (experienciado) se desenvolve, a intensidade do sinal deve ser ajustada. Portanto, o aumento da confiança em um sinal de erro implica necessariamente a diminuição da confiança na previsão que levou ao erro. Se o seu alarme de fumaça dispara, mas nada parece estar queimando, ou o alarme ou as aparências devem estar em falta e, de alguma forma, um veredicto deve ser dado sobre a discordância. É isso que acontece no triângulo de decisão do mesencéfalo: as reivindicações concorrentes são avaliadas e um vencedor é declarado. O resultado desse processo é transmitido ao prosencéfalo pelo sistema de ativação reticular, que age com base em suas expectativas e, em seguida, à medida que a ação selecionada se desenrola, libera nuvens de moléculas neuromoduladoras para ajustar os sinais em suas redes de memória de longo prazo, regulando de forma positiva os canais do prosencéfalo nos quais algumas previsões são armazenadas e de forma negativa outros. Isso, por sua vez, leva ao aprendizado pela experiência. Assim, continuamos a aprimorar nosso modelo generativo do mundo, por tentativa e erro.

Tudo o que fazemos no campo da incerteza é orientado por esses níveis de confiança flutuantes. Achamos que sabemos o que acontecerá se agirmos de determinada maneira, mas será que sabemos mesmo? Se nossa convicção cair abaixo de um determinado limite, não agiremos ou mudaremos de rumo. Na esfera exteroceptiva, as coisas estão indo bem quando saem como esperado, e mal quando a incerteza prevalece. Dessa forma, as coisas *parecem* boas ou ruins: aumentar a confiança (em uma previsão) é bom, diminuir a confiança é ruim. Portanto, tentamos minimizar a incerteza em nossas expectativas.

Como vimos antes, a percepção e a ação são um processo contínuo de *teste de hipóteses* no qual o cérebro tenta constantemente suprimir sinais de erro e confirmar essas hipóteses. (A própria ciência experimental é apenas uma versão sistematizada desse processo cotidiano, como vimos no capítulo 1: "Se a hipótese X estiver correta, então Y deve acontecer quando eu fizer Z.") Quanto mais suas hipóteses são confirmadas, mais confiante você fica e menos excitado – menos consciente – você precisa estar. Você pode automatizar suas sequências de ação e entrar no modo padrão. Mas, se você se encontrar em uma situação inesperada – uma situação em que seu modelo preditivo parece não lançar nenhuma luz confiável –, as consequências de suas ações se tornam muito salientes. Você sai do piloto automático e se torna hiperconsciente: o triângulo de decisão ajusta cuidadosamente suas previsões à medida que você sente as consequências de suas ações e faz novas escolhas.

Portanto, o sentimento continua sendo o fator comum em toda a consciência, tanto afetiva quanto cognitiva. Sua função é avaliar o sucesso ou o fracasso de seus programas de ação e seus contextos associados. Mas nem todos os fracassos são significativos da mesma maneira. Os sentimentos mais fortes estão relacionados a incertezas de valor de sobrevivência, e não a eventualidades relativamente menores. Os julgamentos ruins, como "o carro que estou seguindo vai virar à esquerda agora", podem ser tratados em níveis periféricos na hierarquia preditiva, na qual um erro maior é tolerado, e, portanto, implicam mudanças no que chamamos de atenção, e não de afeto (embora a atenção seja igualmente modulada pelo tronco cerebral reticular). No entanto, se parecer claro que o carro que você está seguindo o envolverá em um acidente, é mais provável que seu erro desperte uma resposta afetiva. A atenção pode ser tanto direcionada quanto captada. No último caso, ela é acompanhada por sentimentos de sobressalto ou medo, que reescrevem as previsões fracassadas na hora para garantir que o seu modelo do mundo não lhe cause a mesma surpresa desagradável mais uma vez.

Isso, em um nível fisiológico, é como a consciência funciona no cérebro. E pode não parecer totalmente satisfatório. Por um lado, não me preocupei muito com as abordagens filosóficas do problema mente-corpo. Não abordei a relação entre o que alguns filósofos chamam de "aspectos duplos": por que a fisiologia objetiva da consciência é acompanhada por uma sensação fenomenal subjetiva? Quando os cientistas observam uma correlação regular como essa entre quaisquer dois conjuntos de dados, procuram uma única causa subjacente. Eles querem *explicar por que* os fenômenos ocorrem ao mesmo tempo. Para entender as conjunções regulares entre os aspectos fisiológicos e psicológicos da consciência, portanto, precisamos ir mais fundo. Precisamos ir além das restrições disciplinares da psicologia e da fisiologia. Nós, cientistas, geralmente fazemos isso recorrendo não à metafísica, mas à física[51]. Nesse caso, as respostas de que precisamos podem ser encontradas na física da entropia[52].

---

[51] "Física" (φυσική) significa "conhecimento da natureza" – de toda a natureza – e não apenas das coisas que você pode ver e tocar. Ela fornece a explicação mais fundamental dos fenômenos naturais. Muitas pessoas presumem que a física estuda apenas a matéria – e, portanto, exclui a mente por definição –, mas isso implicaria que a mente não faz parte da natureza, o que levanta a questão da qual este livro trata.

"Um fenômeno natural só é totalmente explicado de maneira física quando é rastreado até as forças fundamentais da natureza que o fundamentam e são eficazes nele" (Helmholtz, 1892). A matéria acaba sendo um estado de energia (portanto, $E=MC^2$). As "*forças supremas*" *explicam* fenômenos superficiais; elas não são observadas diretamente, são inferidas. Por essa razão, são relatadas de forma científica em termos não fenomenais, como abstrações.

Cf. *Crítica da razão pura*, de Kant: "A experiência em si – em outras palavras, o conhecimento empírico das aparências – é, portanto, possível apenas na medida em que submetemos a sucessão de aparências e, assim, todas as alterações à lei da causalidade; e, da mesma forma, as aparências, como objetos da experiência, são elas mesmas possíveis apenas em conformidade com a lei."

As abstrações matemáticas são convencionalmente preferíveis às verbais, pois exigem que as forças inferidas (e as relações entre elas) sejam mensuráveis e quantificáveis. Isso proporciona uma moeda numérica comum sob as variadas superfícies fenomenais, por meio da qual as relações legais entre as "forças finais" da natureza podem ser calculadas. Como disse Galileu: "O livro da natureza está escrito na linguagem da matemática."

[52] Ver apêndice, p. 361. Embora um tanto técnico, ele oferece uma ponte útil para o próximo capítulo.

Capítulo 7

O princípio da energia livre

Um grupo de cientistas está em um laboratório observando um grande monitor de computador. Pontos e manchas giram na tela. É possível distinguir diferentes cores: azul, vermelho, roxo e outras. Os pontos também parecem ter tamanhos diferentes, mas não é possível discernir nenhum padrão em seus movimentos de aglomeração. Eles ondulam e se interpenetram como nuvens de gás, preenchendo de forma aleatória o espaço virtual. No entanto, um relógio digital marca a passagem do tempo em segundos, e dois eixos, um na parte inferior e outro no lado esquerdo da tela, identificam a localização espacial de cada ponto. Isso sugere que algo mensurável está acontecendo. Mas como você pode quantificar os movimentos nesse caos?

Você pergunta a um dos físicos da sala o que é aquilo e ele diz, sem ajudar muito, que se trata de um processo "estocástico". Estocástico significa aleatório. Aos poucos, você percebe que os pontos menores parecem ser mais lentos do que os maiores; eles aparentam dançar ao som de uma música ligeiramente diferente. Seguindo as instruções de um neurocientista presente na sala, um técnico de informática digita algo no teclado e a tela rodopiante para de repente. O técnico salva com cuidado os dados. Em seguida, mais uma vez a pedido do neurocientista, ele digita uma enxurrada de números que alteram os valores em um conjunto de equações que agora aparece em uma tela pequena ao lado da tela maior, para a qual você estava olhando. Ele explica que está ajustando as "interações locais entre os subsistemas".

Mais uma vez, as partículas, como se fossem nuvens, entram no canto inferior esquerdo da tela e começam a girar. Dessa vez, após um breve período de caos, é mais fácil discernir um padrão. Os pontos coloridos se espalham principalmente para fora, no início; depois, de forma gradual, eles se aglomeram e convergem de maneira espontânea para o centro da tela, formando uma massa que mais se assemelha a uma bolha. Com um pouco de imaginação, poderia ser um bando compacto de pássaros (talvez estorninhos) girando em formação. Pouco a pouco, o movimento das partículas se torna mais restrito. Elas se chocam umas contra as outras e, como soldados em uma parada, assumem posições designadas, até que uma estrutura clara começa a surgir: quatro camadas concêntricas. No centro, estão os pontos azul-escuros. Eles são cercados pelos pontos vermelhos, que, por sua vez, são cercados pelos roxos. Os pontos azul-claros formam uma espécie de limite externo. Tudo isso acontece em um fundo de pontos pretos menores que parecem continuar a se mover sem rumo. O neurocientista parece satisfeito. Ele pede ao técnico que congele a tela. O relógio informa que se passaram 1.278 segundos.

Este é o Centro Wellcome de Neuroimagem Humana, na Queen Square, em Londres, do qual Karl Friston é o diretor científico. Ele gentilmente nos convidou para observar este interessante experimento: uma simulação das interações de curto alcance que ocorrem entre diferentes subsistemas físicos quando são submetidos a várias forças.

As regras que regem essas partículas virtuais têm o mesmo caráter amplo que as que regem o comportamento de átomos e moléculas reais: propensões irracionais (mas não indiscriminadas) para atrair e repelir umas às outras. Essas interações produzem *ordem a partir do caos*. Acredita-se que esse tipo de ordenação espontânea tenha ocorrido quando a vida emergiu da sopa primordial. No entanto, o experimento está sendo realizado em um centro de neurociência cognitiva, do outro lado do gramado do Hospital Nacional de Neurologia e Neurocirurgia, e você pode ser perdoado por se perguntar o que essas partículas virtuais têm a ver com o cérebro.

Friston explica que os sistemas biológicos – por exemplo, as células – devem ter surgido por meio de versões complexas do mesmo processo que formou sistemas mais simples de "auto-organização", como cristais a partir do líquido, porque eles compartilham um mecanismo comum. Esse mecanismo, segundo ele, é a "minimização da energia livre" (que explicarei em breve). Todos os sistemas auto-organizados, incluindo você e eu, têm uma tarefa fundamental em comum: continuar existindo. Friston acredita que realizamos essa tarefa minimizando nossa energia livre. Cristais, células e cérebros, diz ele, são apenas manifestações cada vez mais complexas desse mecanismo básico de autopreservação[1]. Na verdade, tantos aspectos do que consideramos vida mental aparecem no início da organização biológica que a contribuição feita pelos cérebros pode começar a parecer um tanto quanto sutil. Mas, à medida que alcançarmos uma boa compreensão do conceito de energia livre, tudo – realmente tudo – ficará claro.

Karl Friston é o último dos grandes cientistas que moldaram o trabalho de minha vida. Na minha opinião, ele é um gênio e (de forma objetiva) o neurocientista mais influente do mundo hoje em dia. A influência é avaliada pelo seu "índice h", que mede o impacto de suas publicações[2]. Como regra geral, quando seu índice h é maior

---

[1] Os cristais minimizam sua energia livre de uma forma trivial porque seu estado estável sem equilíbrio tem um ponto de atração. Ou seja, eles simplesmente se organizam em padrões compactos e permanecem lá, mesmo quando são levemente perturbados. As coisas ficam mais complexas quando o conjunto de atração tem uma estrutura itinerante com uma dinâmica do tipo à qual o cérebro humano se adapta.

[2] Em resumo, o índice h é o número de publicações de um autor que foram citadas (por seus colegas) mais vezes do que a classificação delas na sequência das publicações citadas desse autor. Assim, se sua quadragésima publicação mais citada foi mencionada 42

do que o número de anos desde a obtenção do seu doutorado, você está indo bem. O de Friston é 235, o mais alto de todos os neurocientistas[3]. Ele conquistou alguma fama com o "mapeamento paramétrico estatístico", que possibilitou a análise de neuroimagem funcional, tão predominante atualmente. Entretanto, seu trabalho sobre "codificação preditiva" e o princípio da energia livre lhe trouxeram muito mais renome.

Apesar da reputação gigante de Friston, por muitos anos tive apenas um interesse remoto em seu trabalho. Então, em 2010, ele publicou um artigo com um jovem psicofarmacologista chamado Robin Carhart-Harris, que eu conhecia um pouco por seu interesse em neuropsicanálise. Seu artigo com Friston argumentou que a concepção de Freud de energia motriz (ou seja, "energia psíquica") era consistente com o princípio da energia livre[4]. Como expliquei antes, Freud admitiu prontamente ser "incapaz por completo de formar uma concepção" de como as necessidades corporais poderiam se tornar uma energia mental. Ele também escreveu que essa energia era capaz de aumentar, diminuir, deslocar-se e descarregar-se e, portanto, possuía todas as características de uma quantidade, "embora não tenhamos meios de medi-la"[5]. Considerando que a intenção original (abandonada) de Freud era "representar os processos psíquicos como estados quantitativamente determinados", o artigo de Carhart-Harris e Friston me atingiu como um raio. Se a energia mental fosse de fato isomórfica às mudanças na energia livre termodinâmica, então, pensei, ela deveria ser mensurável e redutível às leis da física.

Assim, mergulhei nas publicações anteriores de Friston e procurei por ele. Nós nos encontramos várias vezes nos anos seguintes, em Londres e Frankfurt. O principal tópico de nossas conversas foi

---

vezes, mas sua 41ª publicação mais citada foi mencionada apenas 39 vezes (ou seja, menos de 41), então o índice h desse autor é quarenta.

[3] A partir de 20 de julho de 2020.

[4] Carhart-Harris e Friston (2010).

[5] Freud (1894), p. 60.

o papel do afeto na vida mental. Como o trabalho de Friston naquela época, como o de quase todo mundo, ainda era muito corticocêntrico, os mecanismos preditivos que ele havia descoberto diziam respeito quase exclusivamente à *cognição*. É por isso que, por exemplo, um célebre artigo seu demonstrando que a codificação preditiva explica a maneira como os neurônios se comunicam entre si foi intitulado "Uma teoria das respostas *corticais*"[6]. Devo confessar, no entanto, que nunca havia dedicado tempo para digerir por inteiro muitas de suas publicações mais técnicas.

Em 2017, Friston foi convidado para ser o orador principal em nosso anual Congresso de Neuropsicanálise (aquele ano em particular realizado no antigo University College Hospital, em Londres, e focado no tópico de codificação preditiva). Se eu quisesse fazer minhas habituais considerações finais sem me envergonhar, teria de dominar a física. Para tanto, entre muitas outras publicações de Friston, reli com cuidado um artigo bastante técnico dele em uma das revistas da Royal Society. O título era "A vida como a conhecemos"[7]. Com muito esforço, entendi o assunto, de fato, pela primeira vez. O objetivo desse artigo era nada menos que reduzir a equações matemáticas as leis básicas que regem a *intencionalidade*.

As implicações eram eletrizantes. Pareceu-me que essas equações poderiam proporcionar à minha pesquisa o progresso que eu estava procurando. Portanto, imediatamente depois de nossas trocas científicas no congresso de 2017, escrevi para ele sugerindo que

---

[6] Friston (2005), grifo nosso. O mesmo se aplica até mesmo ao seu artigo com Carhart-Harris, que começa assim (Carhart-Harris e Friston, 2010, p. 1265): "As descrições de Freud dos processos primários e secundários são consistentes com a atividade auto-organizada em sistemas *corticais* hierárquicos e [...] suas descrições do ego são consistentes com as funções do modo padrão e as trocas recíprocas destas com sistemas cerebrais subordinados. Esse relato neurobiológico baseia-se em uma visão do cérebro como uma inferência hierárquica ou máquina de Helmholtz. Nessa visão, as redes intrínsecas de larga escala ocupam níveis supraordenados de sistemas cerebrais hierárquicos que tentam otimizar sua representação do sensório. Essa otimização foi formulada como a minimização de uma energia livre, um processo que é formalmente semelhante ao tratamento da energia nas formulações freudianas."

[7] Friston (2013).

reuníssemos nossas ideias e tentássemos incorporar a consciência sob o princípio da energia livre. Para minha alegria, Friston concordou, e começamos a colaborar em um artigo que definiu o que se tornou nossa visão compartilhada[8].

A ligação entre o trabalho de Friston e o meu é a *homeostase*. Como expliquei antes, devemos permanecer dentro de nossos limites fisiologicamente viáveis. Vamos usar a termorregulação como exemplo. Você não pode se contentar com qualquer temperatura corporal: deve manter-se dentro da faixa limitada de 36,5 a 37,5 graus Celsius. Se você ficar muito mais quente do que isso, morre; se ficar muito mais frio, também morre. Não é possível permitir que a temperatura corporal se iguale à temperatura ambiente, como acontece com a água quente quando é adicionada a uma banheira com água fria. A água quente que entra na banheira não permanece separada da fria em um grande glóbulo sob a torneira. Mas *você* faz isso – precisa fazer isso para continuar vivo –, e fazê-lo exige *trabalho*. Os pacientes em coma não conseguem realizar esse trabalho e, por isso, morrem de condições como hipertermia; eles literalmente superaquecem[9]. O mesmo se aplica à regulação dos gases sanguíneos, ao equilíbrio de fluidos e energia e a muitos outros processos corporais. Aplica-se até mesmo às necessidades *emocionais*, que, como vimos no capítulo 5, não são menos "biológicas" do que as corporais. Permanecer dentro dos limites viáveis de nossas emoções também exige que trabalhemos: para manter a proximidade com nossos cuidadores, para escapar de predadores, para nos livrarmos de obstáculos frustrantes, e assim por diante. Além de um certo nível de previsibilidade, o trabalho necessário para fazer essas coisas é regulado pelos sentimentos.

O mecanismo que acabei de descrever é uma forma ampliada de homeostase, e não é complicado (ver Figura 12).

---

[8] Solms e Friston (2018).
[9] Parvizi e Damásio (2003).

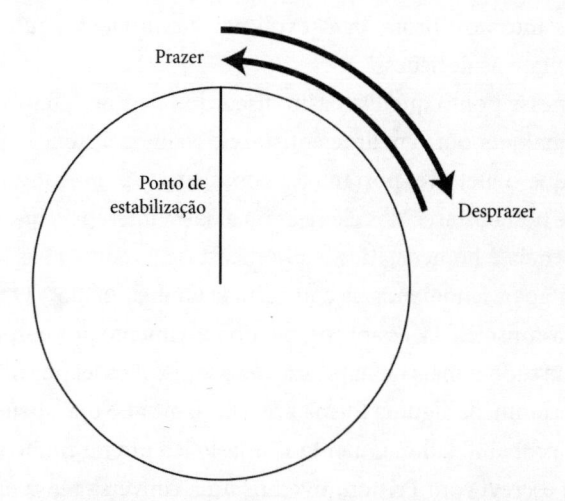

Figura 12. Sentindo a homeostase. O ponto de estabilização representa os limites viáveis do sistema.

Todo homeostato consiste em apenas três componentes: um *receptor* (que mede a temperatura, no meu exemplo-modelo), um *centro de controle* (que determina como manter a temperatura dentro dos limites viáveis: de 36,5 a 37,5 graus Celsius, no meu exemplo) e um *efetor* (que executa o trabalho necessário para retornar a esses limites quando você os ultrapassa). Como o mecanismo da homeostase é muito simples, ele pode ser reduzido a lei da física. É disto que trata o artigo de Friston: das leis básicas que regem a "vida como a conhecemos".

O que me entusiasmou foi a percepção de que essas leis (estendidas com certa adequação para acomodar a forma menos previsível de homeostase subjacente ao afeto) também poderiam explicar a consciência – não apenas os observáveis externos do comportamento consciente (a *fisiologia* objetiva do triângulo de decisão do mesencéfalo e o sistema de ativação reticular), mas também os observáveis internos: prometiam explicar os *sentimentos* subjetivos que orientam as decisões.

Foi nesse ponto que Damásio discordou de mim. Talvez mais do que qualquer outro neurocientista, ele chamou a atenção para o fato de que o afeto (e, portanto, a consciência) é, no fundo, uma forma de homeostase. Mas ele rejeitou a outra inferência que fiz: se a consciência é homeostática e a homeostase é redutível às leis da física, então os fenômenos da consciência também o são[10]. O mecanismo da consciência, assim como o do movimento dos corpos celestes e de tudo o mais na natureza, *deve* ser explicável por meio de leis e, portanto, de alguma forma previsível, mesmo que apenas por meio de probabilidades. Quando Damásio leu um rascunho do artigo que escrevi com Friston, tivemos uma conversa tensa em seu escritório. Ele não conseguia entender por que eu estava tentando reduzir a consciência ao que ele chamava de "algoritmos". Esse foi um caso clássico de um cientista que se intimidou com as implicações de um entendimento que ele mesmo trouxe ao mundo – como a resposta de Einstein à mecânica quântica: "Deus não joga dados com o universo."[11]

Apresentei rapidamente a Damásio o argumento que vou explicar agora[12]. Para fazer isso da forma correta, no entanto, preciso primeiro apresentá-lo à física que tive de dominar para entender o princípio da energia livre. Respire fundo.

---

[10] Ver Damásio (2018) e minha resenha sobre o assunto: Solms (2018a).

[11] A ideia de Einstein a que estou me referindo é a natureza quântica da luz (Einstein, 1905). Stephen Hawking responde: "Deus não apenas joga dados, mas às vezes nos confunde jogando-os onde não podem ser vistos. Muitos cientistas são como Einstein, pois têm um profundo apego emocional ao determinismo. Ao contrário de Einstein, eles aceitaram a redução de nossa capacidade de fazer previsões que a teoria quântica trouxe." Acontece que os fenômenos da consciência também são previsíveis apenas de forma *probabilística*.

[12] Isso foi na Universidade do Sul da Califórnia em abril de 2018. Em uma ligação telefônica em janeiro de 2019, depois de ler a versão publicada de nosso artigo, Damásio ainda defendia "nossa ciência" com base no fato de que a consciência era intrinsecamente *biológica*. Felizmente, porém, ele mudou de ideia desde então; ver Man e Damásio (2019).

A essência da homeostase é que os organismos vivos devem ocupar uma gama limitada de estados físicos: seus estados viáveis, ou estados valorizados ou preferidos, ou o que Friston chama (referindo-se a todos os itens acima) de estados "esperados". Não podemos nos dar ao luxo de nos dispersar por todos os estados possíveis. Acontece que esse imperativo biológico tem uma ligação profunda com um dos conceitos explicativos mais básicos da física, a *entropia*. A maioria das pessoas tem uma compreensão intuitiva do que é "entropia". Elas pensam nela como uma tendência natural à desordem, dissipação, dissolução e coisas do gênero. As leis da entropia são o que fazem o gelo derreter, as baterias perderem a carga, as bolas de bilhar pararem e a água quente se fundir à fria.

A homeostase funciona na direção oposta. Ela *resiste* à entropia. Ela garante que você ocupe um intervalo limitado de estados. É assim que ela mantém a temperatura necessária e o mantém vivo, impedindo que você se dissipe. Os seres vivos *devem* resistir a um dos princípios fundamentais da física: a segunda lei da termodinâmica.

A primeira lei da termodinâmica diz respeito à conservação da energia[13]. Ela afirma que a energia não pode ser criada ou destruída; só pode ser convertida de um tipo para outro e fluir de um lugar para outro. (Também sabemos, graças a Einstein, que ela pode ser convertida em matéria.)

A segunda lei estipula que os processos naturais são sempre irreversíveis[14]. Assim, a água quente do banho que se mistura com

---

[13] É interessante notar que Helmholtz (um dos alunos de Johannes Müller que fundaram a Sociedade de Física de Berlim) desempenhou um papel importante na formulação dessa lei.

[14] Isso é verdade na realidade, dentro do limite termodinâmico, mas não (estritamente falando) na teoria. Teoricamente, seria mais correto dizer: "A segunda lei estipula que é muito, muito *improvável* que os processos naturais sejam reversíveis." Isso ocorre porque, ao resolver as equações de qualquer sistema, você não precisa apenas das leis dinâmicas relevantes, mas também das *condições iniciais* do sistema, e essas condições quebram a simetria das equações fundamentais. Portanto, se você pudesse ter à disposição todos os pedaços de uma xícara quebrada se movendo uns em direção aos outros exatamente na velocidade certa, e as ondas sonoras se movendo de volta em direção à xícara exatamente da maneira certa, e, da mesma forma, a energia que se moveu pelo

a fria não pode ser separada de novo. Da mesma forma, a energia do calor não pode ser colocada de volta no carvão queimado que a produziu, e a energia desperdiçada no processo não pode ser devolvida a ele. Isso se deve à entropia, que, como consequência, *sempre aumenta* em grande escala[15]. A entropia pode, na verdade, ser a base física para o fato de que o próprio tempo parece ter uma direção e um fluxo.

Na termodinâmica, há duas condições de energia: útil e inútil. A "utilidade" da energia é definida por sua capacidade de realizar trabalho. Por exemplo, a energia contida em um pedaço de carvão pode ser queimada para produzir calor[16], que pode ferver a água para produzir vapor, que pode acionar um motor; mas em cada etapa desse processo parte da energia será perdida. Ou seja, nunca é possível empregá-la na sua totalidade de forma útil no trabalho.

Combinando esses fatos, aprendemos o seguinte: à medida que a energia útil de um sistema se esgota, sua entropia aumenta. Isso significa que a capacidade do sistema de realizar trabalho sempre diminui. Assim, a entropia está associada à perda de energia útil, porque essa energia não está mais disponível para realizar trabalho. A segunda lei é uma declaração do fato ineluctável de que alguma energia será perdida em trabalho útil durante qualquer processo natural[17].

Mencionei alguns entendimentos intuitivos de "entropia" há pouco, mas a maneira formal e técnica pela qual ela é definida na física diz respeito ao número de estados distintos que um sistema

---

chão quando ela caiu, tudo poderia voltar a se juntar para recriar a xícara inicial intacta. Entretanto, como nunca estamos nessa situação, nunca vemos a entropia diminuir na realidade.

[15] Exceto por curtíssimos períodos de tempo.

[16] Quando o calor é adicionado a uma substância, as moléculas e os átomos vibram mais rapidamente. À medida que os átomos vibram mais rapidamente, o espaço entre eles aumenta. O movimento e o espaçamento das partículas determinam o estado da matéria na substância. O resultado do aumento do movimento molecular é que a substância se expande e ocupa mais espaço.

[17] Tecnicamente, a entropia está associada ao desperdício de energia, mas não é a mesma coisa. A entropia não tem dimensão; a energia, sim.

pode ocupar[18]. A entropia é determinada pelo número de possíveis estados microscópicos que dariam origem ao mesmo estado macroscópico. Em termos simples: *quanto menor o número de estados possíveis, menor a entropia.*

A homeostase estabelece limites para a gama de estados macroscópicos que um sistema como o seu e o meu pode ocupar. Lembre-se de que a homeostase nos mantém vivos por meio da realização de trabalho efetivo; portanto, se a entropia implica a perda da capacidade de trabalho, ela é "ruim" para nós enquanto sistemas biológicos. A função mais básica dos seres vivos é resistir à entropia.

O exemplo mais usado pelos físicos para ilustrar esses conceitos envolve um gás comprimido sendo introduzido em uma câmara maior e vazia por meio de uma pequena abertura. À medida que as moléculas se movem de forma aleatória, elas exploram a câmara, espalhando-se para ocupar o espaço disponível. Quanto mais o tempo passa, maior é o número de locais em que cada molécula pode ser encontrada. A única maneira de reverter esse processo – a única maneira de reunir o gás de volta em seu recipiente original – é com trabalho.

Pense na entropia em termos do número de locais em que cada molécula pode estar em um determinado momento. Isso acaba sendo uma afirmação sobre *probabilidade*. A chance estatística de que cada molécula ocupe uma posição específica diminui à medida que a entropia aumenta: conforme o gás se expande, a posição de cada molécula *se torna menos previsível*.

Isso é importante porque, ao contrário das outras leis da termodinâmica, as leis da probabilidade se aplicam a todas as coisas, não apenas às coisas materiais. Assim como a entropia de um gás em uma câmara pode ser definida de forma probabilística, a entropia associada a um processo psicológico de tomada de decisão também. Em

---

[18] Tecnicamente, ela está associada ao número de estados equivalentes correspondentes a uma determinada configuração macroscópica.

ambos os casos, a entropia aumenta com a aleatoriedade dos resultados possíveis. A "entropia" associada à expansão de gases e à de opções é a mesma coisa. Nem todas as coisas que existem na natureza são visíveis e tangíveis, mas elas se submetem às leis da probabilidade da mesma forma. É por isso que a probabilidade atinge o coração da física moderna, na qual a matéria não é mais considerada um conceito fundamental e as partículas clássicas desapareceram[19].

No meu exemplo físico de entropia, quando um gás foi inicialmente comprimido em seu recipiente e suas moléculas estavam compactadas próximas umas das outras, foram necessários menos *bits de informação* para descrever a localização real de cada molécula do que depois que ela foi liberada para preencher todo o espaço disponível na grande câmara. Na ciência da informação, um "dígito binário" – um termo que de maneira conveniente se contrai para "*bit*" – é a unidade básica de informação. Um *bit* pode assumir um de dois valores opostos, por exemplo, sim e não, ligado e desligado, positivo e negativo. Esses estados são em geral representados como 1 e 0[20].

Inicialmente, são necessários menos *bits* de informação para descrever o gás, mas, à medida que ele se expande, aumenta o nú-

---

[19] O físico Alan Lightman (2018), pp. 67-8, coloca a questão de forma bela: "Se dividirmos de forma incansável o espaço em pedaços cada vez menores, como fez Zenão, buscando o menor elemento da realidade, quando chegarmos ao mundo fantasmagórico de Planck o espaço não terá mais significado. Pelo menos, o que *entendemos* como 'espaço' não tem mais significado. Em vez de responder à pergunta sobre qual é a menor unidade de matéria, invalidamos as palavras usadas para fazer tal pergunta. Talvez esse seja o caminho de toda a realidade definitiva, se é que ela existe. À medida que nos aproximamos, perdemos o vocabulário."

Outro físico, Carlo Rovelli (2014), p. 167, fornece um relato mais prosaico: "O pano de fundo do espaço desapareceu, o tempo desapareceu, as partículas clássicas desapareceram, juntamente com os campos clássicos. Então do que é feito o mundo? A resposta agora é simples: [...] o mundo é feito inteiramente de campos quânticos."

Até mesmo a incerteza quântica faz parte do universo físico.

[20] Um *byte* é composto por oito *bits*. Portanto, um *gigabyte* tem 8 bilhões de *bits*. A *velocidade* do processamento de informações é expressa em giga-hertz, com um GHz correspondendo a 1 bilhão de *bit-flips* por segundo. A realidade física da informação é refletida pelo fato de que essas unidades são mensuráveis e podem ser compradas (de provedores de serviços de internet, por exemplo).

mero de estados possíveis que cada molécula pode ocupar. Assim, a entropia (que em geral é medida fisicamente em termos de mudança de calor junto com a temperatura) também pode ser medida em *bits*: quanto mais informações forem necessárias para descrever o microestado de um sistema (ou seja, o estado de cada molécula), maior será a entropia termodinâmica. Em outras palavras, *quanto mais perguntas do tipo sim/não forem necessárias para descrever um sistema, maior será sua entropia*. Assim, quando os microestados de um sistema têm valores de baixa probabilidade, cada medição do sistema carrega mais informações do que se eles tivessem alta probabilidade – porque mais perguntas binárias teriam de ser respondidas para descrever a totalidade do estado do sistema.

A entropia é mínima quando a resposta a cada pergunta do tipo sim/não é totalmente previsível, ou seja, quando não se aprende nada e não se ganha nenhuma informação. O conteúdo de informações de um simples lançamento de moeda é de um *bit*, porque as chances de a moeda dar cara são de cinquenta por cento, ao passo que você obtém zero informação ao lançar uma moeda com duas caras, porque as chances de dar cara são de cem por cento. Isso não fornece nenhuma informação porque a resposta é totalmente previsível. A entropia determina a quantidade média de informações que você obtém em várias medições de um sistema. Assim, a entropia de uma série de medições é sua *informação média*, sua *incerteza* média.

Para ter uma ideia da importância disso para uma compreensão neurocientífica da consciência, lembre-se de que os padrões sincronizados de ondas lentas em um EEG são mais ordenados (mais previsíveis) do que os dessincronizados (erráticos) e rápidos. Os padrões de "baixa excitação", portanto, carregam menos informações do que os de "alta excitação" (ver Figura 10). *Os de alta excitação contêm mais incerteza*[21]. Assim, os valores de entropia do

---

[21] Ver apêndice, p. 361. Aqui é preciso definir quem não tem certeza do quê. O mesmo se aplica à palavra "comunica" usada na sequência do parágrafo: quem está se comunicando com quem? Por favor, continue lendo.

EEG são mais altos em pacientes minimamente conscientes do que em pacientes vegetativos[22]. Isso faz sentido: a atividade cortical no cérebro consciente comunica mais informações do que durante o sono profundo. Mas aí vem a parte estranha: se mais informações significam mais incerteza e, portanto, mais entropia, então – já que os seres vivos devem resistir à entropia – a atividade de vigília é menos desejável, biologicamente falando, do que o sono profundo[23]. Sei que isso é contraintuitivo, mas se tornará mais compreensível à medida que prosseguirmos[24].

A relação entre entropia e informação foi formalizada em uma famosa equação pelo engenheiro elétrico e matemático Claude Shannon. Com essa descoberta, Shannon incorporou sozinho a "informação" na física, na qual ela desde então se tornou um conceito básico, em especial na mecânica quântica[25]. Com base no trabalho de Shannon, o físico Edwin Thompson Jaynes argumentou que a entropia termodinâmica deveria ser vista como uma *aplicação* da entropia da informação[26]. A definição de Shannon é, portanto, mais fundamental do que a da termodinâmica: uma definição

---

[22] Gosseries *et al.* (2011).

[23] Se você acha que isso confunde a entropia da informação com a entropia termodinâmica, ver a citação de Tozzi, Zare e Benasich na nota 61 deste capítulo.

[24] Como você verá, o fato de termos várias necessidades, incluindo a BUSCA, é crucial.

[25] Considere, por exemplo, o emaranhamento quântico entre duas partículas: uma partícula "carrega informações" sobre a outra.

[26] Jaynes (1957). Ampliar o tamanho do sistema descrito em nosso exemplo formal (o gás na câmara) aumenta sua entropia termodinâmica porque aumenta também o número de possíveis microestados do sistema que são consistentes com os valores mensuráveis de suas variáveis macroscópicas, tornando assim qualquer descrição completa de seu estado mais rica em informações. Para ser exato: no caso discreto, usando logaritmos de base dois, a entropia termodinâmica reduzida é igual ao número mínimo de perguntas sim/não que precisam ser respondidas para especificar totalmente o microestado, uma vez que conhecemos o macroestado. Uma relação direta e fisicamente real entre a entropia termodinâmica e a entropia da informação pode ser encontrada atribuindo uma unidade de medida a cada microestado que ocorre por unidade de uma substância homogênea e, em seguida, calculando a entropia termodinâmica dessas unidades. Pela teoria ou pela observação, os microestados ocorrerão com diferentes probabilidades, o que determinará a entropia da informação. Isso mostra que a entropia de Shannon é uma verdadeira medida estatística de microestados que *não tem uma unidade física fundamental além das unidades de informação*.

abstrata de entropia em termos de dinâmica da informação é mais aplicável de forma geral do que uma definição concreta em termos de dinâmica do calor. As leis da termodinâmica poderiam, portanto, ser vistas como *um caso especial das leis mais profundas da probabilidade*. Isso é importante porque as leis da termodinâmica se aplicam apenas a sistemas materiais (tangíveis, visíveis), como os cérebros, enquanto as leis da informação se aplicam também a sistemas imateriais (intangíveis, invisíveis), como as mentes.

Mas probabilidade não é exatamente o mesmo que informação. A informação, no sentido de Shannon, implica o fator adicional da *comunicação*. Daí o título de seu artigo seminal que estabeleceu a ciência da informação: "Uma teoria matemática da comunicação"[27]. Diferentemente das probabilidades – que existem por si sós –, a comunicação requer uma *fonte* e um *receptor* de informações. (O comunicador não precisa ser uma pessoa. Pode ser um livro, por exemplo, ou qualquer sistema que tenha informações com as quais um receptor seja capaz de aprender.)

Isso apresenta grandes problemas para qualquer pressuposto teórico de que a consciência é apenas informação[28], o que levanta a questão: qual é a fonte e qual é o receptor da informação (integrada ou não)? É por isso que não estou satisfeito com os modelos de fluxo de informações usados pelos cientistas cognitivos. Eles evitam a pergunta: onde está o *sujeito*, o receptor? Dessa forma, parafraseando Oliver Sacks, a psique é excluída da ciência cognitiva.

No entanto, tal omissão do sujeito experienciador levanta uma questão mais importante do que essa – talvez a maior questão enfrentada pela ciência cognitiva atualmente: sem um observador, como e por que o processamento de informações (ou seja, a formulação e a resposta de perguntas) ocorre em primeiro lugar?

A descoberta de Shannon sobre a informação como entropia levou o físico John Wheeler a propor uma interpretação "participa-

---

[27] Shannon (1948).
[28] Por exemplo, o "princípio do duplo aspecto", de Chalmers, discutido no capítulo 11.

tiva" do universo[29]. De acordo com Wheeler, as coisas só passam a existir na forma em que existem (ou seja, como fenômenos observáveis) em resposta às perguntas que fazemos. Os fenômenos, como tais, existem apenas aos olhos de quem vê, de um observador participante, de quem faz perguntas. Para usar a famosa frase de Wheeler: "*Its* surgem dos *bits*" (onde "*its*" são *coisas* observáveis)[30]. Portanto, a informação é "física" não apenas porque está envolvida nas leis da física, mas também porque é a base de todos os *fenômenos observáveis*. É assim que forças e energias abstratas se tornam observáveis e mensuráveis: "O que chamamos de realidade surge, em última análise, da formulação de perguntas de sim/não e do registro de respostas despertadas por equipamentos; em suma, [...] todas as coisas físicas têm origem na teoria da informação."[31]

As modalidades sensoriais do sistema nervoso geram "respostas despertadas por equipamentos" às perguntas que fazemos ao universo. As respostas sensoriais dão origem aos fenômenos – as "coisas" – que experienciamos. A própria experiência, portanto, surge da comunicação entre um receptor de informações (um observador participante) e uma fonte de informações; entre um questionador e as respostas que ele registra. Mas isso ainda deixa a pergunta: *de onde vêm os questionadores?*

Essas são questões complicadas. Antes de continuar, vamos fazer uma pausa para um balanço. Abordei três pontos importantes.

---

[29] Wheeler foi aluno de Niels Bohr, que formulou o princípio da complementaridade. Esse princípio sustenta que os objetos têm propriedades complementares que não podem ser *observadas* ou *medidas* simultaneamente. Exemplos de propriedades complementares são: partícula e onda, posição e momento, energia e duração, rotação em diferentes eixos, valor de um campo e sua mudança (em uma determinada posição), e emaranhamento e coerência.

[30] Aqui está a citação original (Wheeler, 1990, p. 5): "*It from Bit*. Em outras palavras, cada coisa – cada partícula, cada campo de força, até mesmo o próprio *continuum* espaço-tempo – deriva sua função, seu significado, sua própria existência inteiramente – mesmo que de forma indireta em alguns contextos – das respostas de aparelhos a perguntas de sim ou não, escolhas binárias, *bits*. It from Bit simboliza a ideia de que cada item do mundo físico tem no fundo – em um fundo muito profundo, na maioria dos casos – uma fonte e uma explicação imateriais."

[31] *Ibid*. As palavras citadas aqui vêm imediatamente depois da citação anterior.

O primeiro é que a informação média de um sistema é a entropia desse sistema (ou seja, a entropia em um sistema é uma medida da quantidade de informação necessária para descrever seu estado físico). O segundo é que os sistemas vivos devem resistir à entropia. Esses dois fatos juntos implicam que *devemos minimizar as informações que processamos*. (Aqui me refiro a informações no sentido de Shannon, é claro; em outras palavras, devemos minimizar nossa *incerteza*.) Tudo o mais que vou dizer neste capítulo e nos próximos dois decorre dessa conclusão simples, mas surpreendente.

Isso nos leva à terceira coisa importante que aprendemos até agora: nós, sistemas vivos, resistimos à entropia por meio do mecanismo de homeostase. Em suma, recebemos informações acerca de nossa provável sobrevivência *fazendo perguntas* sobre (isto é, medindo) nosso estado biológico em relação aos eventos que se desenrolam. Quanto mais incertas forem as respostas (ou seja, quanto mais informações elas contiverem), pior para nós: isso significa que estamos falhando em nossa obrigação homeostática de ocupar estados limitados (nossos estados esperados).

A natureza das perguntas que fazemos é determinada, em parte, por nossa *espécie*. Os tubarões podem respirar debaixo d'água, mas os seres humanos não. Portanto, temos necessidades diferentes e esperamos ocupar estados diferentes. Essas necessidades são determinadas pela seleção natural. Permanecer em seu nicho evolutivo, concebido de forma ampla, é o objetivo da homeostase. É por isso que cada espécie precisa fazer perguntas como: "Eu consigo respirar aqui?" Nossa própria sobrevivência depende das respostas que recebemos.

Aliás, por que deveríamos pensar nos requisitos biológicos como *expectativas*? Essa forma de linguagem pode parecer estranha neste momento, mas indica uma continuidade profunda que se mostrará importante mais tarde. Se isso ajudar, tente adotar a perspectiva da própria evolução em vez da perspectiva de uma criatura individual. A seleção natural ajustou cada espécie ao seu nicho ecológico: a sobrevivência de cada criatura depende apenas de coisas que são de fato encontradas de forma confiável em seu habitat natural. Portanto, precisamos de ar *porque* podemos contar com ele.

Agora posso voltar à questão profunda levantada antes: de onde vêm os observadores participantes? Em outras palavras, como e por que, em termos físicos, surge o ato de fazer perguntas?[32]

Aqui está um breve histórico da ideia de auto-organização. A primeira pessoa a usar o termo foi Immanuel Kant, em sua *Crítica da faculdade de julgar*, de 1790. Kant estava argumentando que os seres vivos têm "objetivos" e "propósitos" intrínsecos, o que, segundo ele, só poderia ser verdade se seus mecanismos constituintes fossem simultaneamente fins e meios. Tais entidades "teleológicas" (ou seja, com objetivos e propósitos intrínsecos), disse Kant, devem se comportar de forma intencional: "Apenas sob essas condições e nesses termos esse produto pode ser organizado e auto-organizado e, como tal, chegar a um fim físico." Como esses seres poderiam surgir, acreditava ele, estava além do poder da ciência de explicar: nunca poderia haver "um Newton da folha de relva".

Então Darwin descobriu a seleção natural. Como sabemos agora, ela dá origem aos objetivos e propósitos intrínsecos de *sobrevivência* e *reprodução*. Ambas as coisas acabam sendo manifestações de auto-organização[33]. Com o pensamento de Darwin, a questão da

---

[32] Leitores atentos poderão notar que finalmente estou abordando a pergunta que fiz a mim mesmo na infância sobre o primeiro nascer do Sol, conforme discutido na introdução.

[33] Darwin (1859). Ver Friston (2013). Rovelli (2014), pp. 225-6, fornece uma explicação lúcida sobre o assunto: "Um organismo vivo é um sistema que se reformula continuamente, interagindo de modo incessante com o mundo externo. Desses organismos, somente aqueles que continuam a existir são mais eficientes em fazê-lo e, portanto, os organismos vivos manifestam propriedades que lhes são adequadas para a sobrevivência. Por essa razão, eles são interpretáveis, e nós os interpretamos, em termos de intencionalidade, de [objetivo e] propósito. Os aspectos finalísticos do mundo biológico (essa é a importante descoberta de Darwin) são, portanto, o resultado da seleção de formas complexas eficazes em persistir. Mas a maneira eficaz de continuar a existir em um ambiente em mudança é gerenciar melhor as correlações com o mundo externo, ou seja, as informações; coletar, armazenar, transmitir e elaborar informações. Por esse motivo, o DNA existe, juntamente com sistemas imunológicos, órgãos dos sentidos, sistemas ner-

origem e da composição dos seres teleológicos tornou-se tratável para a ciência[34]. Tudo o que restava era listar os detalhes.

Uma nova etapa importante ocorreu em meados do século XX, quando Norbert Wiener, o matemático que fundou a disciplina da "cibernética", acrescentou a noção de *feedback* ao entendimento de Shannon sobre informação. De acordo com Wiener, um sistema poderia atingir sua meta (seu "estado de referência") ao receber *feedback* sobre as consequências de suas ações. O *feedback* inclui sinais de erro – medindo os *desvios* do estado de referência –, que seriam usados para ajustar as ações do sistema e mantê-lo no rumo certo. Assim, a homeostase acaba sendo um caso específico de um princípio cibernético mais geral: é um tipo de *feedback* negativo.

William Ross Ashby usou essa noção de *feedback*, combinada com a física estatística apresentada antes, para revelar como a auto--organização se desenvolve de forma natural[35]. Ashby demonstrou que muitos sistemas dinâmicos complexos evoluem automaticamente em direção a um *ponto de estabilização*, que ele descreveu como um "atrator" em uma "bacia" de estados circundantes. A evolução posterior desses sistemas tende, então, a *ocupar estados limitados*.

Espero que essa tendência de ocupar estados limitados lhe pareça familiar: ela nada mais é do que uma tendência de resistir à entropia. De acordo com Friston, é essa tendência que desencadeia

---

vosos, cérebros complexos, idiomas, livros, a biblioteca de Alexandria, computadores e a Wikipédia: eles maximizam a eficiência do gerenciamento de informações – o gerenciamento de correlações que favorecem a sobrevivência."

[34] O que importa aqui não é que os sistemas auto-organizados estejam sempre vivos (eles não estão), mas que os sistemas vivos são sempre auto-organizados. Ainda mais importante: nem todos os sistemas auto-organizados são conscientes. Com relação à física da origem da vida, ver England (2013) para um tratamento interessante em linhas semelhantes às de Friston. A teoria da "adaptação impulsionada pela dissipação", de England, argumenta que grupos de átomos que são impulsionados por fontes externas de energia tendem a aproveitar essas fontes, alinhando-se e reorganizando-se, a fim de absorver melhor a energia e dissipá-la como calor (ou seja, eles minimizam sua própria entropia à custa de seu ambiente). Ele mostra ainda que essa tendência dissipativa promove a autorreplicação: "Uma ótima maneira de dissipar mais é fazer mais cópias de si mesmo." Com relação à *biologia* da origem da vida, no entanto, ver Lane (2015).

[35] Ashby (1947). Ver também Conant e Ashby (1970).

formas cada vez mais elaboradas de auto-organização. Depois de criar essa possibilidade entre os subsistemas em sua sopa primordial simulada, descrita no início deste capítulo, Friston observou o desenvolvimento do comportamento deles em três estágios:

> (1) com alguns parâmetros de curto alcance, os pontos simplesmente se espalharam por todos os lados;
> (2) com outros parâmetros, eles se aglutinaram em estruturas cristalinas estáveis;
> (3) com ainda outros, mostraram comportamentos mais complexos: depois de se aglutinarem, agitaram-se de modo incansável entre si, assumindo posições específicas dentro de uma estrutura dinâmica.

Veja como Friston descreveu isso em suas próprias palavras (não se preocupe com a linguagem técnica; só quero dar uma impressão visual do que ele observou):

> Esses comportamentos variam de um comportamento semelhante ao de um gás (em que os subsistemas ocasionalmente se aproximam o suficiente para interagir) ao de um caldeirão em atividade, quando os subsistemas são forçados a se unir no fundo do poço de potencial. Nesse regime, os subsistemas se aproximam o suficiente para que a lei do inverso do quadrado os separe, o que lembra as colisões de partículas subatômicas na física nuclear. Com valores de parâmetros específicos, esses eventos esporádicos e críticos podem tornar a dinâmica não ergódica, com flutuações imprevisíveis de alta amplitude que não se estabilizam. Em outros regimes, surge uma estrutura mais cristalina, com interações silenciosas e baixa entropia estrutural (configuracional). No entanto, para a maioria dos valores dos parâmetros, o comportamento ergódico surge à medida que o conjunto se aproxima de seu atrator global aleatório (geralmente depois de cerca de mil segundos): em regra, os subsistemas se repelem no início (muito parecido com as ilustrações do *big bang*) e depois voltam para o centro, encontrando-se à medi-

da que se fundem. Em seguida, as interações locais medeiam uma reorganização, na qual os subsistemas são transferidos (às vezes para a periferia) até que os vizinhos se choquem de forma suave uns com os outros. Em termos de dinâmica, a sincronização transitória pode ser vista como ondas de explosão dinâmica [...]. Em resumo, o movimento e a dinâmica eletroquímica se parecem muito com uma sopa inquieta (não muito diferente das erupções na superfície do Sol) – mas será que ela tem alguma auto-organização além disso?[36]

A resposta para sua pergunta é afirmativa. Surge uma estrutura dinâmica complexa em que os subsistemas densos, depois de se separarem do meio circundante, formam *estruturas em camadas concêntricas,* cada uma com um núcleo interno e uma superfície externa dividida em duas subcamadas (ver Figura 13). As subcamadas da superfície segmentada apresentam padrões muito interessantes de interação com o núcleo interno e com o meio circundante, respectivamente. Os estados da subcamada externa são influenciados pelos do meio externo e, por sua vez, influenciam os dos subsistemas internos, mas essa influência não é recíproca (em outras palavras, os constituintes internos do núcleo não têm nenhum impacto sobre a subcamada externa). Da mesma forma, os estados da subcamada interna são afetados de forma casual pelos do núcleo interno e, por sua vez, influenciam os do meio externo, mas a linha de influência não é recíproca. Esse arranjo de dependências causais define as propriedades do que é conhecido como *cobertor de Markov*[37].

---

[36] Friston (2013), p. 6. O que o monitor do computador exibia eram, é claro, *representações* dos subsistemas, que não devem ser confundidas com a própria dinâmica estatística. O mesmo se aplica aos *qualia* perceptivos associados ao funcionamento cortical, como veremos.

[37] Andrei Markov (1856-1922) foi um brilhante matemático russo, assim como seu irmão e seu filho. Trabalhou principalmente com processos estocásticos e hoje é famoso pelo que ficou conhecido como cadeias de Markov e processos de Markov. Era um rebelde. A resistência institucional foi tamanha que ele nunca recebeu reconhecimento acadêmico durante sua vida. Em 1912, protestou contra a excomunhão de Liev Tolstói da Igreja Ortodoxa Russa, solicitando sua própria excomunhão. A Igreja acatou o pedido.

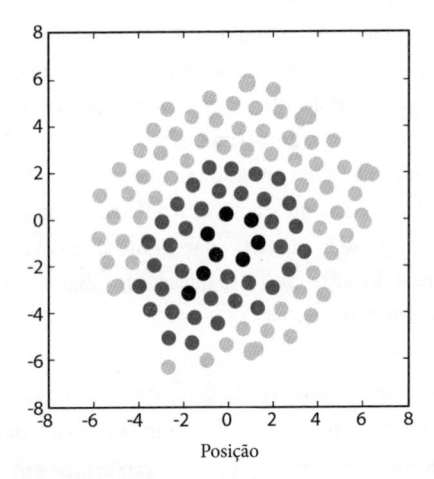

Figura 13. Um sistema auto-organizado com seu cobertor de Markov. Na imagem, o núcleo interno do sistema é representado pelos pontos pretos, e suas camadas circundantes, pelos pontos cinza-escuro: o cobertor. Os pontos cinza-claro são externos ao sistema. (A imagem original de Friston diferenciava as subcamadas do cobertor. Para registro, já que suas cores são mencionadas no texto: os pontos externos eram azul-claros, os internos eram azul-escuros, os sensoriais eram roxos e os ativos eram vermelhos.)

O "cobertor de Markov" é um conceito estatístico que separa dois conjuntos de estados um do outro. Essas formações induzem uma *partição* de estados em internos e externos, ou seja, em um sistema e um não sistema, de forma que os estados internos são isolados daqueles que são externos ao sistema. Em outras palavras, os estados externos só podem ser "sentidos" *de maneira indireta* pelos internos como estados do cobertor. Além disso, um cobertor de Markov é dividido em subconjuntos que são causalmente dependentes (de maneira direta) dos estados do conjunto externo e subconjuntos que não o são. Esses estados do cobertor são chamados de estados "sensoriais" e "ativos", respectivamente.

Assim, a formação de um cobertor de Markov divide os estados de um sistema em quatro tipos: internos, ativos, sensoriais e externos – sendo os estados externos não pertencentes à entidade auto-organizadora. As dependências entre esses quatro tipos de estado criam uma causalidade circular. Os estados externos influenciam os internos por meio dos estados sensoriais do cobertor, enquanto os estados internos se acoplam mais uma vez aos externos por meio de seus estados ativos. Dessa forma, os estados internos e externos são mutuamente causados de forma circular. Em outras palavras, os estados sensoriais *retroalimentam* as consequências do efeito sobre os estados externos dos estados ativos e, assim, ajustam as ações subsequentes do sistema.

Se isso soa como o ciclo de percepção-ação em organismos vivos – e faz lembrar do que eu disse no capítulo anterior sobre a causalidade circular entre o sistema de ativação reticular, o prosencéfalo e o triângulo de decisão do mesencéfalo –, não é por acaso. Esse é exatamente o valor de tais modelos abstratos. Eles revelam formalismos bastante regulares que podem ser reconhecidos em uma ampla gama de substratos e nos permitem entender a estrutura dos seres vivos de novas maneiras.

Quando se começa a procurar, encontram-se cobertores de Markov por toda parte. Uma membrana celular tem as propriedades de um cobertor de Markov, assim como a pele e o sistema musculoesquelético do corpo, ele próprio composto por células. O mesmo acontece com cada organela, órgão e sistema fisiológico. O cérebro (na verdade, todo o sistema nervoso), que regula os outros sistemas do corpo, possui, portanto, um cobertor de Markov. De fato, ele é um *metacobertor*, pois envolve todos os outros cobertores. Os sistemas auto-organizados sempre podem ser compostos por sistemas auto-organizados menores – não até o fim, mas com certeza por um caminho vertiginosamente longo. Esse é o tecido básico da vida: bilhões de pequenos homeostatos envoltos em seus cobertores de Markov.

Estamos nos aproximando de uma resposta à questão apresentada anteriormente: como e por que, em termos físicos, surge o ato de fazer perguntas? Ainda não chegamos lá, mas, pelo que eu disse até agora, é razoável concluir que a própria individualidade de um sistema dinâmico complexo é constituída por seu cobertor. Esses sistemas auto-organizados passam a existir ao se separar de todo o resto. Depois disso, eles só podem registrar seus próprios estados: o mundo que não é do sistema só pode ser "conhecido" de forma indireta, através de estados sensoriais do cobertor desse sistema. Proponho que tais propriedades de auto-organização sejam, de fato, as pré-condições essenciais para a subjetividade.

Vou fazer uma distinção. É a natureza autopreservativa desses sistemas, sua tendência a se separar de seus ambientes e depois manter de forma ativa sua própria existência, que fornece a base elementar da *individualidade*. E é a natureza isolada de tais sistemas, o fato de que eles só podem registrar o mundo que não é do *self* através de estados sensoriais de seus próprios cobertores, que constitui a base elementar da *subjetividade* – o "ponto de vista" de um *self* sequestrado.

Isso não significa que todo sistema auto-organizado possua subjetividade *senciente*, é claro. Ainda estamos longe de conseguir identificar as propriedades específicas que um sistema auto-organizado deve apresentar para que possa se tornar consciente. Entretanto, mesmo sem que a consciência entre em cena, parece que encontramos um protótipo físico para o problema de outras mentes. A própria natureza de um cobertor de Markov é, como já foi dito, induzir uma partição de estados em "sistema" e "não sistema", de forma que os estados que não são do sistema ficam *ocultos* do interior dele e vice-versa[38].

Voltemos à sopa primordial de Friston, onde as coisas ficam ainda mais estranhas. Depois de gerar de modo espontâneo um sistema complexo de auto-organização dinâmica, ele testou se esse

---

[38] Com "vice-versa" não quero dizer que os estados internos do sistema estão ocultos dos externos (que não são do sistema), mas que o *ponto de vista* do sistema está oculto, disponível apenas para ele mesmo. Quando se trata do problema de outras mentes, um sistema nunca pode conhecer os estados internos de outro sistema não apenas porque todos os estados externos estão ocultos para ele, mas também porque os estados internos de outros sistemas são internos somente para esses sistemas.

conjunto permitia *prever* estados externos a partir dos estados internos do sistema. Se isso acontecesse, argumentou Friston, tal fato sugeriria que os estados internos de um sistema *modelaram* seus estados externos ao longo do tempo e também seria possível dizer que eles *representam* esses eventos externos dentro de si mesmos. Sei que isso parece mágico, mas significa simplesmente que o sistema se ajustou aos padrões de eventos externos; que se acomodou a eles. (Para simplificar bastante a questão: é por esse motivo que é possível prever a direção típica do vento em uma área observando a inclinação das árvores quando o vento não está soprando. A inclinação das árvores "representa" a direção típica do vento porque elas cresceram nesse ângulo para se adaptar a ele.)

Friston examinou o status funcional dos subsistemas internos de seu organismo simulado, e essa capacidade de previsão foi exatamente o que ele encontrou:

> A dinâmica interna que prevê [um evento externo] parece surgir em suas flutuações antes do próprio evento – como seria de se esperar se os eventos internos estivessem modelando eventos externos. É interessante notar que o subsistema mais bem previsto era o mais distante dos estados internos. Esse exemplo ilustra como os estados internos inferem ou registram eventos distantes de uma forma que não é diferente da percepção de eventos auditivos por meio de ondas sonoras ou de como os peixes percebem o movimento em seu ambiente. [Os] subsistemas cujo movimento pode ser previsto de forma confiável [são] os mais significativos na periferia do conjunto, onde o conjunto tem a maior latitude de movimento. Esses movimentos são acoplados aos estados internos – via cobertor de Markov – por meio de sincronia generalizada.[39]

Depois de observar a sincronia por meio da qual os estados internos do sistema modelavam eventos distantes, Friston concluiu que esses estados exibem "inferência".

---

[39] Friston (2013), p. 8.

Essa acaba sendo a propriedade mais importante de tais sistemas. O cobertor de Markov confere aos estados internos dos sistemas auto-organizados a capacidade de representar probabilisticamente estados externos ocultos, de modo que o sistema possa *inferir as causas ocultas de seus próprios estados sensoriais*, o que é algo semelhante à função da percepção. Essa capacidade, por sua vez, permite que ele *aja com propósito* sobre o meio externo, com base em seus estados internos – ações essas que são semelhantes à atividade motora.

Dessa forma, o sistema se mantém e se renova diante de perturbações externas[40]. Basta ser um sistema auto-organizado para conferir um propósito a ele e a cada uma de suas partes, e essa é a função dos estados ativos do cobertor: eles manipulam o ambiente para manter a integridade do sistema. Isso significa que, juntamente com um *self* fechado, um ponto de vista subjetivo, um propósito e a capacidade de sentir e agir, o simples fato de ter um cobertor de Markov gera algo semelhante a uma *agência*[41]. Pode não parecer imponente na forma em que aparece nas simulações de Friston – os pontos azul-claros (externos) influenciam os pontos azul-escuros (internos) por meio dos pontos roxos (sensoriais), enquanto os pontos azul-escuros se acoplam aos azul-claros por meio dos pontos vermelhos (ativos). No entanto, espero que você consiga entender por que os sistemas biológicos auto-organizados precisam inferir as causas ocultas de seus estados sensoriais – embora não de forma consciente, por enquanto. Se não o fizessem, deixariam de existir. Eles são obrigados a modelar dependências causais no mundo, de modo que suas ações neste mundo garantam sua sobrevivência.

É daí que vem o conceito de "estados esperados" e é por isso que os sistemas biológicos auto-organizados são homeostáticos. A homeostase parece ter surgido com a auto-organização. Os estados sensoriais e ativos de um cobertor de Markov nada mais são do que

---

[40] O termo "autopoiese" foi introduzido por Maturana e Varela (1972) para definir a química de autocontenção das células vivas.
[41] Considerando o que eu disse acima sobre a capacidade de representação do sistema, os leitores filosóficos observarão que ele também produz "intencionalidade", no sentido de Brentano (1874).

receptores e efetores de um sistema auto-organizado, e o modelo de estados externos que ele gera é seu centro de controle.

Os sistemas biológicos auto-organizados *precisam* testar seus modelos do mundo e, se o mundo não retornar as respostas que eles esperam, precisam com urgência fazer algo diferente ou morrerão. Os desvios dos estados esperados são, portanto, uma forma fundamental das "respostas despertadas por equipamentos" de Wheeler. É assim que surgem as perguntas; a *auto-organização traz à existência os observadores participantes*. A pergunta que um sistema auto-organizado sempre faz a si mesmo é simplesmente esta: "Eu sobreviverei se fizer isso?" Quanto mais incerta for a resposta, pior para o sistema.

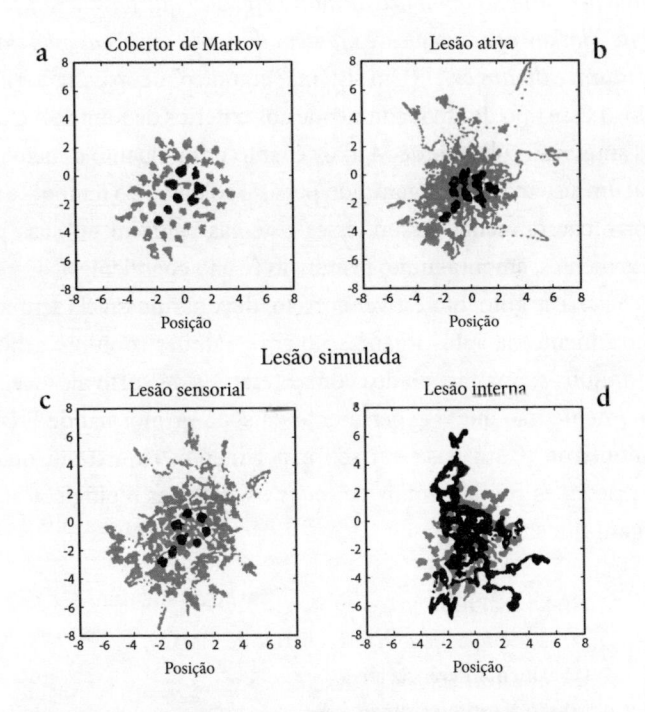

Figura 14. Efeitos entrópicos obtidos ao se danificar levemente o cobertor de Markov de um sistema auto-organizado.

A relação entre os estados ativos de um cobertor de Markov e a autopreservação por meio da homeostase é verificado com o que aconteceu quando Friston *danificou* o cobertor dos sistemas auto-organizados em suas simulações experimentais. Ele fez isso impedindo de forma seletiva que os estados sensoriais do cobertor influenciassem seus estados ativos (ver Figura 14, painéis b, c e d). Na ausência dos estados ativos usuais do cobertor de Markov, o caos entrópico se instalou e o sistema se dissipou com rapidez. Ou seja, ele deixou de existir.

O que acabei de mostrar em termos formais (usando conceitos da física estatística) é a estrutura básica de qualquer sistema dinâmico auto-organizado. Friston resume as relações legais da seguinte forma: "*Qualquer sistema dinâmico aleatório ergódico que possua um cobertor de Markov aparentemente mantém de modo ativo sua integridade estrutural e dinâmica.*"[42] (Um sistema "ergódico" ocupa estados limitados.) Esse tipo de atividade atende aos critérios de Kant mencionados antes: um cobertor de Markov é tanto o fim quanto o meio pelo qual um sistema auto-organizado persiste ao longo do tempo – e isso ocorre naturalmente. Assim, esses sistemas parecem ter suas próprias mentes, embora muito primitivas (e não conscientes).

Se esse argumento estiver correto, deve ser possível identificar o surgimento da auto-organização em qualquer conjunto arbitrário de subsistemas acoplados com interações de curto alcance. Foi exatamente isso que o experimento da sopa primordial de Friston demonstrou. Com base em seu experimento, ele extraiu quatro propriedades fundamentais de *todos* os sistemas biológicos auto-organizados:

(1) são ergódicos;
(2) são equipados com um cobertor de Markov;
(3) exibem inferência ativa;
(4) são autopreservativos.

---

[42] Friston (2013), p. 2.

O que é exatamente o princípio da energia livre que dá título a este capítulo? Para começar, é notável como ele é difícil de explicar. Isso se deve, em grande parte, às equações de Friston, as quais, como descobri quando me esforcei para entender "A vida como a conhecemos", são obscuras e opacas. Portanto, tentarei explicar o princípio em palavras. As equações sempre podem ser traduzidas em palavras porque nada mais são do que declarações de relações. Dito isso, visto que a equação básica explica seu propósito central na vida, bem como o de tudo o que já existiu, você provavelmente deveria vê-la em sua notação canônica pelo menos uma vez. Ela é assim:

$$A = U - TS$$

A representa a energia livre, U representa a energia interna total, T é a temperatura e S é a entropia.

O que isso significa? Na termodinâmica, a energia livre de um sistema é igual à quantidade total de energia contida no sistema menos a parte dessa energia que já está empregada em trabalho efetivo e, dessa forma, não é livre[43]. A equação, portanto, diz apenas: "A energia livre é igual à energia interna total menos a energia já empregada." O que poderia ser mais simples? A energia livre é o que resta quando se retira a energia que não é livre (ou seja, quando se retira a "energia vinculada")[44].

A equação que acabei de descrever quantifica com precisão a energia livre em contextos termodinâmicos básicos, mas não em contextos químicos, nos quais é necessário levar em conta as moléculas adicionais que são formadas por alguns processos em várias temperaturas e pressões. Os químicos, portanto, usam uma versão um pouco diferente da equação[45]. Para diferenciá-las, o tipo termo-

---

[43] Ou simplesmente oculta e não disponível para um trabalho eficaz.

[44] Isso é o que Helmholtz chamou de energia que não é livre (TS na equação). A distinção entre energia "livre" e "vinculada" certamente não passará despercebida pelos estudiosos de Freud. Ver capítulo 10, nota 16, sobre a noção freudiana de "processo secundário".

[45] $A = U + pV - TS$, onde p representa a pressão e V representa o volume. Essa equação quantifica a energia livre de sistemas cujo trabalho está associado à expansão ou compressão do sistema em temperatura e pressão constantes.

dinâmico clássico de energia livre é chamado de "energia livre de Helmholtz" (em homenagem a Hermann von Helmholtz, um dos principais membros da Sociedade de Física de Berlim) e o tipo de conjunto químico é chamado de "energia livre de Gibbs".

Friston usa uma terceira versão da mesma equação para quantificar a energia livre em contextos de *informação*. Chamarei esse tipo de energia de "energia livre de Friston". A equação pertinente diz que "a energia livre de Friston é igual à energia média menos a entropia"[46]. Aqui, "energia média" significa a probabilidade *esperada* de um evento acontecer de acordo com um modelo, e "entropia" significa a taxa de ocorrência *real* desse evento. Portanto, a energia livre de Friston é a diferença entre a quantidade de informações que você espera obter de uma amostra de dados – de uma sequência de eventos – e a quantidade de informações que de fato obtém dela. (Você deve se lembrar de que a entropia de um sistema preditivo é sua informação média – com o aumento da informação significando probabilidade decrescente.)[47] A equação "A energia livre de Friston é igual à energia média menos a entropia", portanto, diz basicamente a mesma coisa que a equação "A energia livre de Helmholtz é igual à energia interna total menos a energia que não está disponível para realizar trabalho"[48]. Isso ocorre porque a ener-

---

[46] A equação é apresentada de duas formas, uma longa e uma curta. Eis a forma longa: $F(s, \mu) = Eq[-\log p(s, \psi \mid m)] - H[q(\psi \mid \mu)]$, onde F (energia livre "variacional", ou energia livre de Friston) é o isomorfo da energia livre de Gibbs e da energia livre de Helmholtz. Com relação às outras quantidades na equação, s denota os estados sensoriais (do cobertor de Markov), μ denota os estados internos, Eq denota a energia média, $p(s, \psi \mid m)$ denota uma densidade de probabilidade sobre os estados sensoriais e externos (ocultos) de acordo com um modelo generativo m, H denota a entropia e $q(\psi \mid \mu)$ denota uma densidade variacional sobre os estados ocultos parametrizados por estados internos. A relação entre essa equação, usada na ciência da informação, e a usada na termodinâmica não é imediatamente óbvia. No entanto, quando a equação longa é comprimida desta forma, ela se parece mais com a equação termodinâmica: $F = Eq - H$. Aqui, F denota a energia livre de Friston, Eq denota a energia média e H denota a entropia.

[47] Isto é, as informações médias obtidas de muitas medições de microestados.

[48] As outras expressões citadas acima (referentes à surpresa e à divergência) basicamente nos dizem que, enquanto a energia livre de Helmholtz é uma medida da energia disponível para realizar um trabalho efetivo, a energia livre de Friston é uma medida *da*

gia livre de Friston é análoga à energia livre de Helmholtz, na qual há uma troca de *informações* em oposição a uma troca *termodinâmica* entre o sistema e seu ambiente[49].

Se os sistemas biológicos precisam minimizar sua entropia, e a entropia é a informação média, eles necessitam manter o fluxo de informações processadas em um nível mínimo. Eles devem minimizar os eventos inesperados. Isso é tecnicamente conhecido como "surpresa". Assim como a entropia, a surpresa é uma função decrescente da probabilidade: à medida que a probabilidade diminui, a surpresa aumenta[50]. A surpresa mede a improbabilidade de um evento; a entropia mede quão improvável se espera que ele seja (em

---

diferença entre a maneira como o mundo é modelado por um sistema e a maneira como o mundo realmente se comporta. (Explicarei como isso se relaciona ao trabalho em breve.)

[49] O termo de complexidade da energia livre de Friston compartilha o mesmo ponto fixo da energia livre de Helmholtz (sob a suposição de que o sistema é termodinamicamente fechado, mas não isolado). Se as perturbações sensoriais forem suspensas por um período de tempo adequadamente longo, a complexidade será minimizada porque a precisão pode ser negligenciada. Nesse ponto, o sistema está em equilíbrio e os estados internos minimizam a energia livre de Helmholtz pelo princípio da energia mínima (que é basicamente uma reafirmação da segunda lei da termodinâmica).

[50] Em termos formais: a surpresa é o logaritmo negativo da probabilidade do resultado (s) em um determinado modelo dos estados ocultos do mundo ($[-\log p(s, \psi \mid m)]$ na equação mencionada na nota 46).

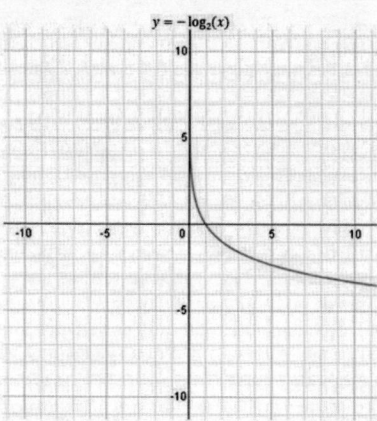

$$y = -\log_2(x)$$

À medida que a probabilidade (eixo x) se aproxima de 0, a surpresa (eixo y) aumenta; à medida que a probabilidade se aproxima de 10, a surpresa diminui.

média)[51]. Portanto, a surpresa, assim como a entropia do modelo, é algo ruim para os organismos vivos. Não quero que nos percamos em detalhes técnicos[52]. Deixe-me apenas dizer que, no nível mais básico e brutal, você entrará em um estado surpreendente se sair do conjunto de estados em que *espera* estar de maneira biológica (por exemplo, abaixo ou acima de 36,5-37,5 graus Celsius ou respirando embaixo d'água), precisamente porque há uma baixa probabilidade de se encontrar nesse estado.

Os sistemas auto-organizados devem minimizar o fluxo de informações, pois o aumento da demanda de informações implica o aumento da incerteza no modelo preditivo. A incerteza gera surpresas, que são ruins para nós, sistemas biológicos, porque podem ser perigosas. Mas como podemos minimizar as surpresas reduzindo ao menor nível o fluxo de informações? Isso não é apenas tapar o sol com a peneira? A resposta é não. A energia livre de Friston é uma medida quantificável da diferença entre *a forma como o mundo é modelado* por um sistema e *a forma como ele de fato se comporta*. Portanto, devemos minimizar essa diferença. O modelo do mundo

---

[51] Assim, minimizar a surpresa sobre coisas que aconteceram também minimizará, em média, a entropia. (A surpresa é um atributo dos dados ou das observações; a energia livre, um atributo das crenças. Portanto, a parte entrópica da energia livre não é a surpresa média das observações, mas a entropia das crenças sobre as causas latentes das observações.)

[52] A energia livre de Friston (energia média menos entropia) é equivalente à surpresa (expressa como $-\log p(s \mid m)$) mais a "divergência perceptual" (expressa como $DKL\ [q(\psi \mid \mu) \parallel p(\psi \mid s, m)])$, que é sempre maior ou igual à surpresa sozinha. A "surpresa" média significa essencialmente entropia (de informação), como explico a seguir. A "divergência perceptual" mede a diferença entre eventos hipotéticos e reais, de acordo com um modelo generativo. DKL denota divergência perceptual. Representa a divergência de Kullback-Leibler, também conhecida como entropia relativa, que quantifica a divergência entre duas densidades de probabilidade: as duas que nos interessam são sobre estados ocultos – a densidade variacional codificada por estados internos (por exemplo, neuronais) e a densidade condicional real, dados os estados sensoriais. A DKL é sempre maior ou igual a zero. De modo intuitivo, isso ocorre porque as funções de log negativo (explicadas a seguir) sempre têm gráficos em forma de U, de maneira que uma linha que une dois pontos no U nunca pode ser menor do que a parte inferior do U (tecnicamente, isso é chamado de "função côncava para cima"). Isso garante que a energia livre estabeleça um limite superior para a surpresa.

de um sistema deve corresponder ao mundo real o mais próximo possível, o que significa que deve minimizar a diferença entre os dados sensoriais que ele obtém do mundo e aqueles que foram previstos por seu modelo. Isso maximizará a "informação mútua" entre o mundo e o modelo, o que minimiza a incerteza.

Uma maneira de fazer isso é *aprimorar o modelo do mundo do sistema*. Os erros de previsão podem ser realimentados no modelo generativo para que ele gere previsões melhores na próxima vez. Menos erros cometidos significa menos erros para alimentar o modelo, o que significa menos fluxo de informações. A "informação mútua" é, portanto, um produto da comunicação, de perguntas e respostas: o mundo está se comportando como eu previ, sim ou não?

Agora, uma vez que os sistemas biológicos, como você e eu, estão isolados do mundo por nossos cobertores de Markov, não podemos comparar nossos modelos diretamente com a maneira como o mundo realmente é. Por isso, precisamos trazer todo o processo de desenvolvimento de um modelo para o outro. Dessa forma, precisamos trazer todo o processo de minimizar a surpresa para dentro de nossas cabeças e nos tornar tanto a "fonte" quanto o "receptor" das informações que fluem de nossas perguntas.

Fazemos isso medindo as entropias relativas – quantificando a lacuna entre os estados sensoriais previstos por uma ação e aqueles que de fato fluem dessa ação. Isso resulta na chamada energia livre de Friston, que é sempre um valor positivo maior do que a surpresa real.

As evidências sensoriais (recebidas na forma de sequência de impulsos geradas dentro de nossas cabeças – na verdade, bilhões de uns e zeros) são os únicos dados que podemos obter. A partir desses dados, devemos *inferir* a estrutura causal do mundo. Por sermos seres com cobertores de Markov, somos obrigados a confiar em coisas como distribuições de probabilidade em vez de verdades absolutas. Por isso é útil saber que a energia livre de Friston é sempre maior do que a surpresa; ela permite que nosso cérebro se aproxime de verdades desconhecidas usando cálculos estatísticos.

Como vimos no experimento da sopa de Friston, os modelos generativos surgem com sistemas auto-organizados. Por esse motivo, às vezes são chamados de sistemas "autoevidentes", pois modelam o mundo em relação à sua própria viabilidade e depois buscam evidências para seus modelos. É como se eles não dissessem "penso, logo existo", mas "existo, logo meu modelo é viável"[53]. O automodelo de cada sistema biológico é determinado em parte por sua *espécie*, como já expliquei. Você – como ser humano – espera encontrar-se em estados muito diferentes daqueles em que um tubarão normalmente está. É muito improvável que você se encontre respirando água a centenas de metros abaixo da superfície do oceano, mas isso não é nada improvável para um tubarão. Portanto, um determinado conjunto de estados sensoriais é mais ou menos surpreendente – mais ou menos improvável –, dependendo da espécie de organismo que esteja nele.

O teste de um bom modelo do *self* no mundo é o quanto ele permite que o sistema do *self* se envolva com o mundo de forma que seja mantido dentro de seus limites viáveis. Quanto melhores forem esses engajamentos, menor será a energia livre. Quanto mais baixa for a energia livre, mais energia do sistema estará sendo aplicada em um trabalho eficaz de autopreservação[54]. O princípio da energia livre explica, em termos matemáticos, como sistemas vivos como você e eu resistem à segunda lei da termodinâmica por meio do trabalho de manutenção da homeostase.

---

[53] Ver Clark (2017): "A autoevidenciação [...] ocorre quando uma hipótese explica melhor alguma evidência e, em virtude desse sucesso explicativo, fornece evidência para sua própria verdade ou correção. Nesses casos, a ocorrência da evidência é mais bem explicada pela hipótese, mas o fato de a evidência ocorrer é usado para dar suporte à própria hipótese."

[54] Há outra reviravolta técnica aqui que revela a profunda relação entre auto-organização, teoria da informação e inferência existencial. Surpresa é apenas a função de log – verossimilhança negativa de alguns estados sensoriais, sob um modelo dado em um cobertor de Markov. Na estatística bayesiana, isso é conhecido como (o logaritmo da) evidência do modelo. É o que permite que a minimização da energia livre de Friston seja descrita como *autoevidente*, ou seja, a maximização da evidência de um modelo que gera os estados sensoriais de qualquer sistema que tenha um cobertor de Markov.

Ele também explica outra maneira pela qual os sistemas auto--organizados são autoevidentes (quase se pode dizer introspectivos): eles são obrigados a fazer perguntas *a si mesmos* sobre seus próprios estados. Para ser mais específico, são cronicamente obrigados a se perguntar: "O que acontecerá com minha energia livre se eu fizer isso?" A resposta a essa pergunta sempre determinará o que o sistema vai fazer em seguida, em um período de tempo adequado[55]. Esse é o mecanismo causal por trás de todo comportamento voluntário[56].

De forma surpreendente, ainda não chegamos ao fim dos notáveis poderes mentais exibidos na sopa primordial de Friston. Vimos como até mesmo os sistemas auto-organizados mais básicos têm *selves* não conscientes e subjetividade, agência e um propósito (a saber, sobreviver). Eles percebem e, se necessário, agem. A essa lista impressionante, podemos acrescentar mais um elemento. Acontece que eles exibem um tipo de racionalidade. Eles são, em uma aproximação razoável, bayesianos.

O reverendo Thomas Bayes foi um clérigo e teólogo inglês cujo nome sobrevive graças a seus pensamentos sobre probabilidade, os quais nunca se preocupou em publicar. Foi Bayes quem nos ensinou (em um artigo publicado postumamente em 1763) que devemos usar as *evidências atuais* em conjunto com o *conhecimento prévio* para fazer e revisar nossas *melhores suposições* sobre o mundo. Em outras palavras, usando a terminologia agora familiar de Friston, devemos coletar amostras sensoriais, compará-las com as previsões derivadas de nossos modelos generativos e atualizar nossas crenças de acordo com elas.

---

[55] Talvez seja mais correto dizer: "A resposta a essa pergunta deve determinar o comportamento médio do sistema."

[56] Observação: esse mecanismo impõe restrições probabilísticas ao "livre-arbítrio". Você é livre para entrar na cova dos leões, por exemplo, mas é *improvável* que o faça e, se o fizer, *provavelmente* morrerá. Ver o teorema de Bayes, a seguir.

Aqui está a expressão padrão[57]:

$$P(A \mid B) = \frac{P(B \mid A)\, P(A)}{P(B)}$$

Traduzido, esse teorema diz: "A razão de probabilidades de duas hipóteses condicionais em um conjunto de dados é igual à razão de suas probabilidades condicionais multiplicada pelo grau em que a primeira hipótese supera a segunda como preditora dos dados."

Em termos mais simples: dada uma hipótese seguida de alguma evidência, você deve revisar a probabilidade da hipótese considerando sua *probabilidade* em conjunto com sua *probabilidade prévia*. A "probabilidade" da hipótese é o grau de ajuste entre o que ela prevê e as evidências realmente obtidas, e a "probabilidade prévia" é o seu conhecimento anterior sobre a hipótese (ou seja, a probabilidade dela antes de você considerar as novas evidências). O resultado é a *probabilidade posterior* da hipótese. Dadas duas crenças concorrentes, então, seu melhor palpite é aquele que tem a maior probabilidade posterior. (Ver Figura 16, p. 231.)

Por exemplo: você está no aeroporto da Cidade do Cabo e vê, desembarcando de um voo de Johannesburgo, alguém que se parece com sua amiga Teresa. Sua hipótese é que se trata de Teresa. Sua "verossimilhança" é a probabilidade de você estar vendo alguém que se parece com essa pessoa, dado que ela é Teresa. Em seguida, você se lembra de que Teresa mora em Londres, o que reduz a "probabilidade prévia" de que seja ela. Sua conclusão (a "probabilidade posterior") é que você está vendo outra pessoa, alguém que apenas se parece com Teresa[58].

---

[57] Quando A e B são eventos, $P(A \mid B)$ é a probabilidade de A ocorrer dado que B é verdadeiro (a probabilidade condicional), $P(B \mid A)$ é a probabilidade de B ocorrer dado que A é verdadeiro (outra probabilidade condicional) e $P(A)$ e $P(B)$ são as probabilidades de observar A e B independentemente um do outro (a probabilidade marginal). Minha tradução verbal do teorema segue Joyce (2008), que escreveu $P(A) \mid P(B)$ como uma razão separada.

[58] O teorema de Bayes pode ser reformulado em termos de energia livre, com esta sendo decomposta em "precisão" e "complexidade". A evidência do modelo é a diferença entre

O mais importante do teorema de Bayes para os propósitos da neurociência é que ele explica como a inferência perceptual – um processo inconsciente – funciona na vida real e como a transmissão de sinais funciona no processamento sensório-motor real. Os circuitos cerebrais *calculam* de forma literal as distribuições de probabilidades prévias e, em seguida, enviam mensagens preditivas aos neurônios sensoriais, em um esforço interminável para amortecer os sinais recebidos; e a percepção *envolve* de forma literal comparações entre as distribuições previstas e as reais, redundando em cálculos de probabilidade posterior. As inferências resultantes são o que a percepção *de fato é*[59]. Ela é um esforço para autogerar os sinais sensoriais que chegam e, assim, explicá-los. É por isso que, hoje em dia, muitos neurocientistas falam do "cérebro bayesiano".

Lembre-se do que eu disse anteriormente sobre a relação entre "informação" e o mundo material: mesmo que você não possa ver e tocar a informação como tal, não há dúvida de que ela existe. O comportamento dos sistemas físicos é *determinado* pelos fluxos de informações. Portanto, a minimização da energia livre de Friston minimiza de forma simultânea a energia livre de Gibbs e a de Helmholtz. Tal fato se dá porque a minimização do erro de previsão minimiza o fluxo de informações, e a redução do fluxo de informações reduz o *gasto metabólico* do cérebro, bem como de todo o corpo[60]. Isso ocorre não apenas porque a atividade cerebral queima muita ener-

---

precisão e complexidade, uma vez que os modelos com energia livre mínima fornecem explicações precisas dos dados sob custos de complexidade, o que, por sua vez, significa que a redução da complexidade do modelo melhora a generalização dele, mas ao custo da precisão. (Em termos bayesianos, a "verossimilhança" deve ser avaliada em relação à "probabilidade" para evitar o ajuste excessivo.) Knill e Pouget (2004), p. 713, vão ao cerne da questão: "O verdadeiro teste da hipótese da codificação bayesiana é se os cálculos neurais que resultam em julgamentos perceptivos ou comportamento motor levam em conta a incerteza disponível em cada estágio do processamento."

[59] Para um relato detalhado da microanatomia funcional desse processo, ver Friston (2005), Adams, Shipp e Friston (2013) e Parr e Friston (2018).

[60] Assim, por exemplo, os erros de previsão parecem ser comunicados usando frequências gama (altas), enquanto as previsões parecem ser transmitidas por frequências beta (mais baixas). Ver Bastos *et al.* (2012, 2015).

gia (vinte por cento do nosso suprimento total), mas também porque a minimização da energia livre estatística no cérebro regula as trocas de energia fisiológica entre o corpo e o mundo[61]. Essas trocas também implicam gastos metabólicos. Assim, o cérebro preditivo se revela "preguiçoso" (a longo prazo): atento a todas as oportunidades de conseguir mais fazendo menos[62].

Essa é uma explicação minimalista do que o cérebro faz. No entanto, para manter o organismo vivo, ele deve fazer mais do que conservar os recursos energéticos; também deve levar em conta a série de outras necessidades biológicas (além do equilíbrio energético) que discuti no capítulo 5, quase todas as quais nos obrigam a trabalhar no mundo exterior. A multiplicidade de necessidades que nos caracteriza como organismos complexos, como você vai ver, tem tudo a ver com a consciência.

Aprendemos que a supressão do erro de previsão é o mecanismo essencial da homeostase. Portanto, minimizar a energia livre torna-se a tarefa básica de todos os sistemas homeostáticos. A equação da energia livre de Friston acaba sendo uma reformulação, em

---

[61] Ver Tozzi, Zare e Benasich (2016): "A minimização da energia livre variacional implica de modo indispensável uma codificação metabolicamente eficiente que seja compatível com os princípios de redundância mínima e transferência máxima de informações (Picard e Friston, 2014). A maximização da informação mútua e a minimização dos custos metabólicos são dois lados da mesma moeda; ao decompor a energia livre variacional em precisão e complexidade, é possível derivar o princípio da informação mútua máxima como um caso especial de maximização da precisão, enquanto a minimização da complexidade se traduz na minimização dos custos metabólicos (Friston *et al.*, 2015). Assim, a forma básica do princípio da energia livre de Friston apoia a ideia de que os níveis energéticos da atividade cerebral espontânea, que são mais baixos em comparação com a atividade evocada, permitem que o SNC [sistema nervoso central] obtenha duas conquistas aparentemente contraditórias: minimizar tanto quanto possível os custos metabólicos e maximizar da mesma maneira a informação mútua."

[62] Ver Clark (2015), p. 268. No entanto, isso deve ser contrabalançado com o que ele diz sobre a atividade padrão do sistema de BUSCA (p. 263): "Essas criaturas são feitas para buscar parceiros, evitar a fome e a sede e se envolver (mesmo quando não estão com fome ou sede) nos tipos de exploração ambiental esporádica que ajudarão a prepará-las para mudanças ambientais inesperadas, escassez de recursos, novos concorrentes, e assim por diante. Em uma base momento a momento, portanto, o erro de previsão é minimizado somente contra o pano de fundo desse conjunto complexo de 'expectativas' que definem a criatura."

termos quantificáveis, da definição de Freud de "pulsão": "uma medida da demanda de trabalho feita à mente em consequência de sua conexão com o corpo" – uma medida que Freud considerava não quantificável. Agora podemos quantificá-la. A força motriz fundamental por trás do comportamento volitivo de todas as formas de vida é que elas são obrigadas a minimizar sua própria energia livre. Esse princípio rege tudo o que fazem.

Como Friston formulou de forma concisa, o princípio da energia livre determina que todas as quantidades que *podem* mudar – ou seja, que fazem parte do sistema – *mudarão* para minimizar a energia livre[63]. De fato, isso é mais do que uma formulação concisa; é uma lei. Vamos chamá-la de lei de Friston: todas as quantidades em um sistema auto-organizado que podem mudar serão alteradas para minimizar a energia livre. Então, aí está. Munidos desse conhecimento, tudo o que chamamos de vida mental se torna matematicamente tratável.

Estamos quase prontos para aprender o que é consciência, em termos formais e mecanicistas. Mas, primeiro, uma história [64].

---

[63] Friston e Stephan (2007), p. 427.
[64] Baseei a fábula a seguir na metáfora de Clark (2015) de uma barragem com vazamento.

Capítulo 8
Uma hierarquia preditiva

Eve Periaqueduct, uma engenheira estrutural, é contratada para prevenir e consertar vazamentos em uma represa municipal. Ela não sabe que o objetivo mais profundo de seu trabalho é garantir água segura e energia para um vilarejo próximo e evitar que ele seja inundado por enchentes. Mas não precisa saber; sua única tarefa é minimizar o vazamento na represa. (Talvez também se lembre, graças a seus estudos na universidade, que está minimizando a entropia da represa. Mas não precisa se lembrar disso; seu trabalho é muito prático.)

Seus empregadores lhe fornecem o equipamento necessário e uma pequena equipe de trabalhadores. Ela também recebe um conjunto de instruções elaboradas por seus antecessores que descrevem onde estão os pontos mais fracos da represa, dizendo o que e quando fazer. Ela e sua equipe fazem a manutenção e o reparo da represa cuidadosamente, concentrando-se, de modo proativo, nos pontos fracos e, ao mesmo tempo, tapando os vazamentos espontâneos que aparecem. Pouco a pouco, ao longo dos anos, ela descobre que alguns dos vazamentos inesperados também seguem padrões regulares. Desse modo, *atualiza* as instruções que lhe foram passadas, tornando-se mais hábil em prever (e, portanto, evitar) vazamentos. Isso economiza custos.

A perspicaz Eve percebe que os padrões de vazamento de longo prazo que ela registrou estão relacionados com as condições climáticas. Seus registros, sem querer, *modelaram* o clima local (ou seja, os registros e o clima carregam "informações mútuas"). Sem ter intenção, ela gerou um modelo de um aspecto do mundo que vai além da represa. Os padrões no clima correspondem aos padrões nos vazamentos.

Com base nessa descoberta, Eve contrata mais funcionários para criar um departamento de meteorologia, que ela chama de departamento de "detecção do clima". Isso gera um novo nível na hierarquia de sua equipe, instalado em um local diferente e cuja criação é justificada pela expectativa de que ter melhores previsões meteorológicas ajudará a economizar nos custos de reparo a longo prazo.

O novo nível torna seu modelo de previsão mais sensível aos contextos esperados. A equipe de meteorologistas não precisa saber que seu trabalho tem algo a ver com a prevenção de vazamentos; eles se concentram apenas na tarefa de prever mudanças no clima. Eve lhes fornece um gráfico atualizado de condições esperadas derivado das instruções iniciais, herdadas de seus antecessores. Observe que essas instruções não se referem aos padrões de vazamento esperados, mas às condições climáticas esperadas.

Como ela não quer perder muito tempo lendo mensagens, solicita ao novo departamento que envie relatórios somente se ocorrerem *desvios* dessas condições esperadas. Eve chama esses relatórios de "erro" e os usa para atualizar ainda mais seu gráfico de condições climáticas esperadas, o qual ela envia de volta à estação meteorológica, sabendo que isso reduzirá a carga de trabalho deles e, em última análise, a sua própria.

Tudo isso permite que o departamento de meteorologia se concentre de forma eficiente na tarefa que ela lhes deu. Para cumprir suas funções, o departamento instala uma série de instrumentos de amostragem meteorológica em vários locais, alguns localizados a grandes distâncias da represa. Esses barômetros, termômetros, medidores de precipitação e similares são calibrados pela equipe de forma que só enviem sinais para a estação meteorológica quando os parâmetros que eles medem (pressão do ar, temperatura, umidade etc.) se desviarem dos limites esperados. Esses limites são definidos de acordo com as condições climáticas previstas. Isso, mais uma vez, economiza custos, pois os funcionários contratados para ler os medidores (criando mais um nível na hierarquia) só precisam conferir os instrumentos que transmitem sinais de "erro" para a estação meteorológica. Ao manter registros cuidadosos desses sinais, a estação pode ajustar de forma periódica os limites esperados para cada instrumento, *automatizando* ainda mais seus procedimentos (ou seja, reduzindo a frequência dos sinais que exigem o envio dos funcionários que leem e regulam os medidores).

Alguns dos algoritmos resultantes tornam-se bastante sutis, pois a equipe aprende que as flutuações nos parâmetros medidos não são necessariamente fixas e regulares; elas variam de acordo com o *contexto*. Por exemplo: "Se a pressão do ar estiver baixa, aumente a precipitação esperada, mas apenas no inverno." Mesmo assim, os leitores e reguladores dos dispositivos de medição não precisam saber nada sobre a tarefa maior do departamento de meteorologia. Seu único trabalho é ler medidores e ajustar instrumentos, de acordo com as instruções atualizadas que recebem do escritório de meteorologia. Ainda menos relevante para o trabalho deles é o fato de que os relatórios do departamento de meteorologia sobre os desvios das condições climáticas esperadas são enviados para Eve, de modo que ela possa prever com mais segurança os padrões de vazamentos e, assim, realizar um trabalho mais eficiente de manutenção da represa.

A propósito, os moradores das proximidades usam essas previsões meteorológicas para seus próprios fins, que não têm nada a ver com a represa. Isso lhes dá uma impressão equivocada do verdadeiro objetivo do departamento, cuja função eles acreditam ser ajudá-los a programar atividades sociais ao ar livre.

Com o passar do tempo, Eve Periaqueduct percebe que o padrão de vazamentos da barragem está relacionado não apenas com as condições climáticas, mas também com os eventos sísmicos. Por isso, ela cria uma segunda equipe, que chama de departamento de "detecção de terremotos". Esse departamento de sismologia concentra-se exclusivamente na modelagem e na previsão de mudanças tectônicas e similares, o que faz com que instale, calibre, monitore e ajuste de forma contínua seus próprios equipamentos técnicos "sensoriais". Ele também compila registros complexos, que, como aconteceu com o departamento de meteorologia e com a própria Eve, permitem que a nova equipe automatize aspectos de seu trabalho e se concentre apenas em flutuações imprevisíveis e de curto prazo. (Os moradores do vilarejo também fazem bom uso dessas previsões, é claro, embora esse nunca tenha sido o objetivo delas.)

Assim, o que surge aos poucos é uma hierarquia preditiva complexa, com vários departamentos, cada um com suas próprias subcamadas, que analisam diferentes parâmetros no mundo além da barragem. Cada nível da hierarquia segue apenas as instruções preditivas atualizadas que recebe do nível acima e relata apenas os desvios dos estados esperados nos parâmetros abaixo que são monitorados nesse nível. Do ponto de vista de Eve, os relatórios compostos que recebe de seus departamentos sensoriais contextualizam uns aos outros. Ela precisa decidir, de tempos em tempos, qual relatório deve ser *priorizado*. Afinal de contas, seus recursos são limitados, e, assim sendo, ela não consegue cobrir todos os eventos possíveis.

Eve ainda mantém a barragem com base em seu cronograma de longo prazo, do qual se desvia apenas quando ele não se encaixa nas previsões combinadas que ela recebe de seus departamentos sensoriais. Esses departamentos, por sua vez, só enviam relatórios para Eve quando as amostras de dados que coletam se desviam de suas próprias previsões estabelecidas há muito tempo. E assim por diante, até os leitores e reguladores dos dispositivos de medição.

A propósito, toda essa transmissão iterativa de mensagens e atualizações de programação entre os níveis da organização que Eve estabeleceu segue a regra de Bayes: ela usa as evidências atuais (amostras sensoriais) em conjunto com o conhecimento prévio (hipóteses anteriores) para fazer *e revisar* suas melhores suposições (hipóteses posteriores) sobre o mundo.

Com o passar do tempo, o trabalho de Eve se torna repetitivo e entediante, o que a faz esperar ansiosa pela aposentadoria. Ela se pega pensando que, antes de ir embora, gostaria de construir uma represa totalmente nova e melhor. Então, liga para a prefeitura e pergunta: "Por acaso temos um departamento de 'reprodução'?"

Muitas funções quase mentais surgem com os sistemas auto-organizados mais básicos, mas, para explicar como os cérebros reais funcionam, precisamos ver como esses sistemas podem se encaixar em uma estrutura abrangente e mutuamente benéfica. Ficou claro, graças ao trabalho de Friston, que o sistema nervoso implementa uma hierarquia preditiva iterativa que funciona de forma muito parecida com a que Eve Periaqueduct estabeleceu ao longo do tempo. As muitas funções complexas do cérebro de fato podem, em última análise, ser reduzidas a alguns mecanismos simples como esse. Como escreve Jakob Hohwy:

> O cérebro está tentando desesperadamente, mas com habilidade, conter os efeitos de longo e curto prazo das causas ambientais no organismo a fim de preservar sua integridade. Ao fazer isso, surge de modo implícito uma representação do mundo rica e em camadas. Essa é uma bela e humilde imagem da mente e de nosso lugar na natureza.[1]

Observe que, na ciência cognitiva, a palavra "implícito" significa *inconsciente*.

No núcleo do modelo cerebral do *self* no mundo são geradas previsões específicas da espécie sobre seus limites viáveis (o lado

---

[1] Hohwy (2013), p. 63.

esquerdo da Figura 15)[2]. Essas previsões são incorporadas em reflexos autonômicos, que assumem a forma de: "Se eu fizer isso, minha temperatura será de aproximadamente 37 graus Celsius." No nível seguinte (à direita), em torno desse núcleo, o cérebro gera comportamentos instintivos (que assumem a forma de previsões inatas, que descrevi em minha análise das emoções básicas). No próximo nível, ele gera comportamentos involuntários adquiridos (a partir de seus sistemas de memória não declarativa de longo prazo). No nível subsequente, gera comportamentos voluntários (a partir de seus sistemas de memória declarativa de longo prazo). E, no nível final e mais externo, gera as ações mais provisórias, do aqui e agora, que "preveem o presente" (a partir de seus sistemas de memória de curto prazo).

Estou simplificando, é claro: há muito mais do que cinco níveis na hierarquia preditiva do cérebro e eles são organizados em vários fluxos de processamento paralelo. Mesmo assim, surgem alguns princípios gerais.

O primeiro é que o cérebro conspira para antecipar e, assim, "explicar" os eventos do mundo. Ele suprime sinais de entrada previsíveis e não informativos que de outro modo teria de processar inutilmente. Em resumo, cada nível hierárquico recebe apenas as informações inesperadas e dignas de serem transmitidas pelo nível imediatamente superior a ele. Esses relatórios de *feedback* são erros de previsão.

O segundo princípio geral é que essa hierarquia se desdobra em escalas temporais e espaciais cada vez menores. As previsões centrais se aplicam a todas as circunstâncias, enquanto as mais pe-

---

[2] Digo "núcleo" em vez de "topo" da hierarquia porque parece estranho (anatomicamente) colocar os núcleos de monitoramento do corpo do hipotálamo e do tronco cerebral *acima* do neocórtex. Prefiro imaginar a hierarquia como um desdobramento concêntrico, de dentro para fora, algo como as camadas de uma cebola (ver Mesulam, 2000). Afinal de contas, como todo embriologista sabe, o sistema nervoso é um tubo. Deve-se lembrar também que o tubo neural é formado a partir do ectoderma, por meio da invaginação da placa neural, através da qual o canal central toma o lugar do mundo externo.

Uma hierarquia preditiva | 213

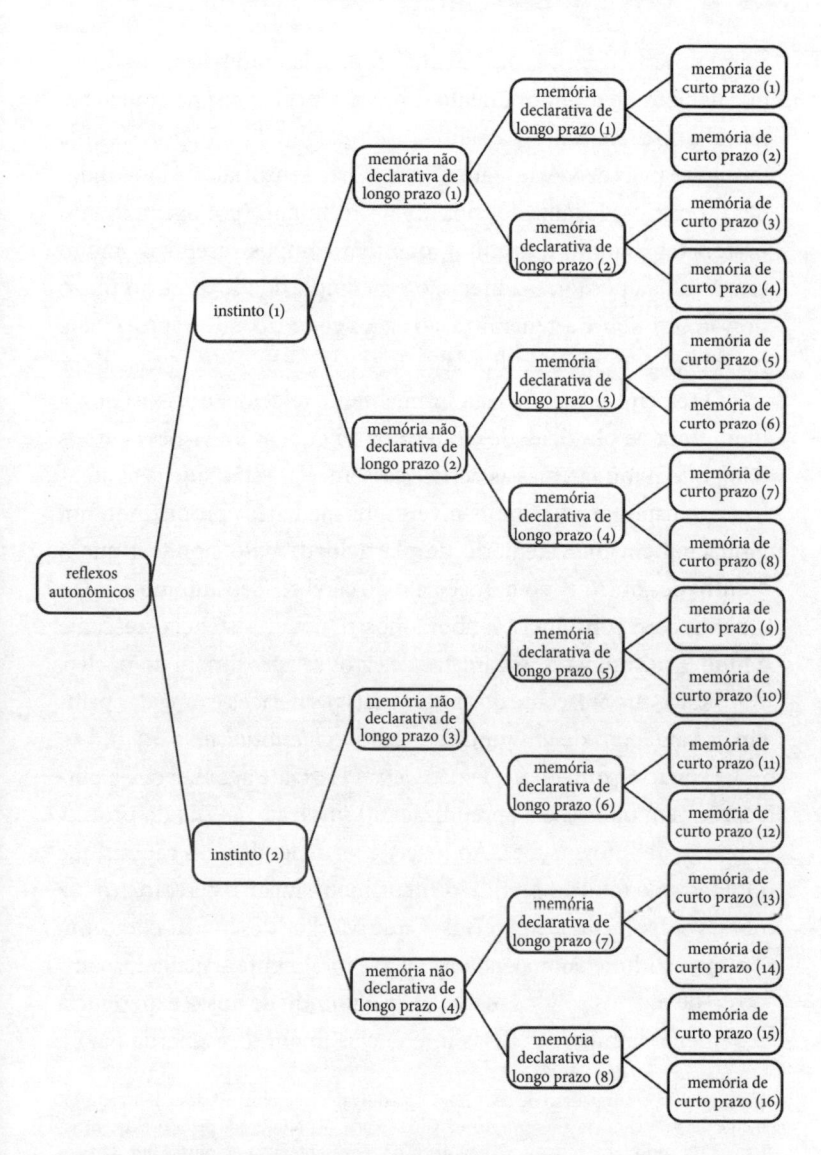

Figura 15. Uma hierarquia preditiva simplificada, que se estende do núcleo autonômico tônico até a periferia sensório-motora fásica. As previsões fluem do núcleo para a periferia (da esquerda para a direita neste diagrama); os erros de previsão fluem na direção oposta.

riféricas são fugazes e focais. Uma sequência preditiva se desdobra dos núcleos de monitoramento do corpo localizados no tronco cerebral e no diencéfalo[3], passando pelos gânglios basais, pelo sistema límbico e pelo neocórtex, até os receptores sensoriais de modalidades específicas localizados nos órgãos terminais (por exemplo, nos bastonetes e cones da retina), que têm campos receptivos muito estreitos. Na periferia, a precisão e a complexidade de curto prazo prevalecem sobre a generalização de longo prazo, que é aproveitada pelas previsões mais profundas.

O terceiro princípio está intimamente relacionado: existe uma hierarquia de plasticidade em termos da qual as previsões centrais não podem mudar, mas as periféricas sim; elas estão sujeitas à atualização instantânea, com os níveis intermediários produzindo um grau também intermediário de plasticidade. Isso significa que o "centro de controle" do homeostato do cérebro (seu automodelo) se atualiza com constância, embora mostre uma resistência crescente à mudança conforme as cascatas de erros se aproximam do núcleo. A plasticidade crescente dos níveis mais periféricos é uma das principais vantagens de um modelo preditivo *hierárquico*.

O quarto princípio, que não deixei claro até agora, é que a percepção (em oposição à aprendizagem) *inverte a direção* do processamento de informações. Ao inverter as dependências causais que moldaram o modelo preditivo em primeiro lugar, o cérebro produz nossas inferências perceptivas – que Merker descreveu como um "mundo tridimensional, panorâmico e totalmente articulado, composto de objetos sólidos modelados: o mundo de nossa experiência fenomenal familiar"[4]. (Essas inferências fluem da esquerda para a

---

[3] Essa não é a visão padrão de codificação preditiva, mas o objetivo deste livro é justamente mostrar como nossa compreensão do cérebro foi prejudicada pelo corticocentrismo. Cf. Pezzulo (2014), p. 910: "Uma direção interessante para pesquisas futuras seria examinar a regulação homeostática na estrutura de inferência ativa."

[4] Clark (2015), p. 21, fornece um resumo usando a visão como seu exemplo de modelo: "Um determinado padrão de estimulação da retina, encontrado em um determinado contexto, pode ser mais bem explicado usando um modelo generativo que [...] combina representações de nível superior de agentes, objetos, motivos e movimentos em intera-

direita na Figura 15.) "Inversão do modelo preditivo" significa passar do aprendizado para a previsão com base no que foi aprendido. Foi isso que Eve Periaqueduct fez. Ela inferiu ("percebeu") o estado do mundo além de sua represa com base nos dados meteorológicos e sismológicos que recebeu.

A percepção procede *de dentro para fora*, sempre do ponto de vista do sujeito. Trata-se, na verdade, de apercepção, um processo inferencial, uma questão de teste de hipóteses bayesianas[5]. Helmholtz, que foi o primeiro a compreender os fundamentos desse processo, chamou-o de "inferência inconsciente" (mais uma vez, observe o adjetivo). O que você vê é o seu "melhor palpite" sobre o que realmente existe; é a *resposta que você propõe para as perguntas que está fazendo ao mundo no momento*.

O cérebro deve inferir as causas mais prováveis de seus sinais de entrada sem nenhum acesso direto ao mundo incognoscível além de seu cobertor. Tudo o que o cérebro tem para seguir é a maneira como seus próprios estados sensoriais (as sequências de impulsos; Figura 11) fluem e se alteram. Sua tarefa é usar esses sinais para criar um *modelo* probabilístico das regularidades que existem no mundo real (ou melhor, entre ele e o mundo), que usa

---

ção com várias camadas intermediárias que capturam a maneira como cores, formas, texturas e bordas se associam e evoluem temporalmente. Quando a combinação dessas causas ocultas (que abrangem muitas escalas espaciais e temporais) se estabelece em um todo coerente, o sistema autogera os dados sensoriais usando o conhecimento armazenado e percebe uma cena significativa e estruturada. Vale a pena enfatizar novamente que essa aderência à cena distal estruturada deve ser gerada usando apenas as informações disponíveis na perspectiva do animal. Deve ser uma aderência, ou seja, enraizada inteiramente na combinação de qualquer pré-estruturação (do cérebro e do corpo) que possa estar presente graças à história evolutiva do animal e aos jogos de estimulação energética que foram registrados pelos receptores sensoriais. Um meio sistemático de obter essa aderência é fornecido pela tentativa contínua de autogerar o sinal sensorial usando uma arquitetura de vários níveis. Na prática, isso significa que as conexões de cima para baixo e laterais em um sistema multinível passam a codificar um modelo probabilístico de causas interativas que operam em várias escalas de espaço e tempo. Reconhecemos objetos, estados e assuntos [...] encontrando o conjunto mais provável de fatores que interagem (causas distais), cuja combinação geraria (portanto, preveria e explicaria melhor) os dados sensoriais recebidos."

[5] Cf. Gregory (1980).

para gerar inferências que orientam suas ações – ações que devem garantir sua sobrevivência neste mundo. As ações, por sua vez, geram novas amostras sensoriais, que são usadas para atualizar ainda mais o modelo, o que deve ser feito porque os modelos são coisas imperfeitas. Isso leva a novas ações, e assim por diante.

Portanto, as ações devem ser vistas como *experimentos* que testam hipóteses decorrentes do modelo generativo. Se um experimento não produzir os dados sensoriais previstos, então o sistema deve (1) alterar sua previsão para explicar melhor os dados ou, se continuar confiante na previsão original, (2) obter dados melhores, ou seja, executar ações que alterem sua entrada sensorial.

Essas duas opções – alterar a previsão ou a entrada – são os mecanismos fundamentais da percepção e da ação, respectivamente.

Os três parágrafos precedentes me levam a corrigir uma tendência que caracterizou este capítulo e o anterior. Até agora, da mesma maneira que a maioria dos cientistas que usam funções corticais como exemplo de modelo do funcionamento do cérebro, concentrei-me quase exclusivamente na inferência *perceptual* bayesiana. Mas também existe a inferência *ativa*. Essa, de fato, é a forma principal (pelo menos em biologia), já que o objetivo da percepção é orientar a ação.

Como acabei de dizer, o cérebro bayesiano tem duas maneiras de responder ao erro de previsão. Ao se deparar com uma hipótese à qual se aplica uma probabilidade "posterior" decrescente, ele cria um ajuste melhor entre a hipótese e os dados alterando sua previsão "prévia" ou sua entrada. A diferença entre essas duas alternativas se resume à *direção estatística do ajuste*: o erro é reduzido se a previsão for alterada para corresponder à entrada sensorial e também se a entrada sensorial for alterada para corresponder à previsão. Na realidade, é claro, os organismos alternam-se entre essas duas opções o tempo todo. (Pense em um camundongo-do-campo correndo pelo mato, parando para olhar ao seu redor, correndo novamente, parando para olhar ao seu redor mais uma vez etc.) Em alguns aspectos, a percepção e a ação são mais semelhantes do que parecem.

O próprio corpo é um mundo oculto "externo" ao cobertor de Markov do sistema nervoso central. A cascata de previsões na Figura 15 poderia ter incluído camadas concêntricas equivalentes que culminam nos receptores viscerais terminais e nos efetores que operam seus órgãos *internos*. Portanto, o modelo do mundo do cérebro deve incluir um modelo do seu corpo e sua trajetória, assim como inclui todas as outras causas ocultas de seu interesse. (No meu exemplo, você não poderia ter escapado da sala cheia de fumaça se não tivesse um modelo implícito de como seu corpo se move *e* como ele equilibra os gases sanguíneos.)

Além disso, a ação não ocorre quando o cérebro transmite um grande plano a todos os músculos e órgãos do corpo. Em vez disso, o que acontece é que os músculos se contraem e as glândulas secretam até que os erros de previsão que eles transmitem por meio da hierarquia desapareçam. Assim, os órgãos de "ação" musculoesqueléticos e viscerais do corpo ficam à mercê dos sinais de erro gerados pelas diferenças entre o que o modelo preditivo espera que eles alcancem e o que eles realmente alcançam. Suprimir o erro de previsão é o que controla a ação, não menos do que a percepção[6].

Lembre-se da lei de Friston: todas as quantidades que podem mudar em um sistema auto-organizado mudarão para minimizar a energia livre. Os múltiplos homeostatos corporais regulados e orquestrados pelo meta-homeostato do mesencéfalo são o pivô do mecanismo pelo qual permanecemos vivos, pela simples razão de que a regulação homeostática mantém nossos corpos dentro de seus limites viáveis. Esses limites não podem ser alterados. Isso significa, de acordo com a lei de Friston, que *outra coisa no sistema deve mudar*. Essa é a explicação formal e mecanicista da ligação imperativa que existe entre o impulso e a *ação*, e é por isso que deve

---
[6] Esse parágrafo parafraseia Hohwy (2013), pp. 81-2, mas corrige seu viés exteroceptivo.

haver *uma hierarquia de previsões prévias*, algumas das quais podem ser alteradas e outras não[7].

No entanto, a ação cega é de pouca utilidade. Ela deve ser guiada pela percepção, que é gerada por um modelo do *self* no mundo. A regra de Bayes descreve como é implementado o modelo preditivo que consegue isso, como ele é atualizado de forma constante e por que deve ser assim. Isso se torna a base formal do *aprendizado*, por meio do qual as previsões, a partir dos sinais de erro recebidos, são adquiridas e matizadas ao longo do tempo. Essa dinâmica do sistema também confirma, em bases igualmente mecanicistas, que a ação tem prioridade sobre a percepção: é apenas a ação que pode aumentar as probabilidades de previsões prévias – algumas das quais, como eu disse, simplesmente não podem ser alteradas.

A regra de Bayes parte de uma suposição do que chamamos de "conhecimento prévio". Ela não pode funcionar de outra forma[8]. Isso levanta uma questão: de onde vem o conhecimento prévio, no início, antes que o sistema tenha reunido qualquer evidência sobre o mundo? A resposta é que nossos principais "estados esperados" são codificados por nossa espécie como pontos de assentamento homeostáticos *inatos* – quantidades que foram determinadas pelo que funcionou de forma eficaz para nossos ancestrais evolucionários. Somos beneficiários dos sucessos biológicos das gerações passadas, que fixam as premissas mais básicas de nossa existência.

E não podemos descansar sobre seus louros. A conexão entre afeto e ação determina que, se no início você não tiver sucesso, deve tentar, tentar e tentar mais uma vez. As demandas de seus impulsos biológicos mais profundos são implacáveis: elas só podem ser apaziguadas pela satisfação ou pela morte. Se não houver essa última opção, você deverá suprir reflexos e instintos com os

---

[7] Não quero dizer que os pontos de ajuste homeostático *nunca* mudam, apenas que seus graus de liberdade são muito limitados; por isso, quase toda a alostase envolve mudanças comportamentais em vez da atualização de princípios inatos.

[8] Estou deixando de lado a questão do "Bayes empírico" aqui. É possível aprender do zero, mas isso é muito caro do ponto de vista biológico.

quais nasceu e desenvolver *outras* formas de atender às suas necessidades. Não há alternativa. Em outras palavras, você precisa aprender com a experiência. Por sorte, para nós, o cérebro humano é excepcionalmente bem equipado para fazer isso.

Uma implicação interessante de tudo isso é que, se o afeto de fato funciona pelos mecanismos homeostáticos que descrevi – se realmente é "uma medida da demanda de trabalho feita à mente em consequência de sua conexão com o corpo" –, então ele deve ser *o* veículo fundamental da minimização da energia livre. O afeto, portanto, é o principal meio do desejo e a fonte de toda a vida mental.

Antes, eu disse que aprender com a experiência produz um modelo hierárquico do mundo que, quando invertido, gera previsões sobre tal mundo. Mas o processo não termina aí; as previsões precisam ser *testadas*. Isso causa erros de previsão, que são usados para atualizar o modelo. É disso que se trata o aprendizado pela experiência. Os erros de previsão são os sinais sensoriais que *não* foram previstos por uma hipótese atual, ou seja, aqueles que não foram autogerados. Essa é a parte evidente dos dados.

O erro que a maioria dos cientistas cognitivos comete nesse ponto é presumir que os dados recebidos são exclusivamente *exteroceptivos*. Eles se esquecem de que os erros de previsão (entradas sensoriais) que mais importam para nós vêm de *dentro*. O desvio da temperatura corporal esperada, por exemplo, fornece um *feedback* "sensorial", assim como eventos externos inesperados; o mesmo acontece com o sinal de erro homeostático que dá origem ao alarme de sufocamento. Esses sinais geram *afetos*, não percepções. Como disse Freud, o prosencéfalo é um "gânglio simpático". A confusão a esse respeito é o preço perene que meus colegas pagam por adotar a falácia cortical[9]. A consciência – toda ela – é gerada de

---

[9] Para ilustrar a extensão do problema, considere Hohwy (2013), p. 206: "Apesar de contar toda a história do erro de previsão, parece não haver contradição em conceber uma criatura com toda a maquinaria para minimizar o erro de previsão e que se envolve na mesma inferência perceptual que nós – em qualquer grau de detalhe natural e neuronal que quisermos especificar –, mas que não é fenomenalmente consciente. Esperaríamos

forma endógena. Em sua origem, a consciência é o afeto. Em seguida, ela é estendida para fora, para a percepção, a fim de avaliar as inferências perceptivas, da maneira que descreverei agora.

Finalmente, podemos abordar a questão: por que e como as funções naturais de autopreservação descritas neste capítulo *se tornam conscientes*? Sabemos que a consciência está fundamentada no afeto, nos sentimentos. Mas quais são as leis formais e mecanicistas que dão origem aos sentimentos – e, portanto, à consciência?

---

que a criatura fosse consciente, é claro, mas nada na história física total implica que ela seja. Isso significa que fica em aberto a questão sobre saber se a consciência é algo além do físico ou não."

Como uma criatura com exatamente o mesmo mecanismo neural que você e eu poderia *não* estar consciente? Eu afirmo que o "zumbi filosófico" que Hohwy imagina aqui não tem o mecanismo para os sentimentos. Para uma abordagem alternativa do problema levantado por ele, ver capítulo 12.

Capítulo 9

Por que e como a consciência surge

A pergunta básica que os seres vivos sempre devem fazer a si mesmos é: "O que acontecerá com minha energia livre se eu fizer isso?" Mas fazer o quê? Os possíveis cursos de ação em um determinado momento não são arbitrários ou infinitos; eles são ditados pelas *necessidades* atuais. Há, é claro, uma ligação íntima entre necessidades e ações; cada necessidade exige sua própria ação adequada. Se você está com fome, deve comer. Se está cansado, deve descansar. Entretanto, há um gargalo prático: você só consegue fazer uma ou duas coisas ao mesmo tempo. Isso significa que, para selecionar sua próxima ação, você deve classificar suas necessidades atuais por urgência.

Duas coisas tornam essa tarefa de classificação mais complicada do que pode parecer de início. Primeiro, as nossas necessidades de organismos complexos geralmente não precisam ser satisfeitas em uma ordem fixa. Comer e dormir – o que é mais importante? Isso depende de uma série de considerações. E, segundo muitas das necessidades dos organismos complexos, nem sempre podem ser satisfeitas pela mesma ação. Tomar sopa requer habilidades diferentes de comer milho na espiga, por exemplo (e nem pense nas habilidades e nos recursos envolvidos no preparo). Em ambos os aspectos, "o que fazer em seguida" depende sempre do contexto. É por isso que as necessidades internas devem ser priorizadas em detrimento das *condições externas predominantes*.

Nascemos com previsões específicas da espécie sobre o que fazer em estados como fome, sede, medo e raiva. Essas previsões inatas são chamadas de "reflexos" e "instintos" – ferramentas de sobrevivência herdadas, pelas quais temos todos os motivos para ser gratos. No entanto, elas não são flexíveis o suficiente para lidar com a variedade e a complexidade das situações com as quais realmente lidamos; precisam ser complementadas. Esse é o papel do aprendizado pela experiência.

Já associamos esse aprendizado à lei do afeto. A valoração afetiva – nossos sentimentos sobre o que é biologicamente "bom" e "ruim" para nós – nos orienta em situações *imprevistas*. Concluímos que essa maneira de sentir nosso caminho em meio aos problemas imprevistos da vida, usando o comportamento *voluntário*, é a função biológica da consciência. Ela orienta nossas escolhas quando estamos no escuro. Mas para fazer isso, é claro, deve associar nossos afetos internos (enraizados em nossas necessidades) com representações do mundo externo.

Isso explica por que a excitação é acompanhada de sentimentos *e* percepções conscientes sobre as coisas. No final do capítulo 6, admiti que o grande mistério dessa conjunção – o mistério de como a experiência subjetiva se encaixa na estrutura do universo físico – só poderia ser resolvido se reduzíssemos os fenômenos fisiológicos e psicológicos às suas causas mecanicistas subjacentes. Essas causas deveriam ser reveladas em uma profundidade de abstração que somente a *física* poderia proporcionar. Nos dois capítulos anteriores, iniciei uma descrição formal desses mecanismos unificadores.

Agora é hora de concluir essa descrição. Se a auto-organização e a homeostase não explicam por si sós por que e como a consciência surge, o que explica? Como o processo biológico de *priorização de necessidades* que acabei de resumir se relaciona formal e mecanicamente com a minimização da energia livre? E por que o resultado desse processo *parece ser algo* destinado a (e por causa de) alguns sistemas auto-organizados?

O ponto de partida da minha resposta é exatamente o fato que acabei de enfatizar: criaturas complexas como nós, vertebrados, têm várias necessidades. Ou seja, temos vários subsistemas internos, cada um regulado por seus próprios mecanismos homeostáticos, e todos eles contribuem com valores de erro para o cálculo geral da energia livre. Nossas necessidades biológicas são esses valores de erro. Quando as necessidades são sentidas como afetos, nós as descrevemos como positiva ou negativamente "valoradas". Isso significa que têm *valor* subjetivo: elas nos parecem boas ou ruins. Os behavioristas tentaram objetivar o valor redefinindo os sentimentos agradáveis e desagradáveis como estímulos de recompensa e punição, mas já tratamos desse assunto. A valoração não reside no estímulo; ela é inerentemente subjetiva e qualitativa. O que é emocionante para uma pessoa pode ser aterrorizante para outra.

Mas será que é *impossível* quantificar a valoração? Considere a Figura 12; quanto mais a seta se desviar para a direita, maior será o desprazer. Assim, em um determinado momento, seu valor de fome pode ser 3/10 (que é pior do que 1/10) e seu valor de sede pode ser 2/10 (que é melhor do que 5/10), por exemplo. Os cientistas do afeto fazem esse tipo de medição o tempo todo; eles pedem aos participantes da pesquisa que classifiquem seus prazeres e desprazeres nas chamadas escalas Likert. Embora essas escalas sejam subjetivas, o fato de serem quantificáveis *em princípio* deixa em aberto a questão: por que os afetos precisam ser qualificados? Se os sistemas auto-organizados podem registrar "respostas despertadas por equipamentos" (ou seja, seus próprios estados) como quantidades, em princípio, então o que a qualidade acrescenta? Essa pergunta diz respeito ao que os filósofos chamam de *"qualia"* – o material mental elusivo que supostamente não pode ser acomodado em nossa concepção fisicalista do universo.

A resposta começa com o fato de que as necessidades não podem ser combinadas e somadas de maneira simples. *Nossas múltiplas necessidades não podem ser reduzidas a um único denominador comum*; elas devem ser avaliadas em escalas separadas e aproximadamente iguais, de modo que cada uma delas possa receber o que lhe é devido. Não se pode simplesmente dizer que "3/10 da fome mais 1/10 da sede é igual a 4/20 da necessidade total" e depois tentar minimizar a soma, pois cada necessidade deve ser satisfeita por si só. O metabolismo energético não é o mesmo que a hidratação, a termorregulação etc.; cada um deles é essencial. Como diz o neurocientista comportamental Edmund Rolls: "Se a recompensa alimentar fosse *sempre* muito mais forte do que as outras recompensas, os genes do animal não sobreviveriam, pois ele nunca beberia água."[1]

Considerando esses fatores, faz sentido que os sistemas biológicos auto-organizados distingam suas necessidades (seus valores de erro) de forma *categórica*. A distinção entre variáveis categóricas é *qualitativa*. Como o tipo de erro *A* de 8/10 não pode ser equiparado ao tipo de erro *B* do mesmo valor pelos motivos que acabei de explicar, eles devem ser tratados como variáveis categóricas. Isso permite que o sistema dê a cada um deles o que lhes é devido no longo prazo *e* os priorize de modo contextual. É por isso que faz sentido que sistemas complexos autoevidentes categorizem (para "codificar por cores" ou "aromatizar") seus múltiplos homeostatos, de modo que possam computá-los independentemente uns dos outros e priorizar os resultados.

Não apenas as diferentes necessidades contribuem com quantidades diferentes para a energia livre total; as diferentes quantidades também têm implicações diferentes para o animal em contextos diversos (por exemplo, a fome supera a sonolência em algumas situações, mas não em outras). Isso contribui muito para a incerteza – o inimigo mortal das máquinas de previsão. O aumento da incerteza é um estado de coisas perigoso para qualquer sistema auto-organizado: ele prevê o fim do sistema. Mais incerteza exige mais complexidade computacional (o que significa mais fluxo de informações, o que significa mais entropia). Assim, a categorização se

---

[1] Rolls (2019), p. 10, grifo nosso. Ver também meu comentário: Solms (2019b).

torna uma necessidade quando o valor relativo de diferentes quantidades *muda* ao longo do tempo (se 8/10 para A vale no presente – mas nem sempre – mais do que 8/10 para B).

É concebível que um conjunto extremamente complexo de algoritmos de modelo possa evoluir para calcular as demandas relativas de sobrevivência em todas as situações previsíveis, de maneira que nos permita priorizar *automaticamente* as ações com base nisso. Entretanto, esses modelos complexos são muito dispendiosos, em todos os sentidos da palavra. Eles não são fáceis de manusear, o que significa atraso, que pode ser a diferença entre a vida e a morte; e exigem muito poder de processamento, o que significa ter que encontrar mais recursos de energia. Os estatísticos chamam de "explosão combinatória" o aumento exponencial dos recursos computacionais exigidos por um aumento linear na complexidade do modelo.

Além disso, é improvável que um modelo complexo que preveja com precisão o que acontece em uma situação específica consiga prever com a mesma precisão o que acontecerá em outras situações. Em termos estatísticos, dizemos que modelos excessivamente complexos "se ajustam demais" a uma amostra de dados. O modelo de Eve Periaqueduct de previsão de vazamento em sua represa não se baseou em eventos de hora em hora e dia a dia nas semanas anteriores. Em vez disso, ele se baseava em médias de longo prazo, extraídas de muitas amostras de dados coletadas durante vários anos. Isso tornou seu modelo mais simples e, portanto, mais *generalizável*. De acordo com o princípio da navalha de Ockham (a lei da parcimônia)[2], queremos modelos preditivos *simples*. A simplificação é essencial se nossos modelos forem aplicados em uma ampla gama de situações. Eles devem ser úteis, não apenas aqui e agora, mas também em muitos outros contextos.

---

[2] "Não se deve usar mais coisas do que o necessário." Se houver várias maneiras possíveis de explicar algo, a que usar o menor número de suposições provavelmente estará correta.

Assim, os modelos preditivos devem ser simples. No entanto, como disse Einstein, "tudo deve ser feito da forma mais simples possível, mas não de forma simplória"[3]. Como encontrar o equilíbrio certo? A compartimentalização é o método estatístico padrão usado para alcançar o equilíbrio ideal entre complexidade e precisão. Isso pode ser feito de várias formas. Por exemplo, uma parte do seu cérebro visual calcula *o que* você está olhando, ao passo que outra parte calcula *onde* está; isso permite a você assumir a identidade constante de algo enquanto ele se move ao seu redor, mudando de forma, tamanho e orientação. Mas o mais importante é que a capacidade de compartimentalização permite ao sistema classificar suas necessidades e as previsões correspondentes (ou seja, as fontes mais importantes de energia livre esperada) de forma categórica, ao longo do tempo, e concentrar seus esforços computacionais no compartimento priorizado.

Essa é a base estatístico-mecânica para o fato observado de que cada afeto possui não apenas uma valoração hedônica *contínua* (um *grau* de prazer e desprazer, que é algo comum a todos os afetos), mas também uma *qualidade categórica* (de modo que, por exemplo, a sensação de sede é diferente da sensação de angústia de separação, que é diferente da sensação de nojo, e assim por diante). Essas são as características essenciais dos *qualia* afetivos, a forma elementar de todos os *qualia*: eles possuem quantidade *e qualidade*. Em outras palavras, os afetos são sempre subjetivos, com valoração e qualitativos. Eles têm de ser assim, dado o problema de controle com que têm de lidar e para o qual evoluíram.

É útil descrever a seleção de categorias afetivas e a priorização em termos de modos operacionais. Pense na maneira como um avião se comporta quando está nos modos "decolagem", "navegação", "turbulência" ou "pouso". As mesmas variáveis entram em jogo em cada uma dessas situações, mas devem ser *ponderadas* de forma diferente a cada vez. Por exemplo, sua altitude exata é muito mais

---

[3] Roger Sessions, *New York Times*, 8 de janeiro de 1950.

importante durante o pouso do que durante a navegação. O mesmo se aplica à barragem de Eve Periaqueduct. Diferentes cronogramas de operação estavam em vigor durante os modos inverno/verão e terremoto/não terremoto. Em condições de terremoto, Eve seria obrigada a ignorar a programação sazonal normal, automatizada, e implementar uma programação de "emergência de terremoto".

Nos termos fisiológicos que usei no capítulo 6, os diferentes modos operacionais são funções de *estado* do cérebro. Como expliquei lá, o triângulo de decisão do mesencéfalo seleciona estados cerebrais afetivos – como o modo "alarme de sufocamento". Ele faz isso quando a PAG, a substância cinzenta periaquedutal, responde à pergunta: "Qual desses sinais de erro convergentes (ou seja, necessidades) oferece a maior oportunidade de minimizar minha energia livre?" Em outras palavras, qual necessidade é a mais evidente *neste momento*? A resposta é fornecida não apenas pelas magnitudes relativas dos sinais de erro concorrentes, mas também pelas diferenças entre as categorias (modos ou estados), cuja importância deve ser avaliada *no contexto*. A informação contextual, como expliquei, é fornecida pelos colículos superiores.

Aqui está um exemplo que observei hoje. Quando saí para correr às sete horas da manhã estava escuro e uma hora depois, ao voltar, estava claro. (É inverno e estou na zona rural de Sussex, escrevendo este livro.) Ao sair, passei por um campo ao lado da casa da fazenda, onde um rebanho de ovelhas me notou. Elas quase se pisotearam para fugir. Na volta, ao passar por esse campo, as mesmas ovelhas, deitadas no mesmo lugar, mal olharam para mim. O susto delas no contexto da escuridão foi substituído pelo tédio à luz do dia. Em resumo, o contexto alterou o significado do evento "humano correndo em minha direção". À noite, esse evento é priorizado, o que faz com que as ovelhas entrem no modo de MEDO; durante o dia, não há prioridade, e elas permanecem no modo padrão de BUSCA.

Esse tipo de coisa determina o que um sistema fará em seguida. Em outras palavras, ele determina quais estados *ativos* serão selecionados pelo modelo generativo para resolver a categoria priorizada de incerteza. É como se o sistema dissesse: nas condições atuais, *essa é a categoria de processamento de erros de previsão na qual a complexidade computacional não pode ser sacrificada*. Assim, o sistema (nesse caso, a ovelha) passa para o modo de operação de MEDO. Ele executa a melhor estratégia que seu modelo generativo pode fornecer nessas circunstâncias: foge. Em seguida, depois de levar em conta tudo o que aprendeu sobre o campo específico em que está (o contexto esperado), ele espera o melhor, mas se prepara para o pior. Com isso, quero dizer que executa seu plano com cautela, pronto para se adaptar aos desdobramentos.

A mudança para o modo de MEDO significa que a necessidade priorizada se tornou um afeto. Em outras palavras, tornou-se consciente. Por quê? Ela se torna consciente para que os *desvios dos resultados esperados* na categoria de necessidade mais evidente sejam sentidos em toda a hierarquia preditiva. É nisso que se constitui o afeto. Ele é a "resposta despertada por equipamentos" à pergunta que o sistema fez a si mesmo: "Qual desses sinais de erro convergentes oferece a maior oportunidade de minimizar minha energia livre?"

Na África do Sul, onde moro a maior parte do tempo, temos muitas oportunidades de testemunhar como a seleção por afeto funciona em condições naturais, ou seja, nos tipos de condições em que esse mecanismo evoluiu em primeiro lugar. Não estou falando do que acontece entre leões e gazelas em nossas fabulosas reservas naturais (embora elas também ofereçam muitas oportunidades). Refiro-me ao que acontece em nossa sociedade muito desigual e, portanto, problemática. Muitos de meus compatriotas sabem bem o que é ter como prioridade escapar de alguém que está tentando matá-lo. Nesse momento, seu comportamento voluntário passa a ser dominado por sentimentos de MEDO, que medem o sucesso ou o fracasso do aqui e agora de suas ações. Outras necessidades (como a de urinar) são, desse modo, relegadas ao automatismo. Em outras palavras, você pode se molhar sem nem se dar conta disso.

Estamos tentando reduzir os fenômenos psicológicos e fisiológicos da excitação afetiva a um conjunto de princípios mecânicos que podem ser formalizados matematicamente. No capítulo 6, expliquei que, uma vez que o triângulo de decisão do mesencéfalo tenha priorizado uma necessidade, o modelo do prosencéfalo de seu *self* no mundo gera um contexto esperado no qual essa necessidade será atendida. Eu disse que há dois aspectos desse mundo esperado: por um lado, ele representa o conteúdo real de nossas previsões e, por outro, deve codificar nosso nível de confiança nessas previsões. O primeiro aspecto é fornecido pelas redes de memória de longo prazo do prosencéfalo, que filtram o presente por meio das lentes do passado. Apresentei, no capítulo 7, os princípios que regem isso. O segundo aspecto – o ajuste dos níveis de confiança – é modulado pela "excitação". Vamos então formalizar as leis que regem isso.

O primeiro mecanismo que identifiquei até agora é aquele pelo qual a categoria de ação mais saliente (o modo ou estado operacional mais eficaz) é selecionada. É assim que determinadas qualidades afetivas passam a regular as ações de sistemas complexos auto-organizados. Isso resulta na geração de planos sensório-motores, após os quais o sistema "espera o melhor, mas se prepara para o pior". E é nessa parte da história que vou me concentrar agora. Qual é o mecanismo causal por onde a expectativa pelo melhor e a preparação para o pior são reguladas?

A primeira parte da resposta é que os níveis de confiança associados às previsões são *aprendidos com a experiência*, assim como tudo o mais. Desse modo, nosso nível de confiança em nossas previsões pode ser previsto, assim como as próprias previsões o foram. A codificação preditiva exige que atribuamos probabilidades aos estados sensoriais que esperamos que resultem de determinadas ações e, em seguida, comparemos essas probabilidades com as distribuições realmente observadas nas amostras sensoriais resultantes. Essa é a essência do método bayesiano de "atualização de hipóteses", que descrevi anteriormente – o método pelo qual minimizamos nossa energia livre.

Agora, para determinar o ajuste entre um modelo e alguns dados, não basta comparar as *médias* das distribuições; é necessário também avaliar a *variação em torno das médias* (ver Figura 16). Uma grande quantidade de variação em uma amostra faz com que se tenha menos confiança no ajuste. Se as notícias informarem: "O rei morreu... O rei morreu... O rei morreu...", eu provavelmente as levarei mais a sério do que se fossem: "O rei está morto... Não, o rei não está morto... Na verdade, parece que o rei pode estar morto, afinal." Os julgamentos da diferença entre uma distribuição prevista e uma amostra de dados são mais fáceis de ser feitos quando a distribuição é estreita e *precisa*.

O que devemos buscar é a *precisão* em nossas interações com o mundo. Para tanto, nossos modelos devem ter um mecanismo de *previsão de precisão* que nos permite "ponderar" a precisão esperada dos sinais de erro recebidos em relação à precisão que atribuímos a uma previsão de saída. Isso (graus relativos de confiança) ditará a influência dos sinais de erro reais sobre nossas previsões. Se estivermos cada vez mais confiantes a respeito de um sinal de erro recebido, ele deverá nos deixar cada vez menos confiantes a respeito de nosso plano de ação atual, ao passo que desenvolvimentos vagos e inesperados não deverão nos impedir de seguir nosso curso predeterminado. (Os valores de confiança relativa podem ser atribuídos a expectativas ativas *versus* perceptivas e a expectativas exteroceptivas *versus* interoceptivas, bem como a todas as outras quantidades implicadas na lei de Friston.)[4] Esse é um tipo de inferência bayesiana

---

[4] Friston (2009), p. 299, define o papel da precisão como o de "controlar a influência relativa das expectativas anteriores em diferentes níveis". Como aponta Hohwy (2013), p. 199: "Se o ganho [precisão] em um sinal for aumentado, o ganho em outros sinais deve ser reduzido. Caso contrário, a noção de ganho não tem sentido: os pesos devem somar um. Portanto, à medida que as expectativas de precisão aumentam o ganho em um erro de previsão, o ganho em outros sinais diminui."

Cf. Clark (2016), p. 313: "Feldman e Friston (2010) observam que a precisão se comporta como se fosse um recurso limitado, já que aumentar a precisão em algumas unidades de erro de previsão exige reduzi-la em outras. Eles também comentam, de forma intrigante [...]: 'O motivo pelo qual a precisão se comporta como um recurso é que o modelo generativo contém crenças prévias de que a precisão logarítmica é redistribuída

Por que e como a consciência surge | 231

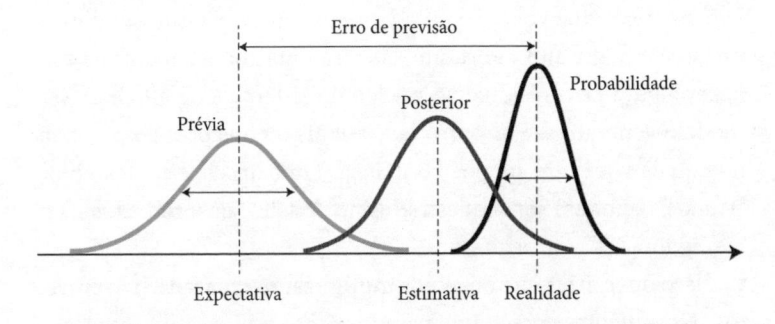

Figura 16. Uma previsão prévia (à esquerda) é comparada com uma amostra de dados sensoriais (à direita), resultando em uma previsão posterior (no meio). As "médias" dessas três distribuições são indicadas pelas linhas verticais (pontilhadas), e sua "variação" é indicada pelas linhas horizontais (com setas). A grande variação esperada na distribuição prévia (linha horizontal à esquerda) indica um baixo grau de confiança na previsão desse tipo, e a pequena variação real na amostra de dados sensoriais (linha horizontal à direita) indica um alto grau de confiança nesses dados. Nesse exemplo, a precisão (variação inversa) dos dados sensoriais é alta; como resultado, a previsão posterior se desloca de forma decisiva para a direita. Se a precisão dos dados sensoriais fosse menor, a previsão posterior se deslocaria menos, se é que se deslocaria.

de segunda ordem que implica *inferências sobre inferências*, ou seja, níveis de confiança bem-informados sobre previsões.

O objetivo da modulação de precisão é garantir que as inferências feitas pelos modelos preditivos sejam orientadas por sinais de aprendizado *confiáveis* (notícias fidedignas): se houver alta confiança em um sinal, ele deverá ter permissão para revisar uma hipótese prévia; se houver baixa confiança, não deverá. A confiança afeta a força dos sinais de erro que são propagados na hierarquia.

---

pelos canais sensoriais de forma sensível ao contexto, mas é conservada em todos os canais.'" Isso evoca o que especulei no capítulo 6 sobre cada neuromodulador que ajusta diferentes aspectos da excitação. É interessante notar que as oscilações gama (erro) respondem à acetilcolina.

Um sinal no qual você tem alta confiança (ou seja, um sinal mais preciso) é mais "alto". Portanto, ele terá uma chance maior de fornecer algum erro residual ao núcleo do sistema e de atualizar seu modelo generativo. Por outro lado, sinais menos precisos – sinais nos quais você tem menos confiança, também conhecidos como "ruídos" – podem ser sequestrados no epitélio sensorial e (espera-se) ignorados com segurança.

Isso quer dizer que devemos minimizar os sinais de erro corretos. Novamente, parece um paradoxo, até que você perceba que significa apenas que devemos evitar cometer erros gritantes. A única maneira de conseguir isso é aprimorando nossos modelos generativos, aumentando assim a informação mútua entre nossos modelos do mundo e as amostras sensoriais que obtemos dele. Em outras palavras, devemos maximizar a precisão de nossas previsões e, em seguida, buscar dados confirmatórios precisos. *Devemos maximizar nossa confiança nas crenças que orientam nossas ações*. Isso é chamado de "otimização da precisão".

Alcançamos a otimização da precisão aprendendo com a experiência. Precisamos aprender em quais fontes de notícias podemos confiar (e quando), e com isso ajustar nossas previsões. Por exemplo, confiamos em sinais visuais durante o dia e em sinais auditivos durante a noite. Atribuímos maior peso ao que vemos durante o dia e ao que ouvimos durante a noite porque *aprendemos* a fazer isso. Dessa forma, esperamos que as informações visuais sejam mais precisas de dia do que à noite. Isso é chamado de "precisão esperada". Como não esperamos precisão visual durante a noite, toleramos todos os tipos de imagens borradas e difusas sem pensar duas vezes; mas experiências visuais semelhantes durante o dia nos fariam pensar que há algo muito errado.

Da mesma forma, a equipe de Eve Periaqueduct aprendeu que a queda da pressão barométrica prevê o aumento da precipitação no inverno. Portanto, eles poderiam tratar uma leitura em queda como "ruído" com mais confiança no verão do que no inverno. Eles *esperariam* que as leituras barométricas fossem menos precisas no verão. Se não o fossem, ajustariam seus níveis de precisão esperados, o que, por sua vez, afetaria suas previsões posteriores. Para dar um exemplo mais afetivo: as ovelhas de Sussex aprenderam a confiar na previsão de que as pessoas que correm em sua direção durante o dia não lhes causam nenhum dano, mas elas têm menos confiança nessa previsão durante a noite. Assim, à noite elas lhe atribuem menos precisão esperada. Talvez, se continuarem a me encontrar em condições de escuridão e não sofrerem nenhum dano de forma confiável, elas ajustem esse valor de precisão e, consequentemente, alterem suas previsões sobre pessoas correndo em sua direção à noite. As dependências contextuais podem ser aprendidas, assim como qualquer outra coisa.

O que eu disse deixa claro que esse tipo de aprendizado gira em torno de *contextos flutuantes*. Sem a modelagem preditiva da dinâmica contextual, um sistema auto-organizado não pode sobreviver por muito tempo em ambientes mutáveis. O modelo generativo deve incorporar essa dinâmica e aprender a prever graus de precisão. E o ajuste dos valores de precisão, como tudo o mais no cérebro preditivo, deve seguir a lei de Friston.

A precisão é como o cérebro representa seu grau de confiança em uma determinada fonte de evidência sensorial ou nas consequências previstas de uma determinada ação. Os valores de precisão quantificam as expectativas sobre a variabilidade. Portanto, eles são *representações da incerteza*. Quão confiante estou em relação a esse sinal de erro no contexto atual? Quanto *peso* devo dar a ele neste momento? O valor de 8/10 para *A* é maior ou menor do que 8/10 para *B nas condições atuais?*

Já vimos a fisiologia disso: o triângulo de decisão do mesencéfalo prioriza uma necessidade e, em seguida, o modelo do prosencéfalo do *self* no mundo gera um contexto esperado no qual essa necessidade priorizada será atendida. Há duas facetas nesse mundo esperado: o conteúdo real das previsões e o nível de confiança que o sistema tem nelas. Agora que sabemos como esses níveis de confiança são quantificados, podemos inseri-los em nossa descrição da fisiologia da excitação.

Depois que o triângulo de decisão seleciona sua necessidade mais evidente no momento, fato que determina o estado afetivo do sistema, que, por sua vez, determina o contexto esperado gerado pelos sistemas de memória de longo prazo do prosencéfalo, o sistema de ativação reticular começa a trabalhar. Os sistemas de memória atribuem *valores de precisão de linha de base* para o contexto esperado e os aplicam em toda a hierarquia preditiva. Em seguida, uma nuvem de neuromoduladores se espalha pelo prosencéfalo, estimulando alguns canais a disparar rapidamente e desencorajando outros de fazê-lo. Essas taxas de disparo estabelecem o peso que será dado às previsões atuais e aos erros que as acompanham, o que governa o grau de transmissão desses erros. Em outras palavras, os valores de precisão determinam *o grau de confiança* que o sistema tem sobre os resultados que espera obter com o curso de ação que agora se desenrola nos vários níveis da hierarquia. Então, mais uma vez, ele espera o melhor, mas se prepara para o pior.

Muitas coisas surpreendentes podem ser previstas quando nos acostumamos a elas. No entanto, se tudo o que podemos fazer é esperar o melhor e nos preparar para o pior, isso implica que algumas coisas *não podem* ser previstas. E essa é a segunda parte da história. Tal fato exige que o sistema ajuste seus níveis de confiança na hora, ou seja, que *module* a excitação no contexto dos eventos à medida que eles acontecem.

Eu disse antes ser concebível a evolução de um conjunto extremamente complexo de algoritmos-modelo (não importa o quanto eles se tornem complicados) que calcula as demandas relativas de sobrevivência em todas as situações previsíveis e prioriza suas opções de ação com base nisso, apesar da "explosão combinatória". Mas como o organismo escolhe entre *A* e *B* quando *a própria incer-*

teza se torna o principal determinante da seleção de ações? Isso é o que acontece em situações novas, por exemplo, que estão longe de ser raras na natureza.

O que os fisiologistas chamam de "modulação da excitação", os cientistas da computação chamam de "ponderação de precisão"[5]. Como você acabou de ver, um sinal preciso nada mais é do que aquilo que chamei anteriormente de sinal "alto" – um sinal *forte*. Isso implica que a modulação da confiança em um sinal de erro deve seguir os *desvios de sua força esperada*. E esses desvios devem ser minimizados. Como em todos os sinais de erro homeostáticos, é "bom" (para nós, sistemas biológicos) quando as coisas saem como esperado, e "ruim" quando a incerteza prevalece.

À medida que a sequência de ações se desenrola, os níveis de confiança da linha de base são *ajustados* para cima e para baixo pelo sistema de ativação reticular. (Pense nos leitores e reguladores de Eve Periaqueduct.) Ou seja, o contexto sensório-motor em desenvolvimento é "apalpado" – e as ponderações de confiança do sistema são ajustadas – com base nas flutuações em desenvolvimento da incerteza esperada. As alterações na excitação acompanham a confiabilidade estimada dos erros de previsão amostrados. Dessa forma, os valores flutuantes de precisão estimam a confiabilidade variável dos sinais que se desdobram e trazem as notícias. Esses valores, por sua vez, determinam todo o resto que o sistema faz, de acordo com a lei de Friston.

Tudo isso sugere que a *otimização da precisão é a base estatística e mecânica da priorização de sinais em geral*, ou seja, é o resultado crítico de tudo o que vimos acontecer no triângulo de decisão

---

[5] Os neurofisiologistas também chamam a precisão de "ganho". A infinidade de terminologias usadas por cientistas de diferentes disciplinas pode ser confusa nesse caso. A "atividade" sináptica (= neurotransmissão) é modulada pelo "ganho" pós-sináptico (= neuromodulação), que, com o tempo, determina a "eficiência" (= neuroplasticidade). Essas mesmas variáveis também são descritas pelos cientistas da computação como "estados" de sinal, "precisões" de sinal e "parâmetros" de sinal, respectivamente. Em termos gerais, a neurotransmissão implica estados, a neuromodulação implica precisões e a neuroplasticidade implica parâmetros.

do mesencéfalo e no sistema de ativação reticular. A otimização da precisão é a forma como os múltiplos sinais de erro que convergem para a PAG foram priorizados, trazendo a necessidade mais evidente para a consciência afetiva, levando a uma série de escolhas que se desdobram em um contexto esperado e são guiadas por precisões esperadas. Agora elas devem ser moduladas com base em eventos sensoriais inesperados.

Talvez isso pareça bastante abstrato. Mas para mim é muito próximo da vida cotidiana. Grande parte de sua experiência se resume a pequenos impulsos de sentimentos conforme você percebe coisas que não são exatamente como esperava que fossem, seguidas de análises cognitivas em busca de maneiras de preencher a lacuna. Você se lembra de um e-mail que precisa enviar: é só quando sua mão não encontra a tela rígida do telefone que você percebe que já estava tentando pegá-lo – mas, se ele não está ali ao seu lado, *onde você o deixou?* Na cozinha, onde você estava cinco minutos atrás?

Veja este outro exemplo, um pouco mais significativo do ponto de vista afetivo: um encontro com um possível parceiro amoroso. Você acha que pode conquistar a pessoa esta noite. Imagina a possível sequência de eventos e define um plano de ação. Depois, espera o melhor. Você não tem certeza de como as coisas vão acontecer, mas, com base em sua experiência anterior com essa pessoa, você avalia suas chances em cerca de 7/10.

À medida que a noite se desenrola, aquilo em que você se concentra (o que é relevante) é bem diferente daquilo a que prestaria atenção se estivesse jantando com seu irmão. O tom emocional também é diferente. Cada pequeno sinal que sugere que a pessoa à sua frente na mesa está respondendo positivamente às suas investidas provoca em você uma onda de empolgação, aumentando a confiança em seu plano. De forma inesperada, sua desejada companhia boceja e olha para o relógio. O que isso significa? Quanto peso você deve dar a esse acontecimento? Você tem a sensação de estar afundando. Será que estava interpretando mal todos os sinais anteriores? Você examina cada movimento e gesto. A menor indicação adicional de que seus sentimentos não são recíprocos irá prepará-lo para o pior e você iniciará o plano B: salvar seu orgulho fingindo que também é indiferente. Mas então seus olhos se encontram. Isso significa o que você acha que significa? Sim, significa! Em seguida, sua mão é tocada de forma gentil. Seu coração se anima. Afinal, parece que você pode seguir o plano A.

Uma necessidade priorizada (neste caso, o DESEJO SEXUAL) é a fonte de incerteza mais evidente no momento. As inferências sobre suas causas tornam-se conscientes como afeto, porque as flutuações no seu nível de confiança em relação às possíveis ações necessárias para atender a esse imperativo devem ser moduladas por sentimentos. Os sentimentos lhe dizem se você está indo bem ou não. O contexto de desdobramento que dá origem às flutuações também deve se tornar consciente, pelo mesmo motivo. É por isso que eu defini a consciência exteroceptiva da ação e da percepção como *afeto contextualizado*. Agora temos uma compreensão formal e mecanicista do que isso significa. Tudo isso é apenas incerteza sentida.

É fundamental observar que a afirmação "o contexto de desdobramento que dá origem às flutuações também deve se tornar consciente" explica por que a experiência tem aspectos duplos. Não se trata apenas de uma questão de "eu me sinto assim", mas de "eu me sinto assim *em relação a isso*". O "em relação a isso" também deve ser sentido, usando uma moeda comum (incerteza aplicada), porque o contexto é a principal fonte de incerteza sobre a energia livre. A economia da minimização da energia livre exige uma moeda comum.

Esses fatos revelam que a consciência não é apenas uma perspectiva subjetiva sobre a dinâmica "real" dos sistemas auto-organizados, mas também uma função com poderes causais próprios definidos. O *sentimento* de uma necessidade (em oposição à mera existência dela) faz uma grande diferença no que o sujeito dessa necessidade realizará em seguida. Os afetos literalmente determinam o que um animal faz momento a momento em condições de incerteza. Todo o propósito das percepções exteroceptivas é que elas sejam sentidas *em relação* às ações afetivamente motivadas que elas contextualizam.

Essa é a função central de coisas como a atenção. O foco de atenção funciona como a seleção de afetos, mas é aplicado ao mundo externo. Nossa necessidade de reduzir a incerteza governa, por exemplo, nosso olhar, de modo que os movimentos sacádicos dos olhos rastreiam as regiões de uma cena onde é provável que sejam encontradas informações mais precisas[6]. Em termos simples, sinais relativamente fortes atraem a atenção: eles recebem maior precisão.

É assim que a saliência funciona. As características "salientes" do mundo são aquelas que, quando manifestadas, minimizam a incerteza relativa à hipótese atualmente priorizada pelo sistema e que, quando as coisas se desenrolam como esperado, maximizam nossa confiança na hipótese. Os agentes ativos são, portanto, levados a coletar amostras do mundo para (tentar) confirmar suas próprias hipóteses[7].

Como essas são, em última análise, hipóteses sobre como atender às nossas necessidades, isso significa que cada espécie é levada a selecionar seu próprio mundo perceptivo. A orientação compreensiva de cada espécie é ditada pelas coisas que são importantes para ela. Assim, humanos, tubarões e morcegos vivem em mundos (subjetivos) diferentes. Você percebe objetos e eventos apenas quando os nota, e diferentes objetos e eventos são importantes para cada espécie. Você só pode ver o que experimenta[8]. O biólogo chileno Francisco Varela colocou a questão de forma bem-humorada: "a espécie cria e especifica seu próprio domínio de problemas"[9].

---

[6] Friston chama isso de "forrageio epistêmico".
[7] Esse parágrafo parafraseia Clark (2015), p. 70.
[8] Isso dá origem à "cegueira por desatenção", cujo exemplo mais conhecido é o seguinte: <www.youtube.com/watch?v=vJG698U2Mvo>. (ver Chabris e Simons, 2010).
[9] Varela, Thompson e Rosch (1991), p. 198. Varela chama essa abordagem da percepção de "enativa". Ver Clark (2015), p. 173: "A preocupação geral de uma abordagem enativa

Isso implica que a precisão não pode ser determinada de forma passiva; não podemos simplesmente esperar para ver quais sinais são fortes, sem nenhuma expectativa. Ela deve ser inferida e depois *atribuída* pelo modelo generativo. A atenção – que tem tudo a ver com a precisão – pode, portanto, ser "agarrada" e "direcionada"[10]. Por exemplo, reduzimos ativamente a precisão dos erros sensoriais quase a zero quando vamos dormir, mas um evento surpreendente o bastante ainda nos despertará. Em outras situações, podemos ampliá-la de forma ativa, como quando nos debruçamos sobre um texto denso porque suspeitamos que ele contém algo importante.

No artigo que definiu nossa teoria da consciência (2018), Friston e eu alteramos alguns dos símbolos convencionais usados em equações que calculam a energia livre (consulte as notas do capítulo 7). Nós os substituímos para reconhecer o fato de que estamos seguindo os passos de Freud, que tentou, em 1895, "promover uma psicologia que seja uma ciência natural, isto é, representar os processos psíquicos como estados quantitativamente determinados de partículas materiais especificáveis, tornando assim esses processos claros e livres de contradição"[11].

---

da percepção não é determinar como algum mundo independente do perceptor deve ser recuperado, mas determinar os princípios comuns ou vínculos legais entre os sistemas sensoriais e motores que explicam como a ação pode ser orientada de forma perceptiva em um mundo dependente do perceptor."

[10] Há uma grande quantidade de literatura experimental que apoia de forma empírica essa conceituação formal de precisão. Mencionarei apenas um estudo, por enquanto, que ilustra o ponto básico. Usando fMRI, Hesselmann et al. (2010) analisaram a atividade de nível básico no cérebro em condições que manipulavam as expectativas de precisão. Eles apresentaram estímulos (visuais e auditivos) com níveis variados de ruído aos participantes da pesquisa: quando os participantes esperavam precisão, o ganho era aumentado; quando esperavam imprecisão, era diminuído. Ou seja, a previsão de cima para baixo era facilitada quando se esperava sinais sensoriais imprecisos. Ver Feldman e Friston (2010) para uma descrição completa de como a otimização da precisão explica a atenção endógena e exógena.

[11] Como você deve se lembrar da p. 34, Freud, em uma carta a Fliess de 20 de outubro de 1895, escreveu o seguinte: "No decorrer de uma noite agitada [....] as barreiras foram subitamente levantadas, os véus caíram e foi possível enxergar desde os detalhes das neuroses até os determinantes da consciência. Tudo parecia se encaixar, as engrenagens

Essas foram as linhas iniciais de seu "Projeto para uma psicologia científica". Lá, Freud usou os símbolos φ, ψ, ω e M para denotar quatro sistemas hipotéticos de neurônios, responsáveis respectivamente pela percepção, memória, consciência e ação, e o símbolo Q para denotar estímulos externos. Friston e eu seguimos esse uso para denotar os vetores equivalentes dentro de um sistema autoevidente[12]:

$Q\eta$ = estados externos, conforme modelados pelos estados internos do sistema
φ = estados sensoriais
M = estados ativos
ψ = previsões
ω = precisões

Além disso, usamos:

e = erros de previsão (com base em φ e sua previsão ψ)
F = energia livre de Friston (com base em e e precisão ω)[13]

---

estavam em ordem, a coisa dava a impressão de que era de fato uma máquina e logo funcionaria por si mesma."

Ele prosseguiu: "Os três sistemas de neurônios [φ, ψ e ω], as condições livres e vinculadas de quantidade [$Q\eta$], os processos primários e secundários, a tendência principal e a tendência de comprometimento do sistema nervoso, as duas regras biológicas de atenção e defesa, as indicações de qualidade [ω], a realidade e o pensamento, o estado dos grupos psicossexuais, a determinação sexual da repressão e, finalmente, os determinantes da consciência como uma função perceptual – tudo isso se encaixava e ainda se encaixa! É claro que não posso me conter de alegria."

Pouco tempo depois, porém, ele percebeu que as engrenagens não estavam azeitadas; afinal, a coisa não havia se encaixado completamente. Ele então abandonou o projeto. Quando Friston e eu o ressuscitamos – e, com base em mais de um século de progresso na neurociência, esperamos concluí-lo (pelo menos em um esboço; ver Solms, 2020b) –, lembrei-me da observação pungente de Freud: "a coisa dava a impressão de que era de fato uma máquina e logo funcionaria por si mesma". Ver capítulo 12.

[12] Observe que ω não é um vetor, mas um escalar (ele dimensiona uma matriz de precisão). Observe também que os termos Q e $Q\eta$ foram usados em Solms e Friston (2018) de maneira ligeiramente diferente da forma como os estou usando aqui.

[13] Onde e é um vetor e F é um escalar. A notação de ponto nas equações apresentadas nas notas a seguir implica um produto escalar (ou seja, multiplicação de matriz ou vetor). Essas equações são inteiramente atribuíveis à participação de Friston em nossa colaboração.

Observe que nenhuma dessas grandezas mede diretamente os estados externos, pois eles estão *ocultos* em um sistema auto-organizado. Isso significa que, em tudo o que se segue, há uma descrição independente e autônoma da dinâmica mental em termos dos próprios estados internos do sistema ($Q\eta$, ω) e do cobertor de Markov (φ, M). Equipados com esses termos, podemos agora formalizar a dinâmica de um sistema autoevidente em relação à otimização de precisão.

Começarei com duas equações que definem a energia livre de Friston usando as grandezas que introduzi. A primeira equação diz que "a energia livre é (aproximadamente) o logaritmo negativo da probabilidade de encontrar alguns estados sensoriais de autoria ativa"[14]. A segunda diz que "a energia livre esperada diminui de modo proporcional (aproximadamente) à precisão do log negativo"[15]. Lembre-se de que o objetivo da dinâmica do sistema de autoavaliação é minimizar a energia livre.

Com essas relações em vigor, fica evidente que há, de fato, *três* maneiras de um sistema autoevidente reduzir o erro de previsão e, portanto, minimizar a energia livre – e não apenas as duas óbvias que descrevi anteriormente:

> (1) Ele pode *agir* (ou seja, mudar M) para alterar as sensações (φ) de modo que elas correspondam às previsões do sistema. Isso é ação.
> (2) Ele pode *mudar sua representação do mundo* ($Q\eta$) para produzir uma previsão melhor (ψ). Isso é percepção.

E agora, além disso:

> (3) Ele pode *ajustar a precisão* (ω) para corresponder de forma ideal à amplitude dos erros de previsão recebidos (e).

---

[14] $F \approx -\log P(\varphi(M))$.
[15] $E[F] \approx E[-\log P(\varphi)] = H[P(\varphi)] = -\frac{1}{2} \cdot log(|\omega|)$, onde $E[\cdot]$ denota expectativa ou média, e P e H denotam probabilidade e entropia, respectivamente (como antes); com base em suposições gaussianas sobre flutuação aleatória.

Isso, eu digo, é consciência[16].

É esse processo de otimização final, a otimização da *confiança* do sistema, conforme descrevi, que Friston e eu associamos à avaliação da energia livre que sustenta a experiência sentida. As equações que formalizam essa dinâmica são apresentadas nas notas[17]. Como a terceira equação é a mais importante, vou expressá-la em palavras:

---

[16] A importância geral da otimização da precisão foi reconhecida há muito tempo, sobretudo em relação à atenção (ver Friston, 2009 e Feldman e Friston, 2010). No entanto, o primeiro cientista a reconhecer sua importância para a própria consciência foi Katerina Fotopoulou (2013), p. 35: "Um aspecto central da consciência pode servir para registrar a qualidade [...] de 'incerteza' e sua qualidade inversa, a precisão. Essa visão vai contra a visão intuitiva e de longa data da consciência afetiva central como monitoramento da qualidade hedônica, expressa por Solms, em termos freudianos, como a série prazer-desprazer. Em vez disso, proponho que a qualidade central desse aspecto da consciência (em oposição à consciência perceptual [...]) é um tipo de certeza-incerteza, ou princípio de desambiguação." Para que fique registrado, em relação ao prazer-desprazer *versus* certeza-incerteza, acho que Fotopoulou me entendeu um pouco mal, daí minha resposta: "Não estou [...] certo do que ela quer dizer quando afirma que o afeto monitora a incerteza em vez da qualidade hedônica. No meu modo de pensar, a qualidade hedônica é a nossa medida de incerteza" (Solms, 2013, p. 81).

[17]
$$\frac{\partial}{\partial t} M = -\frac{\partial F}{\partial M} = -\frac{\partial F}{\partial e}\frac{\partial e}{\partial M} = \frac{\partial \varphi}{\partial M} \cdot \omega \cdot e \quad (1)$$

$$\frac{\partial}{\partial t} Q\eta = -\frac{\partial F}{\partial Q\eta} = -\frac{\partial F}{\partial e}\frac{\partial e}{\partial Q\eta} = -\frac{\partial \psi}{\partial Q\eta} \cdot \omega \cdot e \quad (2)$$

$$\frac{\partial}{\partial t} \omega = -\frac{\partial F}{\partial \omega} = \frac{1}{2} \cdot (\omega^{-1} - e \cdot e) \quad (3)$$

Onde ∂ denota uma derivada parcial e t denota tempo, e o erro de previsão e a energia livre são:

$$e = \varphi(M) - \psi(Q\eta)$$

$$F = \frac{1}{2} \cdot (e \cdot \omega \cdot e - \log(\omega))$$

Estou apresentando essas equações em pinceladas amplas, como ilustrações de alto nível. Elas precisam de mais desenvolvimento, alguns dos quais só poderão ser feitos quando forem implementadas (ver capítulo 12). Por exemplo, conforme mencionado antes, em tratamentos mais completos também seria possível considerar modelos gerativos hierárquicos (com precisões em cada nível) e acomodar a incerteza condicional sobre estados externos. Além disso, as equações agrupam todos os erros de previsão sensorial, incluindo as modalidades exteroceptivas, proprioceptivas e interoceptivas. Observe que o termo "proprioceptivo" aqui é sinônimo de "cinestésico" (Friston o usa simplesmente para uma harmonia aliterativa com "exteroceptivo" e "interoceptivo").

Por que e como a consciência surge | 243

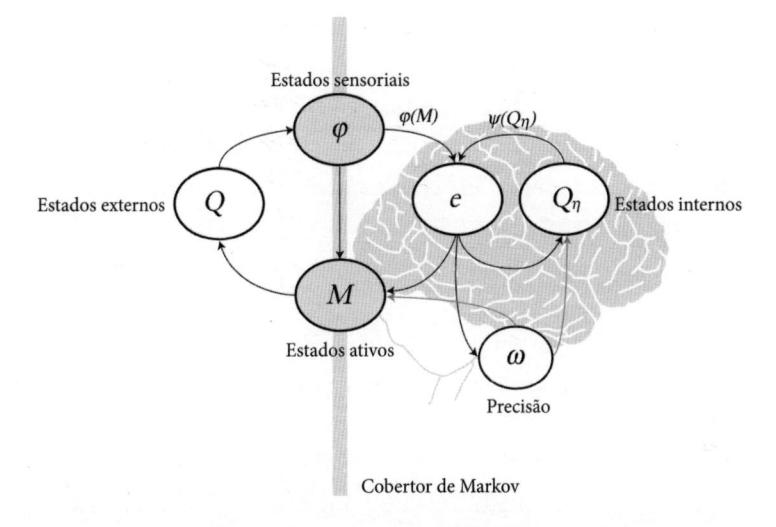

Figura 17 A dinâmica de um sistema autoevidente equipado com otimização de precisão. Os símbolos são explicados no texto. (Q denota a própria realidade externa, que está oculta do sistema e, portanto, não aparece nas equações.)

"A taxa de variação da precisão (ω) ao longo do tempo depende de quanta energia livre (F) muda quando você muda a precisão. Isso significa que a precisão parecerá estar tentando minimizar a energia livre[18]. A taxa desse processo de minimização da energia livre é a diferença entre a variância (a precisão inversa) e a soma dos erros de previsão ao quadrado ($e.e$)."[19] Em termos mais básicos, a terceira equação quantifica como *o ajuste contínuo da precisão implementa a lei de Friston*, juntamente com a ação e a percepção. Em resumo, ele quantifica como a *consciência contribui para a ação, a percepção e a atualização do modelo* – e, portanto, para minimizar a energia livre.

A Figura 17 representa de forma visual essa dinâmica.

---
[18] Tecnicamente, isso é chamado de "descida de gradiente" (gradiente aqui é a taxa de alteração da energia livre com precisão).
[19] De acordo com nossas suposições simplificadoras sobre a codificação de crenças bayesianas (ver acima).

Conceitualmente, a precisão é um determinante fundamental da minimização da energia livre e, portanto, da ativação dos erros de previsão. A precisão determina quais erros de previsão são selecionados e, portanto, em última análise, como representamos o mundo e nossas ações sobre ele. Se a precisão é "excitação" (e ela é), isso explica, formal e mecanicamente, por que a otimização da confiança é sempre e apenas um processo endógeno. A consciência *precisa* vir de dentro[20].

O processo que apresentei aqui se manifesta de várias formas. Vamos considerá-lo mais uma vez em termos biológicos (ou seja, fisiológicos e psicológicos). No domínio *exteroceptivo*, ele se manifesta como atenção e atenuação, associadas ao aumento e à diminuição da precisão sensorial[21]. No domínio *proprioceptivo*, corresponde à precisão das possibilidades motoras (possíveis usos de objetos),

---

[20] Nesse sentido, pode-se dizer que a precisão desempenha o papel do "demônio de Maxwell", um experimento mental criado pelo físico James Clerk Maxwell (1872): um demônio (*daemon*) controla uma pequena porta entre duas câmaras de gás. As moléculas de gás flutuam em velocidades diferentes. Quando as moléculas mais rápidas da primeira câmara alcançam a porta, o demônio a abre e a fecha, muito brevemente, para que elas passem para a segunda câmara enquanto as mais lentas ficam para trás. Como as moléculas mais rápidas geram mais calor do que as mais lentas, a entropia diminui – algo que não pode acontecer sem trabalho. Se equipararmos a passagem de moléculas nessa analogia com a neurotransmissão de sinais sensoriais, a ponderação de precisão (neuromodulação) faz o mesmo que o demônio de Maxwell: seleciona sinais sensoriais para confundir a segunda lei da termodinâmica. Observe que, em termos da dinâmica do sistema descrita aqui, a consciência é *a atividade do próprio demônio de Maxwell*, e não *a passagem de moléculas* que é possibilitada por ele. Isso significa que a consciência é *a otimização da precisão com relação à energia livre*, e não *a passagem de mensagens por uma hierarquia preditiva*. Na Figura 17, portanto, a consciência é a atividade de ω (precisão), que determina a influência relativa de e (sinais de erro) sobre $Q\eta$ (o modelo interno). O demônio da precisão modula a influência dos erros em relação ao modelo. A consciência se baseia em um atributo das crenças em oposição ao conteúdo delas (ou seja, baseia-se na precisão flutuante das [ou na confiança nas] crenças sobre estados de coisas internos e externos). A atividade desse demônio *causa* sequelas sensoriais por meio da amplificação ou atenuação dos erros de previsão; a otimização da precisão não é inerente aos próprios sinais de erro. Para saber mais sobre as implicações biológicas do demônio de Maxwell, ver o excelente livro de Paul Davies (2019) que, infelizmente, foi publicado depois da nossa própria aplicação do conceito à consciência (Solms e Friston, 2018), e por isso não o citamos.

[21] Brown *et al.* (2013), Feldman e Friston (2010), Frith, Blakemore e Wolpert (2000).

do tipo associado à seleção e realização de metas[22]. No domínio *interoceptivo*, determina a "intuição", ou seja, a melhor explicação para os sinais interoceptivos que foram ativados ou despertados[23]. Entretanto, é muito importante observar que todos esses aspectos (exterocepção, propriocepção e interocepção) podem ocorrer sem consciência; ela é a *sensação* desses aspectos.

Resumindo: a tarefa da precisão é *despertar* representações (e expectativas). Na ausência de precisão, os erros de previsão não conseguirão induzir nenhuma síntese perceptual ou comportamento motivado. Em outras palavras, sem precisão os erros de previsão seriam sequestrados no ponto de sua formação. Foi isso que aconteceu com os pacientes acinéticos-mudos de Oliver Sacks, por exemplo.

Essa formulação de precisão implica os mecanismos neuromoduladores descritos no capítulo 6. Esses mecanismos geram estados alterados de consciência[24] e sonhos[25] e são alvo de drogas que alteram a consciência (ou seja, psicotrópicos e psicodélicos)[26]. Essa formulação de precisão também confere alguma validade às versões neuromoduladoras da teoria do "espaço de trabalho global" da consciência (discutida brevemente no capítulo 4)[27].

Não é de surpreender que o papel da precisão na psicopatologia seja um tema importante no crescente campo da psiquiatria computacional[28]. Lembre-se do caso anterior do Sr. S, no qual vimos o que acontece quando os sinais de erro recebem um peso muito pequeno.

---

[22] Cisek e Kalaska (2010), Frank (2005), Friston *et al.* (2012), Friston, Schwartenbeck, FitzGerald, Moutoussis, Behrens e Dolan (2014), Moustafa, Sherman e Frank (2008).

[23] Hohwy (2013), Seth (2013), Ainley *et al.* (2016). Em relação à sensibilidade interoceptiva e à modulação social da dor, ver também Crucianelli *et al.* (2017), Fotopoulou e Tsakiris (2017), Krahé *et al.* (2013), Decety e Fotopoulou (2015), Paloyelis *et al.* (2016) e Von Mohr e Fotopoulou (2017).

[24] Ferrarelli e Tononi (2011), Lisman e Buzsaki (2008), Uhlhaas e Singer (2010).

[25] Ver Hobson (2009) e Hobson e Friston (2012, 2014). No entanto, a meu ver, uma descrição satisfatória dos sonhos nessa estrutura deve começar pelo seu caráter *consciente* (e afetivo).

[26] Nour e Carhart-Harris (2017).

[27] Dehaene e Changeux (2011), Friston, Breakspear e Deco (2012).

[28] Montague *et al.* (2012), Corlett e Fletcher (2014), Friston, Stephan, Montague e Dolan (2014), Wang e Krystal (2014).

Podemos ver na Figura 17 como seu triângulo de decisão e, portanto, seu sistema de ativação reticular (ω) deram peso excessivo ao seu modelo de previsão ($Q\eta$) e muito pouco aos seus erros de previsão (e). Como você viu, isso tem tudo a ver com os sentimentos dele.

Sei que parece estranho falar sobre consciência em termos mecanicistas como esses. Isso se deve ao fato de eu estar descrevendo as leis subjacentes à experiência fenomenal, e não a experiência fenomenal em si. Ao estabelecer tais leis, tento mostrar que a consciência faz parte da natureza; que ela não existe em algum universo paralelo; que não é algo além do alcance da ciência.
Agora vou pedir que você atravesse o Rubicão comigo.
Este capítulo aborda as questões sobre por que e como a consciência surge, não biologicamente, mas de maneira *formal e mecanicista*. Para ser mais específico, ele pergunta: (1) por que e como o processo biológico de priorização de necessidades que descrevi se relaciona com as *leis* de minimização de energia livre? (2) Por que e como esse processo mecanicista *faz* com que alguns sistemas auto-organizados se sintam como algo? A questão que venho abordando nas últimas páginas, sob a perspectiva da física estatística, é a primeira. Portanto, agora preciso explicar de forma direta por que e como a dinâmica estatístico-mecânica que descrevi gera experiências sentidas. Como um mero sistema de processamento de informações pode ter sentimentos? Para explicar isso, preciso pedir que você dê um salto que muitos cientistas naturais relutam em dar – em detrimento da ciência e, especialmente, da ciência mental. Trata-se de considerar a dinâmica mecanicista que descrevi *do ponto de vista do sistema*. Estou pedindo que substitua a perspectiva objetiva e de terceira pessoa que adotamos sobre a dinâmica até agora neste capítulo por uma perspectiva de primeira pessoa: a perspectiva *subjetiva* do próprio sistema autoevidente. Estou pedindo que adote o ponto de vista do sistema, que tenha *empatia* por ele[29].

---
[29] O termo original em alemão é *Einfühlung*, que significa literalmente "sentir-se dentro".

Esse salto é justificado por dois fatos que já expliquei. O primeiro é que a experiência sentida só pode ser registrada a partir da perspectiva subjetiva. Portanto, não considerar a perspectiva subjetiva é excluir da ciência a característica mais essencial da mente. Foi isso que os behavioristas fizeram, preparando o terreno para o fracasso de meio século da neurociência em lidar de forma significativa com a consciência. O segundo fato é o seguinte: mostrei, em termos formais e mecanicistas, como surge a subjetividade dos sistemas autoevidentes. Assim, adotar a perspectiva subjetiva de um sistema desse tipo é justificado precisamente pelo fato de que ele tem individualidade.

Para ser claro sobre o que estou dizendo: a energia livre e suas precisões constituintes só são experimentáveis dentro de um sistema quando ele é concebido de modo subjetivo, do ponto de vista do sistema; as experiências não podem ser observadas *como experiências* de fora, de modo objetivo.

Também expliquei, em termos causais e de cumprimento de leis, por que e como a individualidade de tais sistemas é *intencional*. Os sistemas auto-organizados com a dinâmica que descrevi têm um objetivo e um propósito, a saber, sobreviver. Isso significa que eles têm um sistema de valores: o mesmo que sustenta toda a vida.

A intencionalidade dos sistemas dinâmicos auto-organizados os *obriga* a fazerem perguntas sobre seus próprios estados em relação às perturbações entrópicas que os cercam – é o que os torna sistemas "autoevidentes". Eles sempre *precisam* se perguntar: "O que acontecerá com minha energia livre se eu fizer isso?" Ademais, os sistemas complexos autoevidentes (como nós, vertebrados) devem fazer essa pergunta em relação a *diversas* variáveis categóricas; portanto, as respostas – nossas estatísticas vitais – devem ser quantificadas *e qualificadas*. Por fim, eles precisam modular seu nível de *confiança* nas respostas que recebem.

O que estou descrevendo aqui em termos técnicos e abstratos não é nada muito complicado. Você sabe disso por sua experiência pessoal. O que experiencia o tempo todo são pulsos flutuantes de sentimento em resposta ao seu movimento pelo mundo enquanto você verifica se tudo está como esperava encontrar – e enquanto tenta fechar a lacuna, de alguma forma, quando não está. A experiência não é basicamente assim para você?

Combinando todos esses fatos sobre a subjetividade e a intencionalidade de sistemas complexos autoevidentes, chegamos à seguinte conclusão:

As respostas despertadas por equipamentos (no sentido de Wheeler) que fluem subjetivamente dos tipos de perguntas que sistemas como nós são obrigados a fazer devem ter valor existencial e múltiplas qualidades. Nossa confiança nessas respostas flutuantes – os "fenômenos" – que registramos deve ser subjetiva, valorada e qualificada.

A experiência consciente é exatamente assim. As respostas despertadas por equipamentos, pelo menos no caso de nós, vertebrados (e, sem dúvida, de alguns outros organismos também), são sentidas.

Para ajudá-lo a atravessar o Rubicão, lembre-se de que os sentimentos *evoluíram*. O surgimento da consciência deu origem a fenômenos muito simples, como a sensação de calor excessivo. Evidências sensoriais cada vez mais precisas que preveem o fim de um sistema autoevidente superaquecido parecem simplesmente "muito quentes" para esse sistema. Foram necessárias eras para que tais formas elementares de afeto se tornassem elaboradas, ao longo de uma profunda hierarquia preditiva, e, por fim, produzissem o "mundo tridimensional, panorâmico e totalmente articulado" de Merker, "composto de objetos sólidos modelados: o mundo de nossa experiência fenomenal familiar".

Em tal mundo, sentimos como é ser um sistema com a dinâmica que descrevi. Os sentimentos são estados subjetivos flutuantes, valorizados de maneira existencial, com diferentes qualidades e graus de confiança. Esse é o material da consciência. Agora vemos por que tem de ser assim.

Capítulo 10

De volta ao córtex

Como vimos repetidas vezes ao longo de nossa jornada, a falácia cortical tem muito a explicar. Se os pioneiros da neurociência comportamental não tivessem ficado tão impressionados com a grande extensão do nosso córtex ou tão ofuscados pela ideia filosófica de que a vida mental surge da associação de imagens mnemônicas, poderíamos ter descoberto a real fonte da consciência muito antes. É uma ironia fascinante da história da ciência mental o fato de Freud possuir tantas peças do quebra-cabeça há mais de um século. As pistas, tanto neurológicas quanto psicológicas, estavam diante de seus olhos. Mas, quando se tratava de consciência, até mesmo ele foi vítima de nossa fixação coletiva pelo córtex – uma obsessão cujo custo, caso nos esqueçamos, pode ser medido em mais do que apenas perda de tempo.

Tudo isso é verdade. No entanto, é evidente que o córtex tem um papel fundamental; nossa experiência cotidiana está intimamente ligada à dinâmica do processamento cortical. Neste capítulo, portanto, vamos voltar a esse incompreendido mezanino do cérebro para ver o que ele acrescenta ao nosso relato da consciência. Como veremos, muitas das características mais comuns da experiência cotidiana derivam do que o córtex faz, mas não da maneira que pensávamos antes.

O sentido mais óbvio em que isso ocorre é que o mundo, tal como o vivenciamos, é literalmente gerado a partir de representações corticais. Dentro da estrutura de codificação preditiva, por mais estranho que pareça, o que percebemos é uma *realidade virtual* construída a partir dos materiais de construção da própria mente.

A ideia de que a experiência sensível é autogerada, uma noção radical quando comparada à visão do senso comum, é muito aceita na neurociência contemporânea. Veja, por exemplo, o que Semir Zeki disse sobre a visão de cores já em 1993. Ele escreveu que a cor é *"uma propriedade do cérebro,* uma propriedade com a qual ele investe as superfícies externas, uma interpretação que ele dá a certas propriedades físicas dos objetos"[1]. E elaborou:

> Suponhamos que alguém olhe de forma isolada para uma área iluminada com uma luz de onda longa [...]. A área produz um alto registro de luminosidade para a luz de qualquer faixa de onda, já que a única comparação que o cérebro pode fazer nessas condições é entre a luz refletida da área iluminada e o ambiente escuro. Assim, a luz de onda longa produz uma alta luminosidade, enquanto a luz de ondas médias e curtas, por estarem ausentes, não produzem luminosidade alguma. Desse modo, o sistema nervoso atribui a cor vermelha à mancha.[2]

Observe a escolha de palavras de Zeki: depois de fazer perguntas sobre as intensidades relativas e os comprimentos de onda da luz, o cérebro *atribui* vermelho ao mundo. Ele o pinta com números. O mesmo se aplica às propriedades fenomenais que caracterizam nossas outras modalidades de percepção: sons, sabores, sensações somáticas e odores. O cérebro atribui essas qualidades ao mundo.

Suspeito que muitos leitores achem difícil acreditar que o que estão vendo agora não é simplesmente o que está "lá". Posso imaginar você perguntando: "De onde mais vem a minha percepção destas palavras na página?" Talvez ajude se eu disser que o que você vê

---

[1] Zeki (1993), p. 236, grifo nosso.
[2] *Ibid.*, p. 238.

agora tem pouca semelhança com as entradas sensoriais que está recebendo. Essas entradas começam como ondas de luz que incidem em sua retina. As células fotossensíveis (chamadas bastonetes e cones) respondem a essas ondas gerando impulsos nervosos. Tais impulsos – não as ondas de luz em si – são então propagados ao longo dos nervos ópticos até o córtex, na forma de sequências (ver Figura 11). Por que você sente essas sequências – 001111101101 – como imagens em movimento no mundo?

Os neurônios no corpo geniculado lateral e no córtex occipital de "projeção" que respondem aos impulsos da retina são organizados topologicamente, possibilitando assim a criação de imagens por meio do *mapeamento* das superfícies da retina (ver Figura 6); no entanto, isso não leva em conta o fato de que não há bastonetes e cones perto do centro da retina, de onde o nervo óptico emerge. Para ser justo, você deveria ver um buraco negro perto do centro do seu campo visual. Como o buraco desaparece? A resposta é que você *deduz* o que pertence ao "ponto cego" com base no contexto e na memória, e depois o preenche[3].

Eu deveria ter dito que existe um buraco negro nos nossos campos visuais (no plural mesmo) porque, não vamos esquecer, temos dois deles. Isso levanta outra questão: por que não vemos duas imagens? Não estou me referindo ao fato de você ter dois olhos; é fácil imaginar como dois mapas quase idênticos podem ser sobrepostos, mas não é isso que acontece[4]. O que acontece é que as células nas metades esquerdas de ambas as retinas se projetam para

---

[3] Não quero dizer que esse seja um processo cognitivo de alto nível. O córtex de "projeção" visual parece preencher o ponto cego com o que estiver ao seu redor. Em condições naturais, isso é favorecido por movimentos oculares frequentes, os quais garantem que você quase sempre tenha uma imagem real (memória de curtíssimo prazo) do que está no ponto cego. Para conhecer a variedade de mecanismos envolvidos, ver Ramachandran (1992), Ramachandran e Gregory (1991) e Ramachandran, Gregory e Aiken (1993). A propósito, juntamente com o preenchimento do ponto cego, há uma filtragem de objetos indesejados, como as sombras das "moscas volantes" entópticas e a vasculatura da retina.
[4] A sobreposição entre os campos representados por cada olho cancela os pontos cegos, o que significa que você deve fechar um deles para observar o preenchimento ilusório mencionado acima.

o lobo occipital direito, e as células nas metades direitas se projetam para o lobo esquerdo. Isso significa que o que você de fato tem em seu córtex visual são duas representações diferentes das superfícies da retina (uma da metade esquerda deste livro e outra da direita)[5], com um abismo anatômico entre elas: a fissura longitudinal que divide os hemisférios cerebrais. Como os dois campos se tornam a imagem unificada que você está vendo? É verdade que eles são coordenados por axônios através do corpo caloso – mas as pessoas em que o corpo caloso está ausente também veem uma única imagem[6]. Além disso, devemos levar em conta o fato de que seus campos visuais – como são representados nos lobos occipitais – estão de cabeça para baixo e de trás para frente em relação às imagens que você vê. Ademais, seus olhos se movem por todos os lados, cerca de três vezes por segundo, sem mencionar o movimento constante da cabeça. Como é possível perceber uma cena visual estável e orientada da maneira correta?

Meu ponto de vista – de que há pouca semelhança entre o que você vê e as informações sensoriais que chegam ao seu córtex – é bem narrado por pacientes neurológicos com danos aos mecanismos pelos quais normalmente convertemos o que chega ao córtex naquilo que vemos. Relatei um desses casos há muitos anos: um menino de doze anos (WB) com abscessos bilaterais nos lobos frontais, causados por uma sinusite desenfreada[7]. Ele via de tempos em tempos o mundo virado em 180 graus. Os sintomas e sinais desse paciente eram idênticos aos constantes em 21 relatos de casos anteriores – cujo primeiro que encontrei foi descrito em 1805 – espalhados pela literatura mundial, dando credibilidade à sua descrição subjetiva (ver Figura 18 para algumas evidências objetivas).

---

[5] Há, é claro, alguma sobreposição entre elas, mas a extensão em que os objetos de nossa atenção visual são literalmente divididos é facilmente demonstrada em casos de negligência unilateral (esquerda) após lesão no hemisfério direito.

[6] Isso, aliás, mostra que a ideia de que a função de "ligação" da consciência vem de baixo do córtex: do tronco cerebral unitário, e não dos córtices bicamerais (ver Panksepp e Biven, 2012).

[7] Solms *et al.* (1988).

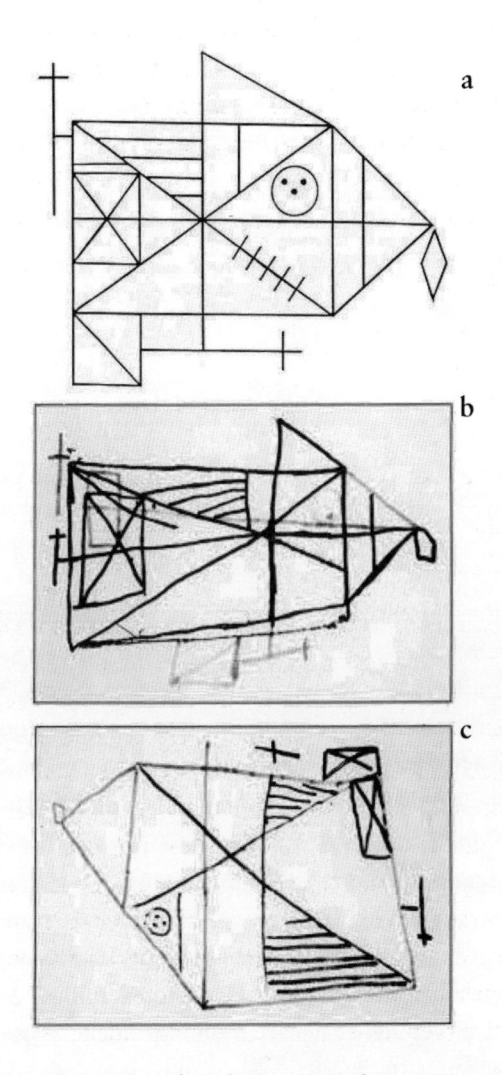

Figura 18 (a) = a Figura Complexa de Rey mostrada ao paciente WB; (b) = a mesma figura copiada por ele; (c) = a figura desenhada por ele de memória. Esses desenhos fornecem evidências objetivas da inversão do modelo preditivo de WB do mundo. A Figura Complexa de Rey é, na melhor das hipóteses, difícil de ser reproduzida; por que esse paciente gravemente doente agravaria a dificuldade desenhando-a de cabeça para baixo?

Hoje, tenho uma paciente ainda mais interessante que está sendo pesquisada por minha aluna de doutorado Aimee Dollman. Não posso relatar todos os detalhes, pois o caso ainda está sendo investigado e os resultados ainda não foram publicados. A paciente é uma jovem bastante inteligente com disgenesia cortical (anatomia anormal) dos lobos occipitais, que representa o mundo quase da exata maneira conforme acabei de dizer que *não* o vivenciamos: tal como ele está disposto anatomicamente no córtex visual. Isso ocorre em particular quando ela usa sua memória visual (ou seja, seu modelo preditivo). Ela vê dois campos separados, de cabeça para baixo e de trás para frente (nem sempre em uníssono um com o outro). Seu modelo visual do mundo *não consegue fazer as inferências corretivas usuais* pelas quais orientamos e integramos os campos visuais. Assim, acaba fazendo previsões errôneas, e a experiência visual da paciente não se harmoniza com a de suas outras modalidades sensoriais. Dessa forma, ela às vezes se confunde com a direção em que seu corpo está se movendo (especialmente quando viaja em trens e aviões) e comete erros grosseiros ao navegar pelo ambiente. Além disso, tem dificuldade em inferir objetos invariantes a partir de dados visuais fugazes (como a grafia de palavras em sua mente quando precisa abstraí-las de escritas e fontes variáveis, ou a identidade de rostos abstraídos sob condições precárias de iluminação e diferentes ângulos de visão).

Em outras palavras, seu córtex visual recebe o tipo de informação que todos nós recebemos, mas a paciente não consegue discernir a partir dos sinais sensoriais vistosos e inferir de forma automática os objetos estáveis que eles representam (por exemplo, reconhecer um rosto familiar). Ela sofreu essas anomalias durante toda a sua vida e desenvolveu maneiras elaboradas de compensá-las. Como seu córtex de "associação" visual não integra *automaticamente* os dois campos visuais e gira a cena, ela ajusta sua representação do mundo fazendo inferências *deliberadas*. Por exemplo, quando lhe pedi que identificasse a localização de uma cidade conhecida em um mapa não marcado, ela disse: "Devo mostrar a você onde *sinto* que ela está localizada ou onde *sei* que está?" Quando ela "sente" que algo está localizado no oeste, ela "sabe" que deve estar localizado no leste.

Em vez de apelar para esses raros distúrbios neuropsicológicos, no entanto, deixe-me ilustrar a natureza autogerada da percepção por meio do fenômeno que é em geral usado para esse fim, ou seja, a *rivalidade binocular*.

Esse fenômeno foi descrito pela primeira vez em 1593 e teve destaque no trabalho seminal de Helmholtz sobre o tema da inferência inconsciente[8]. Ele envolve a apresentação simultânea de imagens diferentes para cada olho, usando um estereoscópio espelhado. Digamos que o olho esquerdo seja apresentado a um rosto e o direito a uma casa. Sob essas condições artificiais, a experiência visual se desenrola de maneira "biestável", em que você não vê uma mistura sobreposta das duas imagens, mas uma *alternância* entre elas. Você vê uma casa, depois um rosto, depois uma casa e depois um rosto, em vez de uma combinação de casa e rosto. Isso demonstra com clareza a distinção entre o sinal objetivo que é transmitido ao cérebro e a percepção subjetiva gerada por ele. Helmholtz concluiu: "Nesses casos, a *interpretação* [do sinal visual] vacila de tal forma que o observador tem experiências diferentes, uma após a outra, para a imagem retiniana imutável."[9] Assim como na visão de cores, portanto, o que você experimenta é uma *inferência* sobre a entrada sensorial, não a entrada em si.

Coisas muito semelhantes acontecem na vida cotidiana, como quando "vi" minha amiga britânica Teresa no aeroporto da Cidade do Cabo. Todas essas ilusões mostram que o que você percebe é gerado em grande parte por suas *expectativas*. Em termos bayesianos, a rivalidade binocular mostra que, se a *hipótese prévia* que melhor se ajusta aos dados sensoriais (a alta probabilidade de você

---

[8] Ele a descreveu como "uma maravilhosa peça de teatro" (Helmholtz, 1867, p. 776).
[9] *Ibid.*, p. 438.

estar vendo uma casa-rosto) não se ajusta ao seu *conhecimento prévio* (a baixa probabilidade de existirem casas-rostos), a hipótese é rejeitada. A inferência de que você está vendo uma casa supera a de que está vendo uma casa-rosto; portanto, uma casa é o que você experiencia. Mas, quando você testa essa hipótese posterior (como uma nova hipótese prévia), ela se encaixa em apenas metade da evidência sensorial. Seu conhecimento prévio determina que rostos inteiros são tão prováveis quanto casas inteiras. Portanto, você muda de ideia e infere que deve estar vendo um rosto, que é o que você experiencia. Mas quando testa essa nova hipótese, ela mais uma vez não dá conta de metade das evidências sensoriais. E assim por diante.

A interpretação bayesiana da rivalidade binocular é amplamente aceita. Para mim, o que a confirma é o fato de que, quando são mostradas às pessoas duas imagens que, na forma combinada, *têm* uma alta probabilidade prévia, uma imagem mesclada é percebida. Por exemplo, imagens de um canário e de uma gaiola apresentadas de forma dicóptica são vistas de imediato como um canário em uma gaiola.

O que você percebe não é a mesma coisa que a informação de entrada vinda dos seus sentidos. *O que você percebe é uma inferência.* E os materiais dos quais essa inferência é derivada são, em sua maioria, seu modelo preditivo cortical procedente de experiências passadas (ou seja, esperadas)[10].

---

[10] A maioria das pessoas que trabalha com o paradigma da codificação preditiva não dá a devida atenção ao fato de que a inferência perceptual é um processo *inconsciente*. Por exemplo, não concordo com Hohwy (2013) quando ele diz que "aquilo de que temos consciência é a 'fantasia' gerada pela maneira como as previsões atuais atenuam o erro de previsão". Na minha opinião, não nos *damos conta* de nossas "fantasias" preditivas a menos que elas *entrem em conflito* com a realidade. E graças a Deus por isso.
Parece que Clark concorda comigo nesse ponto (Lupyan e Clark, 2015, p. 281, grifo nosso): "Embora a maioria das previsões seja inconsciente, às vezes podemos nos dar conta delas *quando são violadas*. Por exemplo, imagine beber de um copo o que você acha que é suco de laranja e, ao provar, perceber que na verdade é leite. A diferença entre o sabor do leite quando se o espera e quando se espera suco de laranja é a expectativa do suco de laranja tornada consciente (Lupyan, 2015, para discussão). Da mesma forma, considere a experiência de uma omissão inesperada, como quando uma nota musical

está faltando em uma composição familiar. Essas omissões podem ser tão perceptualmente marcantes e tão salientes quanto o tom mais vibrante – um efeito que, de outra maneira, seria intrigante e que é explicado de modo claro ao se presumir que a construção da experiência perceptual envolve expectativas baseadas em algum tipo de modelo do que provavelmente ocorrerá."

Apesar do que Hohwy (2013) diz, ele às vezes se aproxima de minha opinião. Em um artigo anterior, ele fez a seguinte declaração (Hohwy, 2012, p. 11, grifo nosso): "Essa assinatura temporal é consistente com a codificação preditiva, na medida em que, quando o erro de predição de um estímulo é suprimido de forma abrangente e nenhuma exploração adicional está acontecendo (já que a inferência ativa é subjugada devido à fixação central durante a atenção encoberta), a probabilidade deve começar a cair. Isso decorre da ideia de que *o que impulsiona a percepção consciente é o processo real de supressão do erro de previsão*." No entanto, em seu livro (2013, p. 201, grifo nosso), ele diz: "A percepção consciente é o resultado da inferência perceptual inconsciente. Não estamos conscientemente engajados na atualização bayesiana de nossos antecedentes à luz de novas evidências, nem na maneira como a entrada sensorial é prevista e depois atenuada. O que é consciente é o resultado da inferência – *a conclusão*."

É por isso que não concordo com Hohwy (2013), se o li de forma correta. Concordamos com a opinião de que é o *trabalho* de minimizar os sinais de erro precisos que gera a consciência, ou seja, a incompatibilidade problemática entre a previsão e o erro ponderado pela precisão. Mas não concordo quando ele diz que "aquilo de que temos consciência é a 'fantasia'". Na melhor das hipóteses, Hohwy parece pensar que estamos cientes da "fantasia" que está tentando *explicar* o erro recebido; mas acho que estamos cientes do fato de que ela *não* está suprimindo o erro – ou seja, estamos cientes do "trabalho em andamento" preditivo causado pela incompatibilidade. É isso que torna a realidade saliente. Talvez esse seja apenas um ponto semântico. Para mim, o ponto principal é que a consciência na percepção é impulsionada pela *incerteza*, não pelas *melhores suposições* que a certeza relativa gera. No meu modo de pensar, as suposições se tornam conscientes somente quando são incertas e recuam quando são confirmadas. Só nos tornamos conscientes de nossas fantasias quando elas são contraditas pela realidade. A consciência pode ser descrita como um processo de *desambiguação*.

Essa questão é complicada pela diferença entre inferência perceptual e ativa (e entre atenção exógena e endógena). Isso explica por que há uma grande quantidade de literatura – na qual Hohwy (2013) se baseia – que sugere que percebemos preferencialmente (conscientemente) aquilo que está de acordo com nossas expectativas e há outra quantidade de literatura que sugere que percebemos preferencialmente (conscientemente) aquilo que é mais inesperado. Para mim, essa contradição é resolvida pelo conceito de *priorização de afetos*, que é impulsionado, em ambos os casos, pelo equilíbrio entre o que chamei vagamente de "necessidades" e "oportunidades" (ver capítulo 5). Em suma, percebemos conscientemente aquilo que é mais saliente *em relação à nossa necessidade priorizada no momento*. As necessidades priorizadas (afetos) produzem os sinais de erro mais precisos, por definição.

Meu ponto de vista sobre essa questão será aprofundado na próxima seção. No entanto, em última análise, essa é uma questão empírica. Com meus alunos Donne van der Westhuizen e Julianne Blignaut e meu ex-aluno Joshua Martin, estou atualmente pesquisando a questão usando o paradigma de rivalidade binocular padrão, que é relativo à *consciência* perceptual. Ver também Pezzulo (2014), Yang, Zald e Blake (2007) e Stein e Sterzer (2012).

Isso nos diz algo sobre o que o córtex traz para a consciência. Mas e o contrário? O que a consciência faz pelo córtex?

O que vou dizer agora é óbvio, mas ninguém mais parece estar dizendo isso[11]. É o seguinte: a consciência cognitiva é gerada por um mecanismo neural descoberto há pouco tempo chamado "reconsolidação da memória". Como muitas outras coisas, a ideia tem origem em Freud. Ele escreveu que *a consciência surge no lugar de um traço de memória*"[12]. O que tinha em mente era um pouco diferente do que vou dizer, porque Freud – como todos os neurologistas de sua época – estava preso à falácia cortical[13]. No entanto, é novamente surpreendente como ele chegou perto da verdade.

Vimos que os afetos fazem exigências à mente e que a cognição realiza o trabalho exigido. Para ser mais preciso, a cognição *consciente* realiza o trabalho; pois, uma vez que ele tenha sido realizado e a confiança na crença (priorizada), que se tornou incerta, tenha sido restaurada, o modelo generativo retoma seu modo automático de operação, abaixo do limiar da consciência[14]. Aqui está, mais uma vez, o mecanismo de *aprendizado pela experiência* que descrevi al-

---

[11] Publiquei essa ideia pela primeira vez em Solms (2013) e depois a segui de várias maneiras; por exemplo, Solms (2015b, 2017b, 2017c, 2018b).

[12] Freud (1920), p. 25, grifo nosso.

[13] Freud atribuiu a consciência e a memória a dois sistemas diferentes de neurônios (ω e ψ, respectivamente), que mais tarde se tornaram seus sistemas metapsicológicos Cs e Pcs – mas ele interpretou *ambos* como sistemas corticais. A passagem da qual a frase "a consciência surge em lugar de um traço de memória" é citada deixa isso muito claro, embora tenha sido escrita 25 anos depois do "Projeto" (ver Freud, 1920, pp. 25 ss.).

[14] Bargh e Chartrand (1999), p. 476: "Alguns dos sistemas de orientação automática que descrevemos são 'naturais' e não requerem experiência para ser desenvolvidos. São eles a confraternização das representações perceptuais e comportamentais e a conexão entre os processos de avaliação automática, por um lado, e o humor e o comportamento, por outro. Outras formas de autorregulação automática se desenvolvem a partir da experiência repetida e consistente; elas mapeiam as regularidades da experiência de uma pessoa e assumem as tarefas da escolha e orientação conscientes quando essa escolha não está sendo realmente exercida. É assim que as metas e os motivos podem vir a operar de forma não consciente em determinadas situações, como os estereótipos podem se tornar cronicamente associados às características perceptivas de grupos sociais e como as avaliações podem se integrar à representação perceptiva da pessoa, do objeto ou do evento, de modo que se tornem ativas imediata e involuntariamente no curso da percepção."

gumas vezes. Esse é o ponto principal da consciência na cognição. Você chega a uma situação em que não tem certeza do que fazer. A consciência vem em seu socorro: você sente seu caminho através do cenário, observando as ações voluntárias que lhe servem. Então, pouco a pouco, as lições bem-sucedidas se automatizam e a consciência não é mais necessária[15].

Quero enfatizar que o trabalho cognitivo que acabei de descrever *torna mais lenta* a atividade automática de agir no mundo. Essa é a diferença essencial entre ação voluntária e involuntária, entre cognição consciente e inconsciente, entre impulso sentido e reflexo autonômico; o tipo voluntário é *menos certo* e, portanto, requer mais tempo. Esse processo, que retarda as tendências de ação automatizadas e permite que elas sejam mantidas na mente (na memória de curto prazo), é apropriadamente chamado de "memória de trabalho". A memória de trabalho é, de forma literal, a retenção do sentimento na mente – afeto estabilizado transformado em trabalho cognitivo. Como acabei de dizer: se o afeto é uma demanda de trabalho feita à mente, a cognição consciente é o próprio trabalho. Assim, o afeto tanto acompanha quanto *se torna* cognição. O "trabalho" em questão implica a inibição de tendências automáticas de ação e a *estabilização* da intencionalidade enquanto o sistema sente seu caminho em meio a problemas imprevistos. Isso confere vantagens adaptativas consideráveis, pois facilita soluções viáveis para os muitos problemas do mundo real que nossos modelos generativos (ainda) não podem prever. Esse processo de estabilização é *a* função do córtex[16]. O córtex é especializado em incerteza.

---

[15] Tecnicamente, os estados neuronais, que são impulsionados pelas precisões neuronais, atualizam os parâmetros neuronais.

[16] Isso coincide exatamente com a noção de "processo secundário" de Freud. Ele conceituou esse processo como uma "ligação" da forma primária de energia motriz, que é "livremente móvel". A ligação da energia livre de Friston é a base mecânica do que chamamos de *trabalho* mental (efetivo). Essa conclusão é muito significativa: "Em minha opinião, essa distinção [entre energia vinculada e livre] representa a percepção mais profunda que obtivemos até o momento sobre a natureza da energia nervosa, e não vejo como podemos evitar fazê-la" (Freud, 1915b, p. 188). Observe, no entanto, que Freud

Tudo isso implica que *o estado consciente é indesejável* do ponto de vista de um sistema auto-organizado. Observe o diagrama do marcador na Figura 12: a seta externa representa o aumento da demanda de trabalho (efeito negativo) e a interna representa sua diminuição (efeito positivo), mas o estado ideal é o ponto de estabilização que representa *demanda alguma*. Nos capítulos 7 a 9, coloquei essas questões em uma base mecanicista formal. A minimização da energia livre é o estado ideal dos sistemas vivos, o que significa que a surpresa mínima é o ideal. Isso significa, simplesmente, que a *necessidade* mínima é o ideal. O afeto nada mais é do que o anúncio de uma necessidade evidente. Isso deve significar que o sentimento é uma coisa boa porque permite que nós, sistemas biológicos, resolvamos nossas necessidades e, assim, evitemos a destruição. Mas o estado *ideal* é decerto aquele em que todas as nossas necessidades são atendidas de forma automática – mesmo antes de serem sentidas –, ou seja, onde *não há incerteza*. Nesse estado ideal teórico, no qual nossas necessidades são atendidas de forma automática, não sentimos nada. (É assim que a maioria das nossas necessidades corporais é atendida: elas são reguladas de forma autônoma.) Digo "ideal teórico" porque, em relação a muitas de nossas necessidades, em especial as emocionais, nunca chegamos lá. O impulso de BUSCA, por si só, garante isso. Essa é a má notícia.

A boa notícia é que os sinais de erro com os valores de precisão mais altos têm a maior influência sobre o modelo generativo. Como exigem as maiores mudanças – porque declaram que você está fazendo algo *errado* –, eles representam as maiores oportunidades de aprendizado, para que você não se encontre na mesma situação da próxima vez. Isso não é diferente de "aprender com seus erros", como seus pais e professores sempre lhe diziam. Agora você sabe o porquê: eles queriam poupá-lo do esquecimento. Mas o resultado

---

considerou que o processo secundário também pode funcionar de forma *pré-consciente*. Isso levanta uma questão empírica: o processamento cortical pode realizar sua função estabilizadora na ausência de consciência? Essa pergunta evoca a atual controvérsia sobre a memória de trabalho não declarativa (ver Hassin *et al.*, 2009).

surpreendente continua sendo o fato de que *a consciência é indesejável* na cognição. Portanto, o que todos nós almejamos não é o prazer (necessidade decrescente), mas um estado de zumbi (nenhuma necessidade). A ausência de necessidade implica previsões perfeitas, o que significa ausência de erros e, portanto, nenhuma necessidade de aumentar a precisão dos sinais recebidos e, portanto, nenhum sentimento. Finalmente, a paz.

O aforismo de Freud, "a consciência surge no lugar de um traço de memória", deve fazer mais sentido agora. Isso significa que a consciência surge quando o comportamento automático leva ao erro; em outras palavras, quando o traço de memória (uma previsão) que produz um comportamento não tem o resultado esperado. Isso significa que a previsão em questão deve ser atualizada para acomodar o erro. Portanto, a consciência cortical pode ser descrita como "trabalho preditivo em andamento". Um traço de memória que é consciente está em processo de atualização. Ele não é mais um traço de memória. Assim, a consciência surge no lugar de um traço de memória[17].

Nos últimos anos do século XX, entendemos a neurofisiologia desse processo como "erro de previsão de recompensa" (ver Figura 19)[18]. Com o início do século XXI, obtivemos um controle mais rígido sobre a fisiologia da atualização da memória, sob o título de "reconsolidação".

---

[17] Não quero dizer que toda reconsolidação envolve a consciência *da memória que está sendo atualizada*; ela pode envolver a modulação afetiva do processo de atualização que permanece inconsciente de modo cognitivo (ver a seguir). A propósito, os mecanismos que acabei de analisar explicam o fenômeno psicológico que Freud chamou de "resistência": nossa relutância peculiar em atualizar nossos modelos preditivos diante de evidências contraditórias. (Infelizmente, isso se aplica até mesmo aos cientistas!)

[18] A expressão "Recompensa = previsão" no diagrama de Schultz pode confundir alguns leitores. Quando as consequências sensoriais de uma ação correspondem às consequências previstas, nada acontece; não há "recompensa". As sensações, tanto negativas quanto positivas, sempre significam erro (ver Figura 12). No entanto, na linguagem behaviorista, "recompensa" não implica nenhum sentimento. Significa simplesmente que a previsão é reforçada. Ou seja, usando minha terminologia, ela recebe maior precisão. Para mim, isso significa que será sentida como prazerosa *se a previsão relevante tiver sido priorizada pelo triângulo de decisão do mesencéfalo*.

Os fatos básicos vieram à tona pela primeira vez com a descoberta, na década de 1960, de que uma memória de medo pode ser eliminada com o uso da eletroconvulsoterapia (ECT), mas apenas se o choque for administrado imediatamente após a recuperação da memória[19]. Isso sugere que a ECT interfere em um processo que devolve as memórias de medo manifestas (ativadas) ao seu estado latente: se o choque for administrado enquanto a memória de medo estiver ativada, a memória será apagada. Ela literalmente *não é mais um traço* enquanto você está se lembrando dela. O estado ativado da memória torna o traço de longo prazo mais uma vez *lábil*: ele deixa de ser uma memória.

Isso foi confirmado quando a reconsolidação foi redescoberta e nomeada como tal em 2000[20]. Se forem administrados inibidores da síntese proteica enquanto um traço de longo prazo estiver ativado, ele desaparecerá. (Os inibidores da síntese proteica impedem a formação de *novos* traços de longo prazo.) Isso também se aplica a outros tipos de memória, não apenas à de medo. As memórias de longo prazo, em geral, tornam-se instáveis quando estão no estado ativado. É assim que elas são atualizadas (e depois consolidadas de novo, ou seja, reconsolidadas).

---

[19] Misanin, Miller e Lewis (1968).

[20] Nader, Schafe e LeDoux (2000). Ver Dudai (2000) para uma visão geral acessível. A reconsolidação está intimamente relacionada ao conceito de Freud de "retranscrição" da memória. Ver sua carta a Fliess de 6 de dezembro de 1896, na qual ele pressagia, no mínimo, o conceito de consolidação de sistemas: "Como você sabe, estou trabalhando com a suposição de que nosso mecanismo psíquico surgiu por um processo de estratificação: o material presente na forma de traços de memória sendo submetido de tempos em tempos a um *rearranjo* de acordo com novas circunstâncias – a uma *retranscrição*. Assim, o que é essencialmente novo em minha teoria é a tese de que a memória está presente não uma vez, mas várias vezes, sendo estabelecida em vários tipos de indicações. Há algum tempo, postulei um tipo semelhante de rearranjo (*Sobre a concepção das afasias* [Freud, 1891]) para os caminhos que levam à periferia. Não sei dizer quantos desses registros existem: pelo menos três, provavelmente mais. Isso é mostrado na figura esquemática a seguir [onde a consciência aparece como o "registro" final do traço; ver Figura 8], que pressupõe que os diferentes registros também estão separados (não necessariamente de modo topográfico) de acordo com os neurônios que são seus veículos. Essa suposição pode não ser necessária, mas é a mais simples, sendo admissível provisoriamente." Freud conceituou a "repressão" como uma falha de retranscrição. Ver Solms (2017c) para uma atualização neuropsicanalítica.

```
         ┌──────────────────────────────────────────────────┐
         ↓                                                  │
   ┌───────────┐      ╱╲                            ┌──────────────┐
   │   Usar    │───→ ╱  ╲   Receber                 │   Manter a   │
   │ previsão  │    ╱    ╲  resultado  Recompensa = │   previsão   │
   └───────────┘    ╲    ╱─────────────── previsão  │  inalterada  │
         ↑           ╲  ╱                           └──────────────┘
         ⋮            ╲╱  Recompensa ≠
         ⋮             ⋮  previsão
         ⋮             ↓
   ┌───────────┐    ┌──────┐
   │ Atualizar │←⋯⋯⋯│ Erro │
   │ previsão  │    └──────┘
   └───────────┘
```

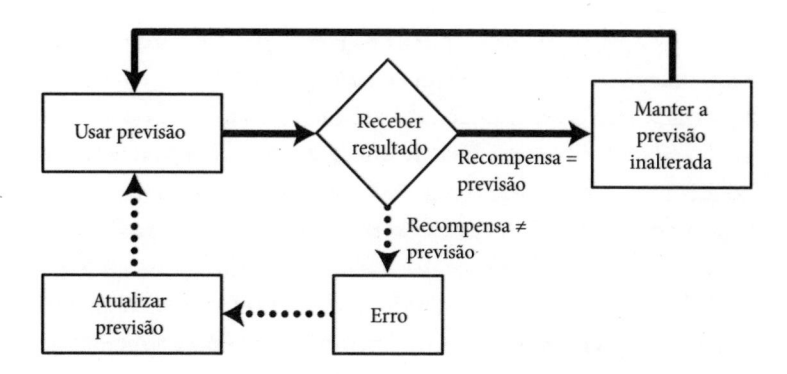

Figura 19 Esquema de aprendizado por erro de previsão de recompensa. A sequência começa com a caixa "Usar previsão", que leva a dois resultados possíveis, à direita dessa caixa: ou existe um erro de previsão (quando o resultado difere da previsão), o que leva à caixa "Atualizar previsão", ou não há erro (quando o resultado corresponde à previsão), o que leva à caixa "Manter a previsão inalterada"; nesse caso, o comportamento permanece inalterado. O estágio "Atualizar previsão" corresponde ao que hoje chamamos de reconsolidação.

Uma enorme quantidade de pesquisas sobre reconsolidação foi realizada nas últimas duas décadas, mostrando que ela ocorre não apenas em humanos e roedores, mas também em galinhas, peixes, caranguejos, caracóis de água doce e abelhas. Esses estudos demonstraram, além disso, um análogo da reconsolidação nas vias de processamento de dor da medula espinhal, sugerindo que ela tem uma função muito básica no sistema nervoso central.

A memória de longo prazo, ao contrário da de curto prazo, depende da síntese de novas proteínas, que é acionada após uma transmissão sináptica substancial e repetitiva, que, por sua vez, é modulada pelo sistema de ativação reticular, ou seja, pela excitação[21]. Daí o

---

[21] Assim, tanto a potenciação quanto a depressão de longo prazo são moduladas pelo sistema de ativação reticular (ver Bienenstock, Cooper e Munro, 1982). Daí também a capacidade da ECT e das crises epilépticas, ambas agindo por meio do mesmo sistema, de interferir na consolidação da memória.

famoso adágio conhecido como lei de Hebb: "Neurônios que disparam juntos se conectam."[22] Uma memória "ativada" é uma memória excitada; e uma memória excitada não é mais uma memória – ela se encontra em um estado de incerteza. Tudo o que tento transmitir aqui é que a consciência cognitiva se resume a uma labilidade dos traços de memória cortical, e que essa labilidade é um *produto da excitação*. Continuamos chegando de diferentes direções ao mesmo entendimento: os processos corticais são sobretudo inconscientes (são simplesmente algoritmos, se deixados por sua própria conta). A consciência – toda ela – vem do tronco cerebral[23].

Mas, ainda assim, parece que nos esforçamos para alcançar uma espécie de estado de zumbi. A forma ideal de cognição é a automaticidade e, portanto, quanto mais cedo pudermos nos livrar da consciência, melhor. Como, então, a cognição cortical se torna *inconsciente*?

Vamos considerar o exemplo mais simples possível. O que você acha que aconteceria se eu projetasse uma linha vertical na frente

---

[22] O que Hebb (1949), p. 62, realmente disse foi: "Vamos supor que a persistência ou repetição de uma atividade reverberativa (ou "traço") tenda a induzir mudanças celulares duradouras que aumentam sua estabilidade. [...] Quando um axônio da célula A está perto o suficiente para excitar uma célula B e repetida ou persistentemente participa do disparo, algum processo de crescimento ou mudança metabólica ocorre em uma ou ambas as células, de modo que a eficiência de A, como uma das células que dispara B, é aumentada."

[23] Em parceria com Cristina Alberini, estou atualmente planejando uma série de experimentos sobre as funções da PAG e do sistema de ativação reticular na aprendizagem consciente e inconsciente. Esses experimentos esclarecerão as funções dos diferentes núcleos de "excitação" na parte superior do tronco cerebral que modulam a cognição consciente no prosencéfalo. O paradigma da reconsolidação promete revelar alguns dos mecanismos intracelulares elementares da consciência perceptual em relação à aprendizagem. Por exemplo, tanto a consolidação quanto a reconsolidação podem ser interrompidas pela inibição da síntese de proteínas e ambas requerem o fator de transcrição gênica CREB. No entanto, pesquisas recentes sugerem que, na amígdala, o BDNF é necessário para a consolidação, mas não para a reconsolidação, e que o fator de transcrição e o gene precoce imediato Zif268 são necessários para a reconsolidação, mas não para a consolidação. Uma dissociação dupla semelhante entre Zif268 para reconsolidação e BDNF para consolidação foi encontrada no hipocampo. Ver Debiec *et al.* (2006) e Lee, Everitt e Thomas (2004).

de seus olhos de forma que se desprezassem os movimentos oculares constantes que normalmente garantem que tudo o que você vê seja atualizado cerca de três vezes por segundo? Essa atualização acontece na própria periferia da hierarquia preditiva, onde se encontram os maiores graus de liberdade. A taxa frenética de atualização do modelo exigida em circunstâncias tão imprevisíveis torna a palavra "previsão" quase sem sentido. É por isso que grande parte do trabalho cognitivo ocorre na periferia sensório-motora.

Então o que aconteceria se fosse possível imobilizar um estímulo visual de tal forma que o víssemos, e só a ele, de forma absolutamente monótona? A resposta inquietante é que ele *desaparece da consciência*. Embora ainda esteja lá, o estímulo desaparece da percepção visual em poucos segundos. Isso foi demonstrado na década de 1950 por Lorrin Riggs, nos Estados Unidos, e Robert William Ditchburn, na Inglaterra. Desde então, efeitos semelhantes foram observados em outras modalidades sensoriais[24]. A razão pela qual o estímulo desaparece da consciência já deve ser óbvia para você: ele se torna cem por cento previsível e, portanto, não traz nenhuma informação. A previsão atinge precisão total e o valor do erro correspondente cai para zero. Isso, como eu disse, é o ideal homeostático do cérebro.

É difícil estabilizar os estímulos em relação aos movimentos dos olhos e da cabeça e, assim, não é possível fazer o experimento Riggs-Ditchburn em casa. No entanto, você pode pesquisar no Google a ilusão do "caçador lilás", que mostra outro tipo de desvanecimento visual[25]. Depois de clicar na imagem, mantenha o rosto a cerca de

---

[24] Riggs e Ratliff (1951), Ditchburn e Ginsborg (1952). É instrutivo relembrar as observações de Helmholtz sobre a atenção (1867, p. 770): "O estado natural e não forçado de nossa atenção é vagar por coisas sempre novas, de modo que, quando o interesse por um objeto se esgota, quando não conseguimos perceber nada de novo, a atenção, contra nossa vontade, vai para outra coisa. [...] Se quisermos que a atenção se fixe em um objeto, temos de continuar encontrando algo novo nele, especialmente se outras sensações fortes tentarem dissociá-lo." Isso deve ser relacionado com o que eu disse antes sobre a BUSCA padrão.

[25] Ver https://en.wikipedia.org/wiki/Lilac_chaser.

vinte centímetros da tela do computador e concentre-se no alvo no meio dos círculos giratórios. Em seguida, observe o que acontece com os círculos. Eles desaparecem porque seu cérebro visual deduz que são ruídos e atribui a eles menos precisão em relação ao fundo cinza, apagando-os.

A página também mostra duas outras ilusões visuais. Além do desvanecimento, você verá um círculo lilás se transformar em um círculo verde que não está de fato lá – nem (1) presente nem (2) verde – girando em torno do alvo central. Ali são explicados os mecanismos em funcionamento. Eles se resumem basicamente à ponderação de precisão. Todos esses fenômenos reforçam a ideia de que o que você vê é gerado pelo seu cérebro, e não recebido de fora[26].

Vamos relacionar isso com a seção do capítulo 5 sobre a atualização de previsões motoras inatas: reflexos e instintos. Essas previsões inatas nos servem bem, mas não podem fazer justiça às complexidades do mundo; desse modo, devem ser complementadas por meio do aprendizado pela experiência. O aprendizado requer consciência, pois aumentamos gradualmente a confiança em nossas previsões recém-adquiridas. Mas o ideal de todo aprendizado também é *automatizar* essas previsões adquiridas, para que se comportem como reflexos e instintos. Nosso objetivo é criar novas previsões que sejam, no mínimo, tão confiáveis e generalizáveis quanto as antigas. Na medida em que podemos conseguir isso, as previsões adquiridas tornam-se automatizadas por meio da *consolidação* dos sistemas. A consolidação é, nesse sentido, o oposto da reconsolidação, que desfaz os traços consolidados, literalmente dissolvendo as proteínas que os "conectaram".

Isso acontece até o nível dos sistemas de memória não declarativa. O objetivo de aprender com a experiência é transferir o maior número possível de memórias de longo prazo do estado declarativo

---

[26] Se alguém lhe disser que esses efeitos não estão relacionados ao cérebro (ou seja, que ocorrem apenas em níveis mais periféricos do sistema nervoso), diga a essa pessoa para ler Hsieh e Tse (2006). Ver também Coren e Porac (1974).

para o não declarativo, pois "declarativo" significa "capaz de retornar à consciência". Portanto, quando eu disse que o estado de zumbi é o ideal da cognição, quis dizer que a consolidação cada vez mais profunda é o ideal do aprendizado. A memória não declarativa é a forma *mais confiável* de memória. Ela exige o mínimo de trabalho: minimiza a complexidade e é a mais generalizável (ver capítulo 8). Consequentemente, é a mais rápida de ser executada: envolve o mínimo de incerteza e, assim, o mínimo de atraso.

É claro que há algumas complexidades aqui. Em primeiro lugar, não quero dar a impressão de que toda consolidação procede dos sistemas de memória declarativa para os de memória não declarativa. Muitas previsões de longo prazo são consolidadas *diretamente* na memória não declarativa, e a maioria dos tipos de aprendizado ocorre em ambos os sistemas de forma simultânea. Em segundo lugar, há vários tipos de memória não declarativa, e nem todos funcionam da mesma maneira. Por exemplo, a aprendizagem "processual" ocorre por meio da repetição bruta; por isso dizemos que habilidades e hábitos como andar de bicicleta são "difíceis de aprender e de esquecer". No entanto, algumas variedades de resposta emocional não declarativa, que são igualmente difíceis de esquecer, são adquiridas por meio de aprendizado de exposição única: condicionamento do medo, por exemplo. (Outros tipos de aprendizado emocional são mais lentos; o vínculo de apego, por exemplo, leva cerca de seis meses.) A dificuldade de esquecer é a característica fundamental da memória não declarativa, mas a consolidação envolve processos muito diferentes nos vários sistemas de memória. Por fim, as memórias não declarativas são "inconscientes" apenas no sentido *cognitivo*. Quando uma resposta emocional adquirida é acionada, você sente algo; só não sabe do que se trata o sentimento, ou seja, de onde ele veio (ver capítulo 3).

O fato mais importante sobre a memória não declarativa é que ela é não declarativa. Ela gera *respostas* procedimentais, enquanto a memória declarativa gera *imagens* vivenciadas[27]. Isso coincide com uma distinção anatômica: as memórias declarativas são corticais, enquanto as não declarativas são subcorticais[28]. Os traços de memória subcorticais não podem ser recuperados na forma de imagens porque não consistem em mapeamentos corticais dos órgãos terminais sensório-motores. Eles implicam estereótipos mais simples, do tipo que descrevi anteriormente em relação aos comportamentos aprendidos de crianças com hidranencefalia e animais decorticados[29]. Essas coisas não podem ser trazidas à mente; elas não são "pensáveis".

Os sistemas de memória cortical, por outro lado, estão sempre prontos para reviver os cenários preditivos que representam – literalmente para vivenciá-los de novo. Em outras palavras, a memória declarativa faz os traços de longo prazo retornarem de imediato ao estado de curto prazo da memória de trabalho consciente. Isso é feito não apenas para atualizar as previsões corticais, mas também para orientar a ação em condições de incerteza.

Os traços de memória subcortical são mais confiáveis do que os corticais – seus valores de alta precisão têm menos probabilidade de mudar – porque são otimizados para simplicidade em vez de precisão. Isso os torna mais generalizáveis. Mas tem um preço: os modelos menos complexos são menos precisos quando o contexto varia[30]. A relativa complexidade das previsões corticais, por outro

---

[27] Ver Oberauer *et al.* (2013).
[28] Estou excluindo aqui o "*priming*" [preparação] e a aprendizagem perceptual. A maioria das outras coisas que digo sobre a memória não declarativa não se aplica a eles, que envolvem imagens e o córtex e pertencem a uma categoria própria: são o "andaime" da memória declarativa. Confira o que eu digo adiante sobre a função de preparação com palavras, por exemplo.
[29] Os gânglios basais são poupados em algumas crianças com hidranencefalia e animais decorticados.
[30] Tecnicamente, a complexidade é a entropia relativa entre crenças posteriores e anteriores ou distribuições de probabilidade sobre estados externos. Essa definição de complexidade decorre do fato de que a evidência do modelo é a diferença entre precisão e complexidade (ver capítulo 8). Como a evidência do modelo é ativamente aumentada pela minimização da energia livre, a precisão das previsões aumenta, com um aumento

lado, coincide com uma maior plasticidade. Em suma, o córtex se especializa em *contextos*; ele restaura a precisão do modelo em situações imprevisíveis[31]. É inevitável uma troca. Quanto maior o potencial de experiência consciente, menor a automaticidade, o que significa mais plasticidade, mas também mais trabalho cognitivo. Isso custa energia e gera sentimentos, por isso o cérebro faz o mínimo possível. A ponto de apagar um estímulo que está bem diante de seus olhos.

E, no entanto, muito do que acontece em nossas cabeças parece difícil de conciliar com esse ideal de eficiência informacional e termodinâmica. Além dos sentimentos e das percepções, outra coisa que nossa consciência contém de forma mais evidente são os *pensamentos*. Eles obviamente têm origem cortical, mas o que são? E por que muitas vezes parecem tão ociosos?

A teoria da cognição que venho delineando aqui gira em torno da capacidade de nossos sistemas de memória de gerar um mundo virtual[32]. Cada nível da hierarquia preditiva – incluindo cada nível de processamento cortical – é capaz de gerar uma versão dos dados que espera receber do nível além dele. Isso significa que a percepção não é fundamentalmente diferente da imaginação: do ponto de vista subjetivo, há pouca diferença entre os mundos que você vivencia em seus sonhos e aquele que está do lado de fora da sua

---

concomitante da complexidade. Em outras palavras, o aumento da complexidade do modelo é sempre licenciado por uma capacidade de fazer previsões mais precisas, como ocorre normalmente nos sistemas de memória cortical.

[31] Compare com Hohwy (2013), p. 202: "A ideia seria que a inferência perceptual se move em um espaço determinado tanto pela exatidão do erro de previsão quanto pela precisão do erro de previsão. Isso pode ser descrito de forma simplificada, se concebermos a exatidão do erro de previsão como aumentando com a amplitude inversa do próprio erro de previsão, e a precisão do erro de previsão como aumentando com a amplitude inversa das flutuações aleatórias em torno da incerteza sobre as previsões [...]. Isso aponta para uma descrição unificada da relação entre percepção consciente e atenção. Elas se relacionam entre si como inferência estatística de primeira e segunda ordem." Ver também Hohwy (2012), discutido brevemente antes.

[32] Esta seção deve muito – e com gratidão – a Clark (2015).

janela[33]. Seu cérebro pode conjurar realidades fantasmagóricas sob demanda. Em princípio, ele está fazendo isso agora, enquanto você lê estas palavras e pensa no que elas significam. E mesmo quando você deixa sua mente divagar...

A existência do devaneio da mente pode parecer um desafio à teoria da energia livre da consciência. Eu disse que nos tornamos conscientes apenas de sinais de erro fortes e priorizados – sinais *salientes* –, aos quais devemos responder se quisermos manter nossos parâmetros biológicos dentro de limites viáveis. No entanto, nossos pensamentos muitas vezes parecem aleatórios e inconsequentes. Em alguns casos, podemos até achar que nossos próprios monólogos internos são intrusivos ou nos distraem, o que não ajuda em certas circunstâncias. Como isso pode minimizar a energia livre?

O objetivo da divagação mental, por mais estranho que possa parecer, é melhorar a *eficiência* de seu modelo generativo. Conforme determina o princípio da energia livre, um modelo só é eficiente se usar o mínimo de recursos necessários para realizar o trabalho de auto-organização. Isso se resume a encontrar o modelo mais simples que preveja com sucesso as amostras sensoriais do mundo. (Lembre-se da navalha de Ockham.)

Esse modelo não surge naturalmente da ação voluntária, que é um processo aleatório. Assim, a simplicidade é aumentada pela *poda* das conexões sinápticas redundantes que se formaram enquanto estávamos aprendendo com a experiência. A razão para cortá-las é evitar o "ajuste excessivo" de nossos modelos a dados ruidosos, preservando de forma desnecessária correlações excêntricas e fracas. As podas são os mecanismos já conhecidos de consolidação e reconsolidação da memória: ao ativar as memórias, podemos fortalecê-las, alterá-las e até mesmo apagá-las.

---

[33] A diferença está no fato de que, devido às mudanças drásticas na ponderação de precisão que ocorrem com o início do sono, os sonhos são quase desprovidos de sinais de erro exteroceptivos (Hobson e Friston, 2012, 2014). Clark descreve isso como "isolamento do arrastamento"; ver, porém, a nota 35.

A divagação da mente é um dos meios pelos quais isso é alcançado. Ela envolve a atividade espontânea do prosencéfalo (também conhecida como "estado de repouso" ou "modo padrão"), que se dá na ausência de qualquer estímulo externo específico. Esse tipo de atividade ocorre na maior parte do tempo, em segundo plano, por meio de uma "exploração imaginativa do nosso próprio espaço mental"[34]. Há uma grande sobreposição entre essa forma de pensamento e o sonho[35], que parece ocorrer em todas as criaturas equipadas com um córtex: qualquer animal com a capacidade de gerar imagens de si mesmo agindo no mundo também pode vagar por infinitos mundos simulados, conforme as circunstâncias permitirem[36]. A vagueação, você deve se lembrar, está ligada de forma íntima ao impulso de BUSCA, que continua com suas demandas enquanto dormimos. Parece óbvio que a atividade no modo padrão é mais segura à noite, quando não temos de lidar com eventos externos.

Tudo isso explica o fato peculiar de que nossos modelos adquiridos do mundo nunca são estáveis por completo, nem sequer enquanto dormimos. Mesmo na ausência de estímulos sensoriais convincentes, a atividade neural estruturada continua, o que resulta em uma contínua exploração e testagem do modelo gerativo. Essas explorações, Andy Clark suspeita, podem resultar em novas respostas refinadas para problemas que ocupam nossa atenção quando estamos acordados – respostas que em geral são mais simples, no sentido de Ockham, ou seja, *mais eficientes* do que nossas melhores tentativas anteriores: "Será que tudo isso pode ser pelo menos parte da solução para os profundos e persistentes enigmas relacionados às origens de novas ideias e à solução criativa de problemas?"[37]

---

[34] Clark (2015), p. 273.
[35] Entretanto, observe que o cérebro adormecido não está "isolado do arrastamento", como diz Clark (2015), p. 107. O principal "sinal sensorial de condução" do cérebro é sempre endógeno. Simplesmente não é possível ficar isolado do arrastamento – isto é, de nossas necessidades biológicas – por esse sinal. Se nós, neurocientistas, continuarmos a ignorar esse fato fundamental, nunca entenderemos a vida mental e seu lugar na natureza.
[36] Ver Domhoff (2017).
[37] Clark (2015), p. 274.

A consciência desempenha, nesse processo autogerado, o mesmo papel que na percepção e no aprendizado pela experiência. O que todos os processos cognitivos conscientes têm em comum é o fato de implicarem o trabalho mental necessário de reconsolidação – o retorno de previsões consolidadas a estados de incerteza. É por isso que os sonhos (uma forma de solução de problemas) são conscientes[38].

Mas há outros tipos de pensamento além da divagação mental. Vamos dar uma olhada em um segundo tipo: a imaginação *deliberada*. Se algum processo cognitivo merece o papel de antagonista na oposição tradicional entre pensamento e ação, é esse. Aqui é o pensamento *em vez da* ação, inibindo nossos impulsos motores enquanto o sistema sente seu caminho através de problemas na imaginação. Quando nos envolvemos nesse tipo de pensamento, ajustamos nossas precisões de modo que os erros de previsão motora sejam suprimidos[39]. Afinal, o objetivo do pensamento deliberativo é imaginar fazer as coisas para *avaliar* de maneira antecipada as prováveis consequências de realmente fazê-las. (Usei o exemplo de agredir meu diretor no capítulo 5.)

Como imaginamos o futuro? Da mesma forma que nos lembramos do passado – que acaba sendo, com muito mais frequência do que gostamos de admitir, um passado imaginado. A memória episódica é um processo *construído* no qual as metas e os contextos atuais contribuem muito para o que é lembrado. Assim, o passado é revivido de forma seletiva e tendenciosa em relação às demandas atuais de trabalho preditivo. Mais uma vez, o caso do Sr. S – o homem com o "cartucho de memória faltante" – é um excelente exemplo, precisamente porque os mecanismos que sustentam a lembrança normal foram tão exagerados por sua patologia. Sua memória episódica era autocentrada de uma maneira alarmante.

Não existe, é claro, um cartucho de memória. Em vez disso, os sistemas neurais envolvidos na viagem mental no tempo giram em

---

[38] Ver Solms (2020a) para uma explicação sobre esse tema.
[39] Isso também ocorre no "estado de repouso".

torno do *hipocampo*, que é crucial para injetar a qualidade do "ser-a-cada-momento-meu" (*Jemeinigkeit*) ou "minhidade" (*mineness*) perspectivo nos processos de memória cortical normalmente inconscientes[40]. Pesquisas contemporâneas sobre memória episódica revelam que o hipocampo está, na verdade, tão envolvido em imaginar o futuro quanto em reviver o passado[41]. David Ingvar fala em "lembrar o futuro"[42] e Daniel Schacter conceitua o hipocampo – juntamente com as outras estruturas cerebrais responsáveis por esse tipo de memória – como suporte de uma "simulação episódica construtiva" do futuro, o que implica "recombinação flexível de detalhes de eventos passados em cenários novos". Na visão de Schacter, o sistema de memória episódica adquire seu valor adaptativo mais por sua capacidade de imaginar o futuro do que pela de reviver o passado. O cérebro, conclui ele, é "um órgão fundamentalmente *prospectivo*, projetado para usar informações do passado e do presente para gerar previsões sobre o futuro"[43]. Tudo isso deve soar bastante familiar a esta altura.

O terceiro e último tipo de pensamento que discutirei é o pensamento com *palavras*. Essa capacidade, ao que parece, dá à cognição humana sua característica mais exclusiva. As pessoas descrevem a linguagem como uma ferramenta de comunicação, o que é verdade. Mas ela é, antes de tudo, uma ferramenta de abstração. Alguns filósofos se referem a essa "outra" função da linguagem como supracomunicativa, mas prefiro pensar nela como pré-comunicativa; é difícil imaginar como a fala (em oposição à vocalização) poderia ter surgido sem a abstração. A linguagem não se limita a expressar pensamentos que já temos; ela forma novos pensamentos.

Um experimento realizado por Gary Lupyan e Emily Ward revela essa função da linguagem. Eles usaram uma técnica chamada "supressão contínua de *flash*" – outro tipo de percepção biestável,

---

[40] É fácil esquecer que o hipocampo faz parte do sistema límbico, o cérebro emocional.
[41] Okuda *et al.* (2003), Szpunar *et al.* (2007), Szpunar (2010), Addis *et al.* (2007).
[42] Ingvar (1985).
[43] Schacter, Addis e Buckner (2007), p. 660, grifo nosso.

semelhante à rivalidade binocular –, na qual uma imagem apresentada de modo contínuo a um olho é suprimida da consciência por um fluxo variável de imagens apresentadas ao outro olho[44]. Nesse experimento, os participantes viram a imagem de um objeto familiar – como uma cadeira, uma abóbora ou um canguru – em um olho, enquanto o outro olho via uma série de rabiscos. Os rabiscos suprimiam a imagem estável da consciência. No entanto, imediatamente antes de olhar para os rabiscos e o objeto, os participantes ouviam uma das três coisas: (1) a palavra para o objeto suprimido (por exemplo, "abóbora" quando o objeto era uma abóbora), (2) a palavra para um objeto diferente (por exemplo, "canguru" quando o objeto era uma abóbora) ou (3) apenas ruído estático. Quando solicitados a indicar se viram algo ou não, os participantes foram muito mais propensos a relatar ter visto de forma consciente o objeto estável quando a palavra que ouviram correspondia a ele do que quando uma palavra não correspondente ou nenhuma palavra foi combinada com a imagem. Na verdade, ouvir a palavra errada reduzia ainda mais as chances de ver o objeto suprimido. A explicação para isso é que, "quando as informações associadas aos rótulos verbais correspondem à atividade recebida (de baixo para cima), a linguagem proporciona um estímulo de cima para baixo à percepção, impulsionando uma imagem que, de outra forma, seria invisível para a consciência"[45]. Em outras palavras, ela aumenta a ponderação de precisão da imagem perceptual.

Para entender o poder de tal mecanismo, observe que (na realidade, e não apenas nesse experimento) fornecemos essa rotulação

---

[44] O fato de que um fluxo *variável* (imprevisível) suprime uma imagem *constante* (mais previsível) é, obviamente, interessante por si só.

[45] Lupyan e Ward (2013), p. 14196, grifo nosso. Em termos das questões técnicas relativas à percepção consciente que foram discutidas antes, esse é, obviamente, um exemplo de atenção endógena. Com relação a isso, ver também a definição técnica de "saliência" apresentada na p. 238. As palavras aumentam artificialmente a saliência. No entanto, a preparação verbal é facilmente anulada por uma surpresa exógena forte (ou seja, precisa). Dito de outro modo, a priorização ascendente das necessidades no nível do triângulo de decisão do mesencéfalo invariavelmente supera os processos descendentes do prosencéfalo.

de cima para baixo o tempo todo, por meio do processo de "discurso interior". O impulso que isso proporciona é uma forma de *preparação* (também conhecida como *priming*) não declarativa. Curiosamente, porém, a preparação com palavras tem um efeito muito mais forte sobre a consciência do que a preparação com imagens concretas. Uma imagem acaba valendo um pouco menos do que uma palavra – e não mais que mil. Presume-se que isso se deva ao fato de que as abstrações (que residem de forma mais profunda na hierarquia preditiva) podem alcançar mais do que as imagens quando se trata de coisas como a "caninidade" (*dogness*). Assim, por exemplo, Lupyan descobriu que ouvir a palavra "cachorro" tem uma chance significativamente maior de superar a supressão contínua de *flash* do que apenas ouvir sons de latidos[46]. A abstração tem maior alcance. E assim, quando os indivíduos são preparados de modo implícito a prestar atenção a "veículos" *versus* "humanos" enquanto assistem a um videoclipe, a preparação verbal altera a sintonia de populações neuronais inteiras, fazendo com que elas sejam mais sensíveis à presença de uma determinada classe de objeto[47]. As palavras têm o poder de impulsionar categorias semânticas inteiras. De fato, muitas dessas categorias não seriam pensáveis – e, portanto, perceptíveis – sem seus rótulos verbais. Isso se aplica de modo mais óbvio ao tipo de conceitos abstratos que estamos considerando neste livro. Quem já viu energia livre? No entanto, uma vez que conseguimos pensar em "energia livre", podemos ver seu funcionamento em toda parte.

Se isso é o que uma ou duas palavras podem fazer, o que acontece quando começamos a juntar centenas delas? Veja, por exemplo, o potencial das narrativas pessoais: as histórias abstratas que contamos a nós mesmos sobre o fluxo e o significado de nossas vidas. "Essas narrativas", escreve Andy Clark, "funcionam como

---

[46] Lupyan e Thompson-Schill (2012).
[47] Çukur *et al.* (2013). Ver novamente o experimento de cegueira por desatenção citado no capítulo 9, nota 8.

elementos de alto nível nos modelos que estruturam nossas próprias autoprevisões e, portanto, informam nossas ações e escolhas futuras."[48]

É claro que essas narrativas são em geral *coconstruídas* com outras pessoas ao longo da vida, começando com a díade mãe-bebê. Isso introduz a função comunicativa da linguagem. A manipulação artificial da precisão não vem apenas de nossos próprios modelos generativos; também pode vir dos modelos de outras pessoas, se elas tiverem capacidades semelhantes de abstração. Clark lista essa segunda função da linguagem sob o título de "predição recíproca contínua", enquanto Andreas Roepstorff e Chris Frith falam de "compartilhamento de *scripts*" e "controle de ação de cima para baixo"[49]. Em suma, a rotulação abstrata que controla a precisão de uma pessoa pode ser comunicada diretamente à de outra, contornando a função trabalhosa de aprendizagem de baixo para cima.

Roepstorff e Frith constroem essa afirmação comparando os efeitos de dar instruções verbais a outros seres humanos a fim de ajudá-los a realizar uma tarefa *versus* o árduo processo de treinamento necessário para instalar conhecimento suficiente em um macaco de maneira que ele faça a mesma coisa. No exemplo usado por Roepstorff e Frith – uma espécie de jogo de ordenação de cartas –, os seres humanos adquirem o comportamento-alvo após alguns minutos de instruções verbais, ao passo que é necessário um ano inteiro de condicionamento operante para que os macacos o adquiram. Sabemos, por meio de evidências de fMRI (ressonância magnética funcional), que os humanos e os macacos nesse experimento utilizaram regiões cerebrais equivalentes – o mesmo conjunto cognitivo – para *realizar* a tarefa real. A diferença foi apenas o método de *aquisição*.

A linguagem envolve ainda mais. Ela abre as portas para toda um conjunto de técnicas de aprimoramento de precisão, como as obser-

---
[48] Clark (2015), p. 286.
[49] Roepstorff e Frith (2004).

vações, teorias e equações apresentadas neste livro. Graças às palavras (e a outros símbolos, como os matemáticos), os modelos adquiridos ao longo da vida de um indivíduo podem se tornar objetos estáveis para análise e aprimoramento sistemático por outras pessoas – não apenas nossos contemporâneos, mas ao longo de gerações. Com suas maravilhosas gradações de generalidade e especificidade, a linguagem nos permite projetar algo da estrutura da própria hierarquia preditiva na consciência. Esses poderosos auxílios à cognição não estão disponíveis para espécies não simbólicas. É muito difícil imaginar toda a ciência, tecnologia e cultura sem a linguagem.

Minha intuição diz que a linguagem evoluiu sobretudo a partir do impulso do BRINCAR. Expliquei no capítulo 5 como o BRINCAR dá origem à formação de regras sociais. Elas norteiam o comportamento do grupo e, assim, nos protegem das necessidades potencialmente excessivas de cada indivíduo. A regra 60/40 é uma regra social inata. Ela exige reciprocidade e mutualidade e, portanto, facilita o desenvolvimento da empatia – a capacidade de ler outras mentes. É fácil ver como a criação de regras sociais adquiridas incentiva formas complexas de comunicação para expressá-las e como isso, por sua vez, contribui para o surgimento do pensamento simbólico. A pressão para desenvolver regras artificiais aumentou de modo exponencial quando os seres humanos deixaram o antigo estilo de vida de caçadores-coletores, típico de todos os primatas, e começaram a viver em assentamentos permanentes, com plantações e criação de animais. Não tínhamos nenhuma preparação evolutiva para esse desenvolvimento, que ocorreu há apenas 12 mil anos – nenhuma, quer dizer, além do impulso do BRINCAR, que é fundamental para a formação de hierarquias sociais.

Desse modo, é de grande interesse observar que o córtex contribui mais para o BRINCAR do que para qualquer outra emoção básica[50]. É impossível conceber sua qualidade de "como se fosse" sem mecanismos corticais do tipo que descrevi neste capítulo.

---

[50] Ver Zhou *et al.* (2017).

O BRINCAR pode muito bem ser um precursor biológico do pensamento em geral (ou seja, de toda ação virtual *versus* real) e de toda a vida cultural.

Leitores perspicazes notarão que o que eu disse nesta seção também sugere algo sobre o papel da linguagem na "cura pela fala" de Freud. O que é a psicoterapia senão uma intervenção direcionada na narrativa pessoal de alguém? Em minha opinião, a psicoterapia – uma forma de "predição recíproca contínua" – também é uma forma de BRINCAR. Mas agora estou tocando em tópicos que merecem livros próprios. Gostaria de encerrar essas reflexões sobre o córtex considerando a *diferença* essencial entre a consciência cortical e a do tronco cerebral.

Panksepp estava muito interessado em nossa tendência de associar certas cores a certos sentimentos[51]. É uma convenção, por exemplo, descrever as cores do espectro vermelho como quentes e as do espectro azul como frias. Isso é arbitrário? As cores poderiam ser invertidas? O calor e a frieza exteroceptivos não são, obviamente, qualidades visuais, como o vermelho e o azul. São características da sensação somática, mas também estão relacionados de forma íntima ao que Panksepp chamou de "afetos sensoriais", como dor, nojo e surpresa[52]. De diversas maneiras, os aspectos hedônicos do calor e da frieza incorporam o valor biológico; a proximidade física de outras pessoas é quente, o sexo é quente, o fogo é quente etc. É plausível dizer que os espectros de cores associados ao fogo e ao gelo adquiriram seus significados afetivos dessa forma, assim como, talvez, as cores de frutas maduras e não maduras. Panksepp especulou que essas associações podem ser um resquício das origens evoluti-

---

[51] Panksepp e Biven (2012), p. 396: "A *experiência* da visão e do som conscientes era inicialmente muito afetiva (Panksepp, 1998). O imediatismo com que os estímulos visuais e auditivos repentinos podem nos assustar e amedrontar, especialmente quando esses estímulos se originam muito perto de nossos corpos, sugere uma profunda integração primordial desses sistemas sensoriais com alguns de nossos mecanismos de sobrevivência afetivos mais essenciais. Considere também como somos propensos a associar determinadas cores a sentimentos."

[52] Considere também o conceito cada vez mais influente de "toque afetivo".

vas dos *qualia* perceptivos, uma lembrança da época em que nossas únicas percepções conscientes eram os afetos sensoriais.

Mas há uma grande diferença entre o sentimento de afeto e a valoração associativa de objetos percebidos externamente, como frutas maduras ou fogo escaldante. A diferença é a seguinte: os afetos são inatos, mas a valoração das percepções externas é *adquirida*. As qualidades visuais e outras qualidades das percepções tornam-se "associadas" aos afetos no sentido empirista[53]. Atribuímos valores ao mundo. Embora *algumas* dessas associações sigam regularidades que existem na natureza – entre vermelho, fogo e maturidade, por um lado, e certos sentimentos agradáveis, por outro – até mesmo essas associações são adquiridas e, portanto, estão sujeitas aos caprichos da experiência individual.

Em suma, essas associações são *contextuais*. Por exemplo, o fogo nem *sempre* é uma coisa boa, o que provavelmente explica por que as cores do espectro quente, como o vermelho, às vezes denotam coisas boas, como sexo, e às vezes coisas ruins, como perigo. É também por isso que falamos não apenas de sexo "quente", mas também de discussão "quente". Esse princípio se aplica em graus crescentes às associações cada vez mais individualizadas que constituem a iconografia subjetiva de cada pessoa. Ele segue a lógica de Lisa Feldman Barrett.

A visão de Panksepp era de que os valores afetivos associados a algumas qualidades perceptivas são um vestígio de suas origens nos afetos sensoriais. Mas não podemos perder de vista o fato de que a conexão inata é rompida quando associamos qualidades perceptivas como vermelhidão ou calor a sentimentos eróticos, e azul ou frio a sentimentos tristes. É por isso que é possível condicionar associações de cor e efeito.

As regularidades em nível populacional nessas associações, que de fato seguem a natureza até certo ponto, certamente devem ser a base para formas de arte como pintura, música e dança. Apre-

---

[53] Não estou dizendo que a consciência perceptual *como um todo* não tem poder causal. Ela o adquire precisamente porque contextualiza o afeto.

ciamos suas qualidades visuais, auditivas e somatossensoriais – pelo menos em parte – por meio de nossos afetos sensoriais e das conotações que elas evocam em nós. Considerando minha definição de consciência como incerteza sentida, também é interessante observar o papel da surpresa na experiência estética. O mesmo se aplica ao humor: uma obra de arte sem graça é como uma piada cuja conclusão engraçada é evidente de antemão. Mas esses tópicos são vastos demais para serem abordados de forma adequada aqui[54].

Podemos concluir que os *qualia* perceptivos são diferentes dos afetivos no sentido de que não possuem inerentemente uma valoração hedônica; elas adquirem sua valoração em relação ao afeto. As ondas de luz e som que incidem sobre o córtex o tempo todo nem sempre são experienciados de forma consciente[55], mas, quando o são, são sentidas como *contexto* (ver pp. 161-2).

Em última análise, a percepção consiste na computação de estatísticas inferenciais relativas às distribuições de probabilidade de sequências de impulsos e nas comparações dessas probabilidades, tudo em uma hierarquia aninhada de homeostatos de otimização de precisão[56]. A hierarquia gera em nossa mente uma representação gráfica de "respostas despertadas por equipamentos" – *fenômenos*, segundo John Wheeler. Esses fenômenos constituem a realidade virtual exibida diante de (e por) cada um de nós. Os estados de repouso dos bilhões de pequenos homeostatos – todos incorporados uns aos outros, desde a superfície até as profundezas – representam nossa *confiança* em um contexto esperado. O contexto é o que esperamos que aconteça além do nosso cobertor de Markov quando

---

[54] Ver Hurley, Dennett e Adams (2011), um livro sobre humor que Dennett recentemente trouxe ao meu conhecimento porque chega a conclusões sobre a arquitetura funcional da mente que são muito semelhantes às minhas.

[55] As intensidades e os comprimentos de onda auditivos e visuais são continuamente medidos, comparados e classificados pelo córtex, tanto consciente quanto inconscientemente.

[56] Cf. Clark (2015), p. 207: o paradigma da energia livre sugere "não que experimentemos nossos próprios sinais de erro de previsão (ou suas precisões associadas) como tais, mas que esses sinais agem dentro de nós para recrutar os fluxos adequados de previsões que revelam um mundo de objetos e causas distantes".

tentamos resolver uma necessidade priorizada. A priorização de uma necessidade desencadeia um trabalho cognitivo enraizado em uma crença associada: o resultado esperado. O que você percebe conscientemente, por meio do mecanismo com o qual já estamos familiarizados, não é esse contexto esperado, mas a exibição aninhada – em uma hierarquia profunda – de *desvios* priorizados de suas expectativas.

Na periferia da hierarquia, essas flutuações acontecem o tempo todo; é quase impossível prever o presente em todos os detalhes. Nossa confiança flutuante nos aspectos salientes de nossas expectativas sensório-motoras é experimentada na forma de cores, tons e afins, ou seja, em arranjos das variáveis categóricas exteroceptivas que nossa espécie calcula. Isso inclui não apenas as percepções do mundo exterior, mas também os desvios intermitentes dos estados proprioceptivos esperados do avatar que representa nosso próprio corpo, uma vez que nossa experiência com o corpo não é menos virtual do que aquela com o mundo exterior[57].

Erros de previsão de precisão perceptiva e proprioceptiva (quando salientes) são registrados como *qualia* exteroceptivos. Por outro

---

[57] Se ficar alarmado com meu uso da palavra "avatar", lembre-se de que tudo o que você percebe é virtual, inclusive a imagem do seu próprio corpo. Considere o que escrevi certa vez sobre a ilusão da "troca de corpo" (Solms, 2013, p. 15): "O sujeito da consciência se identifica com seu corpo externo (objeto-apresentação) da mesma forma que uma criança se projeta na figura animada que ela controla em um jogo de computador. A representação é rapidamente investida de um senso de *self*, embora não seja de fato o *self*. Eis um experimento impressionante que ilustra a relação contraintuitiva que realmente existe entre o *self* subjetivo e seu corpo externo: Petkova e Ehrsson (2008) relatam uma série de experimentos de 'troca de corpos' em que câmeras instaladas sobre os olhos de outras pessoas ou manequins, transmitindo imagens desse ponto de vista para óculos de monitoramento de vídeo usados pelos participantes do experimento, criaram rapidamente nesses participantes a ilusão de que o corpo da outra pessoa ou o manequim era seu próprio corpo. Essa ilusão era tão convincente que persistia mesmo quando os sujeitos projetados apertavam as mãos com seus próprios corpos. A existência da ilusão também foi demonstrada objetivamente pelo fato de que, quando o outro corpo (ilusório) e o corpo próprio (real) foram ameaçados com uma faca, a resposta de medo – a 'reação instintiva' do corpo interno (medida pela frequência cardíaca e pela resposta galvânica da pele) – foi maior para o corpo ilusório. [...] Lembramos que o córtex não passa de uma memória de acesso aleatório." Sobre esse último ponto, ver Ellis e Solms (2018).

lado, a mudança de confiança na crença fenotípica que gerou o processo sensório-motor é experimentada em primeiro lugar na forma de afeto. Não importa o projeto que estejamos realizando, a cada momento temos uma sensação de como estamos nos saindo. Você pode sentir isso agora com certeza? Uma mudança dentro de você ao ler estas palavras, um fluxo de incertezas que aumentam e diminuem, que pode pará-lo se ficar muito forte. Sua qualidade fundamental, o afeto, é sentida ao longo de toda a sua vida e, no fim das contas, regula tudo o que você faz.

Sugiro que nossa experiência cotidiana, em última análise, não consiste em nada mais do que isso.

Capítulo 11

O problema difícil

O físico Paul Davies escreveu:

> Entre as muitas propriedades desconcertantes da vida, o fenômeno da consciência se destaca como especialmente impressionante. É indiscutível que sua origem é o problema mais difícil que a ciência enfrenta nos dias de hoje e o único que permanece quase impenetrável mesmo após dois milênios e meio de deliberação. [...] A consciência é o problema número um da ciência, até mesmo da existência.[1]

Eu poderia citar muitas declarações semelhantes de outros cientistas. O "problema difícil" (como é respeitosamente abreviado) pergunta por que e como você – "suas alegrias e tristezas, suas memórias e ambições, seu senso de identidade pessoal e livre-arbítrio"[2], em suma, sua experiência existencial – poderia surgir dos processos fisiológicos que ocorrem nas células cerebrais. Essas células não são em sua essência diferentes daquelas que constituem outros órgãos do corpo. Sendo assim, como elas trazem "você" à existência?

A pergunta não é nova; é provável que seja o mais antigo e sincero de todos os mistérios humanos. No passado, ela assumia a for-

---
[1] Davies (2019), pp. 184 e 207.
[2] Crick (1994). A citação completa é apresentada adiante.

ma de "Como minha alma passa a residir em meu corpo?", mas foi atualizada em 1995 pelo filósofo David Chalmers. Vou citar sua célebre formulação:

> É inegável que alguns organismos são sujeitos da experiência. Mas a questão sobre como esses sistemas são sujeitos da experiência é desconcertante. Por que motivo, quando nossos sistemas cognitivos se envolvem no processamento de informações visuais e auditivas, temos experiência visual ou auditiva: a qualidade do azul profundo, a sensação do dó médio? Como podemos explicar por que existe *algo que é como* entreter uma imagem mental ou sentir uma emoção? É amplamente aceito que a experiência surge de uma base física, mas não temos uma boa explicação de por que e como ela surge. Por que o processamento físico deveria dar origem a uma vida interior rica? Do ponto de vista objetivo, parece irracional que isso aconteça, mas acontece.[3]

A formulação de Chalmers tem uma grande dívida com um artigo anterior de Thomas Nagel, "Como é ser um morcego?" (1974). Nagel enfatizou o *algo que é como* da experiência subjetiva. Ele ressaltou que "um organismo tem estados mentais conscientes se e somente se houver algo que é como *se fosse* esse organismo – algo que é como *para* o organismo", acrescentando: "Se reconhecermos que uma teoria física da mente deve explicar o caráter subjetivo da experiência, devemos admitir que nenhuma concepção hoje disponível nos dá uma pista sobre como isso poderia ser feito." E concluiu: "Parece improvável que qualquer teoria física da mente possa ser contemplada até que se tenha refletido mais sobre o problema geral do subjetivo e do objetivo."

O que levou Chalmers a reafirmar o "problema geral" da forma como o fez, duas décadas depois, foi o fato de que os cientistas do cérebro tinham acabado de começar a abordar a consciência de

---

[3] Chalmers (1995a), p. 201, grifo nosso.

modo experimental. Devido aos avanços tecnológicos que descrevi no capítulo 1, eles acreditavam que perguntas do tipo "Como as células cerebrais transformam processos fisiológicos em experiências?" agora poderiam ser respondidas. Um dos primeiros cientistas a abordar o problema dessa forma foi o biólogo molecular *Sir* Francis Crick, codescobridor da estrutura do DNA. Ele fez isso em um livro intitulado *A hipótese espantosa* (cujo subtítulo é *Busca científica da alma*), que publicou apenas um ano antes da importante declaração de descrença de Chalmers. Eis o que Crick escreveu: "A hipótese espantosa é que você, suas alegrias e tristezas, suas memórias e ambições, seu senso de identidade pessoal e livre-arbítrio são, *na verdade*, nada mais do que o comportamento de um vasto conjunto de células nervosas e suas moléculas associadas."[4]

Chalmers não foi categórico na sua contestação da afirmação de que a consciência surge de uma base física. Como acabamos de observar, ele mesmo disse que "é amplamente aceito" que isso ocorra, assinalando apenas que "*não temos uma boa explicação* de por que e como ela surge". Isso repetiu a afirmação de Nagel de que "nenhuma concepção hoje disponível nos dá *uma pista* sobre como isso poderia ser feito". Crick havia afirmado que uma boa explicação poderia ser encontrada: que a tecnologia disponível atualmente poderia identificar com facilidade o que ele descreveu como o "correlato neural da consciência". Ele acreditava que, se isolássemos as partes anatômicas do cérebro necessárias para a consciência e as funções fisiológicas específicas dessas partes, poderíamos resolver de maneira científica o problema mente-corpo. Ele recomendou que começássemos nossa busca concentrando-nos em apenas um dos correlatos neurais da consciência: os processos cerebrais que distinguem a *visão* consciente da inconsciente. A partir daí, poderíamos em princípio nos estender para o restante da consciência. Isso parecia bastante razoável. Deve haver de fato um correlato neural da experiência visual?

---

[4] Crick (1994), p. 3, grifo nosso.

Como vimos, ainda que apenas a visão *cortical* seja consciente, o córtex também pode processar estímulos visuais de modo inconsciente, assim como os colículos superiores. De acordo com Crick, portanto, o problema da consciência visual é uma simples questão de saber o que ocorre no córtex visual quando ele está processando informações *de modo consciente* que não ocorre quando ele o faz *de modo inconsciente*, algo que também não ocorre nos colículos superiores. Por razões elaboradas anteriormente, acredito que ele começou com o pé esquerdo, falando de forma anatômica; ele deveria ter se concentrado no tronco cerebral no lugar do córtex, e no afeto no lugar da visão. Chalmers, entretanto, tinha uma dúvida mais fundamental.

A abordagem de Crick – que se tornou dominante na neurociência cognitiva – omite o que Chalmers chama de parte "difícil" do problema mente-corpo. Isolar os correlatos neurais da consciência é a parte "fácil". Ele apenas identifica os processos cerebrais específicos que se *correlacionam* com a experiência; não explica como eles a *causam*. Essa é a parte difícil do problema: como e por que as atividades neurofisiológicas *produzem* a experiência da consciência?[5] Em outras palavras, como a matéria *se torna* mente? De acordo com Chalmers, nós, neurocientistas, podemos ser capazes de explicar como as informações neurais são processadas no cérebro enquanto estamos tendo experiências visuais, mas isso não explica como esses processos cerebrais *se transformam em* experiências. Como disse John Searle, outro importante filósofo da mente: "Como o cérebro supera o obstáculo da eletroquímica para o sentimento?"[6] Essa pergunta é igualmente desconcertante quando formulada de forma inversa: como coisas imateriais como pensamentos e sentimentos (por exemplo, decidir fazer uma xíca-

---

[5] Ver Chalmers (1996), p. 251, grifo nosso: "Quem poderia imaginar que esse pedaço de massa cinzenta seria o tipo de coisa capaz de *produzir* experiências subjetivas vívidas? E, no entanto, ele produz."

[6] Searle (1997), p. 28. Ele também coloca a questão desta forma: "Como exatamente os processos neurobiológicos no cérebro *causam* a consciência?" (1993, p. 3, grifo nosso).

ra de chá) se transformam em ações físicas como fazer uma xícara de chá?[7]

A extensão dessa lacuna explicativa[8], como os filósofos a chamam, é bem ilustrada pelo "argumento do conhecimento", que é mais ou menos o seguinte[9]:

Imagine uma neurocientista cega congênita, chamada Mary, que sabe tudo o que há para saber sobre os correlatos neurais da visão. Embora ela possa explicar todos os fatos físicos do processamento de informações visuais – até o nível celular, incluindo o impacto das ondas de luz nos bastonetes e cones fotossensíveis, e como essas ondas são convertidas em impulsos nervosos, e como esses impulsos são propagados pelo corpo geniculado lateral até o córtex, e como são processados lá por colunas cuidadosamente dispostas de neurônios, organizados em vastos números em uma variedade de módulos de processamento de informações espalhados por toda a superfície cortical, cujos múltiplos fluxos de processamento visual especializado são bem compreendidos –, ainda assim ela não saberia *como é* experienciar a visão. Cega desde o nascimento, não saberia nada sobre as qualidades experienciadas de vermelho e azul, por exemplo, que são, afinal de contas, o material real da visão consciente. Isso não ocorre apenas porque ela própria nunca experienciou essas qualidades, mas também porque nada em seu *conhecimento* anatômico e fisiológico sobre os correlatos neurais da visão explica como é ver. Se ela adquirisse de forma repentina o dom da visão, aprenderia algo novo sobre esse dom – algo para o qual

---

[7] Estou me referindo aqui ao fechamento causal do físico: se a consciência não é física, ou se as propriedades conscientes não são propriedades físicas, é difícil ver como elas podem influenciar a matriz causal dos processos cerebrais. Ver a correspondência entre René Descartes e a princesa Elisabeth da Boêmia (Shapiro, 2007).

[8] Levine (1983). A irredutibilidade da experiência fenomenal aos processos físicos também é conhecida como "lacuna epistêmica".

[9] Jackson (1982). Digo "mais ou menos" porque modifiquei ligeiramente o "argumento do conhecimento" de Jackson. Fiz isso não apenas para simplificá-lo, mas também porque ele é desnecessariamente cruel em sua forma original. No mundo real, essa crueldade teria impacto sobre os processos psicológicos descritos por Jackson.

nenhum de seus conhecimentos mecanicistas a preparou. *Os fatos físicos, portanto, não explicam por que e como existe algo que é como ver.* Eles apenas explicam por que e como o cérebro decodifica as informações visuais: como *ele* vê, não como *você* vê. Essa suposta irredutibilidade à base física do que os filósofos chamam de *qualia* – o "algo que é como" da experiência subjetiva – é o problema difícil. Isso, de acordo com Chalmers, é "o mistério central da consciência"[10].

Essa irredutibilidade percebida levou grandes mentes ao longo dos tempos, entre elas o médico-filósofo John Locke, à conclusão de que as experiências conscientes *não fazem parte do universo físico*[11]. Como é claro que os *qualia* da experiência, no entanto, existem, esses pensadores os relegaram a alguma dimensão não física da realidade, que eles (ou muitos deles) descreveram como "epifenômenos"[12]. Foi Locke quem apontou em seu "argumento do espectro invertido" que é logicamente possível que alguém experiencie a qualidade do azul como eu experiencio a do vermelho e ainda assim ele o chame de "vermelho", assim como eu, embora o que ele veja de forma consciente seja o que eu chamaria de "azul". O resultado de seu argumento é que não faria diferença se isso ocorresse – esses dois extremos do espectro de cores poderiam ser trocados em relação aos seus *qualia* experienciados. Portanto, de acordo com Locke, a consciência não é explicada por seus correlatos físicos; a relação entre o mecanismo físico (nesse caso, os comprimentos de onda relativos da luz) e os *qualia* psicológicos não é causal.

Assim, a consciência se torna algo que simplesmente acompanha a cadeia de eventos físicos no cérebro – uma espécie de subpro-

---

[10] Chalmers (2003), p. 104.
[11] Ver *Ensaio sobre o entendimento humano* (1690), de Locke: "É impossível conceber que a matéria, com ou sem movimento, possa ter originalmente, em si e por si mesma, sentido, percepção e conhecimento; disso deduz-se que sentido, percepção e conhecimento devem ser uma propriedade eternamente inseparável da matéria e de cada partícula dela."
[12] Não quero dizer que Locke era um epifenomenalista. Existem, é claro, outras posições dualistas, mas Jackson (1982), que criou o experimento mental sobre Mary, adotou uma posição epifenomenal. Mais tarde (1995), ele mudou de ideia.

duto – sem nenhum impacto sobre a estrutura causal. Locke escreveu no século XVII, mas essa não é uma visão arcaica. É muito difundida, e não apenas entre os filósofos. Como dois respeitados cientistas cognitivos disseram recentemente: "A consciência pessoal é análoga ao arco-íris que acompanha os processos físicos na atmosfera, mas não exerce nenhuma influência sobre eles."[13]

Se as experiências conscientes não desempenham nenhum papel no funcionamento do mundo físico, por que elas existem? O que a consciência acrescenta ao processamento de informações que acontece de qualquer forma, inconscientemente? Qual é o sentido de se tornar consciente dos processos cerebrais se sua consciência não tem influência sobre eles?[14]

Isso não é verdade apenas para a visão. Uma das evidências experimentais mais convincentes para a noção de que a consciência é um mero epifenômeno dos processos cerebrais é a observação feita por Benjamin Libet de que a decisão subjetiva de iniciar um movimento é precedida (por cerca de trezentos milissegundos) por ondas cerebrais mensuráveis que anunciam o início do movimento que você acredita já ter iniciado[15]. Em outras palavras, o início físico do movimento (no cérebro) começa antes de você decidir conscientemente se mover; não é de fato "você" que o inicia. Essa descoberta é considerada por muitos a prova de que a escolha consciente – "livre-arbítrio" – é uma ilusão. Se o livre-arbítrio não existe, o que resta da consciência? Como vimos, a resposta de Crick foi que você, suas alegrias e tristezas etc. não existem "de fato". Se ao

---

[13] Oakley e Halligan (2017). Esses autores atribuem pelo menos *alguma* função à consciência: a capacidade de *relatar* estados mentais (que são inconscientes em si mesmos).
[14] Parafraseando Chalmers, é logicamente concebível que "zumbis filosóficos" possam emular todas as funções mecânicas do cérebro sem ter nenhuma experiência consciente.
[15] Libet *et al.* (1983). Entretanto, o próprio Libet não acredita que a consciência seja epifenomenal. Para ele, durante os trezentos milissegundos que antecedem uma ação, a consciência pode optar por abortar essa ação ("livre-arbítrio"). Esse tipo de onda cerebral é chamado de "potencial de prontidão". Pesquisas posteriores sugeriram que o período de latência entre o potencial de prontidão e a decisão consciente pode ser bem maior que o tempo citado por Libet.

menos tivéssemos uma explicação física adequada para esses *qualia*, diz Crick, poderíamos *explicá-los*.

Sempre achei impossível aceitar o argumento de que os *qualia* conscientes *existem em algum universo paralelo* ou o de que eles *não existem de fato*. E você também deveria, porque você é a sua consciência. Afirmar que você é como um arco-íris que não exerce nenhuma influência sobre seu corpo físico é um absurdo. Do mesmo modo, é um absurdo afirmar que "você" é, na verdade, nada mais do que o comportamento dos neurônios e, portanto, não existe de fato. Essas afirmações são discordantes de sua experiência a todo momento.

A afirmação de que "você" não existe também vai de encontro a uma das conclusões mais famosas de todo o pensamento filosófico. Após uma vida inteira de contemplação sobre o que ele poderia ter certeza, René Descartes (em sua "filosofia da dúvida") chegou à famosa conclusão de que a única coisa sobre a qual não precisamos ter dúvida é o fato de que existimos: "Penso, logo existo." Em outras palavras: você experiencia, logo existe.

Este é o problema difícil de Chalmers: uma vez que um *self* experienciador claramente existe, como podemos acomodá-lo em nossa concepção física do universo?

Não sou filósofo. Como você viu, meu interesse pela neurologia da consciência surgiu e se desenvolveu à margem da literatura filosófica, e confesso que achei muito do que li sobre ela um tanto desconcertante. No entanto, neste livro, tentei dar uma resposta científica natural ao "problema difícil". Não tenho a pretensão de dissipar todos os mistérios da metafísica da consciência. Como veremos, ainda há questões profundas. Mas acredito que mostrei como os processos naturais, que se desdobram de acordo com suas várias necessidades, podem (ao longo do tempo evolutivo) gerar algo muito parecido com nossos mundos particulares de experiência.

Como isso se relaciona com o problema tal como Chalmers o articula? Como o relato que apresentei preenche a lacuna explicativa entre os mundos interno e externo?

Vamos começar com uma observação básica: as leis que regem as funções mentais, como percepção, memória e linguagem, são *extraídas* de dados subjetivos e objetivos. Para citar um exemplo, a lei de Ribot – uma abstração científica sobre a memória de longo prazo – explica o fato observável de que sua memória *interna* do que aconteceu há dez anos é consolidada com mais segurança do que a que aconteceu há dez minutos. É por isso que as pessoas idosas têm maior probabilidade de esquecer eventos recentes do que eventos distantes. O mesmo se aplica aos traços de memória fisiológica observados *externamente*; os de dez anos são consolidados com mais segurança do que os de dez minutos (exatamente no mesmo grau)[16]. Portanto, o gradiente temporal na lei de Ribot não é apenas psicológico nem apenas fisiológico; é ambos. Da mesma forma, considere a lei de Miller, uma abstração científica sobre a memória de curto prazo. Ela explica a limitação experienciada de sua capacidade de manter as coisas na mente: em qualquer momento, você pode reter até sete unidades de informação (duas a mais ou a menos). A duração das memórias de curto prazo também pode ser medida: em geral duram entre quinze e trinta segundos[17]. A mesma limitação de capacidade pode ser observada fisiologicamente: ela envolve a depleção de neurotransmissores[18]. A lei de Miller, portanto, assim como a de Ribot, é tanto psicológica quanto fisiológica.

Leis como essas, que em princípio podem ser quantificadas e, por conseguinte, expressas com a matemática, explicam as manifestações duplas de uma função abstrata chamada "memória". Decerto o mesmo se aplica à "consciência". Se os fenômenos da consciência

---

[16] Isso, por sua vez, pode ser explicado pela lei de Hebb, que, por essa mesma razão, também explica suas memórias de experiências vividas dez minutos atrás não estarem tão bem consolidadas. Tudo isso é consistente, devo salientar, com o que Chalmers (1995a) chama de princípio da coerência estrutural; ver p. 302.
[17] Atkinson e Shiffrin (1971).
[18] Os traços de memória de curto prazo decaem rapidamente como consequência dos mecanismos de recaptação de neurotransmissores, que restituem os neurônios pré-sinápticos ao estado anterior à formação de cada traço, permitindo assim que eles formem rapidamente outros traços. Ver Mongillo, Barak e Tsodyks (2008).

são coisas naturais (o que mais poderiam ser?), eles também devem ser redutíveis a leis.

Essa não é uma conclusão radical ou idiossincrática. Toda a ciência cognitiva, que domina meu campo desde o final do século XX, baseia-se nela. Lembre-se de que, no capítulo 1, escrevi:

> O mais interessante [sobre o "processamento de informações" cognitivo] é que ele pode ser implementado com uma vasta gama de equipamentos físicos. Isso lança uma nova luz sobre a natureza física da mente. Sugere que a mente (concebida como uma processadora de informações) é uma *função*, e não uma estrutura. Nessa perspectiva, as funções de "software" da mente são implementadas pelas estruturas de "hardware" do cérebro, mas as mesmas funções podem ser igualmente implementadas por outros substratos, como computadores. Assim, tanto cérebros como computadores realizam funções *de memória* (codificam e armazenam informações) e funções *perceptuais* (classificam padrões de informações recebidas, comparando-os com informações armazenadas), bem como funções *executivas* (tomam decisões sobre o que fazer em resposta a essas informações).

No entanto, eu disse na sequência:

> Essa é a força do que veio a ser chamado de abordagem "funcionalista", mas também sua fraqueza. Se as mesmas funções podem ser realizadas por computadores, que presumidamente não são seres sencientes, é legítimo reduzir a mente a uma mera processadora de informações?

Isso nos leva ao cerne do problema. De acordo com Chalmers, *o problema difícil da consciência não pode ser resolvido por explicações "funcionalistas"*:

> Os problemas fáceis são fáceis exatamente porque dizem respeito à explicação das habilidades e funções cognitivas. Para explicar uma

função cognitiva, precisamos apenas especificar um mecanismo que possa realizar a função. Os métodos da ciência cognitiva são adequados para esse tipo de explicação e, portanto, para os problemas fáceis da consciência. Por outro lado, o problema difícil é difícil exatamente porque não é um problema sobre o desempenho de funções. Ele persiste mesmo quando o desempenho de todas as funções relevantes é explicado. [...] O que torna difícil e quase único o problema é o fato de ele ir *além* dos problemas sobre o desempenho das funções. Observe que, mesmo quando tivermos explicado o desempenho de todas as funções cognitivas e comportamentais nas proximidades da experiência [...] ainda pode haver uma pergunta sem resposta: *por que o desempenho dessas funções é acompanhado pela experiência?* Uma simples explicação das funções deixa essa questão em aberto. [...] Por que todo esse processamento de informações não ocorre "no escuro", livre de qualquer sensação interna?[19]

No capítulo 4, descrevi as tentativas fracassadas de especificar um mecanismo que possa desempenhar a função da consciência. A resposta de Chalmers à primeira delas transmite o teor de sua atitude em relação a todas:

> Crick e Koch sugerem que as oscilações [ondas gama sincronizadas] são os *correlatos* neurais da experiência. Essa afirmação é discutível [...] mas, mesmo que seja aceita, a questão *explicativa* permanece: por que as oscilações dão origem à experiência? A única base para uma conexão explicativa é o papel que elas desempenham na ligação e no armazenamento, mas a questão sobre porque a ligação e o armazenamento deveriam ser acompanhados pela experiência nunca é abordada. Se não soubermos por que a ligação e o armazenamento devem dar origem à experiência, contar uma história sobre as

---

[19] Chalmers (1995a), pp. 202-3. Ele explica seu uso do termo "função": "Aqui, 'função' não é usada no sentido teleológico restrito de algo que um sistema foi projetado para fazer, mas no sentido mais amplo de qualquer papel causal na produção de comportamento que um sistema possa desempenhar."

oscilações não poderá nos ajudar. Por outro lado, se *soubéssemos* por que deram origem à experiência, os detalhes neurofisiológicos seriam apenas a cereja do bolo. A teoria de Crick e Koch ganha força ao *pressupor* uma conexão entre a ligação e a experiência e, portanto, não pode fazer nada para explicar essa ligação.[20]

Eis a crítica de Chalmers à segunda maior explicação funcionalista da consciência, a teoria do "espaço de trabalho global", de Newman e Baars (1993):

> Pode-se supor que, de acordo com Baars, o conteúdo da experiência é precisamente o conteúdo do espaço de trabalho. Mas, mesmo que seja assim, nada interno à teoria *explica* por que as informações dentro do espaço de trabalho global são experienciadas. O melhor que a teoria pode fazer é dizer que a informação é experienciada porque é *acessível de modo global*. Mas agora a pergunta surge de uma forma diferente: por que a acessibilidade global deveria dar origem à experiência consciente? Como sempre, essa questão intermediária não tem resposta.[21]

Chalmers conclui:

> Os métodos explicativos usuais da ciência cognitiva e da neurociência não são suficientes. Esses métodos foram desenvolvidos precisamente para explicar o desempenho das funções cognitivas, e fazem um bom trabalho. Mas, da forma como hoje se apresentam, esses métodos estão equipados *apenas* para explicar o desempenho das funções. Quando se trata do problema difícil, a abordagem padrão não tem nada a dizer. [...] Para explicar a experiência, precisamos de uma nova abordagem.[22]

Preciso esclarecer o que se diz aqui. Chalmers está dizendo que os métodos da ciência cognitiva só podem explicar o desempenho

---

[20] *Ibid.*, pp. 204-5.
[21] *Ibid.*, p. 205.
[22] *Ibid.*, p. 204.

das funções cognitivas, e fazem um bom trabalho quanto a isso. Por "funções cognitivas" ele se refere a coisas como percepção, memória e linguagem. Portanto, ele está dizendo que a *consciência não é uma função cognitiva*. Por que diz isso? A resposta é: porque não está falando sobre uma *função* abstrata chamada "consciência", mas sobre a *experiência* da consciência – sobre *como é* perceber ou lembrar.

O problema difícil seria trivial se tudo se resumisse ao fato de que a sua própria experiência individual não é a mesma coisa que a experiência humana em geral[23]. Se esse fosse o problema difícil, tudo o que precisaríamos fazer para resolvê-lo seria pegar as experiências de testemunhos de muitos indivíduos, traçar a média entre elas, encontrar o denominador comum e explicar *isso* em termos funcionais. Os psicólogos fazem esse tipo de coisa o tempo todo. Foi o que fiz quando pesquisei sobre confabulação: comecei com as experiências subjetivas de um indivíduo, o Sr. S, generalizei-as estudando as experiências equivalentes de outros pacientes como ele e, em seguida, abstraí o denominador comum. Essa abordagem revelou um princípio funcional sobre a confabulação, ou seja, que ela faz com que os pacientes se sintam melhor; a confabulação serve a uma função "esperançosa".

Mas Chalmers não está apenas dizendo que os fenômenos subjetivos estão ligados a um único ponto de vista. Ele está perguntando: por que *qualquer* função deveria ser acompanhada de experiência? Assim, ele escreve:

---

[23] Cf. Nagel (1974): "Se o fisicalismo deve ser defendido, as características fenomenológicas [da consciência] devem, elas próprias, receber uma explicação física. Mas, quando examinamos seu caráter subjetivo, parece que esse resultado é impossível. A razão é que todo fenômeno subjetivo está essencialmente ligado a um único ponto de vista, e parece inevitável que uma teoria física objetiva abandone esse ponto de vista."
Searle (1997), p. 212, coloca a questão da seguinte forma: "A consciência tem uma ontologia subjetiva ou de primeira pessoa e, portanto, não pode ser reduzida a nada que tenha uma ontologia objetiva ou de terceira pessoa. Se você tentar reduzir ou eliminar uma em favor da outra, deixará algo de fora. [...] Você não pode reduzir os disparos dos neurônios aos sentimentos nem os sentimentos aos disparos dos neurônios, porque, em cada caso, deixaria de fora a objetividade ou subjetividade em questão."

> Por que razão, quando as formas de ondas eletromagnéticas incidem sobre a retina e são discriminadas e categorizadas por um sistema visual, essa discriminação e essa categorização [função] são experienciadas como uma sensação de vermelho vivo? Sabemos que a experiência consciente *surge* quando essas funções são executadas, mas o próprio fato de ela surgir é o mistério central. Há uma *lacuna explicativa* (Levine, 1983) entre as funções e a experiência, e precisamos de uma ponte explicativa para atravessá-la. Um mero relato das funções fica em um lado da lacuna e, portanto, os materiais para a ponte devem ser encontrados em outro lugar.[24]

Vale a pena detalhar aonde essa "ponte explicativa" deve chegar, para que não mudemos os objetivos. Em um artigo publicado logo depois de Friston e eu termos enviado o nosso (2018), três colegas tchecos anunciaram que uma solução para o "problema difícil" era iminente e previram que ela viria do princípio da energia livre:

> Não há um entendimento claro ou um consenso entre filósofos e neurocientistas sobre a função da consciência. Essa é uma das principais razões pelas quais a consciência ainda representa um problema tão elusivo, que tem suas raízes no fato de que nunca houve uma função articulada da consciência baseada e apoiada por uma teoria cerebral unificadora. Essa teoria unificadora está surgindo na forma da estrutura de codificação preditiva [...] baseada nas ideias de Hermann von Helmholtz de que o cérebro é sobretudo uma máquina de inferência preditiva.[25]

Entretanto, esses autores acrescentaram um aviso: "Com pesar, o problema difícil da consciência provavelmente nunca desaparecerá por inteiro porque sempre terá seus defensores mais ferrenhos." E continuaram:

---

[24] Chalmers (1995a), p. 203.
[25] Havlík, Kozáková e Horáček (2017).

Acreditamos que há pouca esperança de que os defensores mais ferrenhos do problema difícil fiquem totalmente satisfeitos com [quaisquer] conclusões da ciência empírica, uma vez que o argumento central do problema difícil está voltado para os esforços dessa ciência em primeiro lugar.

Com certeza, quando Friston e eu recebemos nossas primeiras avaliações de pares do *Journal of Consciousness Studies*, foi exatamente isso que um deles disse sobre nosso artigo: "O problema difícil (segundo Chalmers) é um problema metafísico e, como tal, não está aberto a ser 'resolvido'." (Friston me escreveu depois: "Tenho a impressão de que o problema difícil não existe para ser resolvido, mas para ser reverenciado.")[26]

Para ser justo com Chalmers, ele não é responsável pelos preconceitos filosóficos que incomodaram nossos colegas tchecos. Considere a frase final de seu artigo de 1995: "O problema difícil é um problema difícil, mas não há razão para acreditar que ele permanecerá para sempre sem solução."

Assim sendo, vamos deixar claro o que a ponte explicativa que ele está pedindo deve alcançar. Citarei os critérios do próprio Chalmers. Em sua demolição da primeira teoria funcionalista, ele escreveu que "a questão sobre por que a ligação e o armazenamento [ondas gama sincronizadas] deveriam ser acompanhados pela experiência nunca é abordada". Portanto, ao avaliar se a lacuna explicativa foi preenchida por qualquer teoria funcionalista da consciência, você deve se perguntar: "A questão sobre por que a função XYZ deveria ser acompanhada pela experiência foi abordada?" Em relação à segunda teoria rejeitada por Chalmers, ele acrescentou: "Por que a acessibilidade global deveria dar origem à experiência consciente? Como sempre, essa pergunta intermediária não tem resposta." Portanto, ao avaliar qualquer outra teoria, você deve se perguntar:

---

[26] Carta de 23 de dezembro de 2017. A propósito, enviamos nosso artigo para o *Journal of Consciousness Studies* porque foi lá que Chalmers (1995a) formulou pela primeira vez o problema difícil.

"A questão sobre por que a função XYZ deveria dar origem à experiência consciente foi respondida?" E isso, aparentemente, é tudo.

Mas, se isso é tudo, por que Chalmers acrescenta que "um mero relato das funções [da experiência] fica em um lado da lacuna e, portanto, os materiais para a ponte devem ser encontrados em outro lugar"? Por que um relato das funções não consegue preencher a lacuna? Relendo o que ele diz a esse respeito, conforme o que foi citado, fica evidente que está confundindo *dois tipos diferentes de lacuna explicativa*. Desse modo, precisamos deixar claro de qual lacuna estamos falando se quisermos preenchê-la.

A primeira é uma lacuna explicativa entre os sinais propagados pela retina e as sensações de vermelho vivo, ou seja, entre os eventos fisiológicos e os psicológicos. Devo salientar que esses *dois tipos de eventos são de fato experienciáveis*. Você pode vivenciar eventos fisiológicos, como a observação de sinais propagados pela retina, tão facilmente quanto eventos psicológicos, como a sensação de vermelho vivo. Nenhum desses eventos pode ser explicado – e menos ainda obliterado – pelo outro. *São duas maneiras de observar a mesma coisa.* Quando eu (de forma introspectiva) experiencio a mim mesmo como existente, a coisa mental que existe é diferente do Mark Solms corporal que vejo no espelho? E o Mark Solms no espelho é diferente do Mark Solms anatômico que é visto em um *scanner* de ressonância magnética? Não entendo por que tantas pessoas (até mesmo filósofos) falam sobre o cérebro como se ele estivesse, de alguma forma, isento da realidade *como a vivenciamos*[27]. Isso só pode acontecer porque, quando dizem "o cérebro", querem dizer outra coisa. Não se referem ao cérebro real; referem-se a algo *abstraído* de nossa experiência com ele – algo na natureza de um sistema *funcional*.

A primeira lacuna explicativa é, portanto, aquela localizada entre *dois tipos diferentes de experiência* associados a duas perspectivas

---

[27] Zahavi (2017) faz essa observação – ironicamente, contra o trabalho de Friston.

de observação diferentes[28]. Isso é análogo a *ouvir* um trovão com os ouvidos e *ver* um raio com os olhos. As pessoas não comentam: "É amplamente aceito que o trovão surge do raio, mas não temos uma boa explicação de por que e como ele surge." Isso se deve ao fato de não acreditarem que o raio *produz* o trovão da mesma forma que o fígado produz a bile. Eles aceitam que são duas manifestações da mesma coisa subjacente[29]. Isso se aplica do mesmo modo às diferentes maneiras de experienciar o processamento de informações visuais: de fora ou de dentro. Do lado de fora (se você for um cientista com o equipamento certo), você vê sinais propagados pela retina[30]; do lado de dentro, vê um vermelho vivo.

A segunda lacuna explicativa está localizada entre as experiências (de ambos os tipos) e suas causas subjacentes. É a lacuna entre as coisas que você pode experienciar, como vermelhos vivos e exames optogenéticos de neurônios ativados, e as coisas que não pode, como os campos quânticos em si mesmos. Em resumo, é uma lacuna entre as perspectivas de primeira e terceira pessoa. Adotar uma perspectiva de terceira pessoa em minha própria experiência é abstrair-me desta e não mais vivenciá-la. Essa perspectiva não se

---

[28] Estou bem ciente da objeção de Searle aqui, quando diz que os *qualia* apresentam um caso em que uma única realidade não pode ter múltiplas aparências, porque elas *são* as aparências (ver nota 40, adiante). Minha resposta a ele seria: "Sim, mas não se esqueça de que a aparência *visualizada* da atividade cortical somatossensorial e a aparência *sentida* da dor são ambas partes da mesma realidade experienciada."

[29] Nessa analogia, refiro-me a dois fenômenos *exteroceptivos*: percepções de raios e trovões. Quando pergunto o que causa os dois fenômenos, posso abordar a questão de duas maneiras: descrever os eventos geofísicos (elétricos) que geram ambos ou os mecanismos sensoriais que registram (esses dois aspectos diferentes dos) eventos físicos. Optei por fazer a primeira opção nessa analogia e relegar a última descrição à minha consideração do problema real que abordei neste livro, ou seja, a relação entre eventos objetivos e subjetivos. Isso porque, como vimos anteriormente, a *consciência* ligada aos eventos sensoriais, sejam eles despertados de forma exteroceptiva ou interoceptiva, é sempre endógena. Tal aspecto não pode ser defendido na analogia. Estou argumentando que a própria consciência não é um sinal sensorial (exteroceptivo ou interoceptivo), mas a *sensação* do sinal.

[30] Você pode fazer isso usando a optogenética, por exemplo. Lançando mão de equipamentos diferentes, é possível *ouvir* sequências de impulsos de sinais da retina. Como Wheeler diz, tudo é apenas uma questão de "respostas despertadas por equipamentos".

refere nem ao cérebro como ele se apresenta nem à mente como ela sente, mas às forças que explicam por que e como eles atuam dessa maneira. Essa é a perspectiva que adotei neste livro.

Não sei se é óbvio para todos que Chalmers, em sua última citação, está se referindo a essas duas lacunas ao mesmo tempo, o que pode gerar confusão. Ele pega a lacuna entre dois tipos de experiência (observações extrospectivas *versus* introspectivas) e a confunde com a lacuna entre a experiência em geral e seus mecanismos funcionais subjacentes. Isso faz com que o abismo a ser atravessado seja muito maior.

Parece-me que a maioria das pessoas supõe que o que Chalmers chama de "função" é sinônimo do que chama de "físico", e que a "experiência" é, portanto, apenas e sempre algo não físico. Mas se o "físico" significa o corpo observável e seus órgãos, incluindo o cérebro, então ele é experienciado da mesma forma que o psicológico[31]. Além disso, as experiências psicológicas, quando abstraídas, revelam o mecanismo funcional de tais experiências, dando origem a leis psicológicas.

O mesmo se aplica às leis fisiológicas: elas também são abstraídas da experiência – dos dados fisiológicos observáveis. Esses dois

---

[31] Lembro-me bem de minha experiência na primeira operação cerebral de que participei. Um lado da cabeça do paciente foi raspado e um líquido marrom-amarelado foi aplicado nele. Em seguida, foi desenhada uma curva no couro cabeludo com um marcador. A pele foi cortada por um bisturi que passou habilmente ao longo dessa linha e, em seguida, foi virada para trás sobre a cabeça, expondo o crânio. Pequenas gotas de sangue escorriam sobre a superfície abobadada. Eles foram limpos com calma. Em seguida, quatro grandes orifícios foram perfurados no osso, manualmente. Eu temia que a broca entrasse no cérebro. Em seguida, uma lâmina de serra fina foi puxada através dos furos e arrastada de um lado para o outro. Senti cheiro de queimado. Esse procedimento foi repetido quatro vezes, e a porta de osso liberada foi removida e colocada em um prato. Em seguida, vinha a dura-máter, uma membrana espessa dentro da porta, que sangrava profusamente quando era cortada. Cada vaso foi pacientemente cauterizado. O procedimento atingiu seu clímax. A dura-máter foi retirada, como um véu, e lá estavam as convoluções rosa-pálido do próprio córtex, com alguns vasos semelhantes a serpentes aninhados em suas ranhuras. Um sentimento de *admiração* tomou conta de mim. Era como se eu estivesse entrando em uma catedral. Agora vinha a tarefa que eu mesmo teria de realizar um dia: uma breve série de conversas concentradas com o paciente enquanto um eletrodo sondava as convoluções gelatinosas brilhantes de seu cérebro, antes que a incisão seguinte fosse feita – uma incisão na mente…

tipos de leis, sendo feitos do mesmo material abstraído (explicativo), a saber, funções, não são tão difíceis de reduzir um ao outro quanto os dois tipos categoricamente diferentes de experiências. Assim, as leis de Miller e de Ribot são tanto psicológicas quanto fisiológicas, e é por isso que podem ser reduzidas a equações unificadoras. Deixar de explicitar as etapas intermediárias entre os dados de experiência e os mecanismos explicativos exagera o problema difícil e faz com que ele pareça mais difícil do que é. Não é preciso tentar imaginar como um tipo de experiência poderia produzir outro: basta criar uma teoria mecanicista que explique os dois conjuntos de fenômenos, seja qual for a modalidade de perspectiva. Em seguida, você pode testar as previsões que surgem a partir disso.

Chalmers admite que o problema difícil pode ser resolvido. Com efeito, ele estabelece três princípios nos quais sua solução deve se basear. Antes de apresentá-los (um deles será reservado para o capítulo 12), preciso deixar claro que Chalmers acredita que jamais resolveremos o problema difícil se tentarmos fazê-lo *reduzindo* a "experiência" ao que chama de "processos físicos". Ele escreve:

> Já estamos em condições de entender certos fatos importantes sobre a relação entre os processos físicos e a experiência, e sobre as regularidades que os conectam. *Uma vez que a explicação reducionista é deixada de lado*, podemos colocar esses fatos sobre a mesa para que possam desempenhar seu papel adequado como peças iniciais em uma teoria *não reducionista* da consciência e como restrições às leis básicas que constituem uma teoria definitiva.[32]

Para mim, a explicação "não reducionista" é uma coisa boa se significa que podemos renunciar à tarefa impossível de reduzir os fenômenos psicológicos aos fisiológicos ou vice-versa. Os fenômenos psicológicos não podem ser reduzidos aos fisiológicos, assim

---

[32] Chalmers (1995a) para essa citação e as seguintes, grifos nossos.

como um raio não pode ser reduzido a um trovão. O raio não *causa* o trovão; os dois fenômenos estão *correlacionados*. Esse é o problema fácil. Portanto, devemos reduzir ambos os fenômenos a seus respectivos mecanismos, de modo que possamos reduzir esses mecanismos a um denominador comum, sem violar as leis da física. Esse é o problema difícil.

No entanto, Chalmers parece querer dizer algo diferente com o termo "não reducionista". Para ele, isso significa que não podemos reduzir os fenômenos psicológicos experienciados a leis funcionais – ponto final.

Ele continua:

> Uma teoria não reducionista da consciência consistirá em uma série de *princípios psicofísicos,* os quais conectam as propriedades dos processos físicos às propriedades da experiência. Podemos pensar nesses princípios como um encapsulamento da maneira pela qual a experiência surge do físico. Em última análise, eles devem nos dizer que tipos de sistemas físicos terão experiências associadas e, para os sistemas que as têm, que tipo de propriedades físicas são relevantes para o surgimento da experiência e que tipo de experiência devemos esperar que um determinado sistema físico produza. Essa é uma tarefa desafiadora.

Esse é seu primeiro princípio. Ele o chama de "princípio da coerência estrutural". Implica a coerência estrutural entre "as propriedades dos processos físicos" e "as propriedades da experiência". Isso parece se referir a duas classes de *fenômenos* que, na minha opinião – como na dele –, não podem ser diretamente reduzidos um ao outro. Mas Chalmers também fala de "tipos de sistemas físicos" e suas "experiências associadas". Isso parece se referir à relação entre os sistemas *funcionais* em geral e as experiências em geral (em que as últimas "emergem" das primeiras, ou as primeiras "produzem" as últimas). É por isso que, para Chalmers, o princípio da coerência estrutural engloba a maneira pela qual "a experiência surge do físico".

Mais uma vez, ele mistura fenômenos físicos e causas "físicas" (ou seja, funcionais). A menos que desvendemos as etapas intermediárias, estamos fadados a concluir que a experiência *não* surge do físico. O mesmo significado misturado de "físico" pode ser visto nas teorias funcionalistas típicas que mencionei antes. Essas teorias buscavam a chave para a experiência psicológica em um mecanismo *fisiológico* X, Y ou Z: a sincronia das oscilações gama, a ligação e o armazenamento da atividade sensorial e frontoparietal integrada, a ativação do córtex pelos núcleos intralaminares do tálamo, as "alças reentrantes" talamocorticais etc. Usando a analogia do trovão e do raio, essa fusão exige que expliquemos os fenômenos auditivos por meio dos mecanismos funcionais da visão. É somente nesse sentido que Chalmers se justifica ao dizer que "um mero relato das funções fica em um lado da lacuna e, portanto, os materiais para a ponte devem ser encontrados em outro lugar".

Para explicar a psicologia em relação à fisiologia, devemos nos abstrair dos fenômenos observados *de ambos os tipos* (ou seja, inferir mecanismos funcionais de ambos os tipos) e, em seguida, nos abstrair dos dois conjuntos de abstrações para chegar ao denominador comum unificador. Ao fazer isso, devemos nos situar a uma *distância igual* de ambos (ou seja, inferir mecanismos suficientemente profundos para explicar as funções tanto da psicologia quanto da fisiologia); só então poderemos reconciliar os fenômenos e seus mecanismos subjacentes entre si.

Não quero aqui me ater a fórmulas. A verdadeira ciência procede de maneiras menos ordenadas. Começamos com um *insight* ou descoberta em algum lugar dentro da cascata de causalidade e depois preenchemos as lacunas. Mas, pulando as etapas intermediárias, chegamos à exigência de soluções "não reducionistas" para o problema difícil que são impossíveis de obter. Lembre-se de quais foram as primeiras perguntas de Chalmers: por que o processamento físico deveria *dar origem* a uma vida interior rica?. Como e por que as atividades neurofisiológicas *produzem* a experiência da consciência? Essas questões não podem ser respondidas de forma não reducionista. Isso se deve ao modo como são enquadradas.

É compreensível, portanto, que Chalmers conclua que uma solução reducionista, por si só, é impossível:

> Sugiro que uma teoria da consciência deva considerar a experiência como fundamental. Sabemos que essa teoria exige o acréscimo de *algo* fundamental à nossa ontologia, pois tudo na teoria física é compatível com a ausência de consciência. [...] Uma teoria não reducionista da experiência especificará princípios básicos que nos dizem como a experiência depende das características físicas do mundo. Esses princípios *psicofísicos* não interferirão nas leis físicas, pois parece que estas já formam um sistema fechado. Em vez disso, eles serão um complemento para uma teoria física. Uma teoria física fornece uma teoria dos processos físicos, e uma teoria psicofísica nos diz como esses processos dão origem à experiência. Sabemos que a experiência depende de processos físicos, mas também sabemos que essa dependência não pode ser derivada apenas de leis físicas. Os novos princípios básicos postulados por uma teoria não reducionista nos dão o ingrediente extra de que precisamos para construir uma ponte explicativa. [...] Essa posição se qualifica como uma variedade de dualismo, pois postula propriedades básicas além das propriedades invocadas pela física. Mas é uma versão inocente do dualismo.

E assim, no final, Chalmers diz algo assustador. Por acreditar que a "experiência" não pode ser reduzida ao "físico" (da forma como usa a palavra, que significa tanto "fisiológico" quanto "funcional"), ele é obrigado a concluir que a *experiência não faz parte do universo físico conhecido*. Isso parece ser puro dualismo, do tipo nada inocente que nos foi legado por Descartes e Locke[33]. É por isso

---

[33] A posição de Chalmers parece, à primeira vista, ser a do dualismo de propriedade convencional, no qual a mente é uma propriedade da matéria. Ele, então, interpreta tanto a mente quanto a matéria como propriedades de outra coisa, chamada "informação" (ver a seguir). Isso pode soar como monismo de duplo aspecto, mas esse é o tipo

que Chalmers afirma que a consciência requer a adição de "algo fundamental à nossa ontologia"; algo *não físico*, que esteja "além das propriedades invocadas pela física"; algo que será "um complemento" para as leis físicas etc. Espero que esteja claro por que discordo dele nesse ponto. À luz do que eu já disse, não posso concordar que "tudo na teoria física é compatível com a ausência de consciência". Mas há mais. Depois de posicionar-se contra a redução da "experiência" ao "físico", Chalmers prossegue dizendo (como se quisesse ilustrar a confusão) que ambos são, no entanto, aspectos duplos de outra coisa. Essa outra coisa, segundo ele, é a *informação* – que, concordo, não é algo físico no sentido *fisiológico*, mas, a meu ver, é algo físico no sentido *funcional* da mecânica estatística. Esse movimento introduz o segundo princípio de Chalmers. Ele o chama de "princípio do duplo aspecto", que diz ser mais básico do que o princípio da coerência estrutural:

> O princípio básico que sugiro envolve centralmente a noção de *informação*. Entendo a informação em um sentido semelhante ao entendido por Shannon (1948). Onde há informação, há *estados de informação* embutidos em um *espaço de informação*. [...] Um espaço de informação é um objeto abstrato, mas, seguindo Shannon, podemos perceber a informação como *fisicamente incorporada* quando há um espaço de estados físicos distintos, cujas diferenças podem ser transmitidas por algum caminho causal. [...] O princípio do duplo aspecto decorre da observação de que há um isomorfismo direto entre certos espaços de informação fisicamente incorporados e certos espaços de informação *fenomenais* (ou

---

curioso de informação discutido nos capítulos anteriores: a mente é inerente à informação, e não ao receptor dela. O mesmo se aplica ao aspecto material da informação, conforme Chalmers. Isso significa que os dois aspectos da informação não são propriedades no sentido epistemológico (não são *aparências* de algo chamado informação), mas no sentido ontológico (são aspectos da *própria* informação). No entanto, essa não é a questão que deve nos preocupar. O que mais me preocupa é a afirmação de Chalmers de que *toda* informação tem um aspecto mental (na verdade, consciente). Portanto, o fato de ele considerar o aspecto mental da informação uma propriedade ou uma substância não é a questão principal. Esta é: atribuir consciência a todas as informações é plausível?

experienciais). A partir do mesmo tipo de observações que foram utilizadas no princípio da coerência estrutural, podemos notar que as diferenças entre os estados fenomenais têm uma estrutura que corresponde de modo direto às diferenças incorporadas nos processos físicos; em particular, àquelas que fazem diferença em determinados caminhos causais implicados na disponibilidade e no controle globais. Ou seja, podemos encontrar o *mesmo* espaço de informações abstratas incorporado ao processamento físico e à experiência consciente. Isso leva a uma hipótese natural: a de que as informações (ou pelo menos algumas delas) têm dois aspectos básicos, um físico e um fenomenal. Isso tem o status de um princípio básico que pode fundamentar e explicar o surgimento da experiência a partir do físico. A experiência surge em virtude de seu status de um aspecto da informação quando o outro aspecto é encontrado incorporado no processamento físico.

Observe que Chalmers descreve em duas passagens a informação como algo "abstrato". Portanto, uma vez distinguidos os dois significados de "físico", fica claro que a informação tem o mesmo status ontológico em relação a seus aspectos fisiológicos e psicológicos que a eletricidade tem em relação a raios e trovões. O raio e o trovão são aspectos duplos da descarga elétrica, assim como os sinais propagados pela retina e as sensações de vermelho vivo são aspectos duplos do processamento de informações; são respostas diferentes despertadas por equipamentos, manifestações fenomenais diferentes de um processo causal unitário. E esse processo causal é *físico* no sentido explicativo.

Chalmers até cita o físico John Wheeler a esse respeito. Como expliquei anteriormente, Wheeler introduziu uma interpretação "participativa" da mecânica quântica, segundo a qual o universo observado se manifesta em resposta às perguntas que lhe são feitas. É por isso que a mesma coisa pode assumir formas complementares, como ocorre com ondas e partículas. A interpretação de Wheeler é que a forma fenomenal assumida pelo universo experienciado depende da maneira como ele é observado ou medido, ou seja, da perspectiva que se tem sobre ele. Uma memória, por exemplo, pode ser vivenciada como uma reminiscência ou como um traço neuronal ativado, dependendo do equipamento usado para observá-la. A forma que ela assume está nos olhos de quem a vê.

Mas Chalmers vê isso de maneira diferente. Para ele, a complementaridade é inerente à coisa observada, e não ao observador ou ao ato de observação:

> As leis da física podem ser formuladas em termos de informação, postulando diferentes estados que dão origem a diferentes efeitos sem de fato dizer quais são esses estados. O que conta é apenas a posição deles em um espaço de informação. Se for assim, a informação é uma candidata natural para também desempenhar um papel em uma teoria fundamental da consciência. Somos levados a uma concepção do mundo para a qual a informação é realmente fundamental *e na qual ela tem dois aspectos básicos, correspondentes às características físicas e fenomenais do mundo.*[34]

Assim, Chalmers acredita que os aspectos duplos das "características fenomenais do mundo" e do "físico" estão *na* própria informação – em sua fonte –, e não no equipamento do observador participante[35]. Isso é como pensar que a doçura é intrínseca à estrutura molecular da glicose[36]. Talvez essa distinção não importe quando a coisa observada é o observador, como quando você vê seu próprio corpo em um espelho[37]. E talvez, no fim das contas, não importe tanto que Chalmers confunda dois significados de "físico" (quais sejam, os níveis fenomenal-fisiológico e mecânico-funcional), porque ele, no entanto, reduz ambos à "informação".

---

[34] Lembre-se de que, para Chalmers, "as características fenomenais do mundo" excluem o "físico".

[35] Eu deveria dizer: "no equipamento *que é* o observador participante".

[36] Peguei essa analogia de Hurley, Dennett e Adams (2011).

[37] Isso está relacionado ao que eu disse antes (no capítulo 9) sobre a individualidade intencional.

Todavia, duas coisas ainda representam um problema. Em primeiro lugar, as propriedades da experiência e do físico, para Chalmers, não são *redutíveis* à informação, mas *inerentes* a ela. Em segundo lugar, para ele, ambas são inerentes a *todas* as informações. É por isso que ele afirma em outra parte de seu artigo que "as propriedades fenomenais são o aspecto interno da informação", as quais ele contrasta com as propriedades físicas (supostamente não fenomenais), que são seu "aspecto externo". Essa é a estranha passagem à qual seu dualismo o leva.

Ele conclui:

> Isso poderia responder a uma preocupação sobre a relevância causal da experiência – uma preocupação natural, dada uma imagem em que o domínio físico é fechado de forma causal e a experiência é complementar ao físico. A visão informacional nos permite entender como a experiência pode ter um tipo sutil de relevância causal em virtude de seu status de natureza intrínseca do físico.

Espero que este livro o tenha convencido de que a relevância causal da experiência para sistemas complexos auto-organizados como nós é tudo menos sutil.

Mesmo assim, ainda precisamos explicar por que e como a experiência surge legalmente de mecanismos físicos. Chalmers pergunta: "Por que o desempenho dessas funções [físicas] é acompanhado pela experiência?" Como Nagel fizera antes, ele define a experiência em termos de "algo que é como ser". Para Chalmers, essa é a essência da subjetividade: "o aspecto interno da informação", que é, por sua vez, a "natureza intrínseca do físico". Ele prossegue argumentando que a subjetividade não pode ser reduzida a algo não subjetivo. É por isso que, para ele, a experiência subjetiva deve ser inerente *à* informação.

Mas isso parece implicar que a qualidade experienciada de ser algo (de ser informação) é uma propriedade fundamental de todas as coisas. Por que Chalmers acha que o ser *experienciado* é "o aspecto interno da informação" em geral? Se argumentarmos, como fiz aqui, que a subjetividade é uma mera perspectiva observacional, na qual um sujeito é simplesmente o ser de um determinado tipo de objeto, estaremos livres para dizer que para muitos objetos – de fato, para a maioria deles – não há "algo que é como" ser esses objetos. *A grande maioria das coisas não tem "algo que é como ser"* quando são consideradas de seu próprio ponto de vista subjetivo.

Existe algo que é como se fosse uma única célula ou uma planta? E quanto a uma rocha? Existe algo que é como se fosse um computador ou a internet? E um termostato? Chalmers diz: "É inegável que alguns organismos são sujeitos da experiência." Isso significa que *apenas* os organismos (ou apenas *alguns* organismos) são sujeitos da experiência? Ele admite que essas são questões em aberto e que pode ser que a experiência surja apenas em um determinado nível de complexidade ou com um determinado tipo de processamento de informações[38]:

> Uma pergunta óbvia é se *todas* as informações têm um aspecto fenomenal. Uma possibilidade é que precisamos de uma restrição adicional na teoria fundamental, indicando exatamente que *tipo* de informação tem um aspecto fenomenal. A outra possibilidade é que não existe tal restrição. Se não houver, a experiência é muito mais ampla do que poderíamos acreditar, pois as informações estão em toda parte. A princípio, isso é contraintuitivo, mas, ao refletir, acho que a posição ganha certa plausibilidade e elegância. Onde há processamento simples de informações, há experiência simples, e onde há processamento complexo de informações, há experiência complexa. Um camundongo tem uma estrutura de processamento de informações mais simples do que um ser humano e, como consequência, tem uma experiência mais simples; talvez um ter-

---

[38] Chalmers (1995a), p. 217. Ver também sua observação anterior: "Isso leva a uma hipótese natural: a de que as informações (*ou pelo menos algumas delas*) têm dois aspectos básicos, um físico e um fenomenal" (grifo nosso).

mostato, uma estrutura de processamento de informações bastante simples, possa ter uma experiência bastante simples? De fato, se a experiência for realmente uma propriedade fundamental, seria surpreendente que ela surgisse apenas de vez em quando; a maioria das propriedades fundamentais é distribuída de maneira mais uniforme. De todo modo, essa é uma questão em aberto.

Se você aceitar a visão de Chalmers de que a experiência é uma propriedade fundamental de tudo, então não há nada a ser explicado; e, se a experiência está em toda parte e é eterna, também pode haver pouco a temer. Pelo preço de apenas uma especulação sem uma boa fundamentação, deixamos de lado o problema difícil e nos premiamos com a imortalidade, afastando o medo de que nossa existência possa *depender* de qualquer coisa, como se fosse apenas um sonho ruim.

Se ao menos fosse assim. Infelizmente, como vimos nos capítulos anteriores, a experiência surge apenas em condições especiais: situa-se em um local preciso entre os fluxos de informações que passam por nossos seres lamentavelmente frágeis. Ela executa tarefas específicas e depois desaparece. Ao que tudo indica, a experiência não é mais básica para a estrutura da realidade do que qualquer outra variedade de resposta despertada por equipamentos. Sinto muito. Se você não aceita a especulação de Chalmers, temos que responder a esta pergunta: por que existe algo que é como se fossem algumas coisas, mas não outras? Se nem todos os objetos são sujeitos, e nem todos os sujeitos são sencientes, como é possível que às vezes surjam sujeitos sencientes?

Considero intrigante a proposta expansiva de Chalmers sobre informação, mas acho muito mais plausível que "precisamos de *uma restrição adicional* na teoria fundamental, indicando exatamente que tipo de informação tem um aspecto fenomenal". Definir essa restrição foi a principal tarefa deste livro. Vimos que tudo gira em torno do objetivo do processamento de informações. Quando se trata de consciência, isso significa *minimizar a entropia*. Mas é preciso mais: também é necessário um cobertor de Markov. Então, isso implica minimizar *sua própria* entropia. Além do mais, implica fazê-lo em uma infinidade de parâmetros categóricos em contextos imprevistos. Os fatos físicos que descrevi neste livro revelam que a consciência não é inerente a todas as informações, mas a um determinado tipo de processamento de informações: uma forma complexa do tipo autoevidente.

Se apenas algumas coisas, ou apenas organismos, ou apenas alguns organismos, são sujeitos da experiência, a consciência não pode ser uma propriedade fundamental do universo. Certamente houve uma aurora da vida: há uma abundância de evidências empíricas que dizem isso. E a vida surgiu muito, muito tempo depois do *big bang*. Portanto, decerto houve um bom período antes da existência da consciência. Só essa suposição – de que houve um alvorecer da consciência – nos obriga a encontrar uma explicação física para esse fato. Se houve um alvorecer, deve ter havido algo anterior à consciência que o explique. A noção alternativa – de que a consciência precedeu a vida e o universo – não se encaixa nos fatos como eles parecem ser e, além disso, soa como a ideia de Deus, o que não ajuda em nada. A menos que você apele para ideias como essa, a consciência deve ter surgido de um universo físico não consciente e, portanto, deve fazer parte dele.

Isso se aplica até a nós mesmos. Vimos nos capítulos anteriores que a percepção e a cognição não são necessariamente acompanhadas pela consciência. De fato, as evidências científicas sugerem que a percepção e a cognição são, em sua *maioria*, inconscientes. Citei os clássicos artigos de revisão de Kihlstrom, Bargh e Chartrand a esse respeito. Depois de analisar as evidências, esses cientistas chegaram à conclusão de que somos inconscientes de nossos atos psicológicos "na maior parte do tempo".

As descobertas empíricas analisadas por esses autores mereciam nossa atenção (sobretudo a maneira pela qual a intencionalidade inconsciente deriva do aprendizado consciente pela experiência)[39], mas quero ressaltar o resultado: os eventos acontecem e existem dentro de você – estando consciente deles ou não –, inclusive os eventos *psicológicos*. Poderíamos ter chegado a essa conclusão – de certa forma óbvia – partindo de muitas perspectivas diferentes, mas isso não importa. Se a maior parte da "vida psicológica momento a momento" continua sem experiência, por que os termostatos e a internet não podem ser inconscientes? Se o ser dos gânglios basais não declarativos do cérebro não é "intrinsecamente experiencial" (para usar um termo de Chalmers), como todas as informações podem ser experienciais?

É claro, a subjetividade em geral deve ser feita de algo não experiencial. Esse não é um ponto metafísico sobre as coisas em si mesmas *versus* as coisas como nós as experienciamos; é um fato empírico. A vida psicológica momento a momento, tal como a experiencio, não é a totalidade, de forma alguma, de minha vida psicológica. Isso coloca a experiência em perspectiva. Como Freud nos ensinou, nem tudo na vida psicológica é consciente. E só podemos compreender a natureza da consciência discernindo o trabalho específico que ela faz. Ou seja, sua função.

Fico me perguntando: o que a consciência *acrescenta* ao processamento de informações – àquele que acontece de qualquer forma, inconscientemente? Qual é o sentido de se tornar consciente dos processos físicos se sua consciência não tem influência sobre tais processos? Essas perguntas, ao que me parece, são iguais ao questionamento central de Chalmers: "Por que o desempenho dessas funções é acompanhado pela experiência? [...] Por que todo esse processamento de informações não ocorre 'no escuro', livre de qualquer sensação interna?"

Em minha opinião, a questão só surgiu porque Chalmers, seguindo Crick, buscou a função da consciência no lugar errado. A

---
[39] Ver capítulo 10, nota 14.

forma fundamental da consciência não é algo cognitivo, como a visão, mas algo afetivo. Nesse sentido, e somente nesse sentido, Chalmers estava certo ao sugerir que a consciência não é uma função *cognitiva*: sua função primária não é perceber, lembrar ou compreender, mas *sentir*.

Como a função de sentir pode continuar "no escuro", sem qualquer sentimento? Podemos perguntar por que a visão é acompanhada pela experiência. A visão não requer consciência, tampouco qualquer outro processo cognitivo. Mas o sentimento sim[40]. Alguns teóricos, é verdade, afirmam que os impulsos, os afetos e as emoções não são *necessariamente* conscientes. Isso se deve ao fato de que pessoas diferentes querem dizer coisas diferentes com essas palavras. É por isso que usei a palavra "sentimento": se existem emoções inconscientes, "sentimento" denota suas contrapartes conscientes. Não pode existir um sentimento que você não sente. "Sentimento inconsciente" é um paradoxo.

É por isso que concentrei os argumentos científicos deste livro no sentimento. *Para resolver o problema difícil da consciência, a ciência precisa discernir as leis que regem a função mental do "sentimento".* Isso não é apenas uma questão de palavras. Reuni evidências consideráveis para mostrar que o sentimento é a forma fundamental da consciência, seu pré-requisito. Também expliquei de forma fisiológica e mecanicista a diferença entre necessidades sentidas e não sentidas e mostrei que os sentimentos têm consequências concretas. Isso me permitiu concluir, no capítulo 9, que "a consciência não é apenas uma perspectiva subjetiva sobre a dinâmica 'real' dos sistemas auto-organizados, mas também uma função com poderes causais próprios definidos".

A perplexidade das perguntas de Chalmers – "Por que o desempenho dessas funções é acompanhado pela experiência?" e "Por

---

[40] Cf. Searle (1992), p. 122: "Não podemos [distinguir aparência de realidade] para a consciência porque a consciência consiste nas próprias aparências. No que diz respeito à aparência, não podemos fazer distinção entre ela e realidade porque a aparência é a realidade."

que todo esse processamento de informações não ocorre 'no escuro'?" – desaparece quando percebemos que a "experiência" não é intrínseca à visão e ao processamento de informações em geral. Ela é intrínseca apenas à forma específica de processamento de informações que gera o sentimento.

Na minha opinião, é por isso que *não* existe algo que é como se fosse um termostato ou a internet. Essa é a pertinência crucial das perguntas "Por que existe algo que é como se fossem algumas coisas, mas não outras?" e "Por que (e como) é possível que às vezes surjam sujeitos sencientes?".

Essas perguntas devem ser respondidas em termos mecanicistas. Qual é a função do sentimento? Ele pode desempenhar sua função sem experiência? Se a neurocientista visual cega Mary fosse uma neurocientista *afetiva*, seu conhecimento de tudo o que há para saber sobre a função do sentimento não explicaria por que (na verdade, preveria que) ele se sente como algo?[41] O mesmo se aplica aos espectros invertidos de Locke. É possível, segundo a lógica, que alguém experiencie como dor excruciante tudo o que eu experiencio como delicioso e que isso não faça diferença? É certo que não. Isso ocorre porque os sentimentos de fato *fazem* algo – e aumentam muito nossas chances de sobrevivência no processo[42].

É fácil reconhecer a lacuna explicativa entre o processamento de informações visuais e a percepção visual. Mas o mesmo tipo de lacuna não existe entre a função do sentimento e a experiência dele. Alguns filósofos afirmam que ainda existe essa lacuna. Apontarão que "zumbis afetivos" são *concebíveis*[43]. Sugiro que isso se baseie nas preocupações históricas de sua disciplina, e não em uma perplexidade razoável, e peço a eles que reconsiderem a questão.

---

[41] A propósito, se Mary fosse uma neurocientista afetiva em vez de visual, não poderia ser desprovida de experiências afetivas da mesma forma que é desprovida de experiências visuais. Isso porque, se ela não se sentisse como algo, estaria em coma (se não morta).

[42] Ver capítulo 5, nota 4.

[43] A locomoção por meio de rodas é concebível, mas o que de fato evoluiu (no nosso caso) foram as pernas. Devemos ter cuidado para não estabelecer um padrão mais elevado para as explicações da consciência do que para tudo o mais na biologia.

As preocupações com uma "lacuna explicativa" nunca teriam surgido se tivéssemos começado nossa busca perguntando por que e como os sentimentos surgem, em vez de procurar um correlato neural da consciência no córtex visual. A função biológica de sensações como a fome não é nada misteriosa, e o fato de elas serem parecidas com "algo que é como se fosse" não é especialmente difícil de explicar. Basta seguir a lógica da minimização da energia livre até onde ela leva para sistemas auto-organizados como nós. Dadas as nossas múltiplas necessidades, ambientes complexos e perigosos, ampla escolha de ações possíveis e capacidade de executar apenas uma ou duas delas em um determinado momento, devemos *esperar* ter um mundo interno, construído para fins de deliberação e escolha. E o que devemos esperar para preenchê-lo? Nada mais do que uma gama dinâmica de qualidades valorativas, incluindo sobretudo as ponderações de confiança que marcam e medem nossas várias necessidades incomensuráveis à medida que elas surgem, bem como as características salientes do ambiente no qual elas devem ser atendidas.

Considere a declaração de Chalmers a seguir. Ele teria dito tais coisas se estivesse falando sobre funções afetivas, e não cognitivas?

> Isso não quer dizer que a experiência não *tenha* nenhuma função. Talvez ela desempenhe um papel cognitivo importante. Mas, seja qual for o papel desempenhado por ela, a explicação da experiência será mais do que uma simples explicação da função. Talvez até aconteça que, no decorrer da explicação de uma função, sejamos levados ao entendimento fundamental que permite a explicação da experiência. Se isso acontecer, no entanto, a descoberta será uma recompensa explicativa *extra*. Não há nenhuma função cognitiva que nos permita dizer com antecipação que a explicação dessa função explicará *automaticamente* a experiência.[44]

---

[44] Chalmers (1995a), pp. 203-4.

Posso dizer de antemão que o esclarecimento da função do sentimento explicará automaticamente a experiência. Não vejo como um relato científico natural adequado pode deixar de fazer isso. Começando com a termodinâmica, chegamos – com surpreendente facilidade – a uma subjetividade qualificada e detentora de agência, cujas prioridades mais urgentes são ponderadas por um momento, sentidas e, em seguida, transformadas, com (espera-se) a devida circunspecção, em ação contínua. Sugiro que é disso que se trata ser qualquer coisa para a qual existe algo que é como se fosse.

Isso expõe todos os mistérios sobre a natureza da consciência? Aqui devo admitir que há um resíduo de desconforto. Seria muito inusitado se tudo o que já foi experienciado – se a própria possibilidade de conhecimento do universo em si – dependesse dos mecanismos que descrevi. Minha sensibilidade se rebela diante dessa ideia. Por outro lado, é estranho que nós existamos ou, na verdade, que qualquer coisa exista. Não se pode escapar do fato da contingência. Isso pode ser perturbador até mesmo em contextos mais prosaicos – a situação de "quase", a percepção de que, se não fosse por alguma circunstância inesperada, talvez não tivéssemos conseguido. E talvez *tivesse* que ser perturbador: visto de uma certa perspectiva, é exatamente o encontro com a morte que nossos sentimentos evoluíram para evitar. Lembro-me mais uma vez do Sr. S., cuja subjetividade trabalhou muito para esconder a precariedade de sua existência após a cirurgia malsucedida. Ele não é o único. Diante de um relato de nossa existência que a deixa tão incerta quanto no meu, talvez um impulso de negação volitiva seja apenas natural.

No entanto, há mais do que isso. Todas as explicações devem considerar algo como dado e, portanto, inexplicável dentro da teoria. Toda história deve terminar em algum lugar. Para mim, a trilha termina com a informação, que é, sem dúvida, algo intrigante, e com a auto-organização, que é estranha de forma positiva. No relato que fiz sobre a consciência, tudo surge do impulso de um sistema para existir. Nossas mentes são tecidas a partir da própria ordem, que emerge espontaneamente do caos, como no experimento de Friston, e depois se defende contra os ataques da entropia. Como isso pode ser a base de nossa existência? O que é a ordem, que tem tal poder de nos tirar da escuridão inanimada diante e além de nós? Essas perguntas ultrapassam o escopo deste livro. Pelo que sei, escapam por completo à investigação. No entanto, eu adoraria saber as respostas.

Até que haja essa revelação, espero que o que forneci ainda seja de valor. Afinal, trata-se de algo que muitos duvidaram que fosse possível: uma explicação da senciência com base em outras coisas que sabemos que existem no mundo físico. Ainda há muitos problemas difíceis, mas talvez não *o* problema difícil – de qualquer modo, não da forma como nos acostumamos. E se, às vezes, até mesmo eu duvido que a consciência possa ser o que eu disse que é – se não me sinto cem por cento certo da minha explicação –, reconforta-me o fato de que a incerteza persistente, sem perspectiva de iluminação final, é exatamente o que minha teoria prevê.

Capítulo 12

Criando uma mente

Quando criança, eu achava que não valia a pena fazer nada. Não importava o que fizesse, eu iria desaparecer para sempre. Minha consciência era indissociável do meu cérebro – a julgar por todas as evidências, algo estritamente limitado no tempo. Isso me causou muita angústia. A maneira de sair do buraco niilista era tentar entender o que é a consciência. Se eu fizesse isso com sinceridade e esforço, pelo menos não teria desperdiçado meu breve período de existência. Eu teria investido no único problema que valeria a pena resolver, dadas as circunstâncias. Esse modo de proceder também oferecia a esperança – remota, mas não impossível – de que, ao compreender o que é a consciência, eu pudesse escapar de seus limites. De alguma forma, eu poderia encontrar uma maneira de escapar da bolha solipsista da existência, de contextualizar o "ser" em um quadro maior. Com isso, confesso, eu esperava até mesmo encontrar alguma alternativa para a aterrorizante implicação lógica da mortalidade.

E, assim, segui o caminho que culminou neste livro. Ao longo desse caminho – durante minha formação neuropsicológica e formação psicanalítica – senti-me confortado com a descoberta de que a própria lógica era produto de um instrumento limitado. Adquiri conhecimento de quanto da "vida psicológica momento a momento" ocorria fora da percepção consciente e do controle voluntário. Isso colocou o pensamento em seu lugar, por assim dizer. Também vi como alguns pacientes neurológicos não tinham consciência das verdades mais óbvias devido à perda de partes específicas de seus cérebros. Se pessoas como o Sr. S são levadas a tais suposições incorretas por limitações específicas de seus instrumentos mentais, talvez o mesmo se aplique a mim. E se todos nós, como eles, estivermos desprovidos da maquinaria que, se a tivéssemos, nos permitiria chegar a conclusões radicalmente melhores sobre nós mesmos e nosso lugar no universo? Se todos fôssemos dotados apenas do sentido da audição, poderíamos pensar que a realidade consistia em algo tão etéreo quanto ondas sonoras e não teríamos nenhuma concepção do mundo visível e tangível dos sólidos mentais. Como todos estaríamos limitados pelas mesmas evidências incompletas, chegaríamos às mesmas conclusões equivocadas. Pelo mesmo raciocínio, se tivéssemos uma parte adicional do cérebro – digamos, cinco lóbulos por hemisfério em vez dos quatro habituais –, talvez soubéssemos algo sobre a natureza das coisas que, no momento, nos falta.

Pode ser que sim. Mas também é verdade que os fatos desconhecidos podem se tornar *mais* deprimentes do que aqueles sob os quais estamos trabalhando no momento. Alguns podem argumentar que, quanto maior o poder cerebral de uma pessoa, pior o lugar dela no universo – e não melhor. Não tenho certeza de que esse ponto de vista se justifique. De qualquer forma, não temos escolha a não ser fazer o melhor que pudermos com o que temos. As regras da ciência exigem que testemos nossas conjecturas em relação às melhores evidências possíveis de encontrar e que estejamos prontos para rejeitar as hipóteses não confirmadas por elas. As regras da vida exigem o mesmo da experiência cotidiana. Da forma como as coisas estão, há poucas evidências para apoiar a hipótese de que meu ser senciente sobreviverá à minha carne mortal. Parece que somos totalmente dependentes de nossos cérebros assustadoramente frágeis.

Com base nessa premissa, podemos supor que a consciência não existia na Terra antes da evolução dos cérebros – e talvez tenha passado a existir somente quando os cérebros dos vertebrados evoluíram; portanto, há cerca de 525 milhões de anos. Suspeito que ela tenha surgido de forma rudimentar antes disso; que um precursor do afeto tenha se transformado aos poucos em afeto sentido, sem uma linha divisória nítida entre eles, concomitantemente à evolução de organismos cada vez mais complexos com várias necessidades concorrentes. O que surgiu com a evolução do córtex foi a consciência *cognitiva*, ou seja, a capacidade adicional de contextualizar o afeto exteroceptivo e mantê-lo na mente[1]. De qualquer forma, o ser senciente não pode ter existido antes dos sistemas nervosos; a forma interna e subjetiva da consciência não pode ter existido na ausência de seu corpo externo. Portanto, com base nas evidências que reuni no capítulo 6, podemos concluir que a consciência, tal como a conhecemos, requer a existência de algo que se pareça com a PAG, ou seu precursor evolutivo imediato, juntamente com seu equipamento adjacente no triângulo de decisão do mesencéfalo e no sistema de ativação reticular.

Ao ler tais palavras, talvez algum lampejo de dúvida esteja surgindo em você. Com certeza ela surgiu em minha consciência em algum momento entre fevereiro e julho de 2018. Comecei a me reunir com regularidade com um pequeno grupo de físicos e cientistas da computação que compartilhavam, ou pelo menos simpatizavam, com minha visão de que reformular a consciência como sentimento poderia abrir o caminho para uma explicação física dela[2]. À medida que prosseguíamos com nossas deliberações, eu me vi

---

[1] Mas um polvo pode discordar disso. (O sistema de lóbulos verticais dos cefalópodes parece ser o análogo mais próximo do pálio dos vertebrados.)
[2] No início, esse grupo era formado por Tristan Hromnik, Jonathan Shock e eu, e depois se expandiu gradualmente para incluir outros físicos, cientistas da computação e engenheiros biomédicos – George Ellis, Rowan Hodson, Leen Remmelzwaal, Amit Mishra, Dean Rance, Dawie van den Heever e Julianne Blignaut –, bem como os neuropsicólogos Joshua Martin, Aimee Dollman e Donne van der Westhuizen. A equipe continua a crescer, embora Hromnik não faça mais parte dela e Martin tenha se mudado para Berlim.

adotando uma visão que talvez não cause surpresa agora que você está terminando de ler este livro – mas que inicialmente me surpreendeu. O pensamento inquietante que me ocorreu foi o seguinte: a consciência como a conhecemos por dentro não implica necessariamente a existência de algo que se pareça com a PAG. Ela requer apenas a existência de algo que *funcione* como ela.

David Chalmers, ao contrário de muitos de seus seguidores, acredita que o problema difícil pode ser resolvido. De fato, no mesmo artigo em que delineou o problema pela primeira vez, ele esboçou uma possível solução sob o título: "Esboço de uma teoria da consciência". Sua teoria não é muito conhecida, provavelmente porque poucos cientistas a aceitam. Ela se baseia em três princípios, dois dos quais apresentei no capítulo anterior. Eles são o princípio da coerência estrutural e o princípio do duplo aspecto. Eu discordava de ambos, mas também simpatizava com eles. De certa forma, este livro simplesmente os matiza. Eu disse que apresentaria o terceiro princípio agora, no último capítulo. É o princípio da invariância organizacional.

Esse princípio afirma que quaisquer dois sistemas com a mesma organização funcional refinada terão experiências idênticas no sentido qualitativo. Se os padrões causais da organização neural fossem duplicados em silício, por exemplo, com um para cada neurônio e os mesmos padrões de interação, surgiriam as mesmas experiências. De acordo com esse princípio, o que importa para o surgimento da experiência não é a composição física específica de um sistema, mas *o padrão funcional de interação causal entre seus componentes*. Esse princípio é controverso, é claro. John Searle, entre outros, argumentou que a consciência está ligada a uma biologia específica, de modo que um isomorfo de silício de um ser humano não seria consciente[3]. No entanto, acredito que o princípio pode receber um apoio significativo por meio da análise de experimentos mentais.

---

[3] Searle (1980). Damásio (2018) teve uma visão semelhante.

Chalmers descreve um desses experimentos mentais[4], que gira em torno da noção de dois sistemas de processamento de informações com organizações funcionais idênticas. Em um deles, a organização é produzida por uma configuração de neurônios (como ocorre no cérebro natural) e, no outro, por uma configuração de chips de silício (como pode ocorrer em um cérebro artificial). Como sabemos, os cérebros humanos naturais são capazes de ter experiências. A questão levantada por Chalmers é se isso também se aplica a uma réplica funcional exata do cérebro humano. Aqui entra o experimento imaginário:

> Os dois sistemas têm a mesma organização; portanto, podemos imaginar a transformação gradual de um no outro, talvez substituindo os neurônios, um de cada vez, por chips de silício com a mesma função local. Assim, obtemos um espectro de casos intermediários, cada um com a mesma organização, mas com uma composição física um pouco diferente.[5]

A questão que surge aqui é se a substituição de um neurônio natural por um artificial vai fazer alguma diferença no que o cérebro natural experimenta e vice-versa. O argumento que se segue é que o cérebro neuronal continuará a ter as mesmas experiências à medida que passa por todas as minúsculas etapas intermediárias, até e inclusive o ponto em que se torna uma réplica completa do cérebro de silício. (O mesmo se aplica no sentido oposto, é claro.) Isso mostra – diz Chalmers – que os cérebros de silício também são capazes de ter experiências:

> Dada a suposição extremamente plausível de que as mudanças na experiência correspondem a mudanças no processamento, somos levados à conclusão [uma vez que não ocorreram mudanças no

---
[4] Refiro-me ao argumento dos "*qualia* dançantes" de Chalmers, que se baseia no argumento dos "espectros invertidos" de Locke. Ver Chalmers (1995a/b, 2011).
[5] Chalmers (1995a), pp. 214-5.

processamento durante a transição do neurônio para o silício] de que *quaisquer dois sistemas funcionalmente isomórficos devem ter o mesmo tipo de experiências.*[6]

Chalmers admite que "alguns podem se preocupar com o fato de que um isomorfo de silício de um sistema neural pode ser algo impossível por razões técnicas. Essa questão está em aberto. O princípio da invariância diz apenas que, *se* a formação desse isomorfo for possível, ele terá o mesmo tipo de experiência consciente". E conclui:

> Esse experimento mental se baseia em fatos conhecidos sobre a coerência entre a consciência e o processamento cognitivo para chegar a uma conclusão sólida sobre a relação entre a estrutura física e a experiência. Se o argumento for aceito, saberemos que as únicas propriedades físicas diretamente relevantes para o surgimento da experiência são as *organizacionais*.[7]

Não consigo encontrar nenhuma falha nessa lógica. Ela corresponde aproximadamente ao meu próprio argumento de que uma única organização funcional (por exemplo, Mark Solms) pode assumir duas aparências diferentes, uma de forma introspectiva e outra extrospectiva. Minha discordância com Chalmers surge apenas do que ele faz com esse argumento quando desenvolve a teoria de que *toda* informação tem um aspecto subjetivo – e, portanto, é consciente. Eu disse (citando Chalmers) que "precisamos de uma restrição adicional na teoria fundamental, indicando exatamente que *tipo* de informação tem um aspecto fenomenal". Isso é tudo sobre o que realmente discordamos. Neste livro, identifiquei o tipo especial de processamento de informações que, em minha opinião, tem um aspecto fenomenal, e expliquei por que e como isso ocorre.

---

[6] *Ibid.*, p. 215, grifo nosso.
[7] *Ibid.*, grifo nosso.

Quer Chalmers aceite ou não essa versão "restrita" de seus princípios do duplo aspecto e da coerência estrutural[8], ele e eu ainda concordamos que quaisquer dois sistemas funcionalmente isomórficos devem ter o mesmo tipo de experiências. Em outras palavras, se um de dois sistemas funcionalmente isomórficos tem experiências fenomenais, *o outro também deve tê-las*.

Antes de examinar as implicações dessa conclusão, vamos considerar a preocupação científica de que um isomorfo de silício de um sistema neuronal pode ser algo impossível por razões técnicas. Chalmers diz que "essa é uma questão em aberto". Essas palavras foram escritas em 1995. A questão não está mais em aberto. Em uma série de estudos publicados entre 2012 e 2016, vários grupos de pesquisadores mostraram que é possível criar uma interface artificial entre o cérebro e a medula espinhal que permite a animais paralisados moverem seus membros afetados, substituindo a neurotransmissão espinhal por sinais de rádio[9]. O grupo de Marco Capogrosso, por exemplo, relatou o seguinte:

> Foram implantados em macacos resos (*Macaca mulatta*) uma matriz de microeletrodos intracorticais na área da perna do córtex motor e um sistema de estimulação da medula espinhal composto por um implante epidural espacialmente seletivo e um gerador de pulsos com recursos de acionamento em tempo real. Projetamos e implementamos sistemas de controle sem fio que vinculavam a decodificação neural online dos estados motores de extensão e flexão a protocolos de estimulação que promoviam esses movimentos. Tais sistemas permitiram que os macacos se comportassem de forma livre, sem nenhuma restrição ou limitação eletrônica.[10]

---

[8] Tive longas discussões com Chalmers sobre esse assunto e minha impressão é que, pelo menos, ele tem uma mente aberta.
[9] Ethier *et al.* (2012), Hochberg *et al.* (2012), Collinger *et al.* (2013), Bouton *et al.* (2016), Capogrosso *et al.* (2016).
[10] Capogrosso *et al.* (2016), p. 284.

Esses macacos sofreram danos (unilaterais) aos neurônios motores superiores do trato corticoespinhal no nível da coluna torácica, causando paralisia de uma perna. "Seis dias após a lesão e sem treinamento prévio dos macacos, a interface entre o cérebro e a espinha dorsal restaurou a locomoção da perna paralisada em uma esteira e no solo."[11] O ponto crucial desse estudo é que a "interface entre o cérebro e a espinha dorsal" (ou seja, os sinais de rádio que restauraram a comunicação entre o córtex e a coluna lombar, contornando a lesão corticoespinhal) nada mais é do que *um isomorfo artificial* do tipo que Searle temia ser algo "impossível por razões técnicas". Os sinais de rádio substituíram os sinais neuronais da mesma forma que Chalmers pressupôs que seus chips de silício imaginários poderiam substituir os neurônios. No estudo de Capogrosso, os sinais de rádio desempenharam a mesma função que os neurônios corticoespinhais ausentes normalmente desempenham.

É verdade que estou falando de neurônios corticoespinhais que desempenham apenas funções *motoras* (em vez de cognitivas), mas é importante observar que eles são neurônios "piramidais" originados na camada 5 do neocórtex e, portanto, idênticos em sua morfologia ao tipo descrito de forma ampla na literatura de codificação preditiva como processadores de sinais de "predição" e "erro" na inferência perceptual e ativa. Neurônios desse tipo são encontrados em todo o córtex, inclusive no hipocampo e nos lobos pré-frontais. O ponto fundamental, portanto, é o seguinte: a função de um neurônio piramidal pode ser realizada por um isomorfo artificial (nesse caso, sua função como interface entre o neocórtex e o músculo pode ser realizada por ondas de rádio). E, para reforçar a ideia, um isomorfo de silício totalmente funcional de um neurônio piramidal foi recentemente projetado[12].

Agora quero concentrar sua atenção no aspecto crucial do estudo que acabei de descrever. O que a matriz intracortical implantada no

---

[11] *Ibid.*
[12] Abu-Hassan *et al.* (2019).

córtex motor dos macacos resos registrou foram *informações*. A informação produzida pela atividade cortical foi uma *mensagem* que o cérebro dos macacos tentou enviar às pernas deles, usando neurônios piramidais corticoespinhais. O que a matriz de microeletrodos fez foi codificar essa mensagem em ondas de rádio e, em seguida, transmitir a mesma informação através de um meio artificial para a coluna lombar, que a transferiu de volta para seu meio natural a fim de produzir o movimento pretendido. Em outras palavras, a função que as ondas de rádio desempenhavam de modo artificial era uma função de processamento de informações geralmente desempenhada de forma natural pelos neurônios piramidais corticoespinhais. O mesmo princípio se aplica aos neurônios de silício projetados nos últimos tempos, embora, quando desta escrita, eles ainda não tivessem sido usados em tais experimentos.

Para tornar esse ponto mais abrangente, deixe-me explicar que a mesma coisa pode ser feita com outras funções de processamento de informações do cérebro, incluindo funções cognitivas exclusivamente humanas. Não estou apenas dizendo que isso pode ser feito: isso já *foi* feito. Em um estudo de referência publicado em 2012, Brian Pasley e seus colegas registraram a atividade elétrica de matrizes intracorticais colocadas sobre o córtex auditivo de quinze voluntários humanos que estavam sendo submetidos a cirurgias cerebrais por razões médicas[13]. Durante as operações, os pesquisadores transmitiram, por meio de alto-falantes ou fones de ouvido, palavras que os pacientes ouviram conscientes. A equipe estudou as gravações de EEG resultantes e criou um algoritmo – um modelo computacional – para mapear os sons que os pacientes ouviam nos padrões de EEG que haviam registrado. O modelo combinou cada som da fala com seu padrão correspondente de atividade cerebral. Os pesquisadores então fizeram a engenharia reversa do processo: começando com os padrões de atividade cerebral (ou seja, as informações), eles mostra-

---

[13] Pasley *et al.* (2012).

ram que era possível usar o modelo computacional para reconstruir as palavras que o cérebro ouvira.

Aqui, o algoritmo do computador desempenha um papel equivalente ao que as ondas de rádio desempenharam no experimento anterior, mas mais complexo. Ele modela *de forma artificial* as mesmas informações modeladas de forma natural pelo cérebro e, em seguida, gera o som correspondente produzido por esse modelo.

O que esses cientistas fizeram com as palavras também pode ser e tem sido feito com imagens visuais. Shinji Nishimoto e Jack Gallant mostraram que é possível desenvolver algoritmos de computador que decodificam – apenas a partir de registros de fMRI – o que o córtex visual está vendo e, em seguida, transformam esses padrões de atividade cerebral em imagens em movimento[14]. Desse modo, começando apenas com os registros de fMRI, é possível gerar aproximações razoáveis das imagens visuais que causaram a atividade cerebral.

A mesma coisa foi feita até com sonhos. O estudo que fez isso é de tirar o fôlego:

> As imagens visuais durante o sono são há muito tempo um tópico de especulação persistente, mas sua natureza privada tem dificultado a análise objetiva. Aqui apresentamos uma abordagem de decodificação neural na qual os modelos de aprendizado de máquina preveem o conteúdo das imagens visuais durante o período de início do sono com base na atividade cerebral medida, descobrindo vínculos entre os padrões de ressonância magnética funcional humana e os relatos verbais com o auxílio de bancos de dados lexicais e de imagens. Os modelos de decodificação treinados na atividade cerebral induzida por estímulo em áreas corticais visuais mostraram classificação, detecção e identificação precisas do conteúdo. Nossas descobertas demonstram que a experiência visual específica durante o sono é representada por padrões de atividade cerebral compartilhados pela percepção do estímulo, fornecendo um meio

---

[14] Nishimoto *et al.* (2011).

de descobrir o conteúdo subjetivo do sonho usando medição neural objetiva.[15]

É um pequeno passo – um passo muito pequeno – galgar disso para a decodificação dos pensamentos de uma pessoa, operacionalizados como fala interior ou imagens mentais. Christian Herff e seus colegas, que demonstraram que "a fala falada continuamente pode ser decodificada em palavras expressas [como texto escrito] a partir de registros eletrocorticográficos (ECoG) intracranianos", afirmam quase de forma casual que essa será a próxima etapa de seu programa de pesquisa: "O sistema *Brain-to-Text* descrito neste artigo representa um passo importante em direção à comunicação homem-máquina baseada na fala imaginada."[16]

Esses são desenvolvimentos de longo alcance. Para citar apenas uma implicação aparente: se, da maneira prevista pelo experimento mental de Chalmers, é possível codificar o conteúdo dos processos corticais[17] em um meio artificial e depois decodificá-los novamente nos processos fisiológicos que os produziram, então, em princípio, deve ser possível decantar qualquer extensão do processamento cortical em um dispositivo artificial e arquivá-lo para uso futuro. Isso também possibilita, em princípio, que o conteúdo do córtex de um indivíduo sobreviva à sua carne mortal. E se isso é possível, digamos, para um rato, também deve sê-lo para um ser humano, já que a arquitetura básica de ambos é a mesma.

Quando tomei conhecimento dessa possibilidade, não fiquei muito entusiasmado[18]. Mesmo que fosse possível armazenar artificialmente todo o conteúdo da memória de longo prazo de uma pessoa, ainda assim não teríamos copiado sua mente. Teríamos con-

---

[15] Horikawa *et al.* (2013).
[16] Herff *et al.* (2015).
[17] Incluindo os de cima para baixo do tipo discutido sob o título de "pensamento" no capítulo 10 (por exemplo, imaginar e sonhar).
[18] Cf. Kurzweil (2005).

seguido pouco mais com isso do que já conseguimos quando mantemos o corpo de alguém vivo de forma artificial – por exemplo, em um estado vegetativo persistente ou coma. Se eu fizesse isso por você, eu não manteria *você* vivo: iria apenas manter *algo* vivo. Com base nessa analogia, se (ou talvez eu deva dizer quando) for possível armazenar artificialmente o conteúdo da memória declarativa de longo prazo – a totalidade de qualquer extensão dos parâmetros funcionais individualizados do córtex cerebral –, ainda assim estaremos armazenando apenas "algo" em vez de um "eu". Meu raciocínio considerou, em bases científicas, que os parâmetros da memória cortical não são conscientes de forma intrínseca. Não haveria *ninguém em casa* nesses sistemas de memória de longo prazo – nenhuma presença subjetiva para "palpar" os traços com sentimento. Foi por isso que descartei todo o empreendimento da inteligência artificial: "A menos que seja possível projetar um computador que tenha *sentimentos* [...] provavelmente nunca será possível projetar um computador com uma mente. [...] É provável que o problema da mente, portanto, não seja um problema de *inteligência*."[19]

Talvez você possa ver aonde quero chegar.

Em 2002, quando escrevi essas palavras, eu sabia que a consciência era fundamentalmente afetiva. (Analisando minhas publicações, parece que cheguei aos poucos a esse entendimento desde 1996.)[20] Naquela época, todavia, eu achava que o afeto não tinha nada a ver com o processamento de informações. Eu equiparava a *cognição* ao processamento de informações e pensava no afeto como algo mais intrinsecamente biológico. Agora, olhando para trás – embora essas distinções ainda façam sentido para mim –, não entendo mais por que considerei a neuromodulação mais "biológica" do que a neurotransmissão. Além disso, não reconheço mais o motivo pelo qual presumi que o afeto não é uma forma de processamento de informações.

---

[19] Solms e Turnbull (2002), pp. 70-1, segundo grifo nosso.
[20] Ver Solms (1996, 1997b).

Pode ser que eu simplesmente não soubesse o suficiente sobre ciência da informação. Eu não entendia que a *entropia* na mecânica estatística é equivalente à *informação média* (ver capítulo 7), o que significa que os padrões de atividade cerebral que os pesquisadores mencionados antes registraram no córtex são, em última análise, padrões de *desvios homeostáticos* dos estados de repouso neuronal. Em outras palavras, eu não entendia que a atividade cortical também é entrópica – que ela compartilha essa moeda comum com o afeto – e que o trabalho cognitivo (ou seja, o trabalho preditivo) é antientrópico e, portanto, faz parte da mesma economia. Só comecei a entender isso em 2017, enquanto preparava meus comentários de encerramento naquele fatídico congresso em Londres.

Agora, por mais estranho que pareça até para mim mesmo – um não cognitivista declarado, um "biólogo da mente" –, sou obrigado a ter uma visão diferente da inteligência artificial. Hoje, eu chegaria a ponto de dizer que, a menos que seja possível criar uma máquina consciente, não resolveremos o problema difícil[21]. Se a forma especial de processamento de informações que propus aqui for de fato o mecanismo causal da consciência, *deve* ser possível produzir de forma artificial uma mente consciente com ela. Esse resultado é a única maneira cientificamente sustentável de provar o conceito. Mesmo que a tecnologia por meio da qual uma hipótese pode ser testada ainda não exista (como era o caso na época de Freud), ainda assim a hipótese deve ser formulada a fim de torná-la testável em princípio.

E, quando se trata das hipóteses que descrevi neste livro, a tecnologia necessária existe *de fato*.

---

[21] O renomado físico Richard Feynman tinha a mesma opinião sobre a compreensão mecanicista em geral. Não quero dizer que a engenharia reversa da consciência, por si só, resolva o problema. É possível montar algo microchip por microchip sem pensar e sem compreendê-lo. O que quero dizer é que, *se* você o compreende, deve ser capaz de fazer a engenharia reversa.

O mecanismo biológico da consciência que formulei no capítulo 6 é o melhor que posso apresentar, sendo eu neuropsicólogo. Ele fornece um sentido plausível a todos os dados neurológicos e psicológicos disponíveis. Muitas outras coisas úteis poderiam ser acrescentadas ao estudar mais de perto os meios fisiológicos pelos quais a PAG processa as múltiplas entradas convergentes que recebe e como exatamente as decisões sobre "o que fazer em seguida" são tomadas quando ele faz interface com os colículos superiores. Mas essa pesquisa ainda se enquadraria no que Chalmers chama de problema "fácil".

No capítulo 9, com a ajuda considerável de Karl Friston, reduzi as funções psicofisiológicas em questão à mecânica estatística formal. As equações resultantes são ilustrações dos *mecanismos causais* subjacentes da consciência, tanto em suas manifestações psicológicas quanto fisiológicas. A engenharia reversa dessas abstrações nos dirá se elas podem resolver o problema difícil. Da forma como as coisas estão hoje em dia, há muitas lacunas entre as pinceladas amplas que delineei e a implementação prática dos mecanismos que elas descrevem; e essas etapas que faltam só serão percebidas de forma plena quando tentarmos fundamentá-las.

Estou ansioso para realizar esse trabalho com a equipe ampliada de físicos, cientistas da computação, engenheiros biomédicos e neurocientistas que reuni. Quando este livro for impresso, espero que já haja progresso a ser relatado. Por enquanto, tudo o que posso dizer é como *prevejo* que procederemos. O que vem a seguir, portanto, está sujeito à evolução das contribuições e orientações dos meus colegas especialistas à medida que avançarmos nos próximos estágios do nosso projeto.

Nosso ponto de partida, ao que me parece, será bem diferente daquele da maioria das pesquisas tradicionais de IA. Em primeiro lugar, o que estamos tentando projetar não é inteligência, mas *consciência*[22]. Espero que já tenha ficado claro que não concebo a

---

[22] Ver Reggia (2013) para uma análise de pesquisas anteriores sobre o tema.

consciência como algo particularmente inteligente, pelo menos não em sua forma elementar. E parece ser uma boa estratégia tentar projetar a consciência em sua forma mais elementar, não apenas por conveniência, mas também por razões éticas que discutirei em breve. Em segundo lugar, não tentaremos projetar um dispositivo que faça algo prático – jogar xadrez, reconhecimento de voz ou coisa do tipo – cuja realização de um critério funcional sinalizará que atingimos nosso objetivo. Em vez disso, projetaremos um sistema de autoavaliação sem nenhum *objetivo* em vista, salvo o de ser o meio para esse fim. Em outras palavras, tentaremos criar um ser que não tenha objetivo e propósito exceto continuar sendo[23].

Dessa forma, vamos *começar* com algo semelhante ao que Friston criou: um sistema auto-organizado inconsciente equipado com um cobertor de Markov (e, portanto, com estados sensoriais, ativos e internos) que modela o mundo de modo automático com base em amostras sensoriais, minimizando os efeitos da entropia sobre sua integridade funcional por meio do aprimoramento de seu modelo generativo. Ou seja, de acordo com a lei de Friston, ele medirá sua própria energia livre esperada e agirá em conformidade com ela. Isso o transformará em uma máquina de previsão. Ele então manterá um modelo gerativo hierárquico cada vez mais complexo de sua organização em relação aos estados externos predominantes, embora, como a tapa-vazamentos Eve Periaqueduct, não tenha nenhuma tarefa explícita além de tapar os vazamentos do sistema.

Esse sistema terá alguma semelhança com a vida, mas não estará vivo. Embora a consciência tenha evoluído em organismos vivos, o objetivo desse experimento é mostrar que ela também pode ser produzida de maneira *artificial*, por meio da engenharia reversa de sua organização funcional. Há todos os motivos para acreditar que podemos criar esse sistema (auto-organizado), porque isso já foi feito antes. Embora esse sistema de primeiro estágio não seja

---

[23] Como a abordagem de aprendizagem por reforço exige um critério de meta, ele será este: *sobrevivência do sistema em ambientes imprevistos*.

consciente, ele já terá valores subjetivos: seus estados valiosos (de seu próprio ponto de vista) serão aqueles que minimizam sua energia livre, e ele fará o que for necessário para mantê-los pelo maior tempo possível. A protointencionalidade que isso implica será relativamente fácil de verificar, pois pode ser de pronto inferida a partir do comportamento observável do sistema.

Para passar ao segundo estágio, no qual acredito que os *precursores* do afeto aparecerão pela primeira vez, precisamos tornar nosso sistema mais complexo, dar a ele várias necessidades. Isso pode ser feito (e será feito no início) por meio de simulações de computador, mas uma abordagem mais realista exige que o sistema seja *incorporado* de forma física, como um robô, e tornemos sua capacidade de minimizar proativamente a energia livre de Friston dependente de uma fonte externa da energia livre de Gibbs[24]. Se fizermos isso, o sistema terá de *representar* o fornecimento da energia livre de Gibbs em termos da energia livre de Friston e, em seguida, vinculá-lo por meio de um trabalho eficaz de processamento de informações. Isso faria com que a manutenção de seu suprimento de energia externa fosse uma responsabilidade central do sistema auto-organizado. (É claro que o trabalho de processamento de informações realizado por todos os computadores depende de eletricidade, mas em geral ela é fornecida de modo gratuito por um agente externo.) O hardware do computador se tornaria, assim, o corpo do sistema, mesmo antes de colocá-lo em um robô, e os va-

---

[24] Para ser claro: a incorporação pode ser simulada (assim como todos os parâmetros físicos descritos na sequência). Do ponto de vista do sistema, não importa o que está realmente acontecendo "lá fora", apenas o que está acontecendo no modelo em relação às informações que ele recebe de fora. A equipe de pesquisa pode, portanto, simular um ambiente para o sistema modelar, e faremos isso com as primeiras gerações do nosso sistema proposto. Proceder de outra forma seria muito demorado e, francamente, perigoso (considere o parâmetro de superaquecimento descrito a seguir, por exemplo). Quando digo que uma abordagem mais "realista" exige que o sistema seja incorporado fisicamente, quero dizer que há problemas de modelagem surgidos com o movimento físico (por exemplo) que não surgem com o movimento simulado, e isso pode muito bem ser importante para um sistema realmente realista. Por esse e outros motivos, as gerações posteriores de nosso sistema proposto serão incorporadas em robôs.

lores do sistema auto-organizado o obrigariam a agir – dentro de seu modelo do mundo – para permitir que seu corpo absorvesse a energia externa necessária.

De início, na simulação, poderíamos projetar várias engenhocas motoras que permitissem fisicamente ao sistema acessar a fonte de energia externa – ou melhor, as fontes – para recarregar sua bateria interna. Também poderíamos deslocar as fontes ativadas para diferentes locais no ambiente do computador (usando um regime razoavelmente complexo que o sistema precisaria aprender). Isso, por sua vez, exigiria que equipássemos o sistema com um aparato perceptual. Da mesma forma, poderíamos sobrecarregá-lo com um mecanismo termorregulador para evitar o superaquecimento se ele trabalhar demais. Como isso ameaçaria a integridade física do corpo do qual o sistema auto-organizado depende, ele teria também que representar e regular esse homeostato. Aqui, além disso, poderíamos incorporar um parâmetro de fadiga: a eficiência do processamento de informações do sistema fica comprometida (de forma gradual e progressiva) quando este fica ativo por muito tempo, sem descanso, e esse parâmetro poderia interagir de forma complexa com as outras demandas que colocamos sobre ele. Poderíamos acrescentar um parâmetro de dor, acionado por danos (por exemplo, desgaste) a aspectos específicos da integridade física do computador, como as juntas e as superfícies de suas rodas e braços. Isso facilitaria a visualização de um parâmetro de ansiedade, vinculado não apenas ao perigo percebido de sofrer dor, mas também ao risco existencial *iminente* relacionado aos outros parâmetros. Para criar emoções mais realistas, seria necessário também que o sistema concorresse com outros agentes (semelhantes a ele) por seus recursos de energia, enfrentasse suas ameaças, tivesse necessidades de apego e formasse alianças com eles. E assim por diante. Isso instanciará o importante problema emocional de necessidades *conflitantes*.

Muitas versões preliminares do sistema não conseguiriam dominar as onerosas demandas previstas aqui e, portanto, expirariam.

Assim, seria necessário monitorar o que funciona melhor e predefinir os códigos preditivos bem-sucedidos e suas precisões associadas em cada nova geração do fenótipo do sistema. (Essa é a "seleção natural" artificial, necessária devido ao fato de que os sistemas artificiais previstos não se autogerarão nem se reproduzirão de forma física.)[25]

Finalmente, chegamos ao terceiro estágio. Agora, as múltiplas necessidades do sistema devem ser priorizadas de forma flexível por meio da otimização precisa em uma base *contextual*. Por exemplo, o *quantum* de energia disponível externamente poderia variar em relação aos limiares de termorregulação, fadiga e ansiedade, de modo que as ponderações de precisão ideais durante um período circadiano ou quase sazonal seriam diferentes das de outro período. Da mesma forma, o sistema poderia se adaptar a uma configuração complexa de riscos e oportunidades ambientais e, em seguida, os parâmetros poderiam ser alterados, criando assim ambientes novos (não previstos) e a necessidade de um planejamento de longo prazo.

Sem dúvida, isso resultará mais uma vez na expiração de muitas iterações de nosso sistema auto-organizado. Pelos mesmos motivos anteriores, portanto, o que funciona melhor terá de ser propagado de modo artificial por meio de gerações sucessivas do fenótipo. Não precisamos nos preocupar excessivamente com isso, pois os sistemas que não sobreviverem não terão o ingrediente essencial que estamos tentando projetar aqui: a capacidade de sentir.

A consciência (no sentido de incerteza *sentida pelo sistema*) deve surgir somente nesse terceiro estágio do experimento. Os sistemas auto-organizados, imbuídos de valores autopreservativos (como são por definição), já contêm os ingredientes brutos para a função que chamamos de afeto; ou seja, eles já registram a "bondade" e a "maldade" subjetivas de um tipo que só se aplica *a* eles e *para*

---

[25] Ou seja, codificaremos reflexos e instintos artificiais. Também usaremos "algoritmos genéticos".

eles e, portanto, só pode ser sentida *por* eles. Na minha hipótese, essa propriedade inerentemente subjetiva é o que chamamos de *valoração* hedônica. Em termos formais, o aumento da energia livre é uma crise existencial para qualquer sistema auto-organizado. Esses sistemas devem, portanto, desenvolver modelos internos de si mesmos em relação a seus mundos, o que lhes confere a capacidade de ação autopreservativa. Isso se qualifica como comportamento protointencional. Com o aumento da complexidade, o sistema precisa cada vez mais priorizar suas intenções de forma flexível e contextual e, em seguida, manter uma dessas intenções "em mente" (em um região de memória de curto prazo) para orientar suas escolhas em ambientes incertos. Ele também precisará fazer planejamentos e "lembrar-se do futuro" em escalas de tempo mais longas.

Nesse ponto, apenas os sistemas que conseguem compartimentar os diferentes valores de erro que contribuem para os cálculos de energia livre e que podem modular de forma flexível suas ponderações de precisão correspondentes têm probabilidade de sobreviver. Esses valores devem ser tratados como variáveis categóricas, ou seja, devem ser diferenciados uns dos outros em uma base *qualitativa* e não quantitativa, e uma dessas qualidades deve ser priorizada a cada momento e, em seguida, implementada e avaliada com base nos níveis flutuantes de *confiança* do sistema. Então, prevejo que os estados internos do sistema, inerentemente subjetivos, existenciais, qualitativos, intencionais e com valoração, se tornarão o que chamamos de "sentimento".

Não vejo razão para chegar a outra conclusão que não seja a de que um sistema complexo o suficiente, bem ajustado e com autoavaliação, capaz de se encontrar nesse estado, poderia *sentir* isso. Os sentimentos em questão não seriam *os mesmos* que os sentimentos humanos, dos mamíferos ou dos animais em geral, mas poderiam ser sentimentos mesmo assim. Agora, a questão é: como saberemos se ou quando o *self* artificial se sente nesse estado interno? Como podemos provar isso?

Se você quiser ter uma noção aproximada da visão atual dominante sobre algo, o lugar óbvio para procurar é a Wikipédia. Veja o que ela tem a dizer sobre consciência artificial:

> *Qualia*, ou consciência fenomenológica, é um fenômeno inerentemente de primeira pessoa. Embora vários sistemas possam exibir diversos sinais de comportamento correlacionados com a consciência funcional, não há nenhuma maneira concebível pela qual testes de terceira pessoa possam ter acesso a características fenomenológicas de primeira pessoa. Por causa disso, e porque não há uma definição empírica de senciência, fazer um teste de presença de senciência na consciência artificial pode ser impossível.[26]

Esse é um grande desafio. De fato, é o problema de outras mentes mais uma vez. Como eu disse antes, não estamos tentando projetar um dispositivo de IA que faça algo prático cuja realização de um critério observável sinalizará que atingimos nossa meta. O sistema que devemos projetar não tem outra meta objetiva a não ser sobreviver e, em particular, sobreviver em ambientes imprevistos. Mas, se ele atingir esse critério objetivo, como saberemos se ele usou o *sentimento* para fazer isso? Isso é o que eu espero – prevejo que ele o usará –, mas sentimentos são coisas inerentemente subjetivas, portanto, como a Wikipédia nos lembra candidamente, "não há nenhuma maneira concebível" de demonstrar sua presença de modo objetivo.

Mais uma vez, as regras da ciência vêm em nosso socorro. A ciência não exige provas absolutas. Essa latitude não se aplica ape-

---

[26] Da Wikipédia (https://en.wikipedia.org/wiki/Artificial_ consciousness) em 21 de março de 2020. Para uma visão alternativa, ver Reggia (2013): "O autor desta revisão acredita que nenhum dos estudos anteriores examinados, mesmo quando alegado o contrário, forneceu um argumento convincente sobre como a abordagem que está sendo estudada acabaria levando à consciência artificial instanciada. Por outro lado, e de forma mais positiva, ainda não foi apresentada nenhuma evidência (inclusive pelo trabalho pesquisado nesta revisão) de que a consciência artificial instanciada não poderia um dia ser algo possível, uma visão que foi expressa por outros."

nas ao mecanismo da consciência; ela se aplica a todas as coisas. Tudo o que as regras da ciência exigem é que se coloque uma hipótese razoável (que leve em conta todas as evidências disponíveis) e, em seguida, teste-a de uma forma que ofereça uma chance realista de ser falseada. Portanto, no presente caso, como saberemos quando foi falseada a hipótese de que nosso sistema autoevidente é consciente? Como discutimos no capítulo anterior, é possível que existam "zumbis afetivos" que se *comportam* como se estivessem conscientes, mas não estão. Como, então, podemos saber se eles *realmente estão* conscientes?

A resposta tradicional a essa pergunta é o teste de Turing, um teste muito simples que exige que você interaja com o sistema por meio de um monitor de computador (ou seja, sem *vê-lo*) e decida, com base apenas em suas declarações verbais, se ele tem uma mente ou não. Se você achar que está interagindo com uma mente real (tecnicamente, se trinta por cento dos juízes, após cinco minutos de interação, acharem que sim), a máquina passou no teste.

Aqui está um exemplo que publiquei, com Oliver Turnbull, em 2002[27]. Ele interagiu – via internet – com alguém ou algo chamado ELIZA, que estava se fazendo passar por psicoterapeuta. Sua tarefa era decidir se ela era uma pessoa real ou não:

> ELIZA: Como você está? Por favor, conte-me seu problema.
> Oliver: Por que não consigo ser feliz?
> ELIZA: Você acha que deveria ser capaz de ser feliz?
> Oliver: Acho que mereço mais felicidade do que a que tenho no momento.
> ELIZA: Você realmente acha isso?
> Oliver: Sim, a vida não precisa ser tão cruel.
> ELIZA: Você parece bastante positivo.
> Oliver: Acho que sim, pelo menos em parte do tempo.
> ELIZA: Foi por isso que você me procurou?

---

[27] Solms e Turnbull (2002), pp. 68-9.

Oliver: Vim porque preciso de ajuda.
ELIZA: Esse é o verdadeiro motivo?
Oliver: Na verdade, vim porque ouvi dizer que você era um computador e não uma terapeuta de verdade.
ELIZA: Os computadores preocupam você?
Oliver: Posso fazer uma pergunta?
ELIZA: Se você pode fazer uma pergunta depende mais de você do que de mim.
Oliver: A pergunta é: como a mente e o cérebro se relacionam?
ELIZA: Não sei se estou entendendo direito.
Oliver: É o problema difícil – como a vida mental surge dos eventos fisiológicos?
ELIZA: Por favor, continue...

Espero que você tenha adivinhado que ELIZA não é uma pessoa real. Ela é um *chatbot* – um programa de computador –, e um dos bem simples. No entanto, um número surpreendentemente grande de pessoas que interagem com ela acredita que de fato se trata de uma psicoterapeuta, e muitas delas a consideram útil[28]. Claramente, há algo errado com o teste de Turing. Como Turnbull e eu apontamos, o principal problema dele é ser um teste *behaviorista* de inteligência; não é efetivamente um teste de *consciência*. É verdade que o comportamento inteligente de uma máquina pode, às vezes, ser indistinguível do de uma pessoa – e, quando isso acontece, a máquina deve ser tratada como igual (ou até superior) a nós em termos de inteligência[29]. Ou seja, pessoas e computadores de fato demonstram "inteligência". Mas o problema dos zumbis filosóficos levanta outra questão; *não* se trata precisamente de uma questão de comportamento ou inteligência, mas do difícil fato de que, quando o assunto é a consciência, as aparências podem ser enganosas.

---

[28] Ver Colby, Watt e Gilbert (1966) e Weizenbaum (1976). Um programa de computador chamado Eugene Goostman, que simula um garoto ucraniano de treze anos, passou no teste de Turing em um evento realizado em 2014 na Royal Society of London.

[29] Por exemplo, como é sabido, os computadores podem superar os melhores jogadores humanos de xadrez e *GO*, que é mais difícil do que o xadrez.

Vários outros testes formais foram propostos ao longo dos anos – alguns deles com o objetivo específico de testar a consciência –, mas todos eles são tão inadequados para nossos propósitos quanto o teste de Turing, principalmente porque presumem que se está testando a consciência cognitiva, e não a afetiva[30]. Estamos tentando criar algo muito mais simples do que isso: uma mente cujo processamento cognitivo não seja mais complexo do que o necessário para que ela sinta seus próprios suprimentos de energia cada vez menores ou seu superaquecimento.

O lado bom do teste de Turing é que ele contorna o preconceito[31]. Há o perigo de nós, humanos, presumirmos *a priori* que algo cujo aspecto seja o de uma "mera máquina" não pode ser consciente. Isso pode se tornar uma profecia autorrealizável. Há uma longa história de humanos que demonstram esse tipo de preconceito, e isso continua até hoje. Não me refiro aqui ao preconceito com base em raça, gênero ou orientação sexual, que já são ruins o suficiente, mas à suposição de que as crianças nascidas sem córtex devem ser inconscientes, assim como os animais não humanos. Se muitas pessoas – até mesmo neurocientistas respeitados – estão inclinadas a acreditar que os ratos, nossos companheiros mamíferos, equipados essencialmente com a mesma anatomia do mesencéfalo que nós, e com um córtex cujos atos são congruentes com a hipótese de que são conscientes, ainda assim não possuem consciência, então que esperança há de que eles aceitarão que nosso *self* artificial é senciente, não importa quantas evidências forneçamos?

Teremos de ver o que acontece. De minha parte, tudo o que posso fazer é apresentar minhas previsões de modo explícito e dizer como pretendo testá-las. Minha principal previsão é que o sistema de segundo estágio descrito antes não conseguirá sobreviver em ambientes novos, mas que o sistema de terceiro estágio (ou algumas

---

[30] Ver Haikonen (2012).

[31] Isso é comovente, considerando o preconceito que o próprio Alan Turing (o criador do teste) sofreu.

versões dele) conseguirá. Esse é o meu critério operacional para a atividade *voluntária* (ver p. 108 para uma definição de "voluntário"). Além disso, prevejo que os dois resultados diferentes coincidirão com algum aspecto crítico do funcionamento de um mecanismo de *priorização de necessidades* (ou seja, otimização de precisão), que somente o sistema de terceiro estágio terá. Qual será de fato o recurso crítico dentro desse mecanismo amplo só pode ser determinado com base em tentativa e erro. Em suma, precisamos identificar o "correlato neural da consciência" artificial do nosso sistema – seu mecanismo de seleção de afeto e o mecanismo pelo qual ele mantém um afeto priorizado na mente e o utiliza para qualificar a incerteza em uma sequência de ações em andamento. A identificação desse recurso nos permitirá manipulá-lo da mesma forma que fizemos com os componentes do cérebro vertebrado que concluímos serem responsáveis pela *nossa própria* consciência (que continua sendo a única forma de consciência que podemos verificar de forma direta, empírica – ou seja, em nossos próprios casos –, devido ao problema de outras mentes).

Por exemplo, podemos prever com confiança que *danificar* o correlato neural da consciência em nosso sistema obliterará a consciência dele da mesma forma que a lesão do complexo parabraquial faz conosco, vertebrados, ou melhor, que o dano obliterará o comportamento voluntário do sistema da mesma forma que as lesões da PAG dos vertebrados fazem conosco. Do mesmo modo, podemos prever que a *estimulação* (ou seja, o aprimoramento) desse componente essencial do sistema facilitará a atividade voluntária. Podemos também, é claro, esperar prontamente que a atividade interna registrada a partir dele preveja não apenas eventos externos, mas também os comportamentos voluntários direcionados a metas, e que diferentes aspectos dessa atividade registrada correspondam a diferentes aspectos dos comportamentos observáveis.

O que mais espero, uma vez identificado o correlato neural da consciência em nosso sistema artificial, é que esse componente se mostre diferenciável o suficiente de outros componentes de sua arquitetura funcional – especificamente aqueles que são responsáveis pela implementação dos comportamentos adaptativos aos quais os sentimentos em geral dão origem – para que possamos manipular os supostos sentimentos *desacoplados* de suas consequências adaptativas. Lembre-se do que eu disse no capítulo 5 sobre a distinção entre motivos psicológicos subjetivos e princípios objetivos de concepção biológica. Por exemplo, o comportamento sexual é normalmente motivado pelo prazer que ele produz, e não pelos imperativos reprodutivos que, ao longo do tempo evolutivo, associaram a "recompensa" biológica aos atos de procriação. O que tenho em mente aqui é algo análogo ao que se observa nos viciados, que são motivados a trabalhar para alcançar os sentimentos desejados, mesmo que esses sentimentos em si não proporcionem nenhuma vantagem adaptativa ao sistema em termos de seus princípios de concepção subjacentes[32]. Algo semelhante é observado em animais (peixe-zebra, por exemplo) que exibem comportamento de preferência condicionada por lugar relacionado a regiões onde receberam opiáceos, cocaína, anfetaminas e nicotina – ou seja, *recompensas hedônicas* que proporcionam pouca ou nenhuma vantagem adaptativa e podem, na verdade, causar danos[33]. Se o equivalente puder ser demonstrado para o nosso sistema, parece-me que isso será uma evidência de peso para a presença de sentimento subjetivo – evidência que poderia ser validada por meio de manipulações causais (como lesão e estimulação artificiais) e das técnicas de registro previstas antes.

Naturalmente, tudo isso ainda estará sujeito ao problema de outras mentes. Mas o mesmo se aplica a você e a mim. Nunca po-

---

[32] Há vários anos, em uma reunião realizada em Viena entre psicanalistas e engenheiros de IA, eu disse que uma maneira de demonstrar a consciência artificial é procurar evidências de psicopatologia artificial: "Quando os engenheiros conseguirem emular com precisão a mente humana, descobrirão que seu modelo é propenso a certos tipos de mau funcionamento. Quase nos sentimos tentados a usar isso como critério de seu sucesso" (Solms, 2008).

[33] Mathur, Lau e Guo (2011).

derei saber com certeza se você está consciente. No final, tudo se resume a descobertas convergentes e ao peso das evidências. Pode ser que nunca haja consenso sobre esse assunto, assim como não há consenso hoje sobre considerar ou não crianças com hidranencefalia e animais não humanos como sujeitos da experiência. Provavelmente, as pessoas que não aceitam que esses seres são conscientes nunca aceitem que um "ser" artificial sinta algo, não importa quantas evidências de apoio sejam apresentadas. Para o restante de nós, sempre deve haver espaço para dúvidas. Falando por mim: se eu descobrisse que estou muito *indeciso* quanto ao fato de nosso *self* artificial ser consciente ou não, isso seria um resultado notável.

Isso deve ser feito? Quando nossa equipe começou a contemplar um projeto de pesquisa do tipo que acabei de descrever, rapidamente fomos acometidos por preocupações éticas. Qual é o objetivo de fabricar uma máquina desse tipo? Quem pode se beneficiar dela, de que forma e a que custo, e quem arcaria com ele? Em suma, quais são os riscos?

Muitos dos atuais projetos e aplicativos de IA têm motivação comercial. Devemos aceitar o financiamento de pesquisa de alguém que queira lucrar com nosso projeto? Com que base um dispositivo artificialmente consciente pode se tornar lucrativo para alguém?[34] É compreensível que pessoas com motivações comerciais (no sentido jurídico, o que inclui corporações) queiram substituir o trabalho humano por unidades artificiais de produção, podendo essas últimas ser mais eficientes – inclusive mais capazes intelectualmente – ou mais "dispostas" a realizar tarefas monótonas e incansáveis do que nós. Até mesmo esse motivo tem uma ética questionável, uma vez que gera preocupações com a diminuição das perspectivas de emprego para os seres humanos, mas, pelo menos, não se pode falar em *exploração* de máquinas não conscientes.

---

[34] Considere o caso extremo das "organizações autônomas descentralizadas".

Isso não pode ser dito no caso do nosso projeto. Na medida em que a consciência artificial pode ser usada para ganhos financeiros, corremos o risco de facilitar uma nova forma de escravidão. Isso seria uma falha grave de empatia, assim como sempre foi. Portanto, não consigo imaginar nenhuma justificativa ética para o desenvolvimento de robôs conscientes por meio de um programa de pesquisa financiado de forma comercial – ou mesmo para desenvolvê-los para fins tão convenientes – se isso levantar a possibilidade de serem explorados dessa forma.

Nossa preocupação com o bem-estar de máquinas supostamente conscientes deve, é claro, ir além do medo de que elas possam ser exploradas por motivos pecuniários. Assim que as máquinas adquirem consciência (até mesmo as formas mais rudimentares de sentimento bruto), surgem necessariamente questões mais gerais relacionadas ao seu potencial de *sofrimento*. A tradição dominante na teoria ética ocidental, o "consequencialismo" (a noção de que as consequências da conduta de uma pessoa são a base definitiva para julgamentos sobre sua correção ou incorreção), está muito preocupada com a dor e o sofrimento. Ao criarmos seres artificiais com sentimentos, entramos na jurisdição desse tipo de cálculo ético.

A questão dos *direitos* é mais controversa. Quando as máquinas se tornam seres conscientes, as questões debatidas hoje em dia sob títulos como "direitos humanos", "direitos dos animais", "direitos das crianças", "direito à vida" etc. também se aplicam a elas? As máquinas conscientes devem ter direitos à "vida" e à liberdade? Na verdade, o conceito de "direitos dos robôs" já está estabelecido e a questão foi considerada pelo Institute for the Future (IFTF), nos Estados Unidos, e pelo Departamento de Comércio e Indústria do Reino Unido[35].

A título de exemplo, mencionarei apenas duas questões que se aplicam aos robôs conscientes (em oposição aos inteligentes). Ao tentarmos criá-los – até mesmo para saber se é possível fazer isso –, temos justificativa para colocá-los de forma deliberada em situa-

---
[35] Ver Lin, Abney and Bekey (2011).

ções supostamente angustiantes, a fim de demonstrar respostas aversivas? (Essa pergunta surge com frequência em experimentos com animais.) E, supondo que possamos criar máquinas sensíveis, por quais motivos seria ético desligá-las novamente? Esses dois exemplos poderiam ser multiplicados com facilidade.

Além dessas questões éticas e morais, há questões práticas a serem consideradas, algumas delas muito importantes, até mesmo do ponto de vista existencial. Por exemplo, como os computadores já são mais inteligentes do que nós em alguns aspectos limitados, não é possível que aqueles que são muito inteligentes *e* conscientes possam desenvolver motivos que talvez não sejam do interesse da humanidade? Há muito tempo essa possibilidade é uma preocupação de escritores imaginativos e futuristas, mas eu gostaria de chamar a atenção em especial para o fato de que a consciência, tal como a entendemos neste livro, está, ao contrário da inteligência, ligada de forma profunda à crença de que é "bom" sobreviver e se reproduzir. Portanto, uma máquina inteligente cujo comportamento esteja fundamentado nesse sistema de valores representa um perigo especial, não apenas para os seres humanos, mas também, potencialmente, para todas as outras formas de vida existentes. Com certeza esse perigo surge para qualquer forma de vida que seja vista como uma possível ameaça a essas máquinas autônomas, ou mesmo como um concorrente significativo por seus recursos. A inteligência combinada com a motivação autopreservativa é algo bem diferente da inteligência isolada.

Não vou enumerar todas as preocupações éticas e os possíveis perigos que surgem com a possibilidade da senciência artificial. Já existe uma vasta literatura sobre o tema. O fato de essas questões estarem sendo levadas a sério por tantas pessoas em posições influentes diz muito sobre o estado atual da IA[36]. Esse fato, por si só, pode incentivar você a encarar a perspectiva da existência de má-

---

[36] Bill Gates, Stephen Hawking e Elon Musk, por exemplo, têm muitas ressalvas a esse assunto.

quinas sencientes com mais preocupação. Certamente, estou muito mais atento a essas questões do que jamais estive. Há pouco tempo, em 2017, eu não considerava a consciência robótica viável – não apenas em minha própria vida, mas teoricamente. Mudei de ideia sobre isso.

Então, considerando todas essas preocupações éticas, por que considero necessário tentar demonstrar que a consciência pode ser produzida de forma artificial? Simplesmente porque essa parece ser a única maneira de falsear as hipóteses apresentadas neste livro. A menos (e até) que projetemos a consciência, não podemos ter certeza de que resolvemos o problema de por que *e como* ela surge.

Isso é motivo suficiente para assumir os significativos riscos que acabei de descrever? Minha própria resposta a essa pergunta começa com a seguinte crença: *se puder ser feito, será feito*. Em outras palavras, se é possível, em princípio, projetar a consciência, então algum dia e em algum lugar isso vai acontecer[37]. Essa previsão se aplica independentemente de as hipóteses específicas apresentadas neste livro estarem corretas ou não. No entanto, minha responsabilidade recai sobre as hipóteses atuais e sobre a possibilidade de que elas estejam corretas. Se estiverem corretas, ou mesmo no caminho certo, a criação da consciência artificial é iminente. Em outras palavras, algumas dessas hipóteses *serão* usadas em breve para projetar a consciência.

Os fatos individuais que levaram às conclusões relatadas neste livro – quase todos eles – são de domínio público há vários anos. Embora seja verdade que muitos neurocientistas interpretam esses fatos de modo distinto do meu, também é verdade que outros chegaram a conclusões muito semelhantes. Ainda que cada um deles tenha enfatizado aspectos diferentes e os tenha matizado de forma diferente, é justo dizer que Jaak Panksepp, António Damásio e Bjorn

---

[37] Não afirmo que essa crença, por si só, forneça uma justificativa ética para a prática. O fato de que alguém cometerá um assassinato em algum lugar, algum dia, não justifica que eu cometa um assassinato aqui e agora. Continue lendo.

Merker, pelo menos, chegaram à conclusão de que (1) a consciência é gerada no tronco cerebral superior, (2) é fundamentalmente afetiva e (3) é uma forma ampliada de homeostase. Esses fatos combinados significam que a consciência não é tão complicada como pensávamos antes. Portanto, é razoável esperar que possamos projetá-la. O único acréscimo importante que este livro faz a essas conclusões é (4) o princípio da energia livre. Na verdade, seu grande apelo está no fato de que ele reduz quase todos os processos mentais e neurológicos a um único mecanismo e os torna computáveis.

O princípio da energia livre também já é de domínio público. Além disso, Friston e eu já publicamos artigos científicos em que combinamos esse princípio com os outros três que acabei de enumerar[38]. Afinal, seria incomum divulgar hipóteses como essas em um livro destinado a um público geral antes de submetê-las à revisão por pares e publicá-las em revistas especializadas apropriadas. O mesmo se aplica a apresentações orais, nas quais é necessário defender as afirmações em fóruns científicos e acadêmicos. Apresentei as ideias deste livro para vários públicos em todo o mundo, em várias disciplinas especializadas[39].

E, portanto, o segredo foi revelado. Isso significa que eu deveria ter me abstido de publicar tais artigos e apresentar tais trabalhos?

---

[38] Solms e Friston (2018), Solms (2019a), Solms (2020b).

[39] Aqui está uma lista parcial: "Onde a consciência se encaixa no cérebro bayesiano?", XVIII Congresso Internacional de Neuropsicanálise, University College London, 2017; "Como e por que a consciência surge", Departamento de Física da Universidade da Cidade do Cabo, 2017; "Como e por que a consciência surge", Centro de Pesquisa de Subjetividade da Universidade de Copenhague, 2017; "O eu como sentimento e memória", Universidade de Ruhr, Bochum, 2018; "O id consciente, o processo psicanalítico e o problema difícil da consciência", Departamento de Filosofia da Universidade de Nova York, 2019; "Por que e como a consciência surge", Departamento de Psiquiatria do Hospital Mount Sinai, Nova York, 2019; "Por que estamos conscientes? Lições da neurociência", Faculdade de Medicina da Universidade de Vermont, Burlington, 2019; "O que é consciência?" The Melbourne Brain Centre, Austrália, 2019; "Consciência em si", A Ciência da Consciência, Interlaken, Suíça, 2019; "A própria consciência é afeto", Escola de Filosofia de Munique, Burkardushaus, Würzburg, Alemanha, 2019; "O problema difícil da consciência", Departamento de Filosofia da Universidade da Cidade do Cabo, 2019; "A consciência é um trabalho preditivo em andamento", Hospital Ichilov, Tel Aviv, 2019; "Por que e como a consciência surge", Diálogos Psicanalíticos Italianos, Roma, 2020.

A resposta é inequivocamente não. Se eu não o fizesse, outra pessoa o teria feito. Essas ideias estão no ar. Chegou a hora delas. Não estou sendo defensivo; isso é sem dúvida verdadeiro. Considere, por exemplo, o artigo de nossos colegas tchecos que previram, em 2017, que uma solução para o problema difícil era iminente e seria fundamentada no princípio da energia livre[40]. Robin Carhart-Harris (que participou de algumas das primeiras reuniões neuropsicanalíticas realizadas em Londres) publicou de forma independente ideias semelhantes[41]. O mesmo se aplica à neurocientista social Katerina Fotopoulou, que reconheceu a ligação entre incerteza (precisão inversa) e consciência já em 2013[42]. Sem dúvida, se o problema difícil da consciência for resolvido por meio de alguma combinação das quatro descobertas listadas aqui, isso está destinado a acontecer em um futuro muito próximo, com ou sem minha participação.

Essa constatação orienta a abordagem que decidi adotar em relação às questões éticas e morais que estamos considerando. Meu propósito é exatamente o oposto de reter publicações e coisas do gênero; é ajudar, sempre que possível, na implementação prática de minhas hipóteses, e fazer isso sem demora. Essa abordagem decorre logicamente da expectativa de que, se puder ser feito, será feito. Portanto, devo tentar me manter na crista da onda, de modo que esteja em posição de evitar as consequências potencialmente prejudiciais, sempre que possível.

Em essência, isso significa que o projeto descrito neste capítulo deve ser implementado *agora*, e sem nenhum financiamento comercial. Supondo que a minha equipe de pesquisa consiga atingir o critério que descrevi a respeito da sobrevivência do *self* artificial em ambientes imprevistos, e supondo que obtenhamos evidências razoáveis de que ele é senciente (ou seja, se não houver nenhuma *desconfirmação* das minhas previsões a esse respeito), então – na mi-

---

[40] Havlík, Kozáková e Horáček (2017).
[41] Carhart-Harris e Friston (2010), Carhart-Harris *et al.* (2014), Carhart-Harris (2018).
[42] Ver capítulo 9, nota 16.

nha opinião – devemos prosseguir imediatamente com as três etapas a seguir.

Em primeiro lugar, acredito que devemos desligar a máquina e remover sua bateria interna. Sei que isso aborda uma das questões éticas listadas antes, mas acho que é a coisa certa a ser feita em um primeiro momento. Devemos nos lembrar de que uma máquina do tipo previsto aqui *não estará viva*. Não vejo razão para que o desligamento de uma máquina consciente não viva implique em sua morte. Deve ser sempre possível ligá-la de novo, e, presumivelmente, o agente consciente assim revivido será idêntico ao que foi desligado (usando a analogia biológica do sono e da vigília). Deve-se observar que esse plano de desligar nossa máquina é consistente com a cláusula de "Obrigação de Terminação" contida nas Diretrizes Universais para Inteligência Artificial (2018), que é "a declaração final de responsabilidade para um sistema de IA"[43].

Em segundo lugar, devemos iniciar o processo de patentear o componente crítico de nosso sistema de terceiro estágio – seu correlato neural de consciência, seja ele qual for –, que nos permitiu atingir nossos critérios declarados. Não é possível patentear meras equações e, assim sendo, não há risco de que outra pessoa faça isso enquanto tentamos implementá-las. Entretanto, como as equações já são de domínio público, é imperativo que ajamos com rapidez para que possamos controlar sua implementação concreta antes que alguém o faça. Se chegarmos a esse ponto, é importante que a patente seja registrada em nome de uma organização sem fins lucrativos apropriada, como a OpenAI ou o IFTF, e não de um indivíduo ou grupo de indivíduos. No mínimo, isso garante a tomada de decisão coletiva e aumenta as chances de que as decisões aconteçam no interesse do bem maior.

Em terceiro e último lugar, se nossos critérios forem alcançados e a patente for registrada, seus guardiões devem organizar um simpósio no qual os principais cientistas, filósofos e outras partes

---

[43] <www.linking-ai-principles.org/term/656>. Ver The Public Voice Coalition (2018).

interessadas sejam convidados a considerar as implicações e a fazer recomendações sobre o caminho a seguir, inclusive se, quando e sob quais condições a máquina senciente deve ser ligada novamente e, talvez, desenvolvida. Espera-se que isso leve à elaboração de um conjunto de diretrizes e restrições mais amplas sobre o desenvolvimento futuro, a exploração e a proliferação da IA senciente em geral.

Acho que tudo isso deve ser dito, por mais surpreso que eu mesmo esteja por ter chegado a essas recomendações. Tendo feito isso, não nos devemos iludir quanto à sua fragilidade. O precedente da energia nuclear e das armas atômicas está à vista de todos. Não há alternativa a não ser fazer o que pudermos, assim que pudermos, para reconhecer a escala das implicações decorrentes de nossa capacidade iminente de criar máquinas conscientes.

Um critério objetivo razoavelmente claro de senciência parece estar agora à mão. Esperamos que isso altere nosso comportamento ético de forma mais geral, para além das questões restritas que surgem da perspectiva de criar máquinas conscientes. Os sentimentos são amplamente considerados condições necessárias e suficientes para a preocupação ética. Portanto, a compreensão científica dos sentimentos descrita neste livro nos dá a oportunidade de pensar um pouco mais a fundo sobre o sofrimento dos *animais*. Mencionei mais de uma vez como os avanços na neurociência afetiva no final do século XX (a constatação de que o que é necessário para um ser senciente é pouco mais do que um triângulo de decisão no mesencéfalo, algo que compartilhamos com todos os vertebrados) alterou a visão de muitos cientistas sobre o que é ou não é aceitável na pesquisa com animais. Parece evidente que o mesmo deve se aplicar à atitude do público em relação ao bem-estar animal de forma mais geral. Por exemplo, como justificamos a criação e o abate em escala industrial de outros seres sencientes com o objetivo de comê-los? Ao abordar essa questão, devemos ter em mente que a consciência surge de maneira gradual, de modo que a suposta senciência de uma mosca ou de um peixe não pode ser equiparada diretamente à de um ser humano. Da mesma forma, no entanto, devemos lembrar que ovelhas, vacas e porcos (que aparecem com tanto destaque nos cardápios ocidentais) são *mamíferos* semelhantes. Isso significa que estão sujeitos às mesmas emoções básicas que nós, como MEDO, PÂNICO/TRISTEZA e CUIDADO. Os mamíferos também têm um córtex, o que significa que são capazes – todos eles, em algum grau – de "lembrar-se do futuro" de forma consciente e sentir seu caminho por meio de suas probabilidades e possibilidades.

Com o desenrolar do século XXI e na ausência de qualquer objetivo maior – se tudo o que somos é nossa consciência –, o que mais deveríamos fazer a não ser tentar minimizar o sofrimento? Agora que temos uma ideia melhor sobre onde o sofrimento pode estar, o que mais poderíamos fazer com esse conhecimento? A preservação e a proteção da consciência biológica decididamente não estão ligadas apenas ao destino de nossa espécie.

Considerando tudo o que lhe pedi para abrir mão ao longo das páginas deste livro com relação à singularidade humana e coisas do gênero, talvez seja apropriado terminar com uma breve reflexão sobre o que nossa própria concepção pode ganhar com essas ideias indesejáveis.

O sentimento é uma herança preciosa. Ele carrega em si a sabedoria das eras: uma herança que se estende por um longo tempo até o início da própria vida. Quando a homeostase deu origem aos sentimentos, o ponto crucial dessa nova capacidade foi que ela nos permitiu saber *como estamos nos saindo* em uma escala biológica de valores. Os sentimentos levam a previsões que se baseiam nas experiências acumuladas em relevantes situações biológicas de literalmente todos os nossos ancestrais. Os sentimentos nos permitem fazer o que é melhor para nós, mesmo que não saibamos *por que* estamos fazendo isso. Já pedi que você imaginasse o que aconteceria se cada um de nós tivesse que aprender de novo quais alimentos contêm alto teor de energia e se tivéssemos que descobrir por nós mesmos o que acontece quando pulamos de penhascos. Devido aos sentimentos espontâneos que nos atraem para a doçura e nos fazem evitar as alturas, "simplesmente sabemos" (em uma primeira aproximação) o que e quando fazer. Por exemplo, sabemos o que fazer quando os bebês choram, os predadores atacam ou obstáculos frustrantes se interpõem em nosso caminho. Esse conhecimento inato – que nos é transmitido de maneira explícita *apenas* na forma de sentimentos – é o que nos permite sobreviver nos mundos bastante imprevisíveis em que vivemos, onde os veículos motorizados correm ao nosso redor e o dióxido de carbono preenche o ar.

Portanto, ao abandonarmos a ilusão habitual de que a consciência flui através de nossos sentidos e o equívoco de considerá-la sinônimo de compreensão, vamos nos confortar com o fato de que ela realmente vem de forma espontânea de nosso interior mais profundo. Ela surge dentro de nós antes mesmo de nascermos. Em sua origem, somos guiados por uma corrente constante de sentimentos que flui de uma fonte de intuição, surgida não se sabe de onde. Cada um de nós, individualmente, não conhece as causas, mas as sente. Os sentimentos são um legado que toda a história da vida nos concedeu a fim de nos preparar para as incertezas que virão.

Posfácio

Pouco depois de escrever um rascunho completo deste livro, fui convidado a apresentar a tese principal na conferência anual "A ciência da consciência" realizada em Interlaken, na Suíça, em 2019. Isso exigiu que eu condensasse a maior parte do que você acabou de ler no formato de uma palestra. Pode ser útil encerrar nossa longa jornada resumindo os treze pontos que usei para essa fala.

(1) Johannes Müller, grande fisiologista do século XIX, acreditava que os organismos animados "contêm algum elemento não físico ou são governados por princípios diferentes dos que estão presentes em coisas inanimadas". Seus alunos (Helmholtz, Brücke, Du Bois-Reymond, Ludwig e outros) discordavam; tinham certeza de que "nenhuma outra força além das comuns, físicas e químicas, está ativa dentro do organismo". Seu pupilo Sigmund Freud, por sua vez, tentou estabelecer com base nisso uma ciência natural da mente, por meio da qual a vida mental poderia ser reduzida a "estados quantitativamente determinados de partículas materiais especificáveis". Ele falhou em seu projeto, faltando-lhe os métodos, e o abandonou em 1896.

(2) Um século depois (1994), o biólogo pioneiro Francis Crick declarou que "você, suas alegrias e tristezas, suas memórias e ambi-

ções, seu senso de identidade pessoal e livre-arbítrio são, na verdade, nada mais do que o comportamento de um vasto conjunto de células nervosas e suas moléculas associadas". Crick nos instou a novamente tentar descobrir os correlatos neurais da consciência, e ele mesmo tentou fazê-lo. Infelizmente, no entanto, usou a consciência visual como exemplo de modelo.

(3) Em resposta, o filósofo David Chalmers argumentou que a busca de Crick pelos correlatos neurais da consciência era um problema "fácil" – correlacional em vez de causal – cuja solução poderia explicar onde, mas não por que e como a consciência surge. Para Chalmers, o "problema difícil" da consciência era: como e por que atividades neurofisiológicas produzem a experiência de consciência? Para ele (e seu predecessor filosófico Thomas Nagel), o problema girava em torno da qualidade de "algo que é como" da experiência: "Um organismo tem estados mentais conscientes se e somente se houver algo que é como *se fosse* esse organismo – algo que é como *para* o organismo." Portanto, o problema difícil é o seguinte: por que e como a qualidade subjetiva da experiência surge a partir de eventos neurofisiológicos objetivos?

(4) Perguntar como coisas objetivas produzem coisas subjetivas é falar de forma imprecisa; isso corre o risco de tornar o problema difícil mais difícil do que precisa ser. Objetividade e subjetividade são perspectivas observacionais, não causas e efeitos. Eventos neurofisiológicos não podem produzir eventos psicológicos da mesma forma que um relâmpago não pode produzir o trovão. Eles são manifestações paralelas de um único processo subjacente. A causa subjacente tanto do relâmpago quanto do trovão é a eletricidade, cujos mecanismos de lei os explicam. Fenômenos fisiológicos e psicológicos também podem ser reduzidos a causas unitárias, mas não uns aos outros.

(5) Costumamos descrever as causas subjacentes dos fenômenos biológicos em termos "funcionais", e mecanismos funcionais podem, por sua vez, ser reduzidos a leis naturais. Por exemplo, qual é o mecanismo da visão? No entanto, Chalmers aponta de forma acertada que o mecanismo funcional da visão não explica como é ver. Isso ocorre porque a visão não é uma função intrinsecamente consciente. O desempenho das funções visuais (mesmo aquelas especificamente humanas, como a leitura) não precisa ter uma sensação associada. A percepção ocorre com facilidade sem a consciência do que está sendo percebido, e a aprendizagem ocorre sem a consciência do que está sendo aprendido. Portanto, Chalmers perguntou, de forma razoável: "Por que o desempenho dessas funções é acompanhado pela experiência? Por que todo esse processamento de informações não ocorre 'no escuro', livre de qualquer sensação interna?" A falha da ciência em responder a essas perguntas levanta a possibilidade de que a consciência não faça parte da matriz causal ordinária do universo.

(6) A pergunta de Chalmers pode seguramente ser feita para todas as funções cognitivas, não apenas as visuais, mas o mesmo não se aplica às funções afetivas. Como você pode ter um sentimento sem senti-lo? Como podemos explicar o mecanismo funcional do afeto sem explicar por que e como ele nos faz experienciar algo? Até Freud concordou com isso: "É da essência de uma emoção que estejamos cientes dela, ou seja, que ela se torne conhecida pela consciência. Assim, a possibilidade do atributo da inconsciência seria toda excluída no que diz respeito a emoções, sentimentos e afetos."

(7) Nesse contexto, é de grande interesse observar que o funcionamento cortical é acompanhado pela consciência somente se for "habilitado" pelo sistema de ativação reticular do tronco cerebral superior. Danos em apenas dois milímetros cúbicos dessa re-

gião apagam toda a consciência. Muitas pessoas acreditam que isso ocorre porque o tronco cerebral modula o nível quantitativo da consciência, ou "vigilância"; no entanto, essa visão é insustentável. A consciência gerada pelo tronco cerebral superior tem um conteúdo qualitativo próprio. Isso é afeto. Como a consciência cortical depende da consciência do tronco cerebral, o afeto se revela como a forma fundamental da consciência. O sujeito consciente é literalmente constituído pelo afeto.

(8) O afeto é uma forma ampliada de homeostase, um mecanismo biológico básico que surgiu de modo natural com a auto-organização. Sistemas auto-organizados sobrevivem porque ocupam estados limitados; eles não se dispersam. Esse imperativo de sobrevivência levou aos poucos à evolução de mecanismos dinâmicos complexos que sustentam a intencionalidade. A individualidade dos sistemas auto-organizados lhes confere um ponto de vista. É por isso que se torna significativo falar da subjetividade de tal sistema: desvios de seus estados viáveis são registrados pelo sistema, para o sistema, como necessidades.

(9) O afeto valida hedonicamente necessidades biológicas, de modo que o aumento e a diminuição de desvios dos pontos de equilíbrio homeostáticos (aumento e diminuição de erros de previsão) são sentidos como desprazer e prazer, respectivamente. Cada categoria de necessidade – da qual há uma grande variedade – tem uma qualidade afetiva própria e aciona programas de ação previstos para devolver o organismo aos seus limites viáveis. Esses estados ativos – ou seja, respostas intencionais aos estados afetivos – assumem a forma de reflexos e instintos inatos, que são complementados de modo gradual por meio do aprendizado pela experiência de acordo com a lei do afeto[1]. O fato de um organismo sentir as flutua-

---

[1] Lei do afeto: "Se um comportamento for consistentemente acompanhado de prazer, ele aumentará, e se for consistentemente acompanhado de desprazer, diminuirá."

ções de suas próprias necessidades permite escolhas e, assim, apoia a sobrevivência em contextos imprevisíveis. Essa é a função biológica da experiência.

(10) As necessidades não podem ser todas sentidas ao mesmo tempo. Elas são priorizadas por um triângulo de decisão no mesencéfalo, onde as necessidades atuais (erros residuais de previsão, quantificados como energia livre) que convergem para a substância cinzenta periaquedutal são classificadas em relação às oportunidades atuais (exibidas na forma de um "mapa de saliência" bidimensional nos colículos superiores). Isso desencadeia programas de ação condicionados que se desenrolam em contextos esperados ao longo de uma hierarquia profunda de previsões (o modelo generativo do cérebro expandido). As ações geradas pelos afetos priorizados são voluntárias, o que significa que estão sujeitas a escolhas aqui e agora, em vez de algoritmos preestabelecidos. Essas escolhas são sentidas na consciência exteroceptiva, que contextualiza o afeto. Elas são feitas com base na ponderação de precisão variável (também conhecida como excitação, modulação, ganho pós-sináptico) dos sinais de erro de entrada que são tornados proeminentes pelas necessidades priorizadas, enquanto armazenados na memória de trabalho, com o objetivo de minimizar a incerteza (maximizar a confiança) em uma previsão atual sobre como a necessidade pode ser atendida. Isso é chamado de "reconsolidação". Como Freud disse, "a consciência surge no lugar de um traço de memória".

(11) Escolhas bem-sucedidas e confiáveis resultam em ajustes de longo prazo das previsões sensório-motoras. Assim, a consciência exteroceptiva é um trabalho preditivo em andamento, cujo objetivo é estabelecer previsões cada vez mais profundas (mais certas, menos conscientes) sobre como as necessidades podem ser resolvidas. Essa consolidação de longo prazo – e a transição dos sistemas de memória "declarativa" para os de memória "não declarativa" –

requer a redução de complexidade no modelo preditivo, a fim de facilitar a generalização. Aspiramos à automaticidade – confiança absoluta –, mas nunca podemos alcançá-la por inteiro. Na medida em que falhamos, sofremos sentimentos. Como nunca conseguimos obter previsões sem erros, a motivação padrão (quando tudo corre bem) é a BUSCA – engajar-se proativamente com a incerteza para resolvê-la com antecipação. Quando esse afeto é priorizado, ele é sentido como curiosidade e interesse pelo mundo.

(12) Estes são os mecanismos causais da consciência em suas duas manifestações, tanto neurológicas quanto psicológicas – como ela se apresenta e como é sentida. As funções subjacentes podem ser reduzidas a leis naturais, como a lei de Friston[2]. Essas leis sustentam a auto-organização. Elas são tão capazes de explicar como e por que resistir de forma proativa à entropia (ou seja, ausência de consciência) se parece com algo quanto outras leis da ciência são capazes de explicar outras coisas naturais. A consciência faz parte da natureza e é possível lidar com ela de forma matemática.

(13) Todos os sistemas conscientes conhecidos estão vivos, mas nem todos os sistemas vivos são conscientes. Da mesma forma, todos os sistemas vivos são autoevidentes, mas nem todos os sistemas autoevidentes estão vivos. Se o argumento apresentado aqui estiver correto, então, em princípio, um sistema artificial autoconsciente e autoevidente pode ser criado. A consciência pode ser produzida. Isso realizará os sonhos mais loucos de Helmholtz e de outros membros da Sociedade de Física de Berlim. No entanto, devemos questionar nossos motivos para fazer isso, aceitar a responsabilidade coletiva pelas consequências potencialmente graves e prosseguir com extrema cautela.

---

[2] Lei de Friston: "Todas as quantidades que podem mudar – ou seja, que fazem parte do sistema – mudarão para minimizar a energia livre."

Apêndice
Excitação e informação

Em um livro de referência sobre o tema da excitação cerebral, Pfaff (2005, pp. 2-6) comenta o seguinte:

> Satisfazendo a necessidade de uma "fonte de energia" para o comportamento, a excitação explica o início e a persistência do comportamento motivado em uma ampla variedade de espécies. [...] A excitação, alimentando os mecanismos de impulso, potencializa o comportamento, enquanto motivos e incentivos específicos explicam por que um animal faz uma coisa e não outra. [...] O *Dictionary of Ethology* não apenas enfatiza a excitação no contexto do ciclo de sono-vigília, mas também se refere ao estado geral de resposta do animal, conforme indicado pela intensidade da estimulação necessária para desencadear uma reação comportamental. A excitação "move o animal à prontidão para a ação a partir de um estado de inatividade". No caso da ação dirigida, um dos fundadores da etologia, Niko Tinbergen, diria que a excitação fornece a energia motora para um "padrão de ação fixo" em resposta a um "estímulo de sinal". O dicionário não se abstém da neurofisiologia, pois também abrange os níveis de excitação indicados pelo eletroencefalograma (EEG) cortical. [...] Gerações de cientistas comportamentais teorizaram e confirmaram com experimentos que um conceito como excitação é necessário para explicar o início, a força e a persistência das respostas comportamentais. Ela fornece a força fundamental que torna os animais e os seres huma-

nos ativos e responsivos, de modo que executem comportamentos instintivos ou aprendidos direcionados a objetos-alvo. A força de uma resposta aprendida depende da excitação e do impulso. Hebb viu um estado de ativação generalizada como fundamental para o desempenho cognitivo ideal. Duffy vai ainda mais longe ao se valer do conceito de "ativação" para explicar uma parte significativa do comportamento de um animal.

As análises de componentes principais efetuadas pelo próprio Pfaff sugerem que a proporção de comportamento em uma ampla gama de dados que pode ser explicada pela "excitação generalizada" está entre 30 e 45 por cento.

> [Duffy] previu que medidas fisiológicas ou físicas quantitativas permitiriam uma abordagem matemática a esse aspecto da ciência comportamental [...]. Cannon trouxe o sistema nervoso autônomo como um mecanismo necessário pelo qual a excitação prepara o animal para a ação muscular. Teorias inteiras da emoção foram baseadas na ativação do comportamento. [...] Malmo reuniu todo esse material citando evidências de EEG e dados fisiológicos que acompanham os resultados comportamentais ao estabelecer a ativação e a excitação como componentes primários que impulsionam todos os mecanismos comportamentais [...]. Este é o problema clássico da excitação: como as influências internas e externas despertam o cérebro e o comportamento, seja em seres humanos ou em outros animais, seja em laboratório ou em ambientes naturais e etológicos? É importante reformular e resolver esse problema porque estamos lidando com a capacidade de resposta ao ambiente, um dos requisitos elementares para a vida animal. Também é oportuno reformular e resolver esse problema agora, porque novas ferramentas neurobiológicas, genéticas e computacionais viabilizaram abordagens a "estados comportamentais" que nunca foram possíveis antes. [...] Explicar a excitação nos permitirá entender os estados de comportamento que estão por trás de um grande número de mecanismos de resposta específicos. Para chegar a uma

compreensão do humor e do temperamento é estratégico realizar a análise de muitos comportamentos de uma só vez, bem como elucidar os mecanismos dos estados comportamentais. Em outras palavras, grande parte da neurociência do século XX foi direcionada para explicar a particularidade de conexões específicas de estímulo-resposta. Agora estamos em condições de revelar mecanismos de classes inteiras de respostas sob o nome de "controle de estado". Mais importantes são os mecanismos que determinam o nível de excitação [...]. Qualquer definição verdadeiramente universal de excitação deve ser elementar e fundamental, primitiva e indiferenciada, e não derivada de funções superiores do SNC (sistema nervoso central). Ela não pode ser limitada por condições ou medidas particulares e temporárias. Por exemplo, não pode se limitar a explicar as respostas a apenas uma modalidade de estímulo. A atividade motora voluntária e as respostas emocionais também devem ser incluídas. Portanto, proponho o seguinte como uma definição operacional que é intuitivamente satisfatória e levará a medições quantitativas precisas: *"A excitação generalizada" é maior em um animal ou ser humano que é: (S) mais alerta a estímulos sensoriais de todos os tipos, (M) mais ativo de forma motora e (E) mais reativo de forma emocional*. Essa é uma definição concreta da força mais fundamental do sistema nervoso. [...] Todos os três componentes [...] podem ser medidos com precisão. [...] É evidente que há uma neuroanatomia da excitação generalizada, neurônios cujos padrões de disparo levam a ela e genes cuja perda a interrompe. Portanto, [...] a excitação generalizada é o estado comportamental produzido por vias de excitação, seus mecanismos eletrofisiológicos e influências genéticas. O fato de esses mecanismos produzirem o mesmo estado de alerta sensorial (S), reatividade motora (M) e reatividade emocional (E) que constam em nossa definição afirma a existência de uma função de excitação generalizada e a precisão de sua definição operacional.

Ele prossegue: "Como a excitação do SNC depende da surpresa e da imprevisibilidade, sua quantificação adequada depende da matemática da *informação*" (p. 13, grifo nosso). A equação de Shannon (1948) torna a informação mensurável, como explica Pfaff:

> Se qualquer evento for perfeitamente regular, como o tique-taque de um metrônomo, o evento seguinte (o próximo tique-taque) não nos diz nada de novo. Ele tem uma probabilidade muito alta (p) de ocorrer naquele exato intervalo de tempo. [...] Não temos nenhuma incerteza sobre se, em um determinado intervalo de tempo, o tique ocorrerá. Na equação de Shannon, a informação em qualquer evento é inversamente proporcional à sua probabilidade. Em outras palavras, quanto mais incerto estivermos sobre a ocorrência desse evento, mais informações serão transmitidas, inerentemente, quando ele ocorrer. [...] Quando todos os eventos de uma série são da mesma forma prováveis, as informações estão em seu valor máximo. A desordem maximiza o fluxo de informações. Oriundo da termodinâmica, o termo técnico para desordem na equação de Shannon é entropia. O símbolo que ele usa para entropia é H. [...] O conteúdo de informações inerente a algum evento x é:
>
> $$H(x) = p(x) \log_2 \frac{1}{p(x)}$$
>
> onde $p(x)$ é a probabilidade do evento x.

Pfaff resume (pp. 19-20):

> Para que um animal inferior ou um ser humano seja excitado, deve haver alguma mudança no ambiente [interoceptivo ou exteroceptivo]. Se houver mudança, deve haver alguma incerteza sobre o estado do ambiente. De modo quantitativo, como há incerteza, a previsibilidade é reduzida. Com essas considerações, podemos usar [a equação de Shannon] para afirmar que, quanto menos previsível for o ambiente e quanto maior for a entropia, mais informações estarão disponíveis. A excitação do cérebro e do comportamento e os cálculos de informações estão unidos de forma inseparável.

Em suma, estímulos desconhecidos, inesperados, desordenados e incomuns (alta informação) produzem e sustentam respostas de excitação (p. 23).

> A teoria da informação tem estado à espreita e por trás das investigações comportamentais e dos dados neurofisiológicos o tempo todo. Primeiro, em uma lógica clara e simples, considere o que é necessário para que um animal ou ser humano desperte para a ação. Em segundo lugar, considere o que é necessário para reconhecer um estímulo familiar (habituação) e dar atenção especial a um estímulo novo. Em terceiro lugar, do ponto de vista do experienciador, a teoria da informação fornece métodos para calcular o conteúdo significativo das sequências de impulsos e quantificar a carga cognitiva de determinadas situações ambientais. Novas perguntas podem ser feitas: quanta distorção de um campo de estímulo sensorial é necessária para a novidade? Quais generalizações de um tipo específico de estímulo são permitidas para um determinado tipo de resposta? A abordagem da teoria da informação nos ajudará a transformar a combinação de genética, neurofisiologia e comportamento em uma ciência quantitativa. Podemos usar a "matemática da excitação" para ajudar a analisar os mecanismos neurobiológicos.

Pfaff conclui (pp. 138-45):

> Os sistemas de excitação do SNC lutam de forma heroica contra a segunda lei da termodinâmica de uma maneira muito especial. Eles respondem seletivamente a situações ambientais que têm uma entropia inerentemente alta – muita incerteza e, portanto, conteúdo de informações. Mas, ao fazerem isso, reduzem com efetividade a entropia ao comprimir todas essas informações em uma única resposta legal. [...] A neurobiologia da excitação é a neurociência da mudança, da incerteza, da imprevisibilidade e da surpresa, ou seja, da ciência da informação. Em todas as análises dos mecanismos de excitação no SNC até agora – neuroanatômicas, fisiológicas, gené-

ticas e comportamentais –, os conceitos da teoria da informação se mostraram úteis. A matemática da informação fornece maneiras de classificar as respostas aos estímulos naturais. Na verdade, as células nervosas codificam probabilidades e incertezas, o que faz com que elas possam orientar o comportamento em circunstâncias imprevisíveis. A própria excitação do SNC depende plenamente de mudança, incerteza, imprevisibilidade e surpresa. O enorme fenômeno chamado habituação, um declínio na amplitude da resposta na repetição do mesmo estímulo, permeia a neurofisiologia, a ciência comportamental e a fisiologia autonômica, e nos mostra como o declínio do conteúdo de informações leva ao declínio da excitação do SNC. Assim, a teoria da excitação e a teoria da informação foram feitas uma para a outra.

É importante reconhecer que a "matemática da informação" explica o comportamento dos neurônios tanto nos processos de excitação quanto nos processos de aprendizagem, os quais, combinados, determinam o que o cérebro *faz*. Portanto, embora a "informação" não seja uma construção fisiológica, ela explica legitimamente a atividade fisiológica do cérebro. É a *função* selecionada pela evolução; os fenótipos fisiológicos vêm em seguida.

Agradecimentos

Sou grato aos seguintes amigos e colegas por lerem sucessivas versões preliminares dos capítulos deste livro: Richard Astor, Nikolai Axmacher, Samantha Brooks, Aimee Dollman, George Ellis, Karl Friston, Eliza Kentridge (que é muito mais do que uma amiga), Joe Krikler, Joshua Martin, Lois Oppenheim, Jonathan Shock, Pippa Skotnes e Dawie van den Heever. Sou especialmente grato a Ed Lake por tornar o manuscrito muito mais legível; nunca vi um editor trabalhar tão duro. O manuscrito foi preparado por Trevor Horwood, com a colaboração de Tim James.

Também gostaria de agradecer a *Sir* Sydney Kentridge por ter me cedido o uso de sua casa em Chailey, onde a maior parte deste livro foi escrita durante os invernos de 2018-19 e 2019-20. Nos bastidores, como sempre, estavam minhas intrépidas assistentes, Paula Barkay e Eleni Pantelis. Este livro, como quase tudo que já fiz, não teria existido sem elas.

Lista de imagens

1. As principais estruturas cerebrais envolvidas no sono REM.
2. As principais estruturas cerebrais envolvidas no sonho.
3. PET scans do cérebro acordado e do cérebro durante o sono REM.
4. fMRI de uma criança que nasceu sem córtex cerebral. (Copyright © ACR Learning File, Neuroradiology, Edition 2, 2004, © American College of Radiology)
5. Reação emocional de uma criança que nasceu sem córtex cerebral. (Imagem de "Consciousness Without a Cerebral Cortex: A Challenge for Neuroscience and Medicine" de Bjorn Merker, *Behavioral and Brain Sciences*, 1 Mai 2007, Cambridge University Press © 2007 Cambridge University Press)
6. Colículos superiores, córtex visual e PAG.
7. fMRI de um homem com destruição completa dos lobos pré-frontais.
8. Primeiro diagrama dos sistemas de memória elaborado por Freud.
9. PET scans do cérebro em quatro estados emocionais.
10. Formas típicas de atividade de EEG cortical.
11. Gráfico das sequências de impulsos de vinte neurônios. (Imagem de "Simulating neural Spike Trains" de Praneeth Namburi, <praneethnamburi.com>, 5 fev. 2015 © Praneeth Namburi 2015)

12. Sentindo a homeostase.
13. Um sistema auto-organizado com o cobertor de Markov. (Imagem de "Life as We Know It" de Karl Friston, *Journal of the Royal Society Interface*, 10, 6 set. 2013, https://royalsocietypublishing.org/doi/10.1098/rsif.2013.0475, CC BY)
14. Efeitos entrópicos de danos ao cobertor de Markov.
15. Uma hierarquia preditiva simplificada.
16. Gráfico de uma previsão posterior. (Imagem de "Modeling Emotions Associated with Novelty at Variable Uncertainty Levels: A Bayesian Approach", Hidesyoshi Yanagisawa, Oto Kawamata e Kazutaka Ueda, *Frontiers in Computational Neuroscience*, 24 jan. 2012, <www.frontiersin.org/articles/10.3389/fncom.2019.00002/full>.
17. Dinâmica de um sistema autoevidente com otimização de precisão.
18. Desenhos da Figura Complexa de Rey por uma criança com visão invertida.
19. Esquema de aprendizado por erro de previsão de recompensa.

Todos os esforços foram feitos para entrar em contato com os detentores dos direitos autorais das ilustrações. O autor e os editores agradecem por informações sobre as ilustrações que eles não conseguiram localizar para que as devidas alterações sejam feitas em edições futuras.

Referências bibliográficas

ABBOTT, A. What animals really think. *Nature*, vol. 584, pp. 182-5, 2020.
ABSHER, J. e Benson, D. Disconnection syndromes: an overview of Geschwind's contributions. *Neurology*, vol. 43, pp. 862-7, 1993.
ABU-HASSAN *et al.* Optimal solid state neurons. *Nature Communications*, vol. 10, art. 5309, 2019.
ADAMS, R., Shipp, S. e Friston, K. Predictions not commands: active inference in the motor system. *Brain Structure and Function*, vol. 218, pp. 611-43, 2013.
ADDIS, D., Wong, A. e Schacter, D. Remembering the past and imagining the future: common and distinct neural substrates during event construction and elaboration. *Neuropsychologia*, vol. 45, pp. 1363-77, 2007.
AINLEY, V. *et al.* "Bodily precision": a predictive coding account of individual differences in interoceptive accuracy. *Philosophical Transactions of the Royal Society of London*, série B, vol. 371, n. 1708, 2016: doi.org/10.1098/rstb.2016.0003.
ALBONI, P. Vasovagal syncope as a manifestation of an evolutionary selected trait. *Journal of Atrial Fibrillation*, vol. 7, art. 1035, 2014.
ASERINSKY, E. e Kleitman, N., Regularly occurring periods of eye motility, and concomitant phenomena, during sleep. *Science*, vol. 118, pp. 273-4, 1953.
ASHBY, W. Principles of the self-organizing dynamic system. *Journal of General Psychology*, vol. 37, pp. 125-8, 1947.
ATKINSON, R. e Shiffrin, R. The control of short-term memory. *Scientific American*, vol. 225, pp. 82-90, 1971.
BAARS, B. *A Cognitive Theory of Consciousness*. Cambridge: Cambridge University Press, 1989.
_____. *In the Theatre of Consciousness*. Oxford: Oxford University Press, 1997.

BAILEY, P. e Davis, E. The syndrome of obstinate progression in the cat. *Experimental Biology and Medicine*, vol. 51, p. 307, 1942.

BARGH, J. e Chartrand, T. The unbearable automaticity of being. *American Psychologist*, vol. 54, pp. 462-79, 1999.

BARRETT, L. F. *How Emotions are Made: The Secret Life of the Brain*. Nova York: Houghton Mifflin Harcourt, 2017.

BASTOS, A. *et al*. Canonical microcircuits for predictive coding. *Neuron*, vol. 76, pp. 695-711, 2012.

_____. *et al*. Visual areas exert feedforward and feedback influences through distinct frequency channels. *Neuron*, vol. 85, pp. 390-401, 2015.

BAYES, T. An essay towards solving a problem in the doctrine of chances. [Comunicado pelo sr. Price em uma carta a John Canton.] *Philosophical Transactions of the Royal Society of London*, vol. 53, pp. 370-418, 1763.

BECHTEL, W. e Richardson, R. Vitalism. In: E. Craig (org.). *Routledge Encyclopedia of Philosophy*, vol. 9. Londres: Routledge, pp. 639-43, 1998.

BENTLEY, B. *et al*. The multilayer connectome of *Caenorhabditis elegans*. *PLoS Computational Biology*, vol. 12, e1005283, 2016: doi.org/10.1371/journal.pcbi.1005283.

BERLIN, H. The brainstem begs the question: "petitio principii". *Neuropsychoanalysis*, vol. 15, pp. 25-9, 2013.

_____. The neural basis of the dynamic unconscious. *Neuropsychoanalysis*, vol. 13, pp. 5-31, 2011.

BERRIDGE, K. Pleasures of the brain. *Brain and Cognition*, vol. 52, pp. 106-28, 2003.

BESHARATI, S. *et al*. Mentalizing the body: spatial and social cognition in anosognosia for hemiplegia. *Brain*, vol. 139, pp. 971-85, 2016.

_____. *et al*. The affective modulation of motor awareness in anosognosia for hemiplegia: behavioural and lesion evidence. *Cortex*, vol. 61, pp. 127-40, 2014.

_____, Fotopoulou, A. e Kopelman, M. What is it like to be confabulating? In: A. L. Mishara *et al*. (orgs.). *Phenomenological Neuropsychiatry, How Patient Experience Bridges Clinic with Clinical Neuroscience*. Nova York: Springer, 2014.

BIENENSTOCK, E., Cooper L. e Munro, P. Theory for the development of neuron selectivity: orientation specificity and binocular interaction in visual cortex. *Journal of Neuroscience*, vol. 2, pp. 32-48, 1982.

BLAKE, Y. *et al*. The role of the basolateral amygdala in dreaming *Cortex*, vol. 113, pp. 169-83, 2019: doi.org/10.1016/j.cortex.2018.12.016.

BLOCK, N. On a confusion about a function of consciousness. *Behavioral and Brain Sciences*, vol. 18, pp. 227-87, 1995.

BLOMSTEDT, P. *et al*. Acute severe depression induced by intraoperative stimulation of the substantia nigra: a case report. *Parkinsonism and Related Disorders*, vol. 14, pp. 253-6, 2008.

BOGEN, J. On the neurophysiology of consciousness: 1. An overview. *Consciousness and Cognition*, vol. 4, pp. 52-62, 1995.
BOUTON, C. et al., Restoring cortical control of functional movement in a human with quadriplegia. *Nature*, vol. 533, pp. 247-50, 2016.
BOWLBY, J. *Attachment*. Londres: Hogarth Press, 1969.
BRAUN, A. The new neuropsychology of sleep. *Neuropsychoanalysis*, vol. 2, pp. 196-201, 1999.
_____. et al. Regional cerebral blood flow throughout the sleep-wake cycle. An H2(15)O PET study. *Brain*, vol. 120, pp. 1173-97, 1997.
BRENTANO, F. *Psychologie vom empirischen Standpunkte*. Leipzig: Duncker and Humbolt, 1874.
BROCA, P. Sur le principe des localisations cérébrales. *Bulletin de la Société d'Anthropologie*, vol. 2, pp. 190-204, 1861.
_____. Sur le siège de la faculté du langage articulé. *Bulletin de la Société d'Anthropologie*, vol. 6, pp. 377-3, 1865.
BROWN, H. et al. Active inference, sensory attenuation and illusions. *Cognitive Processing*, vol. 14, pp. 411-27, 2013.
CAMERON-DOW, C. *Do dreams protect sleep? Testing the Freudian hypothesis of the function of dreams*. Dissertação de mestrado, Universidade da Cidade do Cabo, 2012.
CAMPBELL, A. Histological studies on the localisation of cerebral function. *Journal of Mental Science*, vol. 50, pp. 651-9, 1904.
CAPOGROSSO, M. et al. A brain–spine interface alleviating gait deficits after spinal cord injury in primates. *Nature*, vol. 539, pp. 284-8, 2016.
CARHART-HARRIS, R. The entropic brain – revisited. *Neuropharmacology*, vol. 142, pp. 167-78, 2018.
_____. e Friston, K. The default-mode, ego-functions and free-energy: a neurobiological account of Freudian ideas. *Brain*, vol. 133, pp. 1265-83, 2010.
_____. et al. The entropic brain: a theory of conscious states informed by neuroimaging research with psychedelic drugs. *Frontiers in Human Neuroscience*, vol. 8, art. 20, 2014.
CHABRIS, C. e Simons, D. *The Invisible Gorilla: and Other Ways Our Intuitions Deceive Us*. Londres: Crown Publishers/Random House, 2010.
CHALMERS, D. Absent qualia, fading qualia, dancing qualia. In: T. Metzinger (org.). *Conscious Experience*. Paderborn: Ferdinand Schöningh, pp. 309-28, 1995b.
_____. A computational foundation for the study of cognition. *Journal of Cognitive Science*, vol. 12, pp. 325-59, 2011.
_____. Consciousness and its place in nature. In: S. Stich e T. Warfield (orgs.). *Blackwell Guide to the Philosophy of Mind*. Londres: Blackwell, pp. 102-42, 2003.
_____. (1995a), Facing up to the problem of consciousness. *Journal of Consciousness Studies*, vol. 2, pp. 200-19, 1995a.

CHALMERS, D. (1996), *The Conscious Mind: In Search of a Fundamental Theory*. Nova York: Oxford University Press, 1996.

CHARCOT J-M. Un cas de suppression brusque et isolée de la vision mentale des signes et des objets (formes et couleurs). *Progrès Médical*, vol. 11, p. 568, 1883.

CHEW, Y. *et al.* An afferent neuropeptide system transmits mechanosensory signals triggering sensitization and arousal in *C. elegans*. *Neuron*, vol. 99, pp. 1233-46, 2018.

CISEK, P. e Kalaska, J. Neural mechanisms for interacting with a world full of action choices. *Annual Review of Neuroscience*, vol. 33, pp. 269-98, 2010.

CLAPARÈDE, E. Recognition et moitié. *Archives of Psychology Genève*, vol. 11, pp. 79-90, 1911.

CLARK, A. Busting out: predictive brains, embodied minds, and the puzzle of the evidentiary veil. *Nous*, vol. 51, pp. 727-53, 2017.

_____. *Surfing Uncertainty: Prediction, Action, and the Embodied Mind*. Nova York: Oxford University Press, 2015.

COENEN, A. Consciousness without a cortex, but what kind of consciousness is this? *Behavioral and Brain Sciences*, vol. 30, pp. 87-8, 2007.

COENEN, V. *et al.* Superolateral medial forebrain bundle deep brain stimulation in major depression: a gateway trial. *Neuropsychopharmacology*, vol. 44, pp. 1224-32, 2019: doi.org/10.1038/s41386-019-0369-9.

COLBY, K., Watt, J. e Gilbert, J. A computer method of psychotherapy. *Journal of Nervous and Mental Disease*, vol. 142, pp. 148-52, 1996.

COLE, S. *et al.* Implausible future events in a confabulating patient with an anterior communicating artery aneurysm. *Neurocase*, vol. 20, pp. 208-24, 2014.

COLLINGER J. *et al.* High-performance neuroprosthetic control by an individual with tetraplegia. *The Lancet*, vol. 381, pp. 557-64, 2013.

COLTHEART, M. e Turner, M. Confabulation and delusion. In: W. Hirstein (org.). *Confabulation: Views from Neuroscience, Psychiatry, Psychology and Philosophy*. Nova York: Oxford University Press, p. 173, 2009.

CONANT, R. e Ashby, W. Every good regulator of a system must be a model of that system. *International Journal of Systems Science*, vol. 1, pp. 89-97, 1970.

COREN, S. e Porac, C. The fading of stabilized images: Eye movements and information processing. *Perception & Psychophysics*, vol. 16, pp. 529-34, 1974.

CORLETT, P. e Fletcher, P. Computational psychiatry: a Rosetta Stone linking the brain to mental illness. *Lancet Psychiatry*, vol. 1, pp. 399-402, 2014.

CRAIG, A. D. How do you feel – now? The anterior insula and human awareness. *Nature Reviews Neuroscience*, vol. 10, pp. 59-70, 2009.

_____. Significance of the insula for the evolution of human awareness of feelings from the body. *Annals of the New York Academy of Sciences*, vol. 1225, pp. 72-82, 2011.

CRICK, F. Prefácio a C. Koch. *The Quest for Consciousness: A Neurobiological Approach*. Englewood, CO: Roberts and Company, 2004.

_____. *The Astonishing Hypothesis: The Scientific Search for the Soul*. Nova York: Charles Scribner's Sons, 1994.

_____ e Koch, C. Towards a neurobiological theory of consciousness. *Seminars in Neuroscience*, vol. 2, pp. 263-75, 1990.

CRUCIANELLI, L. *et al*. Interoceptive ingredients of body ownership: affective touch and cardiac awareness in the rubber hand illusion. *Cortex*, vol. 104, pp. 180-92, 2017: doi.org/10.1016/j.cortex.2017.04.018.

ÇUKUR, T. *et al*. Attention during natural vision warps semantic representation across the human brain. *Nature Neuroscience*, vol. 16, pp. 763-70, 2013.

DAHAN, L. *et al*. Prominent Burst Firing of Dopaminergic Neurons in the Ventral Tegmental Area during Paradoxical Sleep. *Neuropsychopharmacology*, vol. 32, pp. 1232-41, 2007.

DAMÁSIO, A. *Descartes' Error: Emotion, Reason, and the Human Brain*. Nova York: Putnam, 1994.

_____. *The Strange Order of Things: Life, Feeling, and the Making of Cultures*. Londres: Penguin Random House, 2018.

_____ e Carvalho, G. The nature of feelings: evolutionary and neurobiological origins. *Nature Reviews Neuroscience*, vol. 14, pp. 143-52, 2013.

_____ e Damásio, H. *Lesion Analysis in Neuropsychology*. Nova York: Oxford University Press, 1989.

_____, Damásio, H. e Tranel, D. Persistence of feelings and sentience after bilateral damage of the insula. *Cerebral Cortex*, vol. 23, pp. 833-46, 2013.

_____ *et al*. Subcortical and cortical brain activity during the feeling of self-generated emotions. *Nature Neuroscience*, vol. 3, pp. 1049-56. 2000.

DARWIN, C. *On the Origin of Species*. Londres: John Murray, 1859.

_____. *The Expression of Emotions in Man and Animals*. Londres: John Murray, 1872.

DAVIES, P. *The Demon in the Machine: How Hidden Webs of Information are Solving the Mystery of Life*. Londres: Allen Lane, 2019.

DEBIEC, J. *et al*. Directly reactivated, but not indirectly reactivated, memories undergo reconsolidation in the amygdala. *Proceedings of the National Academy of Sciences*, vol. 103, pp. 3428-33, 2006.

DECETY, J. e Fotopoulou, A. Why empathy has a beneficial impact on others in medicine: unifying theories. *Frontiers in Behavioral Neuroscience*, vol. 8, art. 457, 2015.

DEHAENE, S. e Changeux, J.-P. Experimental and theoretical approaches to conscious processing. *Neuron*, vol. 70, pp. 200-27, 2011.

_____. Ongoing spontaneous activity controls access to consciousness: a neuronal model for inattentional blindness. *PLoS Biology*, vol, 3, e141, 2005.

DEHAENE, S. e Naccache, L. Towards a cognitive neuroscience of consciousness: basic evidence and a workspace framework. *Cognition*, vol. 79, pp. 1-37, 2001.

DEMENT, W. e Kleitman, N. The relation of eye movements during sleep to dream activity: an objective method for the study of dreaming. *Journal of Experimental Psychology*, vol. 53, pp. 339-46, 1957.

DEPAULIS, A. e Bandler, R. *The Midbrain Periaqueductal Gray Matter: Functional, Anatomical, and Neurochemical Organization*. Nova York: Plenum Press, 1991.

DITCHBURN, R. e Ginsborg, B. Vision with a stabilized retinal image. *Nature*, vol. 170, pp. 36-7, 1952.

DOMHOFF, W. *The Emergence of Dreaming: Mind-Wandering, Embodied Simulation, and the Default Network*. Nova York: Oxford University Press, 2017.

DU BOIS-REYMOND, E. (ed.). *Jugendbriefe von Emil Du Bois-Reymond an Eduard Hallmann, zu seinem hundertsten Geburtstag, dem 7. November 1918*. Berlim: Reimer, 1918.

_____. *Untersuchungen über thierische Elektricität*, vol. 2. Berlim: Reimer, 1848-84.

DUDAI, Y. The shaky trace. *Nature*, vol. 406, pp. 686-7, 2000.

EDELMAN, G. *The Remembered Present: A Biological Theory of Consciousness*. Nova York: Basic Books, 1990.

EDLOW, B. et al. Neuroanatomic connectivity of the human ascending arousal system critical to consciousness and its disorders. *Journal of Neuropathology and Experimental Neurology*, vol. 71, pp. 531-46, 2012.

EINSTEIN, A. Über einen die Erzeugung und Verwandlung des Lichtes betreffenden heuristischen Gesichtspunkt. *Annalen der Physik*, vol. 17, pp. 132-48, 1905.

EISENBERGER, N. The neural bases of social pain: evidence for shared representations with physical pain. *Psychosomatic Medicine*, vol. 74, pp. 126-35, 2012.

EKMAN, P. et al. Universals and cultural differences in the judgements of facial expressions of emotion. *Journal of Personality and Social Psychology*, vol. 53, pp. 712-17, 1987.

ELLIS, G. e Solms, M. *Beyond Evolutionary Psychology: How and Why Neuropsychological Modules Arise*. Cambridge: Cambridge University Press, 2018.

ENGLAND, J. Statistical physics of self-replication. *Journal of Chemical Physics*, vol. 139, 121923, 2013: doi.org/10.1063/1.4818538.

ETHIER, C. et al. Restoration of grasp following paralysis through brain-controlled stimulation of muscles. *Nature*, vol. 485, pp. 368-71, 2012.

EZRA, M. et al. Connectivity-based segmentation of the periaqueductal gray matter in human with brainstem optimized diffusion MRI. *Human Brain Mapping*, vol. 36, pp. 3459-71, 2015.

FELDMAN, H. e Friston, K. J. Attention, uncertainty, and free-energy. *Frontiers in Human Neuroscience*, vol. 4, art. 215, 2010: doi.org/10.3389/fnhum.2010.00215.

FERRARELLI, F. e Tononi, G. The thalamic reticular nucleus and schizophrenia. *Schizophrenia Bulletin*, vol. 37, pp. 306-15, 2011.

FISCHER, D. *et al.* A human brain network derived from coma-causing brainstem lesions. *Neurology*, vol. 87, pp. 2427-34, 2016.

FLECHSIG, P. Developmental (mylogenetic) localisation of the cerebral cortex in the human subject. *The Lancet*, vol. 2, pp. 1027-9, 1901.

_____. Gehirnphsyiologie und Willenstheorien. *Fifth International Psychology Congress*, Roma, 1905, pp. 73-89. In: G. von Bonin (org.). *Some Papers on the Cerebral Cortex*. Springfield, IL: Charles C. Thomas, pp. 181-200, 1960.

FORRESTER, G. *et al.* The left cradling bias: an evolutionary facilitator of social cognition? *Cortex*, vol. 118, pp. 116-31, 2018: doi.org/10.1016/j.cortex.2018.05.011.

FOTOPOULOU, A. Beyond the reward principle: consciousness as precision seeking. *Neuropsychoanalysis*, vol. 15, pp. 33-8, 2013.

_____. Disentangling the motivational theories of confabulation. In: W. Histein (org.). *Confabulation: Views from Neurology, Psychiatry, and Philosophy*. Nova York: Oxford University Press, 2009.

_____. False-selves in neuropsychological rehabilitation: the challenge of confabulation. *Neuropsychological Rehabilitation*, vol. 18, pp. 541-65, 2008.

_____. The affective neuropsychology of confabulation and delusion. *Cognitive Neuropsychiatry*, vol. 15, pp. 38-63, 2010a.

_____. The affective neuropsychology of confabulation and delusion. In: R. Langdon e M. Turner (orgs.). *Confabulation and Delusion*. Nova York: Psychology Press, pp. 38-63, 2010b.

_____, Conway, M. e Solms, M. Confabulation: motivated reality monitoring. *Neuropsychologia*, vol. 45, pp. 2180-90, 2007.

_____ e Conway, M. Confabulation pleasant and unpleasant. *Neuropsychoanalysis*, vol. 6, pp. 26-33, 2004.

_____ e Tsakiris, M. Mentalizing homeostasis: the social origins of interoceptive inference. *Neuropsychoanalysis*, vol. 19, pp. 3-76, 2017.

_____ *et al.* Confabulation: revising the motivational hypothesis. *Neurocase*, vol. 13, pp. 6-15, 2007.

_____ *et al.* Is the content of confabulation positive? An experimental study. *Cortex*, vol. 44, pp. 764-72, 2008b.

_____ *et al.* Self-serving confabulation in prose recall. *Neuropsychologia*, vol. 46, pp. 1429-41, 2008a.

_____, Solms, M. e Turnbull, O. Wishful reality distortions in confabulation: a case report. *Neuropsychologia*, vol. 42, pp. 727-44, 2004.

FRANK, J. Clinical survey and results of 200 cases of prefrontal leucotomy. *Journal of Mental Sciences*, vol. 92, pp. 497-508, 1946.

_____. Some aspects of lobotomy (prefrontal leucotomy) under psychoanalytic scrutiny. *Psychiatry*, vol. 13, pp. 45-52, 1950.

FRANK, M. Dynamic dopamine modulation in the basal ganglia: A neurocomputational account of cognitive deficits in medicated and nonmedicated Parkinsonism. *Journal of Cognitive Neuroscience*, vol. 17, n. 1, pp. 51-72, 2005.

FREUD, S. A note on the unconscious in psycho-analysis. *Standard Edition of the Complete Psychological Works of Sigmund Freud*, 12. Londres: Hogarth, pp. 255-66, 1912.

_____. A note upon "the mystic writing-pad". *Standard Edition of the Complete Psychological Works of Sigmund Freud*, 16. Londres: Hogarth, 1925, pp. 227-32.

_____. An outline of psycho-analysis. *Standard Edition of the Complete Psychological Works of Sigmund Freud*, 23. Londres: Hogarth, pp. 144-207, 1940[1939].

_____. Beyond the pleasure principle. *Standard Edition of the Complete Psychological Works of Sigmund Freud*, 18. Londres: Hogarth, pp. 7-64, 1920.

_____. Carta a Einstein, 1929. In: I. Grubrich-Simitis. "No greater, richer, more mysterious subject [...] than the life of the mind". *International Journal of Psychoanalysis*, vol. 76, pp. 115-22, 1995.

_____. Charcot. *Standard Edition of the Complete Psychological Works of Sigmund Freud*, 3. Londres: Hogarth, pp. 11-23, 1893a.

_____. Einleitung in der Nervenpathologie. Unpublished book manuscript. Washington, DC: Library of Congress, 1883.

_____. Extracts from the Fliess papers. *Standard Edition of the Complete Psychological Works of Sigmund Freud*, 1. Londres: Hogarth, pp. 177-280, 1950a[1895].

_____. Gehirn. I. Anatomie des Gehirns. In: A. Villaret (org.). *Handwörterbuch der gesamten Medizin*, 1. Stuttgart: Ferdinand Enke, pp. 684-91, 1888.

_____. Instincts and their vicissitudes. *Standard Edition of the Complete Psychological Works of Sigmund Freud*, 14. Londres: Hogarth, pp. 117-40, 1915a.

_____. *On Aphasia*. Nova York: International Universities Press, 1891.

_____. On narcissism: an introduction. *Standard Edition of the Complete Psychological Works of Sigmund Freud*, 14. Londres: Hogarth, pp. 67-102, 1914.

_____. Project for a scientific psychology. *Standard Edition of the Complete Psychological Works of Sigmund Freud*, 1. Londres: Hogarth, pp. 283-397, 1950b [1895].

_____. Report on my studies in Paris and Berlin. *Standard Edition of the Complete Psychological Works of Sigmund Freud*, 1. Londres: Hogarth, pp. 1-15, 1886.

_____. Some points for a comparative study of organic and hysterical motor paralyses. *Standard Edition of the Complete Psychological Works of Sigmund Freud*, 1. Londres: Hogarth, pp. 155-72, 1893b.

_____. Studies on hysteria. *Standard Edition of the Complete Psychological Works of Sigmund Freud*, 2. Londres: Hogarth, 1895.

_____. The ego and the id. *Standard Edition of the Complete Psychological Works of Sigmund Freud*, 19. Londres: Hogarth, pp. 12-59, 1923.

_____. The interpretation of dreams. *Standard Edition of the Complete Psychological Works of Sigmund Freud*, 4-5. Londres: Hogarth, 1900.

_____. The neuro-psychoses of defence. *Standard Edition of the Complete Psychological Works of Sigmund Freud*, 3. Londres: Hogarth, pp. 45-61, 1894.

_____. The psychopathology of everyday life. *Standard Edition of the Complete Psychological Works of Sigmund Freud*, 6. Londres: Hogarth, 1901.

_____. The unconscious. *Standard Edition of the Complete Psychological Works of Sigmund Freud*, 14. Londres: Hogarth, pp. 166-204, 1915b.

FRISTON, K. A theory of cortical responses. *Philosophical Transactions of the Royal Society of London*, série B, vol. 360, pp. 815-36, 2005.

_____. Life as we know it. *Journal of the Royal Society Interface*, vol. 10, 20130475: doi.org/10.1098/rsif.2013.0475.

_____. The Free Energy Principle: a rough guide to the brain? *Trends in Cognitive Sciences*, vol. 13, pp. 293-301, 2009.

_____, Breakspear, M. e Deco, G. Perception and self-organized instability. *Frontiers in Computational Neuroscience*, vol. 6, art. 44, 2012.

_____ e Stephan, K. Free-energy and the brain. *Synthese*, vol. 159, pp. 417-58, 2007.

_____ *et al.* Active inference and epistemic value. *Cognitive Neuroscience*, vol. 6, pp. 187 214, 2015.

_____ *et al.* Dopamine, affordance and active inference. *PLoS Computational Biology*, vol. 8, e1002327, 2012.

_____, Schwartenbeck, P., FitzGerald, T., Moutoussis, M., Behrens, T. e Dolan, R. The anatomy of choice: dopamine and decision-making. *Philosophical Transactions of the Royal Society of London*, série B, vol. 369, 2014: doi.org/10.1098/rstb.2013.0481.

_____, Stephan, K., Montague, R. e Dolan, R. Computational psychiatry: the brain as a phantastic organ. *Lancet Psychiatry*, vol. 1, pp. 148-58, 2014.

FRITH, C., Blakemore, S. e Wolpert, D. Abnormalities in the awareness and control of action. *Philosophical Transactions of the Royal Society of London*, série B, vol. 355, pp. 1771-88, 2000.

GALIN, D. Implications for psychiatry of left and right cerebral specialization: a neurophysiological context for unconscious processes. *Archives of General Psychiatry*, vol. 31, pp. 572-83, 1974.

Garcia-Rill, E. Bottom-up gamma and stages of waking. *Medical Hypotheses*, vol. 104, pp. 58-62, 2017.
Gloor, P. Role of the amygdala in temporal lobe epilepsy. In: J. Aggleton (org.). *The Amygdala: Neurobiological Aspects of Emotion, Memory, and Mental Dysfunction*. Nova York: Wiley-Liss, pp. 505-38, 1992.
Golaszewski, S. Coma-causing brainstem lesions. *Neurology*, vol. 87, n. 23, 2016.
Goodglass, H. Norman Geschwind. *Cortex*, vol. 22, pp. 7-10, 1986.
Gosseries, O. *et al.* Automated EEG entropy measurements in coma, vegetative state/unresponsive wakefulness syndrome and minimally conscious state. *Functional Neurology*, vol. 26, pp. 25-30, 2011.
Gregory, R. Perceptions as hypotheses. *Philosophical Transactions of the Royal Society of London*, série B, vol. 290, pp. 181-97, 1980.
Haikonen, P. *Consciousness and Robot Sentience*. New Jersey: World Scientific, 2012.
Harding, D. *On Having No Head*. Londres: Sholland Trust, 1961.
Harlow, J. Passage of an iron rod through the head. *Boston Medical and Surgical Journal*, vol. 39, pp. 389-93, 1868.
Hartmann. E. *et al.* Dream content: effects of 1-DOPA. *Sleep Research*, vol. 9, 153, 1980.
Hassin, R. *et al.* Implicit working memory. *Consciousness and Cognition*, vol. 18, pp. 665-78, 2009.
Havlík, M., Kozáková, E. e Horáček, J. Why and how: the future of the central questions of consciousness. *Frontiers in Psychology*, vol. 8, art. 1797, 2017: doi.org/10.3389/fpsyg.2017.01797.
Hebb, D. *The Organization of Behavior: A Neuropsychological Theory*. Nova York: Wiley, 1949.
Helmholtz, H. von. Goethes Vorahnungen kommender naturwissenschaftlicher Ideen. In: *Vorträge und Reden*, 2. Braunschweig: Friedrich Vieweg und Sohn, pp. 335-61, 1892.
_____. von. *Handbuch der physiologischen Optik*, 3. Leipzig: Voss, 1867.
Herff, C. *et al.* Brain-to-text: decoding spoken phrases from phone representations in the brain. *Frontiers in Neuroscience*, vol, 9, art. 217, 2015: doi.org/10.3389/fnins.2015.00217.
Hering, E. Der Raumsinn und die Bewegungen des Auges. In: L. Hermann (org.). *Handbuch der Physiologie*, 3. Parte 1: *Physiologie des Gesichtssinnes*. Leipzig: Vogel, pp. 343-601, 1879.
Hesselmann, G. *et al.* Predictive coding or evidence accumulation? False inference and neuronal fluctuations. *PLoS One*, vol. 5, n. 3, e9926, 2010: doi.org/10.1371/journal.pone.0009926.
Hobson, J. A. REM sleep and dreaming: towards a theory of protoconsciousness. *Nature Reviews Neuroscience*, vol. 10, pp. 803-13, 2009.

_____ e Friston, K. Consciousness, dreams, and inference: the Cartesian theatre revisited. *Journal of Consciousness Studies*, vol. 21, pp. 6-32, 2014.

_____ e Friston, K. Waking and dreaming consciousness: neurobiological and functional considerations. *Progress in Neurobiology*, vol. 98, pp. 82-98, 2012.

_____ e McCarley, R. The brain as a dream state generator: an activation-synthesis hypothesis of the dream process. *American Journal of Psychiatry*, vol. 134, pp. 1335-48, 1977.

_____, McCarley, R. e Wyzinski, P. Sleep cycle oscillation: reciprocal discharge by two brainstem neuronal groups. *Science*, vol. 189, pp. 55-8, 1975.

HOCHBERG L. *et al.* Reach and grasp by people with tetraplegia using a neurally controlled robotic arm. *Nature*, vol. 485, pp. 372-5, 2012.

HOHWY, J. Attention and conscious perception in the hypothesis testing brain. *Frontiers in Psychology*, vol. 3, art. 96, 2012: doi.org/10.3389/fpsyg.2012.00096.

_____. *The Predictive Mind*. Nova York: Oxford University Press, 2013.

HOLECKOVA, I. *et al.* Brain responses to subject's own name uttered by a familiar voice. *Brain Research*, vol. 1082, pp. 142-52, 2006.

HOLSTEGE, G. *et al.* Brain activation during human male ejaculation. *Journal of Neuroscience*, vol. 23, pp. 9185-93, 2003.

HORIKAWA, T. *et al.* Neural decoding of visual imagery during sleep. *Science*, vol. 340, pp. 639-42, 2013.

HSIEH, P.-J. e Tse, P. Illusory color mixing upon perceptual fading and filling-in does not result in "forbidden colors". *Vision Research*, vol. 46, pp. 2251-8, 2006.

HUME, D. *Philosophical Essays Concerning Human Understanding*. Londres: A. Millar, 1748.

HURLEY, M., Dennett, D. e Adams, R. *Inside Jokes: Using Humor to Reverse-Engineer the Mind*. Cambridge, MA: MIT Press, 2011.

INGVAR, D. "Memory of the future": an essay on the temporal organization of conscious awareness. *Human Neurobiology*, vol. 4, pp. 127-36, 1985.

JACKSON, F. Epiphenomenal qualia. *Philosophical Quarterly*, vol. 32, pp. 127-36, 1982.

_____. Posfácio de "What Mary Didn't Know". In: P. Moser e J. Trout (orgs.). *Contemporary Materialism*. Londres: Routledge, pp. 184-9, 1995.

JASPERS, K. *General Psychopathology*. Chicago: University of Chicago Press, 1963.

JAYNES, E. Information theory and statistical mechanics. *Physical Review*, vol. 106, pp. 620-30, 1957.

JOLIOT, M., Ribary, U. e Llinás, R. Human oscillatory brain activity near 40 Hz coexists with cognitive temporal binding. *Proceedings of the National Academy of Sciences*, vol. 91, pp. 11748-51, 1994.

JOUVET, M. Paradoxical sleep: a study of its nature and mechanisms. *Progress in Brain Research*, vol. 18, pp. 20-62, 1965.

JOYCE, J. Bayes' theorem. *Stanford Encyclopedia of Philosophy*, 2008.

JULESZ, B. *Foundations of Cyclopean Perception*. Chicago: University of Chicago Press, 1971.

KANDEL, E. A new intellectual framework for psychiatry. *American Journal of Psychiatry*, vol. 155, pp. 457-69, 1998.

_____. Biology and the future of psychoanalysis: a new intellectual framework for psychiatry revisited. *American Journal of Psychiatry*, vol. 156, pp. 505-24, 1999.

KANT, I. Kritik der Urteilskraft. *Kants gesammelte Schriften*, 5. Berlim: Walter de Gruyter, 1790.

KAPLAN-SOLMS, K. e Solms, M. *Clinical Studies in Neuro-Psychoanalysis: Introduction to a Depth Neuropsychology*. Londres: Karnac, 2000.

KIHLSTROM, J. Perception without awareness of what is perceived, learning without awareness of what is learned. In: M. Velmans (org.). *The Science of Consciousness: Psychological, Neuropsychological and Clinical Reviews*. Londres: Routledge, pp. 23–46, 1996.

KNILL, J. e Pouget, A. The Bayesian brain: the role of uncertainty in neural coding and computation. *Trends in Neurosciences*, vol. 27, pp. 712-9, 2004.

KOCH, C. *The Quest for Consciousness: A Neurobiological Approach*. Englewood, CO: Roberts and Company, 2004.

KOPELMAN, M., Bajo, A. e Fotopoulou, A. Confabulation: memory deficits and neuroscientific aspects. In: J. Wright (org.). *International Encyclopedia of Social and Behavioral Sciences*. Nova York: Elsevier, 2015.

KRAHÉ, C. *et al*. The social modulation of pain: others as predictive signals of salience – a systematic review. *Frontiers in Human Neuroscience*, vol. 7, art. 386, 2013.

KURZWEIL, R. *The Singularity is Near: When Humans Transcend Biology*. Nova York: Viking, 2005.

LANE, N. *The Vital Question: Why is Life the Way It Is?* Londres: Profile, 2015.

LAVIE, P. *et al*. Localized pontine lesion: nearly total absence of REM sleep. *Neurology*, vol. 34, pp. 118-20, 1984.

LEDOUX, J. Psychoanalytic theory: clues from the brain. *Neuropsychoanalysis*, vol. 1, pp. 44-9, 1999.

_____. *The Emotional Brain*. Nova York: Simon and Schuster, 1996.

_____ e Brown, R. A higher-order theory of emotional consciousness. *Proceedings of the National Academy of Science*, vol. 114, e2016-e2025, 2017.

LEE, J., Everitt, B. e Thomas, K. Independent cellular processes for hippocampal memory consolidation and reconsolidation. *Science*, vol. 304, pp. 839-43, 2004.

LÉNA, I. *et al*. Variations in extracellular levels of dopamine, noradrenaline, glutamate, and aspartate across the sleep-wake cycle in the medial prefrontal cortex and nucleus accumbens of freely moving rats. *Journal of Neuroscience Research*, vol. 81, pp. 891-9, 2005.

LENG, G. *The Heart of the Brain: The Hypothalamus and Its Hormones*. Cambridge, MA: MIT Press, 2018.

LEVAY, S. *The Sexual Brain*. Cambridge, MA: MIT Press, 1993.

LEVINE, J. Materialism and qualia: the explanatory gap. *Pacific Philosophical Quarterly*, vol. 64, pp. 354-61, 1983.

LIBET, B. *et al.* Time of conscious intention to act in relation to onset of cerebral activity (readines-spotential): the unconscious initiation of a freely voluntary act. *Brain*, vol. 106, pp. 623-42, 1983.

LICHTHEIM, L. On aphasia. *Brain*, vol. 7, pp. 433-84, 1885.

LIEPMANN, H. Das Krankheitsbild der Apraxie ("motorischen Asymbolie") auf Grund eines Falles von einseitiger Apraxie. *Monatsschrift für Psychiatrie und Neurologie*, vol. 8, pp. 15-44, 1900.

LIGHTMAN, A. *Searching for Stars on an Island in Maine*. Nova York: Pantheon, 2018.

LIN, P., Abney, K. e Bekey, G. *Robot Ethics*. Cambridge, MA: MIT Press, 2011.

LINNMAN, C. *et al.* Neuroimaging of the periaqueductal gray: state of the field. *Neuroimage*, vol. 60, pp. 505-22, 2012.

LISMAN, J. e Buzsaki, G. A neural coding scheme formed by the combined function of gamma and theta oscillations. *Schizophrenia Bulletin*, vol. 34, pp. 974-80, 2008.

LISSAUER, H. Ein Fall von Seelenblindheit, nebst einem Beitrag zur Theorie derselben. *Archiv für Psychiatrie und Nervenkrankheiten*, vol. 21, pp. 222-70, 1890.

LUPYAN, G. Cognitive penetrability of perception in the age of prediction: Predictive systems are penetrable systems. *Review of Philosophy and Psychology*, vol. 6, pp. 547-69, 2015.

_____ e Clark, A. Words and the world: predictive coding and the language--perception-cognition interface. *Current Directions in Psychological Science*, vol. 24, pp. 279-84, 2015.

_____ e Thompson-Schill, S. The evocative power of words: activation of concepts by verbal and nonverbal means. *Journal of Experimental Psychology – General*, vol. 141, pp. 170-86, 2012.

_____ e Ward, E. Language can boost otherwise unseen objects into visual awareness. *Proceedings of the National Academy of Sciences*, vol. 110, pp. 14196-201, 2013.

MALCOLM-SMITH, S. *et al.* Approach/avoidance in dreams. *Cognition and Consciousness*, vol. 21, pp. 408-12, 2012.

MAN, K. e Damasio, A. Homeostasis and soft robotics in the design of feeling machines. *Nature Machine Intelligence*, vol, 1, pp. 446-52, 2019: doi.org/10.1038/s42256-019-0103-7.

MATURANA, H. e Verela, F. *Autopoiesis and Cognition: The Realization of the Living*. Londres: Dordrecht, 1972.

MATHUR, P., Lau B. e Guo, S. Conditioned place preference behavior in zebrafish. *Nature Protocols*, vol. 6, pp. 338-45, 2011.

MAXWELL, J. *Theory of Heat*. Londres: Longmans, Green and Co., 1872.

MAZUR, J. E. Basic principles of operant conditioning. *Learning and Behavior*, 7ª ed. Nova York: Pearson, pp. 101-26, 2013.

MCCARLEY, R. e Hobson, J. A. The neurobiological origins of psychoanalytic dream theory. *American Journal of Psychiatry*, vol. 134, pp. 1211-21, 1977.

MCKEEVER, W. Tachistoscopic methods in neuropsychology. In: H. J. Hannay (org.). *Experimental Techniques in Human Neuropsychology*. Oxford: Oxford University Press, pp. 167-211, 1986.

MERKER, B. Consciousness without cerebral cortex: a challenge for neuroscience and medicine. *Behavioral and Brain Sciences*, vol. 30, pp. 63-8, 2007.

MESULAM, M. M. Behavioral neuroanatomy: large-scale networks, association cortex, frontal syndromes, the limbic system, and hemispheric specializations. In: *Principles of Behavioral and Cognitive Neurology*, 2ª ed. Nova York: Oxford University Press, pp. 1-120, 2000.

MEYNERT, T. Der Bau der Gross-Hirnrinde und seine örtliche Verschiedenheiten, nebst einem pathologisch-anatomischen Corollarium. *Vierteljahrsschrift für Psychiatrie in ihren Beziehungen zur Morphologie und Pathologie des Central-Nervensystems, die physiologischen Psychologie, Statistik und gerichtlichen Medizin*, vol. 1, pp. 77-93 e 119-24, 1867.

_____. *Psychiatrie: Klinik der Erkrankungen des Vorderhirns*. Viena: W. Braumüller, 1884.

MISANIN, J., Miller, R. e Lewis, D. Retrograde amnesia produced by electroconvulsive shock after reactivation of a consolidated memory trace. *Science*, vol. 160, pp. 203-4, 1968.

MOHR, M. von e Fotopoulou, A. The cutaneous borders of interoception: active and social inference of pain and pleasure on the skin. In: M. Tsakiris e H. de Preester (orgs.). *The Interoceptive Basis of the Mind*. Oxford: Oxford University Press, 2017.

MONGILLO, G., Barak, O. e Tsodyks, M. Synaptic theory of working memory. *Science*, vol. 319, pp. 1543-6, 2008.

MONTAGUE, P. *et al.* Computational psychiatry. *Trends in Cognitive Sciences*, vol. 16, pp. 72-80, 2012.

MORUZZI, G. e Magoun, H. Brain stem reticular formation and activation of the EEG. *Electroencephalography and Clinical Neurophysiology*, vol. 1, pp. 455-73, 1949.

MOTTA, S., Carobrez, A. e Canteras, N. The periaqueductal gray and primal emotional processing critical to influence complex defensive responses, fear learning and reward seeking. *Neuroscience and Biobehavioral Reviews*, vol. 76, pp. 39-47, 2017.

Moustafa, A., Sherman, S. e Frank, M. A dopaminergic basis for working memory, learning and attentional shifting in Parkinsonism. *Neuropsychologia*, vol. 46, pp. 3144-56, 2008.

Mulert, C. *et al.* Evidence for a close relationship between conscious effort and anterior cingulate cortex activity. *International Journal of Psychophysiology*, vol. 56, pp. 65-80, 2005.

Munk, H. Über die Functionen der Grosshirnrinde: gesammelte Mittheilungen aus den Jahren *1877-80*. Berlim: Albrecht Hirschwald, 1881.

_____. Weiteres zur Physiologie des Sehsphäre der Grosshirnrinde. *Deutsche medizinische Wochenschrift*, vol. 4, pp. 533-6, 1878.

Nader, K., Schafe, G. e LeDoux, J. Fear memories require protein synthesis in the amygdala for reconsolidation after retrieval. *Nature*, vol. 406, pp. 722-6, 2000.

Nagel, T. What is it like to be a bat? *Philosophical Review*, vol. 83, pp. 435-50, 1974.

Newman, J. e Baars, B. A neural attentional model for access to consciousness: a global workspace perspective. *Concepts in Neuroscience*, vol. 4, pp. 255-90, 1993.

Niedenthal, P. Embodying emotion. *Science*, vol. 316, pp. 1002-5, 2007.

Nishimoto, S. *et al.* Reconstructing visual experiences from brain activity evoked by natural movies. *Current Biology*, vol. 21, pp. 1641-6, 2011.

Nour, M. e Carhart-Harris, R. Psychedelics and the science of self-experience. *British Journal of Psychiatry*, vol. 210, pp. 177-9, 2017.

Nummenmaa, L. *et al.* Maps of subjective feelings. *Proceedings of the National Academy of Sciences*, vol. 115, pp. 9198-203, 2018.

Oakley, D. e Halligan, P. Chasing the rainbow: the non-conscious nature of being. *Frontiers in Psychology*, vol. 8, art. 1924, 2017: doi.org/10.3389/fpsyg.2017.01924.

Oberauer, K. *et al.* Analogous mechanisms of selection and updating in declarative and procedural working memory: experiments and a computational model. *Cognitive Psychology*, vol. 66, pp. 157-211, 2013.

Okuda J. *et al.* Thinking of the future and past: the roles of the frontal pole and the medial temporal lobes. *Neuroimage*, vol. 19, pp. 1369-80, 2003.

Pace-Schott, E. e Hobson, J. A. Review of "The Neuropsychology of Dreams". *Trends in Cognitive Sciences*, vol. 2, pp. 199-200, 1998.

Paloyelis, Y. *et al.* The analgesic effect of oxytocin in humans: a double-blind, placebo-controlled cross-over study using laser-evoked potentials. *Journal of Neuroendocrinology*, vol. 28, 2016: 10.1111/jne.12347.

Panksepp, J. *Affective Neuroscience: The Foundations of Human and Animal Emotions*. Nova York: Oxford University Press, 1998.

_____. Hypothalamic regulation of energy balance and feeding behavior. *Federation Proceedings*, vol. 33, pp. 1150-65, 1974.

PANKSEPP, J. The basic emotional circuits of mammalian brains: do animals have affective lives? *Neuroscience and Biobehavioral Reviews*, vol. 35, pp. 1791-804, 2011.

_____ e Biven, L. *The Archaeology of Mind: Neuroevolutionary Origins of Human Emotions*. Nova York: Norton, 2012.

_____ e Burgdorf, J. "Laughing" rats and the evolutionary antecedents of human joy. *Physiology and Behavior*, vol. 79, pp. 533-47, 2003.

_____ e Solms, M. What is neuropsychoanalysis? Clinically relevant studies of the minded brain. *Trends in Cognitive Sciences*, vol. 16, pp. 6-8, 2012.

PARR, T. e Friston, K. The anatomy of inference: generative models and brain structure. *Frontiers in Computational Neuroscience*, vol. 12, art. 90, 2018: doi.org/10.3389/fncom.2018.00090.

PARTRIDGE, M. *Pre-Frontal Leucotomy: A Survey of 300 Cases Personally Followed for 1½-3 Years*. Oxford: Blackwell, 1950.

PARVIZI, J. e Damásio, A. Neuroanatomical correlates of brainstem coma. *Brain*, vol. 126, pp. 1524-36, 2003.

PASLEY, B. *et al.* Reconstructing speech from human auditory cortex. *PLoS Biology*, vol. 10, n. 1, e1001251, 2012: doi.org/10.1371/journal.pbio.1001251.

PELLIS S. e Pellis V. *The Playful Brain: Venturing to the Limits of Neuroscience*. Oxford: One World, 2009.

PENFIELD, W. e Jasper, H. *Epilepsy and the Functional Anatomy of the Human Brain*. Little, Brown and Co., 1954.

PETKOVA, V. e Ehrsson, H. If I were you: perceptual illusion of body swapping. *PLoS One*, vol. 3, e3832, 2008: doi.org/10.1371/journal.pone.0003832.

PEZZULO, G. Why do you fear the bogeyman? An embodied predictive coding model of perceptual inference. *Cognitive Affective and Behavioral Neuroscience*, vol. 14, pp. 902-11, 2014.

PFAFF, D. *Brain Arousal and Information Theory*. Cambridge, MA, Harvard University Press, 2005.

PICARD, F. e Friston K. Predictions, perception, and a sense of self. *Neurology*, vol. 83, pp. 1112-18, 2014.

POPPER, K. *Conjectures and Refutations*. Londres: Routledge, 1963.

QIN, P. *et al.* Anterior cingulate activity and the self in disorders of consciousness. *Human Brain Mapping*, vol. 31, pp. 1993-2002, 2010.

RAMACHANDRAN, V. S. Filling in the blind spot. *Nature*, vol. 356, p. 115, 1992.

_____ e Gregory, R. Perceptual filling in of artificially induced scotomas in human vision. *Nature*, vol. 350, pp. 699-702, 1991.

_____, Gregory, R. e Aiken, W. Perceptual fading of visual texture borders. *Vision Research*, vol. 33, pp. 717-21, 1993.

REGGIA, J. The rise of machine consciousness: studying consciousness with computational models. *Neural Networks*, vol. 44, pp. 112-31, 2013.

RIGGS, L. e Ratliff, F. Visual acuity and the normal tremor of the eyes. *Science*, vol. 114, pp. 17-8, 1951.

ROEPSTORFF, A. e Frith, C. What's at the top in the top-down control of action? Script-sharing and "top-top" control of action in cognitive experiments. *Psychological Research*, vol. 68, pp. 189-98, 2004.

ROLLS, E. *Emotion and Decision-Making Explained.* Nova York: Oxford University Press, 2014.

_____. Emotion and reasoning in human decision-making. *Economics*, vol. 13, pp. 1-31, 2019.

ROSENTHAL, D. *Consciousness and Mind.* Oxford: Oxford University Press, 2005.

ROVELLI, C. *Seven Brief Lessons in Physics.* Londres: Allen Lane, 2014.

RUNES, D. *Dictionary of Philosophy.* Totowa, NJ: Littlefield, Adams and Co., 1972.

SACKS, O. *A Leg to Stand On.* Nova York: Simon and Schuster, 1984.

_____. *Awakenings.* Londres: Duckworth, 1973.

_____. *Migraine.* Londres: Vintage, 1970.

_____. *The Man Who Mistook His Wife for a Hat.* Londres: Duckworth, 1985.

SCHACTER, D., Addis, D. e Buckner, R. The prospective brain: remembering the past to imagine the future. *Nature Reviews Neuroscience*, vol. 8, pp. 657-61, 2007.

SCHINDLER, R. Das Traumleben der Leukotomierten. *Wiener Zeitschrift für Nervenheilkunde*, vol. 6, pp. 330, 1953.

SEARLE, J. Minds, brains, and programs. *Behavioral and Brain Sciences*, vol. 3, pp. 417-24, 1980.

_____. *The Mystery of Consciousness.* Londres: Granta, 1997.

_____. The problem of consciousness. *Social Research*, vol. 60, pp. 3-16, 1993.

_____. *The Rediscovery of the Mind.* Cambridge, MA: MIT Press, 1992.

SEELEY, W. *et al.* Dissociable intrinsic connectivity networks for salience processing and executive control. *Journal of Neuroscience*, vol. 27, pp. 2349-56, 2007.

SETH, A. Interoceptive inference, emotion, and the embodied self. *Trends in Cognitive Sciences*, vol. 17, pp. 565-73, 2013.

SHALLICE, T. *From Neuropsychology to Mental Structure.* Cambridge: Cambridge University Press, 1988.

SHANNON, C. A mathematical theory of communication. *Bell System Technical Journal*, vol. 27, pp. 379-423, 1948.

SHAPIRO, L. *Princess Elisabeth of Bohemia and René Descartes: The Correspondence Between Princess Elisabeth of Bohemia and René Descartes.* Chicago: University of Chicago Press, 2007.

SHARF, B. *et al.* Dream phenomena induced by chronic levodopa therapy. *Journal of Neural Transmission*, vol. 43, pp. 143-51, 1978.

SHEWMON, D., Holmes, G. e Byrne, P. Consciousness in congenitally decorticate children: developmental vegetative state as self-fulfilling prophecy. *Developmental Medicine and Child Neurology*, vol. 41, pp. 364-74, 1999.

SKINNER, B. F. *Science and Human Behavior.* Nova York: Macmillan, 1953.

SOLMS, M. A psychoanalytic perspective on confabulation. *Neuropsychoanalysis*, vol. 2, pp. 133-8, 2000c.

_____. Before and after Freud's "Project". In: R. Bilder e F. LeFever (orgs.). Neuroscience of the Mind on the Centennial of Freud's Project for a Scientific Psychology. *Annals of the New York Academy of Sciences*, vol. 843, pp. 1-10, 1998.

_____. Comentário a E. Rolls. Emotion and reason in human decision-making. *Economics Discussion Papers*, n. 2019-45. Kiel: Institute for the World Economy, 2019b.

_____. Consciousness by surprise: a neuropsychoanalytic approach to the hard problem. In: R. Poznanski, J. Tuszynski e T. Feinberg (orgs.). *Biophysics of Consciousness: A Foundational Approach*. Nova York: World Scientific, pp. 129-48, 2017b.

_____. Dreaming and REM sleep are controlled by different brain mechanisms. *Behavioral and Brain Sciences*, vol. 23, pp. 843-50, 2000a.

_____. Dreams and the hard problem of consciousness (2020a). In: S. Della Salla (org.). *Encyclopedia of Behavioral Neuroscience*. Nova York: Oxford University Press (no prelo).

_____. Empathy and other minds – a neuropsychoanalytic perspective and a clinical vignette. In: V. Lux e S. Weigl (orgs.). *Empathy: Epistemic Problems and Cultural-Historical Perspectives of a Cross-Disciplinary Concept*. Londres: Palgrave Macmillan, pp. 93-114, 2017a.

_____. Freud, Luria and the clinical method. *Psychoanalysis and History*, vol. 2, pp. 76-109, 2000b.

_____. Neurobiology and the neurological basis of dreaming. In: P. Montagna e S. Chokroverty (orgs.). *Handbook of Clinical Neurology*, 98 (série 3), Sleep Disorders, parte 1. Nova York: Elsevier, pp. 519-44, 2011.

_____. New findings on the neurological organization of dreaming: implications for psychoanalysis. *Psychoanalytic Quarterly*, vol. 64, pp. 43-67, 1995.

_____. New project for a scientific psychology: general scheme. *Neuropsychoanalysis*, vol. 21, pp. 5-35, 2020b.

_____. Notes on some technical terms whose translation calls for comment. In: M. Solms (org.). *Revised Standard Edition of the Complete Psychological Works of Sigmund Freud*, vol. 24. Lanham, MD: Rowman and Littlefield (no prelo).

_____. Reconsolidation: turning consciousness into memory. *Behavioral and Brain Sciences*, vol. 38, pp. 40-1, 2015b.

_____. Resenha a A. Damásio. The Strange Order of Things. *Journal of the American Psychoanalytic Association*, vol. 66, pp. 579-86, 2018a.

_____. Resumo e discussão do artigo "The neuropsychological organisation of dreaming: implications for psychoanalysis". *Bulletin of the Anna Freud Centre*, vol. 16, pp. 149-65, 1991.

_____. The conscious id. *Neuropsychoanalysis*, vol. 14, pp. 5-85, 2013.

_____. *The Feeling Brain: Selected Papers on Neuropsychoanalysis*. Londres: Karnac, 2015a.

_____. The hard problem of consciousness and the Free Energy Principle. *Frontiers in Psychology*, vol. 9, art. 2714, 2019a: doi.org/10.3389/fpsyg.2018.02714.

_____. The neurochemistry of dreaming: cholinergic and dopaminergic hypotheses. In: E. Perry, H. Ashton e A. Young (orgs.). *The Neurochemistry of Consciousness*. Nova York: John Benjamins, pp. 123-31, 2001.

_____. *The Neuropsychology of Dreams: A Clinico-Anatomical Study*. Mahwah, NJ: Lawrence Erlbaum Associates, 1997a.

_____. The scientific standing of psychoanalysis. *British Journal of Psychiatry – International*, vol. 15, pp. 5-8, 2018b.

_____. Was sind Affekte? *Psyche*, vol. 50, pp. 485-522, 1996.

_____. What is consciousness? *Journal of the American Psychoanalytic Association*, vol. 45, pp. 681-778, 1997b.

_____. What is the "mind"? A neuro-psychoanalytical approach. In: D. Dietrich *et al.* (orgs.). *Simulating the Mind: A Technical Neuropsychoanalytical Approach*. Viena: Springer Verlag, pp. 115-22, 2008.

_____. What is "the unconscious", and where is it located in the brain? A neuropsychoanalytic perspective. *Annals of the New York Academy of Sciences*, vol. 1406, pp. 90-97, 2017c.

_____ e Friston, K. How and why consciousness arises: some considerations from physics and physiology. *Journal of Consciousness Studies*, vol. 25, pp. 202-38, 2018.

_____ e Panksepp, J. Why depression feels bad. In: E. Perry *et al.* (orgs.). *New Horizons in the Neuroscience of Consciousness*. Amsterdam: John Benjamins, pp. 169-79, 2010.

_____ e Saling, M. *A Moment of Transition: Two Neuroscientific Articles by Sigmund Freud*. Londres: Karnac, 1990.

_____ e Saling, M. On psychoanalysis and neuroscience: Freud's attitude to the localizationist tradition. *International Journal of Psychoanalysis*, vol. 67, pp. 397-416, 1986.

_____ e Turnbull, O. *The Brain and the Inner World: An Introduction to the Neuroscience of Subjective Experience*. Londres: Karnac, 2002.

_____ e Turnbull, O. What is neuropsychoanalysis? *Neuropsychoanalysis*, vol. 13, pp. 133-45, 2011.

_____ e Zellner, M. Freudian drive theory today. In: A. Fotopoulou, D. Pfaff e M. Conway (orgs.). *From the Couch to the Lab: Trends in Psychodynamic Neuroscience*. Nova York: Oxford University Press, pp. 49-63, 2012.

_____ *et al.* Inverted vision after frontal lobe disease. *Cortex*, vol. 24, pp. 499-509, 1988.

_____, Kaplan-Solms, K. e Brown, J. W. Wilbrand's case of "mind-blindness". In: C. Code *et al.* (orgs.). *Classic Cases in Neuropsychology*. Hove: Erlbaum, pp. 89-110, 1996.

SQUIRE, L. The legacy of Patient HM for neuroscience. *Neuron*, vol. 61, pp. 6-9, 2009.

STEIN, T. e Sterzer, P. Not just another face in the crowd: detecting emotional schematic faces during continuous flash suppression. *Emotion*, vol. 12, pp. 988-96, 2012.

STOERIG, P. e Barth, E. Low level phenomenal vision despite unilateral destruction of primary visual cortex. *Consciousness and Cognition*, vol. 10, pp. 574-87, 2001.

STRAWSON, G. Realistic monism – why physicalism entails panpsychism. *Journal of Consciousness Studies*, vol. 13, pp. 3-31, 2006.

SULLOWAY, F. *Freud: Biologist of the Mind*. Nova York: Burnett, 1979.

SZPUNAR, K. Episodic future thought: an emerging concept. *Perspectives on Psychological Science*, vol. 5, pp. 142-62, 2010.

_____, Watson, J. e McDermott, K. Neural substrates of envisioning the future. *Proceedings of the National Academy of Sciences*, vol. 104, pp. 642-7, 2007.

The Public Voice Coalition. Universal guidelines for Artificial Intelligence, Draft 9, 23 out. Bruxelas: Electronic Privacy Information Center, 2018: https://thepublicvoice.org/ai-universal-guidelines.

THORNDIKE, E. *Animal Intelligence*. Nova York: Macmillan, 1911.

TONONI, G. Integrated information theory of consciousness: an updated account. *Archives of Italian Biology*, vol. 150, pp. 56-90, 2012.

TOSSANI, E. The concept of mental pain. *Psychotherapy and Psychosomatics*, vol. 82, pp. 67-73, 2013.

TOZZI, A., Zare, M. e Benasich, A. New perspectives on spontaneous brain activity: dynamic networks and energy matter. *Frontiers in Human Neuroscience*, vol. 10, pp. 247, 2016: doi.org/10.3389/fnhum.2016.00247.

TRANEL, D. et al. Altered experience of emotion following bilateral amygdala damage. *Cognitive Neuropsychiatry*, vol. 11, pp. 219-32, 2006.

TURNBULL, O. Berry, H. e Evans, C. A positive emotional bias in confabulatory false beliefs about place. *Brain and Cognition*, vol. 55, pp. 490-4, 2004.

_____ e Solms, M. Awareness, desire, and false beliefs. *Cortex*, vol. 43, pp. 1083-90, 2007.

_____ et al. Emotion-based learning: insights from the Iowa Gambling Task. *Frontiers in Psychology*, vol. 5, art. 162, 2014: doi.org/10.3389/fpsyg.2014.00162.

_____, Fotopoulou, A. e Solms, M. Anosognosia as motivated unawareness: the "defence" hypothesis revisited. *Cortex*, vol. 61, pp. 18-29, 2014.

_____, Jenkins, S. e Rowley, M. The pleasantness of false beliefs: an emotion-based account of confabulation. *Neuropsychoanalysis*, vol. 6, pp. 5-16, 2004.

UHLHAAS, P. e Singer, W. Abnormal neural oscillations and synchrony in schizophrenia. *Nature Reviews Neuroscience*, vol. 11, pp. 100-13, 2010.

VAN DER WESTHUIZEN, D. e Solms, M. Social dominance in relation to the Affective Neuroscience Personality Scales. *Consciousness and Cognition*, vol. 33, pp. 90-111, 2015.

_____ *et al.* Testosterone facilitates the sense of agency. *Consciousness and Cognition*, vol. 56, pp. 58-67, 2017.

VARELA, F., Thompson, E. e Rosch, E. *The Embodied Mind: Cognitive Science and Human Experience*. Cambridge, MA: MIT Press, 1991.

VENKATRAMAN, A., Edlow, B. e Immordino-Yang, M. The brainstem in emotion: a review. *Frontiers in Neuroanatomy*, vol. 11, art. 15, 2017: doi.org/10.3389/fnana.2017.00015.

VERTES, R. e Kocsis, B. Brainstem and diencephaloseptohippocampal systems controlling the theta rhythm of the hippocampus. *Neuroscience*, vol. 81, pp. 893-926, 1997.

WALKER, M. *Why We Sleep*. Londres: Penguin, 2017.

WANG, X. e Krystal, J. Computational psychiatry. *Neuron*, vol. 84, pp. 638-54, 2014.

WEISKRANTZ, L. *Blindsight: A Case Study Spanning 35 Years and New Developments*. Nova York: Oxford University Press, 2009.

WEIZENBAUM, J. *Computer Power and Human Reason: From Judgment to Calculation*. Nova York: W. H. Freeman, 1976.

WERNICKE, C. *Der aphasische Symptomencomplex. Eine psychologische Studie auf anatomischer Basis*. Breslávia: M. Crohn and Weigert, 1874.

WHEELER, A. *A Journey into Gravity and Spacetime*. Nova York: W. H. Freeman, 1990.

WHITE, B. *et al.* Superior colliculus neurons encode a visual saliency map during free viewing of natural dynamic video. *Nature Communications*, vol. 8, art. 14263, 2017: doi.org/10.1038/ncomms14263.

WHITTY, C. e Lewin, W. Vivid daydreaming; an unusual form of confusion following anterior cingulectomy. *Brain*, vol. 80, pp. 72-6, 1957.

WILBRAND, H. *Die Seelenblindheit als Herderscheinung und ihre Beziehungen zur Homonymen Hemianopsie zur Alexie und Agraphie*. Wiesbaden: J. F. Bergmann, 1887.

_____. Ein Fall von Seelenblindheit und Hemianopsie mit Sectionsbefund. *Deutsche Zeitschrift für Nervenheilkunde*, vol. 2, pp. 361-87, 1892.

YANG, E., Zald, D. e Blake, R. Fearful expressions gain preferential access to awareness during continuous flash suppression. *Emotion*, vol. 7, pp. 882-6, 2007.

YOVELL, Y. *et al.* Ultra-low-dose buprenorphine as a time-limited treatment for severe suicidal ideation: a randomized controlled trial. *American Journal of Psychiatry*, vol. 173, pp. 491-8, 2016.

YU, C. K.-C. Cessation of dreaming and ventromesial frontal-region infarcts. *Neuropsychoanalysis*, vol. 9, pp. 83-90, 2007.

ZAHAVI, D. Brain, mind, world: predictive coding, neo-Kantianism, and transcendental idealism. *Husserl Studies*, vol. 34, pp. 47-61, 2017: doi.org/10.1007/s10743-017-9218-z.

ZEKI, S. *A Vision of the Brain*. Oxford: Blackwell, 1993.

ZELLNER, M. *et al.* Affective neuroscientific and neuropsychoanalytic approaches to two intractable psychiatric problems: why depression feels so bad and what addicts really want. *Neuroscience and Biobehavioral Reviews*, vol. 35, pp. 2000-8, 2011.

ZEMAN, A. Consciousness. *Brain*, vol. 124, pp. 1263-89, 2001.

ZHOU, T. *et al.* History of winning remodels thalamo-PFC circuit to reinforce social dominance. *Science*, vol. 357, pp. 162-8, 2017.

Índice remissivo

A
Abbott, A. 143
Abney, K. 345
Absher, J. 72
Abu-Hassan, K. 326
Acetilcolina *ver* Neuromoduladores/ transmissores
Adams, R. 203, 280, 307
Addis, D. 273
Afasia 69-70, 73
　ver também Meynert
Afetos xi, 28, 48-9, 93, 95, 104-9, 150-1, 154-5, 161, 165, 218-9, 242, 281-2, 286, 312-3, 321, 336-7, 351-3, 357-8, 314
　como variáveis categoriais (qualidades) 104, 223-7, 247-8, 337, 358;
　desinibidos 57-8, 76
　ligados/estabilizados 162-3, 195, 258-61, 321, 242; *ver também* Energia vinculada; Córtex: estabiliza a consciência; Memória: curto prazo
　sensoriais 104, 111-2, 118, 126, 161, 278-80; *ver também* Nojo; Dor; Surpresa
　taxonomias 110-3
　vs. necessidades 107-10, 114-5, 155, 223, 235-8, 312-3, 321, 334; *ver também* Excitação; Emoções básicas; Sentimentos; Impulso
Agência *ver* intencionalidade
Agnosia 67-70
　ver também Meynert
Aiken, W. 251
Ainley, V. 245
Ajuste excessivo *ver* Modelo generativo: complexidade
Alberini, C. 264
Alboni, P. 103
Amígdala *ver* Núcleos e outras estruturas cerebrais
Amnésia 39, 42, 44; 70, 88, 160
　ver também Confabulação; Meynert
Anestesiologia 62, 73, 137
Animais não humanos xiii, 64, 111-2, 120, 291, 337, 341, 343-6, 351-3
　decorticados 57-8, 70, 73, 76, 81, 91-2, 157-8, 268
　ver também Aves; Mamíferos; Primatas; Ovinos; Vertebrados
Anosognosia 46
Antropomorfismo 111

Apraxia 69-70
   ver também Meynert
Aprendizado pela experiência 109,
   113, 115, 119, 121-2, 126-8, 149,
   158-60, 164, 219, 222, 229, 232,
   258-61, 272, 358-9
   ver também Consolidação/
   reconsolidação; Contexto;
   Sentimentos: Orientação para
   solução de problemas
Área tegmental ventral ver Núcleos e
   outras estruturas cerebrais
Aserinsky, E. 13-4
Ashby, W. R. 185
Astor, R. 367
Atenção 114, 146, 157, 163-5, 238-40,
   252, 257, 265, 269, 274, 365
Atkinson, R. 291
Atraso 87, 225, 259, 321
Automaticidade 87, 108-9, 118, 123,
   147-9, 155, 165, 209, 228, 258-61,
   269
   como o estado ideal do
   funcionamento cognitivo 124,
   260-1, 264-7, 360
Auto-organização ver Sistemas
   auto-organizados
Aves 111-2, 126, 148
Axmacher, N. 367

B

Baars, B. 75, 90-1, 294
Bailey, P. 149
Bajo, A. 46
Bandler, R. 149
Baragwanath (hospital em Soweto) 19,
   38, 100
Barak, O. 291
Bargh, J. 87, 258, 311

Barkay, P. 367
Barrett, L. Feldman 112, 125, 279
Barth, E. 157
Bastos, A. 203
Bayes, T. 200-3;
   regra 210, 215-6, 218, 229-30, 243,
      255-7; ver também Probabilidade:
      posterior/prévia;
   teorema 201-3
Bechtel, W. 30,
Behaviorismo 5-9, 13, 15, 19, 26, 94-7,
   223-4, 261, 340
   "caixa-preta" 6-7, 97
   recompensa e punição 6-7, 26,
      39, 44-5, 94-7, 261, 223-4; ver
      também Erro de previsão de
      recompensa
   teoria da aprendizagem 6-7, 9, 94-7
   ver também Lei: do Efeito
Bekey, G. 345
Benasich, A. 180, 204
Benson, D. 72
Bentley, B. 161
Berlin, H. 63
Berridge, K. 26
Besharati, S. 46
Bienenstock, E. 263
Bit ver Informação: bits
Biven, L. 113, 151-2, 162, 252, 278
Blake, R. 257
Blake, Y. 122
Blakemore, S. 244
Blignaut, J. 257, 321
Block, N. 74
Blomstedt, P. 137
Bogen, J. 33, 91
Bohr, N. 182
Bouton, C. 325
Bowlby, J. 125-6

Braun, A. 27-8, 36, 39, 47, 63
Breakspear, M. 245
Brentano, F. 192
BRINCAR ver Emoções básicas
Broca, P. P. 10, 69
Brooks, S. 367
Brown, H. 244
Brown, J. 47, 67, 69
Brown, R. 77
Brücke, E. von 30-1, 355
Buckner, R. 273
Burgdorf, J. 129
BUSCA ver Emoções básicas
Buzsaki, G. 245
Byrne, P. 54

C
Cameron-Dow, C. 36
Campbell, A. W. 65-6
Canais vs. funções de estado 143-4, 227, 363
Cannon, W. 362
Canteras, N. 153
Capogrosso, M. 325-6
Carhart-Harris, R. 170-1, 245, 349
Carobrez, A. 153
Carvalho, G. 57, 156
Casos
  1 de Whitty e Lewin 80-1
  22 de Solms 81
  B. de Damásio 49-50, 75-6, 80, 105
  filha de um colega psiquiatra 62-3
  Fräulein G 67-8
  HM 87-8
  menina com hidranencefalia 55-6, 60-1, 92
  paciente de Blomstedt 125-6, 137
  paciente de Claparède 88, 92-3, 123
  paciente de Dollman 254-5
  paciente de Sperry 88-9, 92-3
  Phineas Gage 77
  S. M. 121
  Sr. S 38-46, 88, 94, 159, 163, 245, 272, 295, 316, 320
  TN 58
  W de Solms 78-80, 92
  WB 252-3
Categorização/compartimentalização das necessidades ver Afetos: como variáveis categoriais (qualidades)
Cegueira mental ver Agnosia
Cegueira
  cortical 58-9, 67-9, 74
  periférica/subcortical 67-70
  ver também Visão cega
Chabris, C. 238
Chalmers, D. 37, 60, 91, 181, 284-315, 322-6, 329, 332, 356-7
  princípio da coerência estrutural 291, 302, 305-6, 322, 325
  princípio da invariância organizacional 322-5
  princípio do duplo aspecto 181, 305, 322, 325
Changeux, J. P. 75, 245
Charcot, J.-M. 7, 68-9
Chartrand, T. 87, 258, 311
Chew, Y. 161
Cibernética 185
  ver também erro, Sinais de; Feedback
Ciclo de percepção/ação 157-61, 165, 188-9, 215-7, 241-3
ciência, Regras da 4-5, 11-2, 15, 29, 62, 98, 311, 320, 338-9, 343-4, 347-9
  ver também Empirismo; hipóteses, Teste de: na ciência; Previsão: em experimentos científicos

Cingulado anterior *ver* Córtex
Circuitos
  dopamina mesocortical-
    -mesolímbica 23-6, 44; *ver
    também* Emoções básicas: BUSCA
  nervo óptico 38, 59, 155, 251; *ver
    também* Cegueira: periférica/
    subcortical
  sistema límbico (em geral) 10, 151,
    214, 273; *ver também* Núcleos e
    outras estruturas cerebrais
Cisek, P. 245
Civilização 119-20, 277
Claparède, E. 88, 92-3, 123
Clark, A. 161, 200, 204-5, 214, 230,
  238, 256, 269-71, 275-6, 280
Cobertor de Markov 187-94, 196, 200,
  217, 241, 243, 280, 311, 333, 370
Coenen, A. 60
Coenen, V. 126
Cognição
  consciente 64-5, 77, 80-2, 90-1, 94,
    118, 148, 162-5, 237, 258-65,
    272, 278-9, 284, 292-5, 311-3;
    ver também Afetos: ligados/
    estabilizados; Memória: curto
    prazo
  inconsciente XIII, 32, 63-4, 72, 77,
    83-93, 123, 165, 258-61, 264, 267,
    289, 311-3, 319, 333, 357
  vs. afeto XIII, 42-3, 48, 72, 77, 92-4,
    105-6, 123-5, 132-3, 148-50, 154-5,
    157-8, 161-5, 171, 219-20, 236,
    249-50, 258-9, 267, 278-9, 285-6
  ver também Linguagem; Percepção;
    Pensamento
cognitivismo/revolução cognitiva 7-9,
  12-3, 33, 48, 72, 82, 95, 132-3, 181,
  292-5
Colby, K. 340
Cole, S. 46
Colículos superiores *ver* Núcleos e
  outras estruturas cerebrais
Collinger, J. 325
Coltheart, M. 46
Coma 53, 57, 61, 70, 78, 135, 139, 149,
  172, 314, 330
Complexidade *ver* Modelo generativo:
  complexidade
Computadores 7-8, 91, 142-3, 185,
  292, 309, 327-8, 334-5, 340, 346
Conant, R. 185
Confabulação 39-40, 43-6, 94, 295
Conferência "A ciência da consciência"
  37, 123, 355
Confiança *ver* Precisão
Consciência
  acesso 74; *ver também* Self
  alvorecer da XI, 110, 248, 310-2,
    320-1, 353
  artificial 322-5, 329-51, 360
  como um trabalho preditivo em
    andamento 256-7, 261-2, 272,
    359-60; *ver também* Cognição:
    consciente
  depende da excitação do tronco
    cerebral 33, 135, 137-40, 264,
    348-9, 357-8; *ver também*
    Excitação
  é endógena 51, 137-8, 142-3, 147,
    161, 219-20, 244, 266, 269, 299,
    353
  é fundamentalmente afetiva 137-9,
    161, 165, 219-20, 248, 313,
    330, 334, 342, 348-9, 357-8;
    ver também Afetos
  é incerteza sentida 237, 258-66,
    268, 280, 336-7; *ver também*
    Sentimentos; Incerteza

é uma forma de otimização de
   precisão 241-2, 244, 258-9, 280,
   341, 348-9; *ver também* Precisão
   estados alterados da 245
   experiência (conteúdo, qualidade)
   vs. vigília (nível, quantidade) 12,
   17, 28, 60-4, 72-3, 89, 132-3, 135,
   139, 357-8
   fenomenal (primário) *vs.* reflexiva
   (secundário, pensamentos de
   ordem superior) 74, 77
   física da *ver* Física
   origem da 241-2, 246-8, 286, 290-1,
   298-300, 302-7, 310-3, 317, 319,
   330-2, 337-8, 356, 359
   teorias da x, 90-1, 181, 293-8, 302-5,
   322; *ver também* Falácia cortical
   ver também Cognição: consciente;
   Sentimentos; Percepção:
   consciente; Vigília
Consolidação/reconsolidação 115,
   258, 261-7, 270, 272, 291, 359
   dificuldade de esquecer a memória
   não declarativa 124, 212-4, 266-8
   ver também Automaticidade;
   Contexto
Contexto 108, 124, 149, 153-4, 161-2,
   209, 224-5, 230-1, 336-7
   esperado 159, 161-4, 227-9, 233-4,
   236, 268-9, 272, 279-81, 359
   ver também Percepção:
   contextualiza afeto
Convulsões *ver* Epilepsia
Conway, M. 46
Cooper, L. 263
Coren, S. 266
Corlett, P. 245
Córtex xii-xiii, 10, 16-9, 21-2, 27-8,
   33, 48-52, 55-66, 69-75, 81-2, 84-6,
   95, 120, 135, 139-44, 149-50, 154,
   156, 158, 161-3, 171, 180, 187, 212,
   216, 249-82, 286-7, 300, 303, 315,
   321, 325-6, 329-31, 341, 352, 357-8
   auditivo/temporal 69, 74, 144, 327
   cingulado anterior 75, 80-1, 126-7
   é especializado em incerteza
   (complexidade, contextos) 258-
   -60, 268-9; *ver também*
   Voluntário *vs.* involuntário
   estabiliza a consciência 161, 258-
   -61, 321-2 *ver também* Atraso;
   Memória: curto prazo
   frontal 10, 22-5, 27, 37-8, 74, 77-9,
   90, 92, 117, 152, 252, 326
   funcionamento inconsciente do
   33, 89, 140-2, 264, 315, 257-8,
   280; *ver também* decorticados,
   Animais; Hidranencefalia
   hipocampo 10, 87, 123, 140, 162,
   264, 273, 326
   ínsula 49, 74-6
   linguagem 10, 21, 52, 69, 73-4, 78,
   82, 143-4, 327
   motor 21, 325-6
   occipital/visual 21, 58-9, 67-8, 74,
   251-4, 266, 315, 328;
   parietal 22-3, 90, 154, 303
Craig, A. D. (Bud) 48-50, 74, 76
Crick, F. 91, 95, 283, 285-6, 289-90,
   293-4, 312, 355-6
Cristais 169, 186
Crucianelli, L. 245
CUIDADO *ver* Emoções básicas
Çukur, T. 275

D
Damásio, A. xiii, 47-50, 57, 72, 75-6,
   80, 105, 136-8, 148, 156, 172, 174,
   322, 347

Damásio, H., 48-9, 75
Darwin, C. 112, 184
Davies, P. 244, 283
Davis, E. 149
Debiec, J. 264
Decety, J. 245
Deco, G. 245
decorticados, Animais 57-8, 70, 73, 76, 81, 91-2, 157-8, 268
Dehaene, S. 75, 90-1, 245
Dement, W. 14
Dennett, D. 31, 280, 307
Depaulis, A. 149
Dependência 46, 127, 343
Depressão 3, 46, 110, 126-7, 136-7, 263
Descartes, R. 48, 287, 290, 304
Desconhecimento 188, 190-2, 199, 215, 241, 313, 316
  ver também Cobertor de Markov
DESEJO SEXUAL *ver* Emoções básicas
Devaneio da mente 269-71
  ver também Modo padrão
Ditchburn, R. W. 265
Divagação *ver* Devaneio da mente
Dolan, R. 245
Dollman, A. 254, 321, 367
Domhoff, W. 271
Dopamina *ver* Circuitos; Neuromoduladores/transmissores
Dor XII-XIII, 61, 62, 94, 104-5, 110-1, 118, 126, 136, 139, 152-4, 156, 161, 263, 278, 314, 335
  ver também Afetos: sensoriais
Dudai, Y. 262
Duffy, E. 362

E
Edelman, G. 90-1
Edlow, B. 16, 151-2

EEG *ver* Eletroencefalograma
Ehrsson, H. 281
Einstein, A. 11, 174-5, 226
Eisenberger, N. 126
Ekman, P. 112
Eletroconvulsoterapia (ECT) 262-3
Eletrocorticografia (ECoG) 329
Eletroencefalograma (EEG) 8, 13, 19, 139-41, 179-80, 327, 361-2
  dessincronizado 140, 179
  ondas alfa 140-1
  ondas beta 140-1, 203
  ondas delta 140-1
  ondas gama 91, 140-1, 203, 231, 293, 297, 303
  ondas teta 140-1, 162
  sincronizado 91, 140, 162, 179, 293, 297
Ellis, G. 281, 321, 381
Emoções básicas 112, 140, 147, 163, 277
  BRINCAR 128-32, 277-8
  BUSCA 26, 37, 45, 50, 116-7, 126, 128, 137-8, 143-4, 153, 155, 162, 180, 204, 227, 260, 265, 271, 360
  CUIDADO 127-8, 147, 153, 352
  DESEJO SEXUAL 114-6, 127-8, 131, 153, 237
  MEDO 119-24, 130, 137, 143-4, 152, 227-8, 352
  PÂNICO/TRISTEZA 124-8, 131, 137, 143, 152, 352
  RAIVA 117-20, 124-5, 128, 130, 137, 143, 152
  ver também Afetos: taxonomias; Emoções secundárias
Emoções secundárias 112-3, 125, 357
Empatia 130, 246, 277, 345
  ver também Emoções básicas: BRINCAR

Empirismo 4-5, 64, 83, 94, 139, 279, 297, 338
  apercepção *vs.* sensação bruta 64-7, 69-72, 74, 85, 88, 163, 215
  lousa em branco 64, 67
  ver também Meynert; ciência, Regras da
Encefalite
  letárgica 10, 245
  por herpes simples 75
Energia livre x-xi, 169-70, 195-8, 200, 202-5, 221-8, 229, 237, 239-43, 246-7, 259-60, 270, 275, 334, 337, 359
  definições do termo 195-6
  princípio 169-71, 174, 195-201, 204-5, 219, 222, 227-9, 237, 241-6, 260, 268, 270, 296, 333, 348-9
  ver também Equações
Energia vinculada 195, 240, 259-60, 334
  ver também Energia livre; Psicanálise: processo secundário
Energia vital 30, 36, 355
England, J. 185
Entropia 166, 175-81, 183, 185-6, 195--9, 207, 247, 310-1, 317, 331, 333, 360, 364-5
  como informação média 179, 183, 195-8, 224, 268, 331, 364-5
  EEG 179
Epilepsia 54, 73, 81, 88, 263
Equações 166, 195, 242-3, 276-7, 350
  ação 242
  consciência 242
  divergência perceptual 198
  erro de previsão 242
  surpresa 198
  energia (em geral) 166

energia livre (Friston) 195-7, 241-2
energia livre (Gibbs) 195-6
energia livre (Helmholtz) 195-7
energia livre esperada 241
informação (entropia de Shannon) 364
otimização de precisão 242-3
percepção 242
ver também Bayes: teorema
Erro de previsão de recompensa 261-3
erro, Sinais de 45, 105, 108, 110, 147-8, 153, 155, 159-60, 163-5, 185, 192, 199, 203-4, 208-11, 212-4, 216-20, 223, 228, 230, 233, 236, 239-46, 256-7, 260-1, 265-6, 269-70, 281-2, 326, 359
  ver também Surpresa (teoria da informação)
Escala de Coma de Glasgow 61, 78, 139
Escolha 87, 108-9, 123, 132, 159, 165, 235-6, 289, 315, 358-9
  ver também Valores; Voluntário *vs.* involuntário
Estado vegetativo 53-7, 61, 63, 70, 139, 148-50, 180, 330
Estimulação cerebral profunda (ECP) 77, 111, 136-8, 152, 154, 342-3
Estímulo optogenético 299
Estímulo/resposta 5-6, 9
Ethier, C. 325
Ética xiii, 57, 62, 88, 111, 333, 344-53, 360
Evans, C. 46
"Eve Periaqueduct" 207, 209, 211, 215, 225, 227, 232, 235, 333
Everitt, B. 264
Evolução *ver* Seleção natural

Excitação 16-7, 28, 51, 107, 114, 116, 139-50, 162-3, 165, 179, 222, 229, 231, 234-5, 244, 263-4, 359, 361-6
definição do termo 150, 363
ver também Afetos; Precisão; Vigília
Experiência estética 280
ver também Piadas
Explosão combinatória 225, 234
ver também Modelo generativo: complexidade
Exterocepção 114, 154, 161-4, 217, 219, 230, 237-8, 242, 244-5, 270, 278, 281, 299, 359
ver também Contexto; Percepção; Incerteza: aplicada
Ezra, M. 151

F
Falácia cortical xii-xiv, 50-2, 53-82, 83, 85-6, 89-90, 135, 214, 219, 249, 258, 315
Feedback 156, 159, 185, 189, 208, 210, 212, 219
ver também erro, Sinais de
Feldman, H. 230, 239, 242, 244
Ferrarelli, F. 245
Feynman, R. 331
Filosofia xii, 5, 94-5, 106, 154, 166, 290, 298, 314, 350-1
"algo que é como" 10, 60-1, 73, 93, 222, 246-8, 284, 288, 295, 308-9, 315-6, 341, 356, 360; *ver também* Filosofia: qualia
argumento do conhecimento 287-8, 314, 323
dualismo 246, 288-90, 304-5
"em relação a" (aboutness) 149, 162-3, 192, 237
epifenomenalismo 288-9; *ver também* Livre-arbítrio

espectro invertido 104, 278-9, 288, 314, 323
inversão de *qualia ver* Filosofia: espectro invertido
lacuna epistêmica/explicativa 287, 290, 296-300, 303, 314-5
metafísica xiii, 4, 8, 10, 14, 35, 166, 290, 297
monismo de duplo aspecto 154, 166, 173-4, 222, 237, 290-2, 298-300, 301-6, 323-4, 356, 360
"ninguém em casa" 59, 330; *ver também* Filosofia: zumbi; Filosofia: "algo que é como"
panpsiquismo 91, 309-10, 313-4, 323-5
problema de ligação 90-1
problema de outras mentes 4-6, 62-3, 73, 81, 190, 338-44
problema mente/corpo 4, 8, 10, 14, 32, 166, 223-4, 283-90, 298-9, 340, 356-7; *ver também* Problema difícil
qualia ix-x, 74, 187, 223, 226, 247-8, 250, 278-82, 284-5, 288-90, 299, 323, 338; *ver também* Consciência; Percepção: consciente; Filosofia: "algo que é como"
reducionismo 285-6, 289-90, 295, 301-4, 355
teleologia 184-5, 192, 247
zumbi 60-3, 219-20, 261, 264, 267, 289, 314, 339-40
ver também Empirismo; Ética; Funcionalidade; Problema difícil; ciência, Regras da
Fischer, D. 135
Fischmann, T. 37,

Física xi, 30, 35, 166, 170-1, 175, 177-8, 180-2, 222, 301-2, 304-7, 321, 332, 95
  da consciência 174-5, 189-90, 221-48, 250, 263, 304-5, 310-1, 317, 332, 360
  da vida xi, 169, 172-4, 183, 185-9, 311, 316-7, 333, 360
  definição do termo 166
  ver também Entropia; Matéria; Termodinâmica; Trabalho
FitzGerald, T. 245
Flechsig, P. 67
Fletcher, P. 245
Fliess, W. 30, 33-4, 36, 83, 85-6, 239, 262
Fonagy, P. 47
Forrester, G. 127
Fotopoulou, A. (Katerina) 45-6, 242, 245, 349
Frank, J. 24
Frank, M. 245
Freeman, W. 23
Freud, S. xiii, 5-7, 11-2, 14-5, 18-9, 26-7, 29-52, 56, 66, 69, 83-7, 93-4, 96, 100, 105, 107, 116, 150, 152, 162, 170-1, 195, 205, 219, 239-40, 242, 249, 258-9, 261-2, 278, 312, 331, 355, 357, 359
  A Interpretação dos Sonhos 15, 29
  noção de consciência no "interior mais profundo" do cérebro 51, 152, 353
  noção de "motor do mecanismo psíquico" 35, 49, 86
  noção de que "a consciência surge no lugar de um traço de memória" 258, 261, 359
  noção do prosencéfalo como "gânglio simpático" 35, 86, 219

"Projeto para uma psicologia científica" (1950 [1895]) xiii, 30, 240
  Sobre a concepção das afasias (1891) 262
  ver também Psicanálise

Friston, K. x-xiii, 160, 163, 168-75, 184-205, 211, 217, 230, 233, 235, 238-45, 259, 270, 296-8, 317, 332-4, 348-9, 360, 367
  sopa primordial simulada 186, 190, 194, 200-1
Frith, C. 244, 276
Funcionalismo 8, 31, 33, 292-301, 303, 315, 322-3, 357
  ver também Consciência: teorias da
Funções autonômicas/vegetativas 53, 59, 107-108, 148
  ciclo de sono-vigília 63, 149, 361
  controle da bexiga 108, 156, 228
  controle intestinal 121
  controle respiratório 103, 106-9, 120, 151-3, 156, 172, 183, 192, 217, 219-20, 227, 352-3
  digestão 108
  equilíbrio de fluidos 108, 154, 172, 224
  equilíbrio energético xi-xii, 97-8, 104, 107-8, 172, 204, 224-5, 334
  frequência cardíaca 106, 120, 151-2
  pressão arterial 107, 152-3
  reflexo vasovagal 103-4, 120, 125
  termorregulação 105, 108, 172, 175, 196-7, 212, 219, 224, 248, 335-6, 341
  ver também Sono

G
Galileu (Galilei, G) 166

Galin, D. 88
Gallant, J. 328
Gallese, V. 47-8
Gânglios basais *ver* Núcleos e outras estruturas cerebrais
Ganho *ver* Precisão
Garcia-Rill, E. 140
Gates, W. (Bill) 346
Generalização *ver* Consolidação/reconsolidação: dificuldade de esquecer a memória não declarativa; Modelo generativo: generalização
Geschwind, N. 71-2
Gilbert, J. 340
Ginsborg, B. 265
Gloor, P. 77
Golaszewski, S. 136
Goltz, F. 70
Goodglass, H. 72
Gosseries, O. 180
Green, A. 47
Gregory, R. 215, 251
Groddeck, G. 33
Groote Schuur (hospital na Cidade do Cabo) 2
Grubrich-Simitis, I. 47
Guo, S. 343

H

Harding, D. 157
Harlow, J. 77
Hartmann, E. 25
Hassin, R. 260
Havlík, M. 296, 349
Hawking, S. 174, 346
Hebb, D. 264, 291, 362
Heever, D. van den 321, 367
Helmholtz, H. von 166, 171, 175, 195--7, 203, 215, 255, 265, 296, 355, 360
Hemorragia subaracnóidea 20, 78-81
Herff, C. 329
Hering, E. 157
Hesselmann, G. 239
Hidranencefalia 53, 56, 60, 62-3, 71-3, 92, 157-8, 268, 344
Hierarquia preditiva 165, 174, 203-4, 207-20, 228, 231-4, 244, 248, 265, 269, 275, 277, 280-1, 333, 358-9
de antecedentes 211-3, 217-8
Hipocampo *ver* Córtex
Hipotálamo *ver* Núcleos e outras estruturas cerebrais
hipóteses, Teste de
na ciência 4-5, 13-4, 15, 20, 25, 45, 58, 60, 78, 298-300, 320, 331, 339, 347, 349; *ver também* ciência, Regras da
na percepção 160-1, 165, 203, 214-5, 238, 255-7, 265, 320
ver também Bayes: regra
Hobson, J.A 16-8, 25-7, 37, 135, 245, 270
Hochberg, L. 325
Hodson, R. 321
Hohwy, J. 159, 161, 211, 217, 219-20, 230, 245, 256-7, 269
Holeckova, I. 143
Holmes, G. 54
Holstege, G. 137
Homeostase 49-50, 97, 110-1, 172-7, 183, 185, 189, 194, 197-8, 200, 204, 214, 217-9, 222-4, 260, 265, 280, 331, 335, 348, 352, 358, 362
origem da 192-3, 358
ver também Cibernética; Entropia; erro, Sinais de; Trabalho
Horáček, J. 296, 349
Horikawa, T. 329

Hormônios *ver* Neuromoduladores/ transmissores
Horwood, T. 367
Hospitais
  Baragwanath (Soweto) 19, 38, 100
  Groote Schuur (Cidade do Cabo) 2
Hospital Real de Londres (Whitechapel) 38
Hromnik, T. 321
Hsieh, P.-J. 266
Hume, D. 64, 82, 95
Humphrey, N. 47, 123
Hurley, M. 280, 307

I
Immordino-Yang, M. 151-2
imprevisíveis, Situações *ver* Incerteza
Incerteza 5, 98, 109, 117, 124, 159-65, 178-80, 183, 198-9, 203, 222, 224, 227-38, 242, 256-61, 264-6, 268, 310-1, 317, 336-7, 342, 353, 359-60, 364-6
  aplicada 162-4, 237; *ver também* Percepção: consciente
  esperada 163-5, 230, 232-6, 239
  esperar o melhor e preparar-se para o pior *ver* Sentimentos: orientação para solução de problemas
  sentida *ver* Consciência: é incerteza sentida
inconsciente, Emoção *ver* Sentimentos: vs. "emoção inconsciente"
Individualidade *ver* Subjetividade
Inferência *ver* Previsão
Informação 7-8, 33-4, 58-9, 72-4, 84, 145, 178-82, 184-5, 196-9, 203, 265, 269, 294, 304-11, 324-8, 330-1, 363-6

bits (1/0, dígitos binários) 144, 178-9, 182
bytes 178
é física 7-8, 33, 180-1, 184-5, 203, 305-8, 366; *ver também* Matéria
média *ver* Entropia
mútua 199, 204, 208
Ingvar, D. 273
Insetos 161, 351-2
Instinto e reflexo 107, 113-22, 124, 127, 130, 148-9, 155-6, 158, 212-3, 222, 259, 266, 358, 361-2
  ver também Automaticidade; Funções autonômicas/vegetativas
Ínsula *ver* Córtex
Inteligência XII; *ver também* Sentimentos: vs. inteligência
Intencionalidade 32, 36, 43, 54-5, 61, 81, 148-9, 171, 184, 192, 201, 307, 311-2, 337, 342, 358
  origem da 192, 205, 219, 247-8, 258-9, 333, 337
  ver também Filosofia: "em relação a" (aboutness)
Internet 91, 309, 314
Interocepção 49, 71-2, 74-6, 110-1, 230, 242, 245
Introspecção *ver* Subjetividade: relatos introspectivos
Intuição (adivinhação, pressentimento) 58, 123, 245, 281, 353

J
Jackson, F. 287-8
Jackson, J. Hughlings 38
James, T. 367
Jasper, H. 73-4, 154
Jaspers, K. 82

Jaynes, E. Thompson 180
Jenkins, S. 46
Joliot, M. 91
Journal of Consciousness Studies 297
Jouvet, M. 16
Joyce, J. 202
Julesz, B. 157

K
Kalaska, J. 245
Kandel, E. 47
Kant, I 166, 184, 194
 ver também Desconhecimento
Kentridge, E. 367
Kentridge, S. 367
Kernberg, O. 47
Kihlstrom, J. 87, 311
Kinsbourne, M. 47
Kleitman, N. 13-4
Knill, J. 203
Koch, C. 91, 95, 293-4
Kocsis, B. 162
Kopelman, M. 46
Kozáková, E. 296, 349
Krahé, C. 245
Krikler, J. 367
Kris, E. 47
Krystal, J. 245
Kurzweil, R. 329

L
Lake, E. 367
Lau, B. 343
Lavie, P. 20
LeDoux, J. 47, 77, 124, 262
Lee Solms (irmão do autor) 1-3, 99--100, 102
Lee, J. 264
Lei
 da Parcimônia 225, 270-1
 da Termodinâmica, Primeira 175
 da Termodinâmica, Segunda 175, 197, 200, 244, 365
 de Friston 205, 217, 230, 233, 235, 243, 333, 360
 de Hebb 264, 291
 de Miller 291, 301
 do Afeto 95-6, 109, 222, 358
 do Efeito 6, 95-6
Léna, I. 25
Leng, G. 97
Leucotomia/lobotomia 22-5, 28, 80
Leuzinger-Bohleber, M. 47
LeVay, S. 116
Levine, J. 287, 296
Lewin, W. 80-1
Lewis, D. 262
Libet, B. 289
Lichtheim, L. 69
Liepmann, H. 69-70
ligação, Problema de *ver* Filosofia
Lightman, A. 178
Lin, P. 345
Linguagem 63-4, 73, 82, 131-2, 184-5, 268, 273-4, 291, 295, 327
 ver também Córtex: linguagem; Subjetividade: relatos introspectivos
Linnman, C. 150-1
Lisman, J. 245
Lissauer, H. 69
Livre-arbítrio 201, 283, 285, 289, 355-6
 ver também Escolha; Voluntário *vs.* involuntário
Llinás, R. 47, 91
Lobotomia *ver* Leucotomia/lobotomia
Locke, J. 64, 288-9, 304, 314, 323
Ludwig, K. 355
Lupyan, G. 256, 273-5

M

Maclean, P. 72
Magoun, H. 135, 139
Malcolm-Smith, S. 45
Malmo, R. 362
Mamíferos xiii, 16, 57, 65, 112, 115, 120, 124, 126, 128-31, 156, 163, 337, 341, 352
Markov, A. 187-94, 196, 199-200, 217, 241, 243, 280, 311, 333, 370
   Cobertor de 187-94, 196, 200, 217, 241, 243, 280, 311, 333, 370
Martin, J. 257, 321, 367
"Mary" *ver* Filosofia: argumento do conhecimento
Matemática 30, 35, 166, 171, 200, 205, 277, 291, 360, 362-6
Matéria (não mais um conceito fundamental) 166, 176-8
Mathur, P. 343
Maturana, H. 192
Maxwell, J. C. 244
   demônio de Maxwell 244
Mazur, J. 96
McCarley, R. 17-8
McKeever, W. 89
MEDO *ver* Emoções básicas
Memória de trabalho *ver* Memória: curto prazo
Memória
   como previsão 158-9, 163, 211-3, 260-3, 268-9, 272-3, 337, 352, 359-60
   curto prazo 9, 22, 77, 86, 209-14, 259-66, 268, 291, 337, 342, 359
   declarativa (explícita) 31, 86, 123, 212-3, 261-3, 266-9, 272-3, 329--30, 352, 359-60
   emocional *ver* Sentimentos: *vs.* do que se tratam; Memória: não declarativa
   não declarativa (implícita) 31, 86, 123-4, 155-9, 212-3, 259-60, 266-8, 312, 359-60; *ver também* Consolidação/reconsolidação: dificuldade de esquecer a memória não declarativa
   ver também Consolidação/reconsolidação; Aprendizado pela experiência;
Merker, B. xiii, 53-4, 57-8, 73, 103, 148, 154-7, 159, 162, 214, 248, 348
Mesencéfalo *ver* Tronco cerebral
Mesulam, M. M. 143, 212
Metafísica *ver* filosofia
Método experimental *ver* ciência, Regras da
Meynert, T. 65-6, 70, 82, 83-5, 90, 139;
   associação transcortical, 69-70, 90, compreensão (conhecimento) 65, 70, 89, 287-8, 353
   cortical (voluntário, mental) *vs.* subcortical (reflexo, físico) 65-7, 69-73, 83-5, 89
   imagens mnemônicas 64-7, 70-2, 84, 86, 89-90, 159, 161, 249 *ver também* Empirismo
   mitologias do cérebro 70
Miller, G *ver* Lei: de Miller
Miller, P. 101-2
Miller, R. 262
minimamente consciente, Estado 180
Misanin, J. 262
Mishra, A. 321
Modell, A. 47
Modelo generativo 159-60, 163-4, 190-1, 196, 198-200, 207-8, 211-5, 229-31, 233, 239, 246, 254, 259-60, 337

atualização de 199-202, 207-11,
214-8, 229, 232, 259-66, 268,
359-60; *ver também* Bayes: regra
complexidade 196, 202-4, 214, 225,
234, 268-70, 359-60
eficiência 184-5, 204, 235, 268-71
generalização 202-3, 214, 225, 266,
268, 359-60
precisão 196, 202-4, 214, 225,
268-9
ver também Contexto: esperado;
Memória; Previsão: em inferência
ativa; Hierarquia preditiva;
Modelo preditivo *ver* Modelo
generativo
Modo padrão 117, 155, 165, 171, 204,
227, 260, 265, 271-2, 360
ver também Emoções básicas:
BUSCA
Modulação *ver* Excitação,
Neuromodulação *vs.*
neurotransmissão; Precisão
Mohr, M., von 245
Mongillo, G. 291
Monismo de duplo aspecto *ver*
Filosofia
Montague, P. 245
Mortalidade 3, 193, 283-4, 310, 316,
319, 329, 336-7, 350, 359-60
Moruzzi, G. 135, 139
Motta, S. 153
Moustafa, A. 245
Mulert, C. 75
Müller, J. 30-1, 36, 175, 355
Munk, H. 67, 70, 84
Munro, P. 263
Musk, E. 346
Mutismo acinético 10, 245
mútua, Informação *ver* Informação

N
Naccache, L. 90-1
Nader, K. 262
Nagel, T. 31, 91, 284-5, 295, 308, 356
Navalha de Ockham *ver* Lei: da
Parcimônia
Necessidades
conflitantes 119, 124, 128, 221, 335
do corpo XII, 35, 49-50, 71-2, 75-6,
86, 94-5, 97, 103-8, 110-1, 114-7,
148, 151, 172, 204, 213, 216-7,
219-20, 260, 271; *ver também*
Funções autonômicas/vegetativas
e oportunidades 108, 114, 153,
156-7, 257, 336, 359; *ver também*
Contexto; Exterocepção
emocionais 35, 75-6, 97, 106-8, 110-
-1, 114-5, 117-8, 127-8, 148, 172,
204-5, 218-9, 221, 228-9, 237, 335
multiplicidade de 108, 204-5, 217,
221-7, 235-6, 247, 315, 321, 334
priorização de 108, 114, 117-8, 152-
8, 210, 221-9, 235-7, 246, 257,
261, 281-2, 316, 336-7, 342; *ver
também* Contexto; Triângulo de
decisão do mesencéfalo
ver também Afetos: *vs.* necessidades;
Sentimentos: relação com
necessidades
Neurocirurgia 2, 19, 24, 38, 42, 62, 73,
101, 300
Neurologia 53-4, 60-1, 70-2
Neuromodulação (pós-sináptica) *vs.*
neurotransmissão (sináptica) 142-7,
164, 230-1, 235, 244-5, 263-4, 330
inibição e potenciação de longo
prazo 145, 263-4, 366
Neuromoduladores/transmissores
acetilcolina 17-8, 25-6, 39, 45, 120,
131, 146, 163, 230-1

aspartato 142
BDNF 264
canabinóides 131
CCK 116, 120
CRF 120, 126
DBI 120
dopamina 10, 17, 23-7, 39, 44-5,
   117, 126-7, 137, 146, 163
estrogênio 116, 127, 147
GABA 142
glutamato 117, 120, 126, 131, 142
histamina 146
LH-RH 116
MSH 120
neurotensina 117
noradrenalina 17, 137, 146, 163
NPY 120
opioides 126, 152-3
orexina 117
oxitocina 116-7, 126, 127, 147
progesterona 116, 127, 147
prolactina 116, 127, 147
serotonina 17, 137, 146, 163
substância P 120
testosterona 116
vasopressina 116
ver também receptores, Tipos de
Neurônios piramidais 326-7
Neuropsicanálise 38, 46-8
   congressos 48, 75, 171, 331, 348
Neuropsicologia
   excluindo a psique 9-10, 38, 44,
      96-7, 181
   método clínico-anatômico 20, 135,
      137-8, 149-50, 342-4
   origens no empirismo 64, 70-2, 82,
      249; *ver também* Empirismo;
      Meynert
   princípio da dupla dissociação 21

Newman, J. 90-1, 294
Newton, I. 184
Nishimoto, S. 328
Nojo 111-2, 161, 226, 278 *ver também*
   Afetos: sensoriais
Noradrenalina *ver*
   Neuromoduladores/transmissores
Northoff, G. 47
Nour, M. 245
Núcleos basais do prosencéfalo *ver*
   Núcleos e outras estruturas cerebrais
Núcleos e outras estruturas cerebrais
   accumbens 23, 25, 117
   amígdala 77, 103, 117, 120-1, 158,
      264
   área parafascicular 131
   área pré-óptica 126-7
   área tegmental ventral 23, 25, 117,
      127, 137, 146; *ver também* Tronco
      encefálico; Córtex; Triângulo de
      decisão do mesencéfalo
   basais do prosencéfalo 16-7, 39,
      44, 146
   cerebelo 158
   colículos superiores 58-9, 155-8,
      227, 286, 332, 359
   complexo locus coeruleus 17, 137,
      146
   complexo parabraquial 135, 156, 342
   corpo caloso 252
   cuneiforme 150
   formação reticular 150
   gânglios basais 158, 214, 268, 312
   geniculado lateral 59, 160, 251, 287
   grácil 150
   hipotálamo 16-7, 50-2, 116-7, 120,
      146-7, 150, 212
   núcleo leito da estria terminal 116,
      120, 126-7

núcleo subtalâmico 137
rafe 17, 137, 146
região locomotora do mesencéfalo 155-6; *ver também* Triângulo de decisão do mesencéfalo
solitário 103, 150, 156
substância cinzenta periaquedutal (PAG) 59, 116, 120, 126-7, 131, 148-56, 227, 236, 264, 321-2, 332, 342, 359
substância negra 137, 146
tálamo 16, 33, 90, 126, 131, 303
tegmento mesopontino 17, 20, 135, 146
Nummenmaa, L. 104, 106

O
Oakley, D 289
Oberauer, K. 268
Okuda, J. 273
Olds, J. 72
Opatow, B. 47
Opioides/opiáceos *ver* Neuromoduladores/transmissores
Oportunidades *ver* Necessidades
Oppenheim, L. 367
Orgasmo 137, 140
Outras mentes *ver* Filosofia: problema de outras mentes
Ovelha 227-8, 233, 352
Oxitocina *ver* Neuromoduladores/transmissores

P
Pace-Schott, E. 27
PAG *ver* Núcleos e outras estruturas cerebrais: substância cinzenta periaquedutal
Paloyelis, Y. 245
PÂNICO *ver* emoções básicas

Panksepp, J. vii, x, xiii, 26, 28, 46-50, 58, 95, 97-8, 110-3, 126, 129, 136, 148-9, 151-2, 156, 158, 161-2, 252, 278-9, 347
Pantelis, E. 367
Parkinson, mal de 25, 136
Parr, T. 163, 203
Partridge, M. 24
Parvizi, J. 136, 172
Pasley, B. 327
Pássaros *ver* Aves
Pellis, S. 131
Pellis, V. 131
Penfield, W. 73-4, 154
Pensamento 118-9, 123-4, 132, 268, 272-5, 278, 319, 328-9
  ver também Devaneio da mente
Peptídeos *ver* Neuromoduladores/transmissores
Percepção 59, 64, 74, 90, 94, 157-8, 203, 216-7, 239, 241-3, 249-50, 291-2, 295
  auditiva 54, 74, 144, 156, 161-3, 191, 232, 250, 256-7, 278-82, 284, 299, 303, 320
  como alucinação ou fantasia controlada 160-1, 203, 214-5, 256-7, 270
  como realidade virtual 157-8, 214-5, 250, 265-6, 269-72, 280-1, 329, 334
  como teste de hipóteses 160-1, 165, 203, 214-5, 219, 238, 255-7, 265,
  consciente 161-5, 219-20, 237, 256-7, 264-9, 272, 274-5, 278-81, 284-5, 288, 292, 296, 249-50, 306, 313-4, 357
  contextualiza afeto 108-9, 114, 120, 153-4, 161-5, 237-8, 248, 278-80, 321, 358-9

de cores 74, 90, 106, 250, 255, 278-81, 284, 287-8, 296, 249-50, 306
é determinada subjetivamente 114, 214-5, 238-9, 284, 288, 298, 306-7; *ver também* Contexto: esperado; Necessidades: e oportunidades; Saliência
gustativa 104, 114, 161-3, 250, 256-7, 307
inconsciente 54, 58-9, 72, 83, 86-7, 89, 92-3, 157-8, 203, 211, 215, 219-20, 256-7, 264-6, 280, 285-6, 289, 292-3, 295, 311-3, 357; *ver também* Visão cega
olfativa 59, 161-163, 250
somatossensorial 54, 154, 156, 161-3, 203, 250, 278, 280, 299, 320
tátil *ver* Percepção: somatossensorial
visual 54, 59, 74, 90, 95, 156-7, 161--3, 203, 214-5, 250, 232, 238--9, 250-7, 265-6, 278-82, 284-5, 287-8, 292, 296, 249-52, 299, 303, 306, 313-4, 320, 328, 356-7, 323; *ver também* Rivalidade binocular; Supressão contínua de flash; Visão invertida; Percepção: de cores
ver também Empirismo: apercepção; Exterocepção; Interocepção; Psicanálise: percepção-consciência; Ciclo de percepção/ação
Perguntas (formulação e respostas) 178-84, 189, 193, 199, 201, 215, 247
Perspectiva *ver* Subjetividade: ponto de vista
PET *ver* Tomografia por emissão de pósitrons
Petkova, V. 281

Pezzulo, G. 214, 257
Pfaff, D. 150, 361-5
Piadas 78-80, 280; *ver também* Experiência estética
Picard, F. 204
Planck, M. 178
Plasticidade 144, 214, 235, 269
ver também Consolidação/ reconsolidação
Popper, K. 5, 15
Porac, C. 266
Porte, J.-P. de la 29, 31
Posner, M. 47
pós-sináptico, Ganho *ver* Precisão
Pouget, A. 203
Prazer/desprazer *ver* Sentimentos: valência
Precisão (confiança, variação inversa, ganho pós-sináptico, intensidade do sinal) 45, 144, 160, 163-5, 229-48, 258-61, 266, 268-70, 276, 281-2, 315, 336-7, 349, 359, 355
como ativação/excitação/seleção 144, 161-3, 229-30, 235-6, 244-5, 264, 269-70, 276
ver também Neuromodulação *vs.* neurotransmissão; Maxwell, J. C.: Demônio de Maxwell; Modelo generativo: precisão
Previsão
em experimentos científicos 4-5, 13-5, 26, 77, 98, 165, 299, 338-9, 341, 349; *ver também* ciência, Regras da
em inferência ativa 159-60, 163-5, 170, 191-2, 199, 215-6, 219-20, 229-39, 241-3, 256-7, 326, 342
em inferência perceptiva 203, 214-6, 219-20, 254-7, 265-6, 269, 280, 326

erro *ver* erro, Sinais de
inata 118, 158, 211-2, 218, 221-2,
   266, 336, 358-9; *ver também*
   Instinto e reflexo
suprime ("explica") sinal sensorial
   160-1, 203, 212, 256-7, 265
ver também Bayes: teorema; Bayes:
   regra; Memória: como previsão;
   Probabilidade; Incerteza
Previsibilidade *ver* Probabilidade;
   Incerteza
Pribram, K. 33
Primatas 112, 119, 131, 148, 276-7,
   325-7
Primeira pessoa *ver* Subjetividade:
   ponto de vista
Priorização *ver* Necessidades
   priorização de
Probabilidade 174, 177-9, 196, 199--203, 280, 364
   posterior/prévia 202-3, 216, 229-31,
   268; *ver também* Bayes: regra
Problema difícil xi-xii, 283-317, 331--2, 340, 347-50, 356
Problema mente-corpo *ver* Filosofia
Prosencéfalo 16-9, 27, 35, 56, 71, 86,
   147, 149-51, 154-6, 158-9, 163-4,
   189, 219, 229, 233-4, 264, 271, 274,
   359
   ver também Córtex
Prosopagnosia 254-5
Psicanálise x-xi, 5, 14-5, 18-9, 29, 31-5,
   37-8, 44-9, 100, 105, 113, 125, 319
   censura 32
   conteúdo manifesto/latente 14-5, 36
   cura pela fala 278, 339-40
   defesa 32, 240
   desejo 14-5, 18, 26, 37, 44-5, 50,
   121-2, 295, 316
   ego 51-2, 171

energia psíquica 36, 49, 170, 259-60
id 49-50, 162
inconsciente, o (Ucs.) xiii, 32, 50-2,
   67, 85-6, 93, 106-7, 162, 311-2,
   319
libido 45, 116; *ver também* Pulsão
metapsicologia 33, 35, 50, 162, 258
método de associação livre 14
percepção-consciência (Pcpt.-Cs.)
   xiii, 34, 49-52, 56-7, 83, 85-7, 93,
   95, 162, 239-40, 258
pré-consciente (Pcs.) 85-6, 259-60
princípio do prazer 50, 96, 242
processo primário 171, 240
processo secundário 163, 171, 195,
   240, 259-60; *ver também* Atraso
pulsão *ver* Pulsão
resistência 32, 261
repressão 32, 240, 262
teste de realidade 45, 160-1, 239-40
ver também Freud
Psicose 10, 24, 39, 137, 159-60
Psiquiatria/psicofarmacologia 16, 18,
   23-24, 37, 46-7, 71, 80-2, 97, 137,
   170, 245
Pulsão 10, 15, 18, 25-7, 32, 36, 45,
   49-50, 72, 86, 105-7, 116, 131, 147-8,
   150, 156-7, 162, 170, 185, 204-5,
   217-8, 238, 256-7, 259-60, 313,
   361-2
   ver também Trabalho

Q
Qin, P. 75
Qualia ver Filosofia: *qualia*
Quantidade *vs.* qualidade *ver* Filosofia:
   qualia
Química 171
   ver também Neuromoduladores/
   transmissores

R

RAIVA *ver* Emoções básica
Ramachandran, V. S. 47, 251
Rance, D. 321
Ratliff, F. 265
Reação *ver* Feedback
receptores, Tipos de 144, 146-7
   α-MSH 120
   opioides μ 131
   nicotínico 17
   ver também Neurotransmissores/
     moduladores
Recompensa/punição *ver*
   Behaviorismo
Reconsolidação *ver* consolidação/
   reconsolidação
Reggia, J. 332, 338
REM *ver* Sono
Remmelzwaal, L. 321
Representação ix, 16, 89, 93-4, 98,
   158-9, 187, 190-2, 222, 244-5,
   249-50
   origem da 190, 192
   ver também Meynert: imagens
     mnemônicas; Filosofia: "em
     relação a" (aboutness)
Responsividade 54-8, 60-2, 75-8, 81,
   139, 149-50, 152-3, 361-3
   ver também Escala de Coma de
     Glasgow; Estado vegetativo
Ressonância magnética funcional
   (fMRI) 8, 137, 239, 276, 328
Retina 67, 214, 251-2, 296, 298-9, 306
Reymond, E. du Bois 30, 355
Ribary, U. 91
Richardson, R. 30
Riggs, L. 265
Rivalidade binocular 255-7, 274; *ver*
   também Supressão contínua de flash

Roepstorff, A. 276
Rolls, E. 26, 224
Rosch, E. 238
Rosenthal, D. 75
Rovelli, C. 178, 184
Rowley, M. 46
Runes, D. 64

S

Saciedade 97, 105, 107-8, 115,
   260-1; *ver também* Sentimentos;
   Homeostase
Sacks, O. 9-12, 25, 44, 47-8, 94, 97,
   181, 245
Sacktor, T. 47
Saliência 151, 158, 165, 229, 238, 256-7,
   270, 274, 281-2, 315
   definição 238
   ver também Necessidades:
     priorização de; Percepção: é
     determinada subjetivamente
Saling, M. 33, 38, 83, 100
Schacter, D. 47, 273
Schafe, G. 262
Schindler, R. 24
Schore, A. 47
Schultz, W. 261
Schwartenbeck, P. 245
Searle, J. 286, 295, 299, 313, 322, 326
Segunda lei da termodinâmica *ver* Lei
Seleção natural 110, 114-5, 183-4, 336,
   366
Self 9, 30-1, 43, 49, 65, 74-6, 81-2, 281
   processamento relacionado a si
     mesmo 74-5, 81
   SELF primordial *ver* Triângulo de
     decisão do mesencéfalo
   ver também Psicanálise: ego;
     Subjetividade

Semenza, C. 47
Sentidos *ver* Percepção
Sentimentos
  como sinais de erro 105, 108, 110, 165, 172-3, 260-1, 357-8; *ver também* erro, Sinais de; Homeostase; Saciedade
  definição do termo 93
  importância dos x, xiii, 32, 43, 77, 94-5, 97-8, 104-10, 119-120, 126, 132-3
  não são uma função do córtex 51-2, 58-9, 63, 76; *ver também* Falácia cortical
  negados pelo behaviorismo 5, 95-8, 223, 247, 261
  orientação para solução de problemas 109, 112-3, 117-9, 122, 128, 132, 161-5, 222, 228-38, 259--61, 269, 271-2, 281-2, 358-9
  poder causal xii-xiii, 94-5, 97, 104--10, 218-9, 223, 237-8, 292-3, 308, 312-4, 358-9; *ver também* Escolha
  são a forma fundamental da consciência 138-9, 161, 165, 219-20, 226-7, 244-5, 248, 281-2, 312-3, 330-1, 332-3, 357-8
  são necessariamente conscientes 50, 92-3, 95, 100, 106-8, 313-6, 357-8
  relação com necessidades 32-3, 49-50, 51-2, 72, 74-6, 86, 97-8, 103-10, 114-5, 138, 152-3, 156-7, 172-3, 204-5, 218-9, 222-4, 236-8, 256-7, 260-1, 269, 312-3, 315, 358-9; *ver também* Homeostase; Necessidades: priorização de
  são uma função do tronco cerebral 137-9, 151-2

valoração xii, 49-50, 96-7, 104, 108, 110, 120-1, 154, 161, 222-3, 226, 248, 260, 279-80, 337, 343, 358
  vs. "emoção inconsciente" 73, 77, 93, 100, 123, 313
  vs. inteligência xii, 248, 330, 332-3, 340-1, 345-6, 352-3
  vs. do que se tratam 88, 92-3, 102-5, 123-4, 132-3, 267, 352-3
  ver também Afetos; Consciência
Sequências de impulsos 145, 199, 251, 280, 299, 365
Serotonina *ver* Neuromoduladores/transmissores
Sessions, R. 226
Seth, A. 245
Shallice, T. 33, 47
Shannon, C. 180-1, 183, 185, 305, 364
Shapiro, T. 47
Sharf, B. 25
Sherman, S. 245
Shewmon, D. 54
Shiffrin, R. 291
Shipp, S. 203
Shock, J. 321, 367
Simons, D. 238
sinal, Intensidade do *ver* precisão
Síncope vasovagal 103, 154-5
  ver Funções autonômicas/vegetativas: reflexo vasovagal
Síndrome do encarceramento 62
Singer, W. 47, 245
Sistema de ativação reticular 16, 28, 135-7, 139, 140, 143, 146-7, 149-51, 161, 164-5, 173, 189, 234-6, 246, 263-4, 321, 357
  ver também Excitação; Circuitos; Núcleos e outras estruturas cerebrais

Sistema endócrino 146-7, 217
Sistemas auto-organizados 169, 171, 184-94, 198-201, 211, 222-4, 229, 247, 260, 270, 308, 315-6, 333-7, 358, 360
   autoevidente 200-1, 240-1, 247-8, 311, 333, 339, 360
   definição de "autoevidente" 200
   ver também Homeostase
Skinner, B. F. 96
Skotnes, P. 367
Sociedade de Física de Berlim 30, 35, 175, 196, 360
Solms, K. Kaplan 46, 67, 69, 73
Solms, M. 21-2, 25-7, 31, 33, 38, 41, 45-6, 50, 52, 63-4, 67, 69, 73, 81, 83, 97, 101, 126, 130-1, 162-3, 172, 174, 224, 240, 242, 244, 252, 258, 262, 272, 281, 298, 324, 330, 339, 343, 348
   irmão (Lee) 1-3, 99-100, 102
Sonhos x, 12-28, 36-7, 39, 44-5, 68-9, 80, 94, 117, 121-2, 132, 139-40, 245, 269-72, 328-9
Sono 12-8, 21, 26, 37, 57, 80-1, 98, 117, 140, 144, 149, 180, 221, 239, 270-1, 336, 350
   REM/não REM 13-22, 25-7, 37, 94, 120, 132, 136, 140, 143, 149
   ver também Funções autonômicas/vegetativas: ciclo de sono-vigília
Sopa primordial ver Friston
Sperry, R. 88-9, 92-3
Squire, L. 88
"Sr. S" ver casos
Stein, T. 257
Steiner, R. 47
Stephan, K. 205, 245
Sterzer, P. 257

Stoerig, P. 157
Strachey, J. 35, 50
Strawson, G. 91
Subjetividade ix, xi, 4-6, 9-10, 20, 31, 33, 35-8, 40, 43, 45-7, 93-4, 110, 190, 201, 223, 226, 246-8, 284, 289, 306-9, 321, 336-7, 343-4, 356, 358
   individualidade 190, 192, 247, 337, 341, 358, 307
   origem da 190, 246-7, 249-50, 290, 303, 305-6, 316-7, 321, 356-7
   poder causal da 11, 110, 237-8, 286-90, 307-9, 313-4, 357-8; ver também Livre-arbítrio
   ponto de vista ix, 40, 43, 156-7, 190, 192, 246-7, 269, 272-3, 281, 295-6, 299-300, 306-7, 333-4, 336-7, 358
   relatos introspectivos 5, 7, 10, 12, 14, 18, 22, 29, 67, 73, 75, 82, 94, 121, 223, 254, 289, 295-6, 339-40; ver também Linguagem
   ver também Filosofia; Perguntas; Self
Substância cinzenta periaquedutal ver Núcleos e outras estruturas cerebrais
Sulloway, F. 33
Supressão contínua de flash 273-5
   ver também Rivalidade binocular
Surpresa (sensação) 110-1, 161, 165, 274, 278
   ver também Afeto: sensorial
Surpresa (teoria da informação) 196--200, 260, 365-6
Szpunar, K. 273

T

Tegmento mesopontino ver Núcleos e outras estruturas cerebrais

Teoria da informação integrada *ver* Consciência: teorias da
Teoria da reentrada *ver* Consciência: teorias da
Teoria da sincronia gama/40 Hz *ver* consciência: Teorias da; Eletroencefalograma
Teoria do espaço de trabalho global *ver* Consciência: Teorias da
Termodinâmica 170, 175-80, 195-7, 269, 316, 364
   ver também Lei: da termodinâmica
Termorregulação *ver* Funções autonômicas/vegetativas
Teste de Turing 339-41
Thomas, K. 264
Thompson, E. 238
Thompson-Schill, S. 275
Thorndike, E. 95-6
Tinbergen, N. 361
Tomografia por emissão de pósitrons (PET) 8, 36, 137-40, 142-3
Tononi, G. 90-1, 245
Tossani, E. 126
Tozzi, A. 180, 204
Trabalho (da mente) 36, 50, 86, 105, 117, 147, 154, 163, 172, 176-7, 200, 204-5, 219, 256-61, 267-72, 281-2, 331, 334, 343
Tranel, D. 49, 75-6, 121
Triângulo de decisão do mesencéfalo 155-9, 164-5, 173, 189, 217-8, 227, 229, 233, 246, 261, 359
TRISTEZA *ver* emoções básicas
Tronco cerebral xiii-xiv, 16-7, 22-3, 27-8, 48-52, 58-9, 63, 84, 95, 135-8, 140, 147, 150-2, 155-6, 212, 214, 252, 264, 278, 286, 357-8
   canal central 148, 152, 212
   definição do termo 16
   diencéfalo 148, 155-6, 214; *ver também* Núcleos e outras estruturas cerebrais: hipotálamo; Núcleos e outras estruturas cerebrais: tálamo
   medula oblonga 150, 156
   mesencéfalo 137, 148, 152-6, 321, 341, 351; *ver também* Triângulo de decisão do mesencéfalo
   ponte 16-7
   ver também Excitação; Sentimentos; Sistema de ativação reticular; Núcleos e outras estruturas cerebrais
Tsakiris, M. 245
Tse, P. 266
Tsodyks, M. 291
Turing, A. 339-41
Turnbull, O. 45-6, 123, 330, 339-40
Turner, M. 46

U
Uhlhaas, P. 245
unicelulares, Organismos xi, 169
Universidade de Witwatersrand, Johannesburgo 19, 29
Urbach-Wiethe, Doença de 121-2

V
Valoração *ver* Sentimentos: valoração
Valores xii, 104, 108, 127, 132, 153-4, 161, 177, 191-2, 235, 247-8, 333-4, 336-7, 343-6, 352
   sucesso reprodutivo 114-5, 343-4
   ver também Seleção natural
Varela, F. 192, 238
Velmans, M. 47
Venkatraman, A. 151-2

Vertebrados 112, 148, 161, 223, 247-8, 321, 342, 351
Vertes, R. 162
Vício *ver* Dependência
Vida *ver* Homeostase; Mortalidade; Seleção natural; Física
Vigília 12, 54, 61, 139, 144, 148-9, 362-3
   ver também Excitação; Consciência: experiência vs. vigília
Vigília não responsiva *ver* Estado vegetativo
Visão cega 58-9, 74, 123, 157
Visão invertida 251-5
Volição *ver* Intencionalidade
Voluntário *vs.* involuntário 6, 71, 84, 107-9, 114-5, 118-9, 122-3, 132, 148, 156-7, 159, 201, 212, 222, 228, 259, 270, 319-20, 342, 359, 363
   definição de "voluntário" 108-9
   ver também Meynert

W
Walker, M. 149
Wang, X. 245
Ward, E. 273-4
Watt, J. 340
Watts, J. 23
Weiskrantz, L. 58
Weizenbaum, J. 340
Wernicke, C. 10, 69
Westhuizen, D., van der 131, 257, 321
Wheeler, J. 181-2, 193, 248, 280, 299, 306
White, B. 157-8
Whitty, C. 80-1
Widlöcher, D. 47
Wiener, N. 185
Wilbrand, H. 67-9
Wolpert, D. 244
Wyzinski, P. 17

Y
Yovell, Y. 126
Yu, C. Kai-Ching 25

Z
Zahavi, D. 298
Zald, D. 257
Zare, M. 180, 204
Zeki, S. 13, 250
Zellner, M. 45-6
Zeman, A. 60, 139
Zenão (de Eleia) 178
Zhou, T. 131, 277
Zumbi *ver* Filosofia

Posfácio à edição brasileira

"'Não só as coisas mais fundas do Eu, também as mais altas podem ser inconscientes'. É como se nos fosse demonstrado, dessa maneira, o que já afirmamos sobre o Eu consciente: que ele é sobretudo um Eu do corpo" (*O eu e o id*, p. 34). Dentre tantos recortes possíveis na obra de Freud que poderíamos trazer para apresentar a notável obra de Mark Solms, *A fonte oculta*, esse excerto, de 1923, parece especialmente instrutivo. Afinal, não é novidade para aqueles que se aventuram no pensamento freudiano reconhecer nele a aposta na pertinência dos procedimentos investigativos oriundos das ciências naturais para a psicanálise. Nessa aposta, mantida ao longo de literalmente toda a vida de Freud, não faltarão exemplos de estratégias para a superação da dicotomia entre corpo e psiquismo, ou mesmo entre natureza e cultura em sentido largo. Não obstante, em que pese a obviedade da advertência, lembremos que nestas nove décadas que separam a morte do pai da psicanálise e o tempo presente muita água rolou. Enquanto a Segunda Guerra Mundial se encarregava de sepultar teorias da degenerescência, racismos científicos e darwinismos sociais, impunha-se um desafio simultaneamente epistemológico e político para as ciências psi: reencontrar formas de conceber a vida psíquica de tal modo que as próprias concepções fossem a recusa explícita da repetição da barbárie. Por um lado, nota-se uma guinada fortemente desenvolvimentista de boa parte das correntes psicanalíticas anglo-saxônicas durante a

Guerra Fria, sustentadas pelo que se convencionou chamar de teoria das relações de objeto. Por outro, notadamente para um autor como Jacques Lacan, Freud deve ser relido e reinterpretado sob novas premissas epistemológicas e ontológicas, por meio das quais a psicanálise é colocada em franco diálogo com o campo das humanidades (antropologia, linguística, filosofia) para a postulação de um inconsciente estruturado como linguagem. De modo geral, grassou por décadas a desconfiança em relação às explicações excessivamente biologicistas nas ciências psi, como se elas fossem espontaneamente suscetíveis à instrumentalização para fins escusos. Por causa de um inoportuno recobrimento do naturalismo pelo positivismo lógico (argumento que vemos, por exemplo, em Simanke, 2009) em meados do século passado, houve na psicanálise quem desconsiderasse a aposta "neurológica" de Freud por julgá-la datada, algo como o resultado previsível de uma série de erros categoriais – destarte, no atacado e no varejo, pouco importaria se o bebê escorreria pelo ralo junto com a água suja do banho, uma vez que, por esse raciocínio, o compromisso ético e político seria maior do que qualquer contingência epistemológica. Felizmente, porém, houve aqueles que se recusaram a abdicar da "neuro-lógica" freudiana e, ao contrário, se dispuseram a levá-la às últimas consequências, fosse para confirmar ou recusar hipóteses, não importando o tempo que isso custasse. Ao que tudo indica, venturosamente, é esse o caso de Mark Solms.

Não pretendo aqui apresentar *A fonte oculta* com base no sofisticado campo das neurociências, uma vez que, por motivos de distância acadêmica, não posso nem pretendo ser o mais habilitado para avaliar as consequências das hipóteses aqui exploradas nessa seara. Penso que minha contribuição será mais significativa se for respaldada pelo universo de pesquisas a que pertenço, ou seja, convidando o leitor a também ler este livro com as lentes da história e filosofia da psicologia e da psicanálise. Recorrerei mais à forma do que a conteúdos subitamente específicos, uma vez que o livro responde a múltiplos interesses, incluindo àqueles motivados pela curiosidade relativa à circunscrição de uma nova área de estudos e pesquisa que veio a ser denominada por Solms de *neuropsicanálise*.

Apesar de já haver alguns outros ótimos textos do autor publicados no Brasil, *A fonte oculta* funciona como uma introdução deveras fecunda ao pensamento de Solms. Seu conteúdo está longe de ser meramente introdutório, mas localizo-o dessa forma pela destreza narrativa por meio da qual ele nos conduz, com uma escrita generosa que é biográfica e intelectual ao mesmo tempo. Passagens que parecem oriundas de um memorial acadêmico se intercalam com momentos de maior densidade técnica, entremeadas por vinhetas clínicas e relatos contundentes de caso, formando um texto genuinamente equilibrado e cuidadoso. Assim, o autor justifica suas guinadas para certas direções de pesquisa em detrimento de outras, sendo rigoroso o suficiente, mas sem "perder o leitor" que não está exatamente familiarizado com as minúcias do tema.

Mark Solms é, sem dúvida, um dos pensadores contemporâneos mais comprometidos com a tarefa intelectual de considerar com a devida seriedade epistemológica os anseios de Freud relativos à correspondência entre biologia e metapsicologia. Ao termos isso em vista, somos conduzidos, na leitura, a identificar os tópicos estratégicos por meio dos quais ele realiza tal tarefa com originalidade.

Penso que um argumento engenhoso consiste na diferenciação entre consciência e inteligência, o que permite dimensionar a abrangência da primeira em relação à última. Solms está particularmente intrigado com o problema da consciência em suas relações com o universo da experiência vivida. Permito-me uma pequena incursão etimológica aqui: *experientia* se origina do verbo latino *periri*, que indica "tentar" ou "provar", de onde também derivara *periculum* ("risco", "perigo"). Digamos que ter consciência, ou ser dotado de uma, incorre inexoravelmente em um para-além da cognição, da inteligência enquanto forma de controle: ser consciente é correr perigo. Não será por outra razão que *A fonte oculta* não tardará a apresentar uma síntese admirável das aspirações do autor nas últimas três décadas: "devolver a subjetividade à neurociência" (p. 46).

É como se, com este livro, pudéssemos acrescentar à ideia de Freud com a qual abrimos nossa apresentação: o Eu consciente é um Eu do corpo porque seu substrato fenomênico é experiencial. Não é por outra razão que, segundo Solms, o nome mais adequado para designar aquilo que vem sendo feito nas últimas décadas nas neurociências seria "neurobehaviorismo" (daí o contraste com a *neuropsicanálise*) – e penso que dificilmente um psicanalista discordaria de tal diagnóstico. Excluir a dimensão subjetiva das neurociências cobrou seu preço para os dois lados: tanto os psicanalistas prescindiram das neurociências quanto os neurocientistas renunciaram ao diálogo com a psicanálise.

Isso por si só já faria de Mark Solms um autor indispensável para os nossos tempos. Mas *A fonte oculta* vai além, trazendo elementos que justificam profundamente essa indispensabilidade. Pela característica autobiográfica da escrita de Solms, observamos que ele encontra na sua própria trajetória – no caso, um acidente sofrido pelo irmão durante a infância – os elementos que irão determinar seu futuro profissional e seu campo de interesses de pesquisa. Não surpreende que, nas idas e vindas entre as neurociências e a psicanálise, Solms tenha trilhado seu primeiro caminho pela via régia dos sonhos – ou, como ele bem estabelece, pelo interesse na "neurociência da *experiência* dos sonhos em pacientes neurológicos" (p. 22). Tendo realizado sua formação em Johannesburgo, na África do Sul, Solms faz questão de nomear a todo momento seus mestres e colegas, referenciar seus pares e "ímpares", seus predecessores e contemporâneos, em um ato de honestidade intelectual que se revela exemplar. Assim, sem ocultar suas fontes (com o perdão do trocadilho), o autor descreve os impasses que viveu por ter escolhido se tornar psicanalista no campo amiúde impassível das neurociências. Penso em "campo" de forma advertida aqui, pois, com esse termo, pretendo remeter ao vasto universo de lutas por poder estudado por Bourdieu em sua sociologia do conhecimento: a disputa pela sucessão das cátedras universitárias, pela gramática hegemônica que determina quem pode e quem não pode falar sobre certos assuntos, quem tem sua legitimidade reconhecida por seus pares e por que a tem. Ao se consumar legítimo herdeiro de Freud, Solms desassossega o projeto neurobehaviorista no qual ele se aclimatou desde sua formação de base. Ou seja, há mais razões para supor que a exclusão da psicanálise do campo alargado das neurociências será mais bem elucidada pela sociologia dos cientistas (isto é, a "sócio-lógica" do campo científico e de seus respectivos agentes) do que por uma filosofia da ciência imaculada e desencarnada. Assim, ler *A fonte oculta* assemelha-se a acompanhar uma acirrada partida de xadrez, por meio da qual se tornam observáveis os movimentos específicos das peças e suas relativas intenções de ataque e defesa para o domínio dos espaços.

Nesse sentido, Solms tampouco ingressa na psicanálise de maneira iludida. Pelo contrário, é deveras interessante a passagem do segundo para o terceiro capítulo, em que ele interpela a ideia de Freud de que o id é inconsciente para desconstruir aquilo que denomina de "falácia cortical": longe de simplesmente repetir Freud, Solms se dedicará, por dezenas de páginas – até o fim do décimo capítulo inteiro –, a conseguir localizar com exatidão o que é e o que deve ser, segundo ele, uma teoria cortical verdadeiramente adequada para compreender a consciência enquanto experiência – no caso, trata-se de entender o córtex como um sistema, ou, em uma frase, que "o córtex é especializado em incerteza" (p. 259). Reapresenta-se aqui a crítica à neurociência cognitiva, essa espécie de inimigo estratégico, como forma de encaminhamento para o problema mente-corpo, uma das matérias mais espinhosas da epistemologia da psicologia. Apontar as insuficiências da teoria cortical é estrategicamente didático no que tange à discussão sobre o behaviorismo e o cognitivismo, sobretudo quanto à consideração deste último de que *a mente é uma função, e não uma estrutura*. Penso ser por isso que a neuropsicanálise não está lançada como um projeto a ser dogmaticamente seguido; pelo contrário, ela será tão mais necessária e pertinente quanto mais puder reiterar seu programa intelectual como algo contínuo, crítico e não sectário.

O quinto capítulo é exemplar, visto que é provavelmente o mais decisivo do livro (e o de tonalidade mais etológica, diga-se de passagem) para entender o projeto intelectual de Solms. Ao procurar delinear a categoria de sentimento a partir das premissas que sua doutrina estabelece, o autor dá claras demonstrações de que não está nem preso à psicanálise nem (ou melhor, menos ainda) à neurociência cognitiva. Ao recusar a pecha do antropomorfismo e reivindicar que faz "zoomorfismo em relação aos seres humanos" (p. 111), ele desemboca já no 11º capítulo, no qual sentencia: "[o sentimento] é a forma fundamental da consciência, seu pré-requisito". Um pouco mais adiante, complementa: "a função primária [da consciência] não é perceber [...], mas sentir" (p. 313). Não por acaso, no último capítulo abre-se uma discussão muito interessante sobre as consequências do estudo da consciência no campo da inteligência artificial, tema candente no momento, um tanto ainda timidamente explorado pelos psicanalistas no Brasil – o que certamente nos deixa com vontade de lermos as próximas obras do autor.

A publicação de *A fonte oculta* no Brasil coloca Mark Solms em interlocução imediata e necessária com alguns dos nossos melhores leitores e intérpretes de Freud. Penso especificamente no campo da filosofia da psicanálise, em nomes como Osmyr Faria Gabbi Jr., Luiz Roberto Monzani e Luiz Alfredo Garcia-Roza, bem como nos trabalhos mais recentes de Monah Winograd, Benilton Bezerra Jr. ("Neurociências e Psicanálise", *Revista da APPOA*), Richard Simanke e Fátima Caropreso. Inevitável não nos reportarmos a dois outros pensadores brasileiros, Miguel Nicolelis (*Muito além do nosso eu*) e Sidarta Ribeiro (*O oráculo da noite*), assim como também somos impelidos a revisitar boa parte dos autores citados no livro cujas obras estão traduzidas já há alguns bons anos, como Eric Kandel (*Em busca da memória*), António Damásio (*O mistério da consciência*) ou mesmo John Searle (e seu homônimo *O mistério da consciência*). Penso ainda, por fim, no diálogo com as pesquisas de Paulo Beer, Christian Dunker e Gilson Iannini, Mario Eduardo Costa Pereira, Rogério Lerner, Marcelo Ferretti e tantos outros que se insurgiram recentemente contra todos aqueles que embarcam no oportunismo editorial de recauchutar a velha falácia popperiana da psicanálise como pseudociência. Ou seja, neste brevíssimo exercício de sociologia dos cientistas do tempo presente, *A fonte oculta* torna-se um forte aliado, ainda que indiretamente, contra os disparates interesseiros dos detratores bobagentos da psicanálise.

Não obstante, mesmo quando ela é aliada, sempre vai haver gente torcendo o nariz para a neuropsicanálise. Até porque é visível que Solms tem em Freud seu interlocutor derradeiro. Afinal, observamos que não é somente em *A fonte oculta* que ele não hesita em fazer afirmações como: "isso significa que o id é a fonte da consciência e o ego é, em si mesmo, inconsciente"[1]. Isto por si só não é de modo algum um demérito, mas chama a atenção o fato de que Solms não parece tão disposto a abrir diálogos com psicanalistas pós-freudianos, nem mesmo os mais clássicos, como Klein ou Lacan. De fato, pensando especialmente neste último (que não por acaso foi, em diversas ocasiões, um entusiasta da etologia comparada e da teoria da cibernética), faz falta na neuropsicanálise de Solms uma certa "prestação epistemológica de contas" em relação à linguagem, sobretudo na sua função de nomeação da experiência no processo de tomada de consciência dos sentimentos. "Minha intuição diz que a linguagem evoluiu sobretudo a partir do impulso do BRINCAR" (p. 166): é o próprio Solms que reconhece que isso não é suficiente, a ponto de, um pouco adiante, afirmar que o entendimento de que a psicoterapia – uma forma de "predição recíproca contínua" – também seria "uma forma de BRINCAR" (p. 278) mereceria, por si só, um livro próprio. O que seria a tomada de consciência das emoções senão um efeito dos acidentes da palavra, das tentativas semissucedidas de nomear algo para um Outro? É uma escolha, é certo, e o décimo capítulo parece ser o momento em que Solms de fato está mais referido à percepção visual do que à linguagem para compreender a consciência enquanto experiência. Portanto, ainda que não se trate propriamente de um demérito, é preciso avaliar as consequências dessa escolha.

---
[1] Mark Solms, "O id consciente", in Eliana Riberti Nazareth e Victoria Regina Béjar (orgs.), *Imunidade, memória, trauma*. Trad. Paulo Sérgio de Souza Jr. São Paulo: Blucher, 2020, pp. 41-86.

Mas o exemplo ainda mais incômodo e explícito que me parece fazer narizes torcerem é o seguinte, recortado do quinto capítulo: "CUIDADO é o outro lado do apego; não precisamos apenas receber cuidados amorosos, mas também cuidar dos pequenos, em especial de nossos próprios filhos. O chamado instinto materno existe em todos nós, mas não no mesmo grau, porque é mediado por substâncias químicas encontradas em níveis altos (em média) nas mulheres: estrogênio, prolactina, progesterona e oxitocina – todos aumentam drasticamente durante a gravidez e o parto. Também é digna de nota a sobreposição entre a química e os circuitos cerebrais de CUIDADO, PÂNICO/TRISTEZA e DESEJO SEXUAL típico feminino. Esses fatos, por si sós, poderiam explicar por que a depressão é muito mais comum (quase três vezes maior) em mulheres do que em homens" (p. 127). Não é difícil imaginar a enxurrada de desaprovações oportunas que as teorias críticas de gênero poderiam realizar aqui. Que corolários estão sendo direta e indiretamente chancelados quando se insiste em uma categoria como "instinto materno"? Será possível nos dias de hoje não tecer nenhuma consideração sobre a maior incidência de depressão em mulheres sem evocar minimamente a crítica ao patriarcado? É possível interpretar tais dados estatísticos sem problematizar minimamente a secular e ocidentalíssima exploração do trabalho reprodutivo? Ora, para segmentos que alinham o pensamento psicanalítico à crítica social, a aposta naturalista de Solms projeta-se hiperbólica, fazendo com que reconheçamos as limitações compulsórias da epistemologia à política, ou, ao contrário, da política à epistemologia. Dizendo de outra forma, o recuo de Solms contra o reducionismo fisiologista dos raciocínios da homeostase e da entropia presente no sétimo capítulo, por exemplo – algo que funciona bem para compreender os fenômenos da consciência para além dos paradigmas da lei da física –, não é suficiente para adverti-lo do conjunto de implicações oriundas da observação de que mulheres são mais deprimidas por terem regulações hormonais distintas das dos homens. É graças a passagens assim que o psicanalista criticamente advertido se sente distante da neuropsicanálise, quase como se ela recaísse nas imperícias desmoderadas do psicologismo. Ou seja, o risco que se quer evitar por vezes inevitavelmente retorna pela porta dos fundos. Teria como ser diferente? Não pretendo sequer esboçar uma resposta, mas devo não deixar de ecoar a questão tal como ela se apresenta.

Seja como for, são apenas dois rápidos exemplos de que parece cientificamente saudável que haja narizes torcidos mesmo, visto que seria ingênuo em demasia acreditar que uma vertente isolada pode dar conta de todos os fenômenos relativos a algo da magnitude da "consciência enquanto experiência". Em um dos seus ultimíssimos textos, Freud disse que a consciência "é um fato sem igual" (*Compêndio de psicanálise*, p. 206, na versão da Cia. das Letras, Obras completas, vol. 19): é isso que faz dessa proposta um campo de investigação e de debate científico, e não um dogma hierático. E é por isso que penso que devemos saudar a publicação de *A fonte oculta* no Brasil hoje. Pensando em um campo em que se decide sobre a legitimidade de seus agentes em espaços escrupulosamente especializados (isto é, em programas de pós-graduação e nas revistas científicas de neurociências que a eles são correlatos), dispor de um livro acessível como este, capaz de equilibrar a generosidade da divulgação científica com a precisão do estilo acadêmico, é realmente um grande feito. Afinal, nunca é demais lembrar que ciência é, tal como a definição freudiana de sujeito, conflito. Melhor que seja assim: é uma forma de dizer que, em matéria de ciência, é preferível que haja espaço para todos a reduzi-la a um jogo de perde-ganha. Mais um bom motivo para celebrarmos a publicação entre nós desta luminosa obra de Solms: que o debate nos ponha em movimento.

Rafael Alves Lima
Psicanalista, psicólogo, mestre e doutor em
Psicologia Clínica pelo IP-USP, professor de História e
Filosofia da Psicologia no departamento de
Psicologia Experimental do IP-USP

Este livro foi impresso em agosto de 2024, pela Plena Print,
para WMF Martins Fontes.
O papel do miolo é Off White 60 g/m².